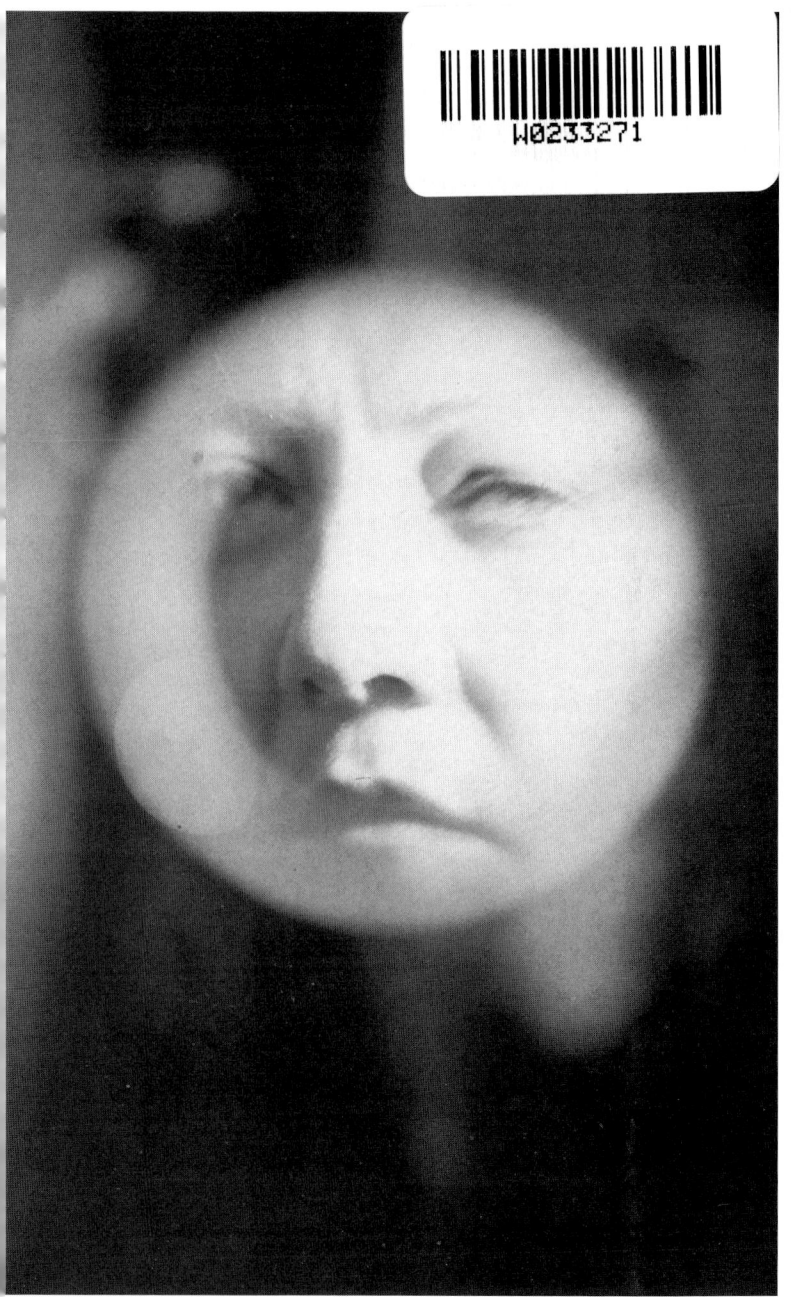

Marianne Sägebrecht, geboren 1945 in Starnberg, ist seit dem 16. Lebensjahr ein Münchner Kindl. Nach der mittleren Reife Ausbildung zur Arzthelferin, Weiterbildung zur Laborantin und MTA. Daneben Fotolehre. 1964 Heirat, 1967 Geburt der Tochter Daniela. 1970/71 Assistentin bei einem Nervenarzt und Psychiater. 1975 Scheidung. Seit 1971 Leitung der Kleinkunst- und Künstlerlokale »Spinnradl« in Starnberg, »Mutti Bräu« und »Tatzelwurm« in München. 1977 Gründung des kabarettistischen Revuetheaters »Opera curiosa«. Zusammenarbeit mit Percy Adlon seit 1980, erster gemeinsamer Film 1984: *Die Schaukel* nach Annette Kolb; es folgten bis heute: *Zuckerbaby* (mit Eisi Gulp), *Out of Rosenheim* (auch *Bagdad-Café* genannt; zusammen mit Jack Palance) und *Rosalie goes shopping* (mit Brad Davis als Partner). In Hollywood drehte sie, als Partnerin von Richard Dreyfuss und unter Regie von Paul Mazursky, *Moon over Parador* und, als Partnerin von Michael Douglas und Kathleen Turner und unter der Regie von Danny De Vito, *Der Rosenkrieg*, in Prag, als Partnerin von Michel Piccoli und mit Jiři Weiss als Regisseur, den vielfach preisgekrönten Film *Martha und ich*. Nach dem, wieder in Hollywood entstandenen, Film *Mona must die* (Regie: Donald Reiker; Filmpartner: Uwe Ochsenknecht) drehte sie mit Mario Adorf in Italien *Mylord* (ein Remake von *Little Lord*). Für das »RTL-Movie of the Week« wurde unter der Regie von Karoly Makk, Ungarn, der Aidsfilm *»Positiv« oder Eine Mutter kämpft um ihren Sohn* inszeniert. Unter der Regie von Menachem Golan spielte sie in Berlin und Sibirien an der Seite von Oliver Reed in *Luise knackt den Jackpot*. Für die Provobis-Film spielte sie in Luxembourg die Rolle der Martha in dem Kinder- und Jugendfilm *Lorenz im Land der Lügner*. Zuletzt entstanden, nach einer Novelle von Michel Tournier und unter der Regie von Volker Schlöndorff, der Film *Der Unhold* mit John Malkovitch als ihrem Partner sowie in Marokko ein Spielfim des Autoren und Regisseurs Roger Hanin, *Soleil*, in dem Marianne Sägebrecht Seite an Seite mit Sophia Loren zu sehen ist.

Dank

Die Autorin und der Verlag danken Hannelore Stadler für die Verifizierung des astrologischen Komplexes im ersten Kapitel.

Dieses Buch wurde auf chlor- und säurefreiem Papier gedruckt.

Aktualisierte und ergänzte Taschenbuchausgabe September 1996
Droemersche Verlagsanstalt Th. Knaur Nachf., München
© 1994 F. A. Herbig Verlagsbuchhandlung GmbH, München
Umschlaggestaltung: Agentur Zero, München
Umschlagfoto: Jürgen Weyrich, Berlin
Satz: Ventura Publisher im Verlag
Druck und Bindung: Ebner Ulm
Printed in Germany
ISBN 3-426-75089-9

1 3 5 4 2

Marianne Sägebrecht
Ich trau' der Zukunft

Mit 79 Fotos,
12 Zeichnungen
und einer Vignette
von Michael Heininger
sowie
zahlreichen Textillustrationen
von H. Peter Irberseder

Für Alina

Inhalt

7

Vorwort

Schon seit geraumer Zeit traten Verlage mit der Idee an mich heran, einen Packen handgeschriebener Seiten im Schlund des gefräßigen Papiertigers »Biographie« zu versenken. Ganz nach dem Motto: Ja, auch ich habe gelebt. »Nein, nein«, entgegnete ich dann immer, »ich habe doch erst die Hälfte meines Lebensackers umgegraben. Auch wenn schon viel gesät und geerntet und manch Erstaunliches zutage gefördert wurde, möchte ich den Spaten noch nicht zur Seite legen. Es gibt noch so viel zu kommunizieren, zu kreieren, zu analysieren und dabei immer wieder alles zu riskieren.«

Noch mitten in der scheinbar endlosen Reise einer ruhelosen Pfadfinderseele, fand ich den Zeitpunkt einfach noch nicht reif, um alles in gedruckte Worte zu fassen. Oder war es vielleicht doch an der Zeit, das so oft gewonnene Elixier der Freude und das metaphysische Gebräu ihres melancholischen Bruders, des erlittenen Schmerzes, mit den Menschen durch eine mütterliche Erinnerung zu teilen.

»Marianne, geh ja nicht baden«, meinten ein paar besorgte Freunde zu der Idee, nun doch ein Buch zu verfassen – denn wie so oft in meinem Leben hatte sich plötzlich ein mutiges Ja von meinen Lippen losgerissen. Und schon hatte mich der Strudel der Ereignisse erfaßt. Es toste und rauschte im Blätterwald, Zerberus schmiß ein mona-listiges Lächeln. Ein guter Bekannter meinte ironisch, ob Madame – das war ich – jetzt wohl auch noch ihren Senf zu den vielen ausgehängten Lebenswürsten dazugeben wolle.

Ja, ich will. All das durch Erfahrung Geronnene möchte ich mitteilen, austauschen, mein Herz auf den Tisch legen – die Zunge liegt eh schon auf dem Herzen –, durch Aktion und Reaktion der Evolution ein dienstbarer Geist sein. Ich habe keine Angst vor Resonanz, eine Stimmgabel ist ja nur in der Lage mitzuschwingen, wenn der ausgesandte Ton ihrer eigenen Frequenz entspricht. Frisch von der Leber weg möchte ich bereits eingelöste Lebensstrukturen, offene Fragen, vermeintliche Antworten, die mir auf dem Herzen, in den Ohren, auf der Seele und im Magen liegen, vertrauensvoll dem großen Lebensrad im zwölfmonatigen Rhythmus der irdischen Manifestationen zuordnen und den Menschen zur Geburt in den Schoß legen dürfen. Nun, nachdem mein Entschluß beim »Schlawittel« gefaßt war, hieß es, am Ufer meines Gedankenflusses einen ruhigen Ort zu finden, von dem aus ich flußaufwärts zum Ursprung meines Lebensquells vordringen konnte.

Der Versuch, in meinem stillen Kämmerlein unserer Wohngemeinschaft mit meiner Mutter und meiner Schwester und unseren Tieren die ersten Textkomplexe meinen Gehirnwindungen zu entreißen und zu Papier zu bringen, schlug kläglich fehl. Das Telefon bellte, der Haushund klingelte, die Faxmaschine versuchte, mir ein Gespräch aufzudrücken, und der Fragenkatalog unserer geliebten Mutter blätterte permanent in meinem schlechten Gewissen. »Bitte nicht stören!« prangte es in Neonlettern auf meiner Stirn, doch niemand schien es zu bemerken.

Da kam mir das Angebot einer guten Bekannten gerade recht, mir in Paris für drei Monate ein Refugium für mein literarisches Abenteuer einzurichten. Doch bei meiner Ankunft war das Tor zu diesem kleinen Paradies verschlossen. Die Schlüssel waren, laut Hausherrin, mitsamt einem ganzen Automobil bei Rassenunruhen am Montmartre in die Luft gesprengt worden. Die Zweitschlüssel, die aus Avignon täglich anreisen sollten, ließen auf sich warten. Stolz, mein kleiner VW-Käfer vollgepackt mit Büchern, Lebensmittelrationen und persönlichem Kleininventar für die nächsten drei Monate, waren wir beide aus meiner Heimatstadt gen Frankreich geritten – mit hängendem Kopf krochen wir durch eines der Stadttore Münchens wieder zurück. Hoffentlich würde man mich nicht entdecken. Hatte doch die Kolumne einer Tageszeitung von meinem Dichterstübchen in Paris berichtet – und jetzt dies!

Ein neuerlicher Anlauf, im leerstehenden Haus eines Freundes in Südtirol die auf Einlösung drängenden Kapitel mit Sätzen zufriedenzustellen, führte mich in eine tiefe Krise. Schmerzhaft rührte das bereits Niedergeschriebene an meine seelischen Wunden, und kein Freund konnte in diese selbstgewählte vierundzwanzigstündige Einsamkeit treten, um mich tröstend in den Arm zu nehmen. Des Alleinseins müde in diesem großen, leeren Haus, in dem ich nachts irrationalen Angstgefühlen ausgeliefert war, und mit unendlicher Sehnsucht nach Kommunikation mit meinen Herzensbrüdern und -schwestern und Familienmitgliedern trat ich nun zum zweiten Mal – kleinlaut, mit zwickender Galle – die Rückreise an – ja, auch meine entnervte Gallenblase hatte ihrer Unbill durch eine Colica staccata Luft gemacht.

Mein alter Freund, der Maler Michael Heininger, der, o Freude, zu den zwölf Monaten meines Buches seine einmaligen Cartoons beisteuern sollte, gab mir den entscheidenden Hinweis. Das Hotel Residence in Schwabing wurde nun für zwei Monate meine vierte Station. Im Trubel des Stadtlebens war es mir möglich, mein Unterbewußtsein leichter anzuzapfen. Ein Husch ums Eck, und schon saß ich in einem Café auf der Leopoldstraße zusammen mit einer meiner Bezugspersonen, um meine Seelenbatterie wieder aufzuladen, mein Herz zu erwärmen und meine Augen spazierengehen zu lassen. Meine Tochter Daniela und ihr Baby Alina statteten mir oft einen Besuch in meiner selbstgewählten

10

Klausur ab, um mich aufzumuntern, und auch bei meiner Mutter konnte ich mit so manchem Frühstück den Tag eröffnen. So war allen geholfen.

Als mein Schlupfwinkel jedoch immer häufiger aufgestöbert wurde, das Klingeln des Telefons zu oft den herbeigesehnten Gedankenfluß unterbrach, fand ich in dem kleinen Schreibbüro meines besten Freundes und Seelenbruders Peter für weitere sechs Wochen Schutz und menschliche Geborgenheit. Bei ihm konnte ich dieses mich bis auf die Grundwurzel meiner Existenz aufwühlende Unterfangen, ein so persönliches Buch zu verfassen, zu dem vorbestimmten Endpunkt bringen. Er stand mir auch zur Seite, als nach einer Gehirnerschütterung, die ich mir durch einen Unfall bei einem Filmintermezzo in Hamburg zugezogen hatte, der bis dahin so gewissenhafte Funker für eine Weile die Morsestation in meinem Kleinhirn verließ. Die leeren Blätter starrten mich melancholisch an, Wortgebilde rangen nach Form, mein Kugelschreiber wollte um Arbeitslosenunterstützung bitten. Ohne den gütigen Zuspruch und die moralische Aufrüstung durch meinen Freund, Psychologe und Arzt, der in dieser kritischen Zeit zu meinem seelischen und gesundheitlichen Schutz beitrug, und die kompetente Geburtshilfe meines Lektors Dr. Bernhard Struckmeyer, seiner Mitarbeiterin Sabine Jaenicke und des Herstellers Franz Nellissen wäre ich vor dem letzten Drittel, der Vollendung des Buches, wohl gestrandet und hilflos im aufbrausenden Sturm unter der tobenden Gischt meiner Seelenbilder ertrunken.

Während ich die Nächte zu Tagen machen mußte, um die noch verbleibende Zeit, die mir bis zum Redaktionsschluß für mein Manuskript bleiern im Nacken saß, schreibend zu nutzen, nahm Peter, der sich neben seinem Arztberuf auch leidenschaftlich der Malerei verschrieben hat, Gedankenblitze und Figuren meiner Kapitel auf und türmte sie innerhalb seines gerade begonnenen

11

Zyklus »Hochzeit zwischen Himmel und Hölle« zu expressionistischen Bildern auf.

Das letzte Kapitel wurde von mir in Kalifornien ins Leben gerufen, wohin ich zu Dreharbeiten zu meinem neuen Film *Mona must die* von meinem sicheren Nestplatz abberufen worden war. Hier schrieb ich auf einer Terrasse, und so weit mein Blick schweifte, war ich umrandet vom großen Weltenmeer des Pazifischen Ozeans, nach dem ich mich in meiner Kindheit so sehr gesehnt hatte. Hier hat sich der kleine Bach meiner Kindheit, nachdem er sich wohl im großen Strom sein Bett gemacht hatte, zu seiner verdienten letzten Ruhe begeben, sinnierte ich vor mich hin.

Die Wellen brandeten fordernd ans Ufer, erinnerten meine durch die intensive Filmarbeit noch müder gewordenen Glieder und die ausgelaugten Körpersäfte daran, daß sie sich noch nicht auf die faule Gehirnhaut legen dürfen. Mein Gott, bin ich erschöpft und ausgeleert, aber es muß weiterfließen, befehle ich meinem ausgetrockneten Grundwasserspiegel. Trotz offener Augenkanäle erzwingt sich mein malträtiertes Gehirn eine Zwangspause.

Von einem Tag auf den anderen wirbelten plötzlich heiße Winde von Santa Anna Gegenstände durch die Lüfte, der Ozean tobte und brodelte. Ein paar Verrückte hatten angefangen, Feuer zu legen. Die ausgetrocknete Vegetation, die Häuser in den Bergen, alles brannte, und die Winde fachten das Feuer immer von neuem an. Asche fiel auf die Hausdächer und auf mein Manuskript. Die Luft wurde rauchgeschwängert und beißend. Werde ich hier noch einmal herauskommen? Die Straße ist gesperrt. Nachbarn packen ihre Habseligkeiten in ihre Autos. Plötzlich wird mir eins sonnenklar: Ich will und muß mein Buch zu Ende bringen! Energien kommen zurück, und sprungbereit bauen sich alle abrufbaren Morphine und Adrenaline in meinem Kopf auf. Mein Gedankenstrom fließt wieder, und siehe da, das letzte Kapitel tummelt

sich freudig in den kühlen, feuchten Fluten meiner Erfahrungen, voller Hoffnung auf ein lebensbejahendes Jahr 2000.
Es ist alles hergerichtet. Darf ich Sie einladen, in meinem Lebens-
fluß ein Bad zu nehmen?

München/Malibu, im November 1993   M. S.

Ich komme aus Surinam

Ianuarius

Wir schreiben 1944, mein Zeugungsjahr. Es ist Krieg, und jeder muß hin.

Die Stadt München wird bombardiert. Meine Mutter Agnes ist eigentlich Näherin, kann aber ihren Beruf natürlich unter diesen Umständen nicht ausüben und hat sich auf dem Land am Starnberger See bei einem Bauern als Aushilfe verdungen. Gerade am Nachmittag hat sie den Angriff eines Tiefliegers lebendig überstanden, weil sie sich im Wald untergestellt hat mit allen Arbeitern. Das waren Kriegsgefangene, Franzosen und Polen, die bei den Bauern untergebracht waren und die sie mitbetreuen mußte. Sie erzählte mir, daß sie immer die Post von den Leuten angenommen und dann an deren Verwandte weitergeleitet hat, heimlich, denn das war ja alles verboten. Es war auch untersagt, mit den Gefangenen zu sprechen. Ja, das war eine sehr schwere Zeit für sie, denn auch ihr kleiner Bruder wurde mit sechzehn Jahren noch im November eingezogen, kurz vor der Kapitulation im Mai 1945.

Ihr Mann, besser ihr Lebensgefährte – sie war nicht verheiratet –, also ihr Freund und mein Vater, war auch an der Front, schon seit vielen Jahren. Zwei Jahre zuvor hatten sie sich kennengelernt, als er gerade Heimaturlaub hatte. Jetzt war er verwundet worden und zu Hause, um sich noch ein bißchen auszuruhen, bevor er wieder an die Front mußte. Mein Vater war, wie ich aus seinen Briefen feststellen und jetzt nachlesen konnte, bewußt kein tapferer Soldat. Er stammte aus einer Bauernfamilie, war der fünfte und sensibelste Sohn, und er wurde nicht Bauer, sondern Gärtner und hat den Krieg verachtet und gehaßt, wurde aber hinein-gezwungen. Er hat in seinen Briefen nach Hause immer wieder ganz offen geschrieben, daß er ein schlechter Soldat sei und nie-manden umbringen könne, und hat sich in den Augen meiner Mutter nicht zum Helden gemacht.

Jetzt, in diesem November 1944, war er nun da für vierzehn Tage, im weitesten Sinne auf Verwundeten- und Weihnachts-urlaub.

Mein Anfang gestaltete sich dramatisch. Er hat es beschrieben, wie meine Mutter ihn die knarrende Stiege mit hinauf in ihre Kammer genommen hat, was ihr ja nicht erlaubt war. Aber sie hatte eben nur ihr kleines Zimmer, und überall war Feuer, und die Menschen hatten große Angst, und die meisten haben sich in die Keller geflüchtet.

Ja, die beiden Liebenden! Sie haben diese Situation für sich aus-genutzt und sich entschlossen, unter großer Lebensgefahr bei-sammen zu sein, denn wahrscheinlich war mein Vater schon zu lange nicht mehr mit einer Frau zusammen und hat sich sehr da-nach gesehnt, in diesen, sozusagen, Zeugungsnebel. Ich denke, daß das alles sehr heftig, sehr intensiv und sehr liebevoll war. Weil natürlich diese Begegnung lautstark abging, hat die Haus-herrin mit einem Begrüßungstrommelwirbel, den sie mit ihrem Besen an der Decke vollzog, damit wieder Ruhe einkehre, gleich den Auftakt gegeben für mein Leben. Und ich stelle mir das so vor, daß sich die olympische Riege der Sperma-Männchen und Sperma-Frauchen sofort ins Rennen gestürzt und ein neues Men-schenschicksal besiegelt hat. Ein energiegebündeltes weibliches Sperma, das am schnellsten war, hat sich dann kopfüber in den weit geöffneten Schlund des reifen Eis fallen lassen, und wie ich das so sehe, hat sich die Natur selbst geholfen und in diesen Not-zeiten wieder ein Menschenkind ertrotzt – da der Krieg täglich so viele Opfer forderte. Ich bin der festen Überzeugung, daß ge-

17

rade in solchen Zeiten die biologische Energie ganz stark nach vorne drängt, um das Leben insgesamt zu erhalten. Aber ich weiß nicht, ob mein außergewöhnliches Schicksal in diesem Zeugungsnebel schon klar angelegt war oder ob daran nicht auch meine Seele starken Anteil hat. Denn ich glaube, daß die Seele sich ihr Schicksal selbst mit aussucht und zu dem Zeitpunkt schon gewußt hat, daß dieser Mann wieder in den Krieg zurückkehren mußte und nicht mehr wiederkommen würde – und sich so ein vaterloses Schicksal für mich ankündigte.

Über meinen Vater habe ich alles, wozu ich in der Lage war, recherchiert – bei meiner Mutter, den Schwestern meines Vaters, der Familie und Menschen, die ihn gekannt haben, und es war für mich als Kind sehr wichtig, ihn zu finden, ihn zu spüren, ihn wie ein Puzzle zusammenzusetzen, damit ich mit ihm leben, ihn als Schutzfigur an meiner Seite fühlen konnte.

Er war also der fünfte Sohn einer Bauernfamilie. Der erste wurde natürlich nicht eingezogen, der hatte ja den Bauernhof weiterzuführen, alle anderen Söhne mußten an die Front. Mein Vater hatte sich vorher schon vehement dagegen gewehrt, zur SS geholt zu werden, aber in den Krieg mußte er gehen, denn es hieß, er würde sonst exekutiert. Mindestens dreimal war er verwundet, und es scheint fast, als hätte er das alles bewußt auf sich gezogen. Die meiste Zeit seiner fünf Kriegsjahre verbrachte er im Lazarett, und später beorderte man ihn dann zur Bewachung eines Rot-Kreuz-Camps.

Nach den bewußten vierzehn Tagen im November ging er wieder zurück in dieses Frontcamp. Am 7. Mai 1945 fand die deutsche Kapitulation statt, und kurz vorher traf ihn, wie wir lange danach erfuhren, das Dumdum-Geschoß eines Heckenschützen in den rechten Bauchraum. Er verstarb am 4. April. Es ist interessant, daß er einer Krankenschwester, die ich viele Jahre später traf und die ihn die letzten Tage pflegte, aufgetragen hatte, sich um sein Kind und um seine Frau zu kümmern – bis zu seiner Heimkehr werde es noch sehr lange dauern! Er hatte wohl nicht viele Schmerzen, weil er sehr viel Morphium bekommen hat, aber ich hatte riesengroße Schmerzen, als sie mir das, sehr viel später, erzählte.

Meine Mutter hatte die ganze Schwangerschaft über die Hoffnung auf seine Rückkehr nicht aufgegeben, denn er galt ja als vermißt, ebenso wie ihr kleiner Bruder und wie viele Söhne von Freunden, Freundinnen und befreundeten Familien. Meine Mutter hatte also nie den Gedanken aufgegeben, daß dieser Mann zurückkommen werde, hat sich daran geklammert, und das Kind hatte sie einfach angenommen, hatte es annehmen müssen, wie sie sagte. Es war ein Kind der Liebe für sie, und sie war natürlich hin- und hergerissen bei dem Gedanken: Wie schaffe ich das alleine in dieser Zeit, im Krieg und dann in der Nachkriegszeit? Er wird kommen – wer wird mit mir sein?

Da gibt es eine ganz schmerzhafte Geschichte noch während der Schwangerschaft, zu der Zeit, als sie dachte, er sei nur vermißt, er komme wieder. In der Nacht wurde sie auf dem Nachhauseweg von Panzern überrascht, die plötzlich aus dem Wald auftauchten. Es waren wohl amerikanische Soldaten, die sich einen Scherz machten und die schwangere Frau mit den Panzern über die Wiese jagten. Das muß ein unglaubliches Angstgefühl bei ihr ausgelöst haben, das heute noch in ihr wirkt, wenn sie die amerikanische Sprache hört – wenn ich englisch spreche, ist das für sie manchmal ganz bedrohlich. Sie entkam dieser Situation – man weiß ja nie, was passiert wäre, hätte man sie vergewaltigt – dadurch, daß sie sich in einer Scheune versteckte, aber da ist sie fünf Meter tief abgestürzt. Sie, die mit mir im siebten Monat schwanger war, war in einen Schacht gefallen und bewußtlos liegengeblieben. Erst am nächsten Tag wurde sie vom Bauern gefunden. Obwohl sie verletzt war, hatte sie eigenartigerweise keine

Frühgeburt. Das hat sich bestimmt auch nachhaltig in meine Seele eingeprägt, denn man ist im Leib der Mutter voll mit ihr und ihrem Gefühlsbereich verbunden, und im siebten Monat ist man ja schon fast ein lebensfähiges Wesen.

Auch zur Zeit meiner Geburt war noch nicht klar, ob mein Erzeuger und Vater zurückkommen werde. Nun mußte sie die Geburt allein durchstehen.

Ich bin geboren in Starnberg, im Haus von Gustav Meyrink, dem Haus mit der Laterne, das er so oft beschrieben hat in seinen Geschichten, und zwar am Nachmittag des 27. August 1945 um zehn Minuten nach drei Uhr. Das Haus gehörte der Hebamme, sie hatte sich hier ein Domizil eingerichtet, und da ging man nun als Wöchnerin hin, um bei ihr zu gebären.

Interessant, auf der genau gegenüberliegenden Seite des Sees ist König Ludwig ins Wasser gegangen, oder gegangen worden, das ist ja alles noch mit einem großen Fragezeichen versehen – König Ludwig, zu dem ich zeit meines Lebens eine große Verbindung fühlte. Für mich wurde er auch so etwas wie ein seelischer Vetter, ein Schutzgeist, von dem ich immer sage, daß er den gleichen astrologischen Sprung in der Schüssel hatte, den ich bei mir feststellen mußte, im liebevollsten Sinne natürlich. Aber er ist ja hundert Jahre vorher geboren, am 25. August 1845.

Ich glaube, es war sechs Monate später, als meine Mutter die ganze Wahrheit über das Schicksal meines Vaters erfuhr, ja das Unausweichliche in Form eines Briefes zugeschickt bekam und eine kleine Hinterlassenschaft dazu; auch sein Soldbuch, das ich heute noch habe und an dem man sehen kann, wie der Schuß das Papier zerfetzt hat. Nun war es klar: Mein Vater war gefallen. Innerhalb einer Woche bekam meine Mutter noch einen zweiten Brief. Auch ihr kleiner Bruder war gefallen, für das Vaterland gefallen, wie man so schön sagte. Und ich war nun zur Kriegswaise geworden, ein Heldenkind, wie mir dann mein Großvater immer einimpfte. Ich bekam eine Kriegswaisenrente, und mein zukünftiges Schicksal als Kind ohne Vater zeichnete sich in Umrissen ab.

Meine Reaktion war sehr merkwürdig. Ich habe das immer so gesehen: Ich war schwarzhaarig, als ich auf die Welt kam, und als dann unausweichlich klar war, daß mein Vater gefallen war und niemals mehr wiederkommen würde, hat sich meine Haarfarbe innerhalb von zwei Wochen geändert, ich bin sozusagen erblondet. Ich sage immer, ich bin ergraut vor Schmerz, vor der Intuition, jetzt auch zu wissen, was auf uns zukommen würde in dieser Gesellschaft, auf meine Mutter und mich.

Mein Großvater hat meiner Mutter in Aussicht gestellt, sie könne mit dem Kind bei ihm und seiner Familie in der eigenen Gärtnerei mitleben und -arbeiten. Das war für meine Mutter erst mal ein Schutz.

Mir aber wurde das Herz schwer, wenn ich betete: »Vater unser, der Du bist im Himmel.« Es gab kein reales männliches Wesen, das uns jetzt beschützte. Ich haßte meine ganze Kindheit über und mein ganzes Leben lang den Krieg, ich verabscheute Gewalt, und auch heute noch macht mir das alles angst, vor allem die Manipulationen und die Intrigen, die den Krieg immer wieder auslösen, und das Leid, das über die Menschen ausgeschüttet wird, vor allem natürlich über den kleinen Mann, der da geopfert wird in der großen Dimension.

Es hieß immer, ich sei ein Kind der Stunde Null. Ich bin ja nach der Kapitulation geboren, und viele Menschen versuchen, sich mit ihrer »späten Geburt« zu entschuldigen, aber da kann ich nur sehr milde lächeln. Wenn ich an die Überschattung meines Schicksals durch den Krieg denke, dann ist eine solche Aussage der blanke Hohn.

Später haben wir ja alle unsere Eltern immer wieder gefragt: Wie war es möglich, daß in dieser schrecklichen Zeit auch noch die

Verfolgung der jüdischen Mitmenschen stattfand, der Massenmord in den Konzentrationslagern? In meinem Fall sagte meine Mutter: »Du mußt dir vorstellen, es ging um die reine, elementare, existentielle Not. Ich habe wirklich nichts gewußt, ich hatte Hunger, mußte schwer arbeiten bei den Bauern, denn die Männer waren an der Front, und jedes Kind wurde eingesetzt. Mein Bruder war an der Front, mein Mann war an der Front, und immer hatte ich die große Angst, was mit ihnen ist, wie es ihnen geht, ob sie noch am Leben sind. Und dann war ich mit dir schwanger ...«

Das alles mußte auch nach innen gekehrt sein, zu dem Wesen hin, das man schützen mußte und das natürlich die Hauptsorge war, und trotzdem hat sie unter Einsatz ihres Lebens diesen Kriegsgefangenen und Halbverlorenen geholfen, mehr war nicht möglich. Auf dem Land war man sich des vollen Ausmaßes auch nicht so bewußt. Mir ist klargeworden, daß es immer sehr schlau ist von den Kriegstreibern und Kriegsinszenierern, die Menschen erst einmal in große soziale Not zu stürzen, in existentielle Bedrängnis, sie elementar hungern oder psychisch verhungern zu lassen, sie immer mehr in die Enge und in Verwirrung zu treiben, so daß man in dieser Situation Dinge nachhaltig an ihnen vorbei durchsetzen kann, die vielleicht in anderen Zeiten nicht möglich gewesen wären.

Als meine Mutter mit mir zusammen bei ihrem Vater lebte, leben mußte, war er wieder neu verehelicht. Wichtig ist in diesem Zusammenhang, daß meine Mutter, die ja ein ganz entscheidender Faktor in meinem Leben ist, sozusagen als Amme dieses merkwürdige, vielschichtige Energiebündel schützt und stillt. Als Gärtnerin gießt sie ihr Kind, aber manchmal ist sie erschrocken darüber, was da heranwächst. Trotzdem stutzt sie es nicht zurück, beschneidet es nicht und läßt, wie in einem geheimnisvollen Auftrag, dieses herbeigeflogene Wesen bestmöglich gedeihen und verteidigt es gegen alle und alles. Dadurch hält sie mir, wie man so schön sagt, den Rücken frei, damit mir niemand hinten ein Messer hineinstoßen kann. Und mit dieser Sicherheit kann ich vorne mein Herz in vollstem Vertrauen für die Menschen öffnen.

Ich bin der Meinung, daß diese Ammensituation, die ich da anspreche, daher rührt, daß in eine Familie ein Wesen inkarniert wird, das fremd und anders ist und ein großes Problem darstellt, vor allem in einer Zeit wie nach dem Krieg, wo es keinen sicheren Platz und kein festes Revier gibt. Um so glücklicher kann ich sein, daß es in meinem Fall eben nicht so war. Als ich meine Geburtsdaten einmal an eine Astrologin weitergab, interpretierte sie die Tatsache, daß mein Vater gefallen ist, so, daß sich dieser Mann kurz vor Ende des Krieges aus dem Staub gemacht habe. »Aus dem Staub« würden wir uns ja alle eines Tages machen, er aber habe sich damit vor der Verantwortung gedrückt, das Kind mit der Frau aufziehen zu müssen. Das war Gott sei Dank erst vor zehn Jahren, als ich schon Ende Dreißig war, und doch war da noch einmal ein großer Schmerz im nachhinein und eine große Wut, auch auf die Frau und ihre Interpretation. Es war sehr schwer, diese Vorstellung in mein Leben hereinzunehmen, zumal ich das für eine sehr gefährliche Auslegung hielt. Aber es war schon wie eine meditative Übung, in diese mögliche Wirklichkeit hineinzutauchen.

Mein Großvater, der Gärtner, der Fischer, der Mann mit der Wanderseele, hieß Franz Xaver. Er hatte auch hunnisches, mongolisches Blut, und von ihm trage ich gewisse genetische Strukturen. Ich empfand ihn als weise. Als junger Mensch war er in andere Länder gereist und hatte viel studiert, vor allem Pflanzenkunde, so wußte er alles über die Natur. Aber er war sehr streng erzogen worden, und im Ersten Weltkrieg wurde er in jungen Jahren eingezogen – diese Erfahrung hat sein Leben bestimmt und ihn verhärtet.

Dieser Mann traf nun auf meine Großmutter Theresia und mußte sie heiraten, weil er sie geschwängert hatte. Die Ehre war gerettet, aber er hat das dieser Frau wohl nie verziehen und ihr deshalb ein unstetes Leben bereitet. Mit vier Kindern mußte sie mit ihm ziehen, von einem Platz zum anderen, unrastig und unleidig, und er war sehr streng mit ihr und konnte keine Gefühle zeigen, was für meine Mutter, die Älteste, Erstgeborene, äußerst schmerzlich war.

Meine Großmutter war sehr sensibel, eine schöne, musische, künstlerische Frau, die gesungen und in jungen Jahren auch Theater gespielt hat. Aber das ist ihr sehr schnell vergangen, daran ist sie immer mehr zerbrochen und wollte sich wohl mit dem kleinen Kind das Leben nehmen, aber mein Großvater kam dazu und bestrafte sie, indem er noch strenger, noch grausamer, noch gefühlloser mit ihr umging. Von nun an durfte sie nicht mehr in seinem Zimmer schlafen, wurde ausquartiert, und kurze Zeit später, ich glaube, schon mit neununddreißig Jahren, bekam sie einen Schlaganfall und war gelähmt. Ihre Seele hatte aufgegeben. Vier Jahre wurde sie gepflegt, und meine Mutter mußte sie an Weihnachten begraben. Danach wurde sie sozusagen die erste Frau, mußte ihre Geschwister und den Haushalt versorgen, und das alles schon mit zwölf Jahren. Der Vater projizierte nun seine Erwartungshaltungen und seine große Strenge auf sie, und für uns ist es immer ein Wunder, daß meine Mutter das alles mit solcher Stärke überlebt hat. Jetzt, im Alter, wird sie leicht krank, muß das ausbalancieren, ist aber immer noch die Schützende. Mein Gefühl ist, daß sie manchmal wohl zuviel von sich hergegeben hat.

Meine Mutter lebte also mit mir bei meinem Großvater. Und

nun kam wieder ein schmerzhafter Einschnitt in ihr Leben, als sie nach zwei Jahren einen Mann kennenlernte, hoffte, einen neuen Partner gefunden zu haben, und feststellen mußte, daß er schon Jahre verheiratet war – in den Nachkriegswirren ging ja alles drunter und drüber. Er hat sich nicht zu dem Kind bekannt und sie verlassen, als sich herausstellte, daß sie schwanger war. Daraufhin reagierte der Großvater sehr hart und konsequent und erklärte meiner Mutter, daß sie auf keinen Fall mit den beiden Kindern weiter in seiner Familie und seiner Gärtnerei leben könne und sich entschließen müsse, beide Kinder in ein Heim zu geben, erst dann könne sie wieder zurückkommen. Er gab ihr Bedenkzeit, aber sie hat ihm natürlich nicht gehorcht. Sie hat sich für diese zwei kleinen Wesen entschieden, die man ihr anbefohlen hatte, und ist hinausgegangen, sprichwörtlich auf die Straße, um sich ein Quartier zu suchen. Diese drei Tage in meinem jungen Leben – ich war zweieinhalb Jahre alt – gingen sehr stark in mein Unterbewußtsein über und kommen manchmal noch heraus, wenn es Situationen gibt, in denen ich verletzt werde und empfindlich reagiere. Dann merke ich, daß ich diese Wunde noch trage. Das werde ich etwas erklären.

Meine Mutter nahm uns zwei, das halbjährige Baby und mich, und ging zum nächsten Bürgermeister, um für uns um eine Wohnung zu bitten. Das war in Bachhausen am Ostufer des Starnberger Sees. Er mußte ihr nun eine Unterkunft zuweisen.

Der erste Platz war auf einem Bauernhof, und als meine Mutter mit den zwei kleinen Kindern ankam, reagierte der Bauer sehr brüsk und verletzend, nannte sie eine Dahergelaufene mit zwei Kindern, und sie solle seinen Hof verlassen. Als sie dann die amtliche Zuweisung vorzeigte, meinte der Bauer, das interessiere ihn nicht, und wenn der Bürgermeister käme, würde er ihn eigenhändig erschießen. Dies sei sein Hof, hier bestimme er. Da es schon sehr spät war, hat er ihr aber einen Platz im Stall zugewiesen, da könne sie eine Nacht mit den beiden kleinen Kindern verbringen, damit sie nicht wieder hinaus in die Kälte müsse.

Am nächsten Tag mußte sie wieder zurück zum Bürgermeister. Der fand das sehr bedauerlich, er hat sich für das Verhalten des Bauern entschuldigt und meinte, er hätte es wissen müssen, denn der Mann sei ja schon bekannt dafür, daß er so ist, wie er ist. Dann stellte er eine zweite Zuweisung aus, da sollte sie nun wieder sieben Kilometer hinwandern, um einen Platz für sich und die Kinder anzunehmen. Sie war jetzt schon sehr geschwächt, und man stellte ihr einen Gemeindediener zur Seite, der half, ihre kleinen Habseligkeiten zu tragen.

Sie kam zu einem Kleinhäusler, wie man das bei uns so schön sagt, mit einem ersparten, hochgezogenen Häuschen, der natürlich nicht gewillt war, diese Mutter mit den zwei Kindern aufzunehmen. Er erzählte ihr eine Schauergeschichte, der Kammerjäger müsse erst noch kommen, er habe Wanzen und merkwürdiges Getier in diesem Zimmer, und das könne er ihr nicht zumuten. Natürlich war das gelogen, und wieder mußte sie umkehren und den ganzen Weg zurückgehen. Aber nun hatte sie ja wenigstens diese Hilfe, und der Bürgermeister hat gemeint: »Du bleibst jetzt erst ein paar Tage bei mir, da werden wir ein richtiges Quartier für dich suchen.«

Der dritte, also der vierte nach dem Bürgermeister selber, war ein Baron, ein richtiger Aristokrat. Wir waren wieder am Ausgangspunkt des Geschehens, in Bachhausen, und dieser Baron fand nun, daß das zugewiesene Zimmer, das man über eine schmale Stiege erreichen sollte, viel zu gefährlich sei, um mit zwei kleinen Kindern hinaufzusteigen, und er gab meiner Mutter freiwillig ein Zimmer im Parterre, damit sie es nicht so schwer hatte. Von dem Moment an gab es ein Gefühl der Geborgenheit, und der Mann war ja auch sehr anerkannt im Ort und hat schützend seine Arme ausgebreitet. Kurz danach wurde meine Mutter sehr krank – es war wohl zuviel, was man ihr angetan hatte.

Das alles hat sich in meine Seele eingebrannt, und ich werde immer hellhörig, wenn Menschen sich sozial schlecht benehmen. Meine ganze Kindheit über war ich sehr wach, habe den Mitmenschen genau auf die Finger und auf den Mund geschaut und sofort gesehen, wenn gelogen, Scheinmoral gelebt wurde; wenn Dinge nicht übereingestimmt haben und Schuld auf andere übertragen wurde, um von der eigenen Situation abzulenken. Wenn ich an diese zwei Tage zurückdenke, erscheint es mir im nachhinein unglaublich, daß man einer Mutter nicht hilft. Ich denke auch heute noch so, deshalb engagiere ich mich so stark, helfe Müttern und versuche, Minderheiten zu stützen. Wenn ich fast ohnmächtig sozialen Ungerechtigkeiten gegenüberstehe, so bin ich davon überzeugt, daß das ganz stark durch diese schrecklichen asozialen Verhaltensweisen der Menschen damals bestimmt wurde.

Ja, und da gibt es noch eine weitere wichtige Komponente. In der damaligen Zeit, in der es noch eine Schmach war, ein lediges Kind zu bekommen, haben sich viele Frauen gefügt und das Kind weggegeben. Interessant ist, daß es eine Verkettung von Frauenschicksalen gerade in der Familie meiner Mutter gibt – diese Frauen haben sich aufgelehnt. So zum Beispiel meine Urgroßmutter Resi, ebenfalls eine Bauerntochter, von einem großen Hof in Holzkirchen, die als einzige Tochter auch ein Kind der Liebe unter dem Herzen trug. Sie sollte das Baby, das natürlich von einem Mann war, der nicht angemessen zu sein schien, im Kloster zur Welt bringen und dort auch lassen, was damals der eleganteste Weg war, diese armen Würmchen loszuwerden, um dann wieder ein schönes moralisches Leben zu führen, natürlich immer unter dem großen Druck der Familie. Dies hatte man auch meiner Urgroßmutter auferlegt, und sie hat sich, ebenso wie meine Mutter später, geweigert. Von der Kanzel herunter wurde sie beschimpft, der Pfarrer hat ihren Namen genannt und sie aus der Dorfgemeinde verstoßen. Aber sie hat trotzdem zu ihrem Kind, zu dieser Schwangerschaft gestanden und dann den Vater des Kindes geehelicht, den sie schon immer geliebt hatte. Der war aber nur ein Flickschuster und ein Kleinhäusler, und trotzdem hat sie es vorgezogen, dann eben dieses Leben zu leben. Und meine Mutter – sie hat die Kraft gehabt, sich gegen ihren Vater und gegen die Gesellschaft ein Leben zu ertrotzen, mit dem sie im Lauf der Jahre immer mehr respektiert wurde; und sie hat sich als Frau eine berufliche Situation geschaffen, auf die sie am Schluß sehr, sehr stolz sein konnte. Sie hat es auch geschafft, sich aus einer späteren Ehe zu lösen, was für ihre Altersgruppe sehr ungewöhnlich war. Ich glaube, daß ein großes Kraftfeld in ihr wirkte, das ich elementar mitbekommen habe und das ich auf eine ganz andere Art und Weise noch einmal ganz extrem leben muß.

Es ist vor allem das Damoklesschwert des Patriarchats, das mich antreibt – daher mein dauerndes Kämpfen als Frau oder als Mann-Frau, Frau-Mann, Kind-Weib, was auch immer, um in der Selbstbestimmung meinen Weg zu finden und jetzt schon seit fast fünfundzwanzig Jahren ohne den Schutz eines männlichen Wesens zu leben. Meine Lebensstrukturen auf diese Weise zu formen und zu leben ist vielleicht zum großen Teil auch durch meine genetischen Werte bedingt, die sich aus der Schüttelmixtur meiner mütterlichen Seite ergeben haben. Die Astrologin sprach von der Scheinkette, der Verkettung, die nur von dem einen Wesen durchbrochen werden kann.

Meine Mutter erzählte mir immer wieder von dieser schrecklichen Woche. Als sie ohne Quartier und ohne Schutz gewesen sei und von einem Platz zum anderen gejagt wurde, habe sich mein Vater im Traum zu ihr gelegt, habe geweint und ihr zugeflüstert, es tue ihm so weh, daß er ihr nicht helfen und nicht bei ihr sein könne – er sei manchmal so nahe bei ihr gewesen, daß sie nicht habe unterscheiden können, ob das Traum oder Realität war.

Sie erzählte mir auch, daß ich mich später in diesem letzten Quartier auf die Reise machte und mit einem kleinen Wägelchen loszog, um meinen Vater zu suchen. Da erklärte ich dann den Menschen, die mich als kleines Kind verwundert beobachteten, stolz und ganz allein, ich müsse meinen Vater suchen, der im Himmel sei.

Dann gibt es noch eine weitere, sehr nachhaltige Erinnerung aus jener Zeit. Als ich eines Nachts aufwachte und die Mutter nicht da war, bin ich, als dreijähriges Kind, barfuß und nur mit einem Nachthemd bekleidet, durch die Nacht gelaufen und habe weinend und schreiend meine Mutter gesucht, die ich dann, zu ihrem Schrecken, auch fand. In der Meinung, ich schliefe, ist sie nur einmal eine Nacht bei einer Freundin gewesen. Ich hatte das Gefühl, wenn der mütterliche Schutz jetzt auch noch wegfällt, dann bin ich verloren.

Uns kam es damals sehr zugute, daß meine Mutter Näherin war. Sie setzte uns Kinder auf das Fahrrad, und so fuhren wir zu verschiedenen Familien, damit sie dort arbeiten konnte. Bezeichnenderweise waren das auch wieder aristokratische Menschen, unter anderen die Familie des Grafen Rosenthal. Ich liebte es, in diesen fremden Häusern zu schnüffeln, Dinge zu entdecken, Bilder und Kunstgegenstände zu betrachten, zu berühren, und tauchte ein in eine Welt, die mir vertraut schien, die mir wohlbekannte Schauer über den Rücken jagte. Ich konnte mich in den Gesprächen mit den Menschen öffnen und stieß auf Verständnis und auf besondere menschliche Eigenschaften. Es ist bemerkenswert, daß das eigentlich mein ganzes Leben angehalten hat. Da waren immer wieder Begegnungen mit aristokratischen, feinen, stillen Menschen, die wichtig in meinem Leben waren, die Schutz, die Licht hineingaben. Vorbildliches Verhalten wie das des Grafen Rosenthal, der fast schon als schützender Ritter auftrat, hat sich immer wieder geheimnisvoll in mein Leben hineingegossen.

Oft fragt man sich als Kind, wenn man noch sehr hellhörig, weitsichtig und feinfühlig ist: Wo bin ich denn hier? Das kenne ich nicht, das ist mir nicht vertraut, das ist nicht meine Welt, das ist alles so fremd. Ich habe lange Zeit versucht, das mit der Reinkarnationslehre zu erklären – meine Seele sei nicht von hier. Und schon als Kind von fünf oder sechs Jahren habe ich mir zu den Menschen, die streitsüchtig und mir fremd waren, eine Distanz geschaffen: »Ich muß euch sagen, ich bin nicht von hier, ich komme aus Surinam.«

Surinam war für mich *mein* Land, bis kurz bevor ich in die Schule kam – dann haben sich die Bilder verändert, natürlich durch die Lehrer und die neuen Eindrücke. Bis dahin sah ich immer Länder mit lächelnden Gesichtern, das waren für mich Indien, China, das waren für mich Gärten, freundliche Menschen, die sich Geschenke machen, das war für mich natürlich auch eine große Sehnsucht nach Frieden, nach einem konstruktiven sozialen Miteinander, nach Helfen, nach Sich-Freude-Bereiten, und ich erinnere mich noch daran, wie die Bauern und die, die mich geliebt haben, mich als »Kind mit den großen blauen Augen« bezeichneten.

Ich war sehr freundlich und offen als Kind, bis zum siebten Lebensjahr, als eine neue Konstellation in mein Leben hineinbrach. Ich war mitteilsam, gutgläubig und, geschützt durch meine Mutter, habe ich durch sie nur Vertrauen und Schutz erfahren, was sich sehr nachhaltig auch wieder auf die Menschen meines Umfelds ausgewirkt hat. Davon sprechen sie noch heute.

Heute weiß ich, daß die Seele sich als Einheit – daran glaube ich ganz fest – einbringt in eine Situation. Nie darf man vergessen, daß man in einen Körper hineingegossen wird, der alle Informationen trägt, der dieses Einzigartige hat, das nur einmal sein kann, das einmalige Leben, das sich verschmelzen muß, und daß sich in dem Körper alle Abrufmechanismen staffeln wie in einem Großcomputer. Das geht vielleicht zurück bis zu Adam und Eva, daß speziell dieses eine Wesen, dieses eine gewollte Leben alle genetischen Informationen der Vorfahren in sich trägt und dadurch eine Verhaltensstruktur zustande kommt, die fremd erscheint, die aber von den Vorfahren herrührt – so hat es einen Auftrag, wenn auch nur von der Evolution, von der biologischen Seite her. Hinzu kommt dann eine dritte Ebene, die geistige, das permanente Öffnen – ich sage immer, die Fontanelle offenhalten, um mit seinem Über-Ich in Kontakt zu bleiben, es als Intuition, als Schutzgeist zu erkennen und permanent Erfahrungen auszutauschen und neue Anweisungen zu bekommen, aber auch, um die schon gelebten, praktischen Erfahrungen und die daraus resultierenden Ergebnisse sofort wieder diesem Über-Ich anzuvertrauen und Konsequenzen abzuleiten. Das hat mir im Laufe der Zeit viel geholfen und mich gelehrt, daß das Schicksal, die Geburtskonstellation und auch das Schmerzhafte positiv anzunehmen sind, um daraus mit dem geliebten Leben eine ganz einzigartige Schleife zu drehen, den einmaligen Lebensweg einzuschlagen, den jeder von uns gehen muß.

Eine zentrale Bedeutung auf meinem Lebensweg hat für mich die astrologische Komponente, die mir in Gesprächen mit einer Astrologin aufgeschlüsselt wurde.
Es sind die Konstellationen und Aspekte, die viel über mein Leben aussagen; die es geprägt haben und weiter prägen werden, damit ich im Erkennen meiner Person weiter vorwärtsgehen kann. Zu meinem Horoskop sei also gesagt:

31

Im Sonnenzeichen bin ich Jungfrau, im Aszendenten Schütze, der durch das Trigon zu Pluto an Stärke gewinnt.

Der Schütze muß immer unterwegs sein, das stimmt, er hat absolut kein Sitzfleisch. Er reist gern, ist rastlos, wißbegierig, ein grenzenloser Optimist und Idealist. Er ist nur glücklich, wenn er in absoluter Freiheit leben kann, jeder Zwang ist ihm ein Greuel, und gedanklich muß er fliegen dürfen, weit über die irdischen Ziele hinaus. Allerdings besteht die Gefahr, daß er sich dabei verzettelt. Die Jungfrau, als kritisches Erdzeichen, immer auf Ordnung und Disziplin bedacht, nimmt diese Gefahr wahr, und sie wird in diesem Fall zum Eichelhäher, die Sehende, die die Tagträume des feurigen Schützen konkret werden läßt.

Laut Aussage meiner Astrologin habe ich durch ein Sonne-Mond-Merkur-Trigon eine große Lebenskraft vom Kosmos mitbekommen: Das männliche und weibliche Element sind hier harmonisch vereint. Das kann ich aus Erfahrung bestätigen, denn schon von Kindheit an kenne ich die ganz große Begeisterung für das hermaphroditische Wesen, die Verkörperung von Mann und Frau in einer Person.

Ich sehne mich nach diesem heiligen Geschöpf, ich möchte es immer schützen, also im Mann die Frau schützen, seine weibliche Substanz in ihm, um ihn nicht, wie ich immer sage, zu einem Vierkantschlüssel werden zu lassen. Aber ich möchte auch in der Frau die männliche Substanz schützen, daß sie Mann sein darf, wo es nötig ist. Sie muß ja mit männlichen Waffen kämpfen, allein schon, um in der heutigen Leistungsgesellschaft zu überleben. Sie muß Verantwortung übernehmen, um ihre finanzielle Existenz abzusichern.

Es ist interessant, daß diese Komponente in meinem Wesen voll vorhanden ist, und dafür bin ich dem Schicksal dankbar.

Interessant ist, meint meine Astrologin, daß es in allen Märchen eine Hauptfigur gibt, die ihre Geschichte einlösen muß. Sie spricht in diesem Zusammenhang immer wieder das Schneewittchensyndrom an – Schneewittchen, das hinter die sieben Berge geht, zu den sieben Zwergen. Das finde ich sehr lustig, weil ich das die sieben Adrenalinhügel nenne, die ich von hinten und nicht von vorne abbauen mußte, was mir durch exzessive Arbeit und manifestierte Bilder und Plätze auch gelungen ist. (Uranus im Haus der Öffentlichkeit!) Ich bin also nicht hinter den sieben Bergen geblieben, auch nicht im Glassarg, bin aber auch nicht mit sieben Zwergen, sondern mit sieben Rittern zusammengewesen. Aber davon später mehr.

Ich glaube ja sowieso, daß jeder Mensch sein Treatment, sein Skript, als seine Lebensgeschichte bei der Geburt unter dem Arm mitbekommen hat. Sie ist vom Kosmos für ihn einzigartig angelegt worden. Das erste Casting wurde schon vor den eigenen Strukturen gemacht, genetisch wie karmisch vorbestimmt, die Eltern sind dazu eigens zuvor gecastet worden, und erst viel später darf man seinen eigenen Willen entwickeln.

Aber selbst wenn man die eigene Intuition ausklammert, durch die eigene Ratio lebt, wird man irgendwann erkennen, daß es eine Linie gibt, die vorbestimmt ist. Man muß nur das Beste aus seinem Lebensskript machen. Man kann also einen guten oder einen schlechten Film machen, kann intensiv Gefühle ausleben und alles riskieren. Allerdings kann man für eine gewisse Zeit die gefährlichen Seiten von seinem Skript überschlagen, wenn man weiß, dieses Kapitel, o Gott, dieses Gefühl, das will ich jetzt nicht durchleben. Und dennoch wird man in eine Depression fallen, vielleicht sogar aus dem Leben hinausgeschleudert werden, bis man begreift, daß man das überschlagene Kapitel leben und annehmen muß. Es hilft mir sehr zu wissen, daß ich letztendlich und hoffentlich ein intensives, reichhaltiges, abenteuerliches, menschliches Leben lebe und mit meinem Lebensskript unterm Arm später als Regisseur, Direktor, Bühnenbildner, was auch immer, in der Lage sein werde, verschiedene Komponenten inhaltlich lebendig zu gestalten. Ich hoffe nur, daß der größte Regisseur, der alle Fäden in der Hand hält, mir dabei wohlgesonnen ist.

Ein anderes schönes Bild in mir stammt aus meiner Zeit in der Psychiatrie von einem Arzt, mit dem ich gearbeitet habe. Er sagt, daß man auf einen Weg geht, um seine verlorenen Stücke zu suchen, und durch Begegnungen und Erlebnisse von außen diese Teile wieder mit nach innen bringt und so zum Selbst oder eigentlichen Wesen kommt. Wir haben in der Psychiatrie danach gearbeitet, wir wußten, daß der kranke Mensch abspaltet, wußten, daß etwas abgespalten wurde, das man suchen und durch die Tat und die Umwandlung wieder zurückführen mußte in den Körper, in die Psyche.

Durch die Jupiter-Neptun-Konjunktion im zehnten Haus ist bei mir eine starke soziale Komponente angezeigt. Ich glaube, ich habe inzwischen gelernt, vom eigenen Ego loszulassen.

Doch loslassen kann man nur, wenn das Ego in der von der Natur angelegten Triebstruktur gefestigt ist. Nur dann kann es sich auf die große Reise machen, um die gesammelten Erfahrungsschätze und gespeicherten Geheimnisse des gelebten Lebens mit dem Du eines Gegenübers liebevoll zu teilen.

Unser Wunsch, das Leben so, in einer erfüllten Partnerschaft, zu gestalten, ist oft stärker, als es ein Lösungsprinzip der Schöpfung gestatten kann. Denn das Kausalprinzip fordert seinen Tribut: verletzte Seele – verwundetes Ego.

Kein ISMUS (Egoismus, Rheumatismus, Kannibalismus) kennt irgendein Pardon. Er zwingt das Ego, die Kirschen in seinem Garten selbst zu essen, um das Manko einer verletzten Triebstruktur radikal auszugleichen.

Das höchste Glück ist die Befreiung vom Ich-Bewußtsein, predigt Buddha. Das ist leicht gesagt, im Leben jedoch schwer einzulösen, solange wir noch zwanghaft der traumatischen Spur unserer bedrohten Kindheitserlebnisse folgen. Jedes einzelne Geschöpf des großen Kosmos will in seiner Ganzheit geliebt und angenommen werden. Wie schwer ist es, dem Du in die Seele zu blicken, wo uns doch die auf den Schultern lastenden lebensfeindlichen Normen tief zu Boden drücken.

So hüllen wir uns immer wieder in denselben Schleier, machen Fehler und sind den verschiedenen Planetenkonstellationen, die uns so lange peinigen, ausgeliefert, bis wir das Gesetz von Ursache und Wirkung begriffen haben. Durch den gelebten Schmerz glaubt man seinen Gott geopfert zu haben, dann ist er sozusagen erledigt, »gegessen«, und man läuft nicht weg, sondern man stellt sich.

Das Stellen und Nicht-Weglaufen und das Voll-Hineinfallen in die schmerzhaften Abenteuer bestimmen sehr stark mein Leben. Meine verletzten Planeten suchen nach Mutter und Vater, was sich in meiner speziellen Liebe und Freundschaft zu homosexuellen Männern zeigt.

Wichtig für mich ist es immer wieder, nach innen zu gehen, dem Transzendentalen nahezukommen – dafür spricht Pluto im achten Haus –, den Schmerz, den das Leben einem zufügt, zu sublimieren und daraus neue Erfahrungen zu schöpfen.

Wäre es in unserer Zeit nicht schön, wir hätten Millionen von Menschen mit mehr Opferstrukturen oder mehr sozial Engagierte mit einem Helfersyndrom? Ich habe dies schwer erlernt, denn jedes Verhaltensmuster hat ja auch die gegenteilige Polarität und kann dadurch wieder ausbalancieren und ausgleichen.

Durch meine Arbeit als medizinisch-technische Assistentin lernte ich die physikalischen Gesetze begreifen. Hinter jedem Ereignis steht ein Gesetz, und es gibt keinen Zufall, sondern nur einen Vorfall, der es auf etwas abgesehen hat. Alle Lebewesen, so habe ich mich das lehren lassen und auch immer geglaubt, entwickeln sich in einer bereits vorgegebenen Form. Da gibt es kein Zurück. Die Zelle hat die Aufgabe, den ihr zugeteilten nützlichen Dienst am Ganzen zu erfüllen. Da kann man nur sagen, Zelle sei brauchbar, sei ein dienstbarer Geist für die Evolution!

Wenn man sich nicht nur als Einzelwesen sieht, sondern wirklich als Teil des Ganzen, werden viele Dinge größer, sinnvoller, und man wird auch zärtlicher gestimmt, wenn man leiden, sich sorgen muß, aber gleichzeitig weiß: Es führt zu etwas. Dazu habe ich bei Goethe in den *Orphischen Urworten* die dichterische Formulierung gefunden:

>»Wie an dem Tag, der dich der Welt verliehen,
>
>Die Sonne stand zum Gruße der Planeten,
>
>Bist alsobald und fort und fort gediehen
>
>Nach dem Gesetz, wonach du angetreten.
>
>So mußt du sein, dir kannst du nicht entfliehen,
>
>So sagten schon Sibyllen und Propheten;
>
>Und keine Zeit und keine Macht zerstückelt
>
>Geprägte Form, die lebend sich entwickelt.«

Wenn wir von dieser Dreiteilung – Körper, Seele und Geist – sprechen, von der körperlich genetischen Struktur, so kommt in meinem Fall noch diese speziell bayerische Struktur hinzu, diese unglaubliche Verschmelzung, der Schmelztiegel verschiedener Völker und kultureller Gruppen, der dann dieses Elixier und dieses Außergewöhnliche vom genetischen Urgrund her ausmacht. Immer wieder müssen wir hinausgehen, um zu erfahren und zu lernen, und dann doch all diese verschiedenen Strukturen in uns selbst suchen.

Das
Leben
ist
eine
Dramödie

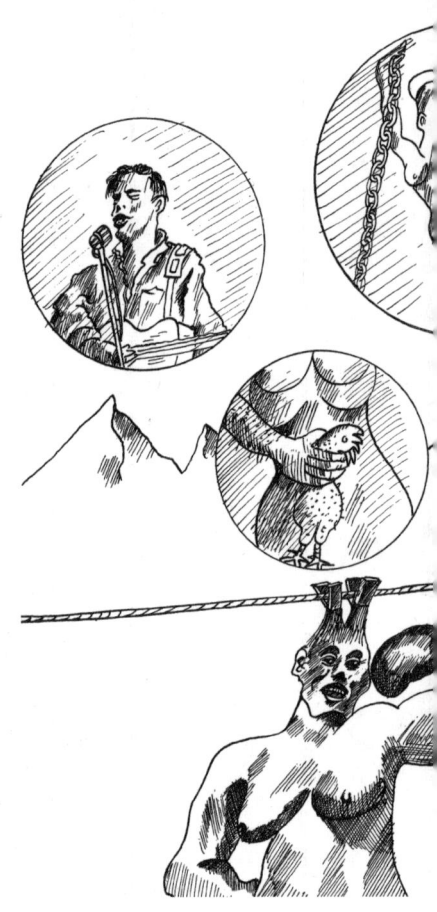

Februarius

Ich wollte doch nur einem armen nackten Fischlein mein Kleidchen opfern, und jetzt sitz' ich oben auf unserem Schrank, zitternd und vor Angst wie gelähmt. Wie bin ich mit meinen sieben Jahren denn da nur hinaufgekommen?

Mein Herz schlägt bis zum Hals, die Nase blutet, die Augen sind vom vielen Weinen verquollen – ich schreie nach meiner Mutter, aber sie kann mich nicht hören. Sie näht gerade bei einem Bauern in der Nachbarschaft.

Wie durch einen Spiralnebel dringen zwei dunkle, unerbittliche Augen in Mark und Bein. Ein Ledergürtel wippt auf und ab in seiner Hand: »Du kommst jetzt sofort herunter, aber dalli, dalli.« Er hat mich geschlagen. Niemals hatte meine Mutter mich geschlagen, höchstens mal ein Klaps hier, ein erhobener Finger dort, und so war ich ein zutraulich lachendes Kind mit blitzenden blauen Augen, dem Schalk im Nacken, geschützt durch die liebevolle Akzeptanz meiner Mutter, die meine kleine Schwester und mich im täglichen Dschungel des Lebens wie eine Löwin zu verteidigen wußte. Mein Revier war gesichert. Ich war ein glücklich brabbelndes Wesen voll blühender Phantasie, liebte Tiere und Menschen und versuchte täglich, die geheimnisvolle Welt mehr und mehr zu entdecken.

Jetzt war diese Welt aus den Angeln gehoben, denn mein Stiefvater Alois war wie ein fremdes Virus in unser geschütztes Biotop eingedrungen.

»Was hab' ich denn getan?« Ich konnte diese haßerfüllte Attacke – mittlerweile hatte er den Schrank umgestoßen, ich war auf den Boden gefallen, und er begann, mich mit den Füßen zu treten – in keinen logischen Zusammenhang bringen. Das sollte noch sehr oft geschehen, ja sich von Jahr zu Jahr immer mehr, irrational, steigern.

»Aber meine Forelle Anna hat doch so gefroren!« Wieder klatschte der lederne Gürtel auf meinen zusammengekrümmten Körper. Da schrie ich mit aller Kraft: »Du bist nicht mein Fleisch und Blut, du darfst mir nichts tun.«

Das machte es nur noch schlimmer. Jetzt mußte ich mich auch noch stundenlang auf spitze Holzscheite knien. »Vater, mein Vater, warum hast Du mich verlassen?«

Später berichtete er meiner Mutter, ich böses Mädchen sei freihändig mit dem Fahrrad gefahren und hätte mich bei einem Sturz so böse zugerichtet – drohend bohrte sich sein Blick in meine Seele: Wage es!

Ich wagte es nicht und behielt viele dieser schrecklichen Übergriffe (wie sie meine Astrologin nennt) für mich, denn ich wollte das Leben meiner Mutter nicht noch schwerer machen.

Müde vom Überlebenskampf, mit zwei kleinen Kindern ganz auf sich gestellt, war plötzlich dieser Mann in ihr Leben geschlittert, und unsere verschworene Dreierbande schien ernsthaft in Gefahr zu geraten, auseinanderzubrechen.

Heute noch kann meine Mutter nicht begreifen, wie es geschehen konnte, daß dieser von seiner Leidensstruktur so schwer gezeichnete Mensch seine schizophrenen Anwandlungen vor ihren Augen so geschickt verbergen konnte.

Von Jahr zu Jahr brachen sich seine paranoiden Zwangsvorstellungen mehr Bahn, und meine Mutter wurde dadurch immer weiter in die Opferhaltung gedrängt, gedemütigt und mißhandelt, und das oft vor unseren Augen. Die Ohnmachtsgefühle eines kleinen Menschenkindes, das nicht helfen kann, sind für mich noch heute in meiner Erinnerung kaum zu ertragen.

Ich muß mich aber zwingen, mich intensiv mit dieser schicksalhaften Konstellation, die durch diesen Stiefvater gelebt werden mußte, im Hier und Jetzt auseinanderzusetzen. Sie bedeutete große Übergriffe und schmerzhafte Einschnitte in mein Leben, die aber auch eine einmalige Prägung meiner Schicksalslinie ergaben und deren Wundschmerzen wohl für immer auf meiner Seele brennen werden. Hieraus rühren tiefe Erkenntnisse und ein lebenslanger Ansporn, die kausalen Zusammenhänge der psychischen Erkrankung meines Stiefvaters zu erforschen, zu den Wurzeln seines menschlichen Seins vorzudringen, um ihn in seiner Gesamtheit zu erfassen, um ihn zu verstehen und vor allem, ihm verzeihen zu können. Nur dadurch war mein psychisches und körperliches Überleben möglich.

Eines Tages kam es heraus: Mein Stiefvater war von der amerikanischen Armee im Jahre 1945 aus einem Konzentrationslager befreit worden. Seine Blutzusammensetzung entsprach nicht dem Reinheitsgebot der Nazis, so wurde er zwangssterilisiert und war über Jahre hinweg unglaublichen Torturen ausgesetzt gewesen. Das alles hatte er bei seiner Heirat mit meiner Mutter verschwiegen. Als Akten aus jener Zeit vom Bürgermeister an meine Mutter weitergeleitet wurden, glaubte mein Stiefvater in betrunkenem Zustand und in einer seiner Wahnvorstellungen, in einem Dorfpolizisten einen seiner Peiniger aus dem Konzentrationslager wiedererkannt zu haben, und er versuchte, sich zu rächen, was ihm eine Anzeige wegen Bedrohung der Staatsgewalt einbrachte – so kam diese ganze Vergangenheit ans Licht. Für mich gerade zur rechten Zeit, denn daraufhin fing ich an, meine Lehrer über unsere Geschichte auszufragen, alles mußte ich wissen von dieser politischen Vergangenheit, von der Existenz der Konzentrationslager. Zehn Jahre nach der deutschen Kapitulation schlich sich der Geschichtslehrer auf Anweisung noch immer um diese historischen, kaum zu verkraftenden Sünden herum. Man lehrte uns alles über die alten Römer, unterrichtete uns über die unsterblichen Griechen, aber um die sterblichen Überreste der jüdischen Massengräber machte man einen weiten Bogen. Ich ging meinem Deutschlehrer so lange auf den Geist, bis er mir im Hinblick auf meine tragische Familienkomponente, jedoch unter Ausschluß der anderen Schüler, privat geschichtliche Aufklärung zukommen ließ. Meine Sinne waren sehr geschärft, und ich wollte alles über die grausamen Völkermorde der Nazis wissen. Mehr und mehr wurden sie zu Feinden meiner kindlichen Vorstellungskraft, denn schmerzhaft wurde mir klar, daß durch die irrationalen politischen Gedankenbilder und die rationale Anzettelung dieses unmenschlichen Krieges mein verehrter Vater sein junges Leben und mein Stiefvater seinen gesunden Menschenverstand verloren hatten. Allmählich verstand ich, warum ich in seinen Augen die germanische Hexe war: An mir übte er Rache für seine erlittene Schmach.

Bin ich ein Kind der Stunde Null?

Im Laufe der Jahre wurde mein Stiefvater mehr und mehr zum Alkoholiker, und seine unkontrollierten Ausbrüche und das Auftauchen seiner paranoiden Feindbilder, in die er immer meine Person miteinbezog, waren mit logischem Verstand kaum noch nachzuvollziehen. Das Quälen meiner Schwester machte ihm so gar keine Freude, denn sie zog ihre Stirne kraus wie ein Igel, kippte die Augen nach innen und lief hilfeschreiend davon.

Dafür wurde meine Mutter zunehmend Ziel seiner Attacken. Als sich durch meine Recherchen die verlorene Kindheit und die unsägliche Erfahrung dieses Menschen im Konzentrationslager wie ein offenes Buch vor mir auftaten, konnte ich ihn nicht mehr hassen. Es blieben nur Ohnmachtsgefühle, da ich den Sinn der Züchtigungen vom Ursache-Wirkungs-Prinzip her nicht nachvollziehen konnte. Wollte meine Mutter mir helfen, was sie oft versuchte, bedeutete das für sie selbst eine große Bedrohung. Nie habe ich als Kind verstanden, warum unsere Hausmitbewohner, die Nachbarn und die Mitglieder der Dorfgemeinschaft mir nicht geholfen haben. Bis auf meinen väterlichen Freund Gustav, der mir einmal sogar – wie ich glaube – das Leben gerettet hat: Meines Stiefvaters heißgeliebtes Radio, ein Volksempfänger, hatte plötzlich den Geist aufgegeben, und das blauäugige Hexenkind sollte alle Schuld dafür tragen. Abgeschnitten von den Stimmen der Welt, wollte er meine Stimme auf ewig zum Verstummen bringen.

Noch heute erzählen mir Bewohner unseres Dorfes von ihrem schlechten Gewissen, weil sie nicht eingegriffen haben, als mich mein Stiefvater mit dem Fahrrad durch die Dorfstraße jagte. Mit dem Vorderrad fuhr er mir immer wieder in die Beine, schrie ganz laut: »Du Hure«, nur weil ich mich nicht im Hause aufgehalten hatte. Als ich zu Boden fiel, zerrte er mich an den Haaren weiter. Nie werde ich die ängstlichen, feigen Gesichter hinter den Fenstern vergessen. Das Wort Hure schmerzte so sehr in der Seele einer kleinen Jungfrau, sollte jedoch erst der Auftakt zu einem nicht auszudenkenden Szenarium sein. Da meine Mutter nach einem Herzinfarkt im Krankenhaus lag, konnte sie mich dieses Mal nicht verteidigen. Die Arena war frei, hinaus mit den Gladiatoren. Zu dieser Zeit war dieser Mann wohl in einer sehr exzessiven schizophrenen Phase.

Einmal hat er mich an einen Baum gefesselt, so daß ich geradeaus blicken mußte, und schlug meine kleine Lieblingskatze mit dem Kopf so lange auf einen Hackstock, bis sie sich nicht mehr rührte – eine Katze hat sieben Leben, es war ein langes Sterben. Mit verzerrtem Gesicht warf er mir dabei haßerfüllte Worte an den Kopf: »Schau nur, du Hexe, so hat man die Menschen bei uns umgebracht, und ihr seid schuld, ihr Menschen mit den blauen Augen. Du Monster mit den blonden Zöpfen.«

Die Flügel meiner Seele wurden versengt, für lange Zeit würde ich nicht mehr fliegen können. Ich fühle noch immer den stechenden Blick eines männlichen Hausmitbewohners, der gierig um die Ecke lugte. Mit aufgerissenem Mund versuchte ich, ihn um Hilfe zu bitten, doch kein Laut drang mehr aus mir hervor – dieser Zustand sollte Wochen anhalten. Als ich Stunden später, an einen Stuhl gefesselt, auch noch das vorgesetzte gebratene Katzenfleisch vor den Augen meines Stiefvaters hinunterschlucken sollte, fühlte ich kein Leben mehr in mir. Leer und ausgebrannt ließ ich die darauffolgenden Strafexerzitien über mich ergehen – das Fleisch hatte ich nicht angerührt.

Bei den Schlägen mit dem Gürtel war mir das Schicksal gnädig ... ich verlor das Bewußtsein.

»Mea culpa – Vater, warum hast Du mich verlassen?«

In analytischen Sitzungen habe ich immer wieder Millimeter für Millimeter diesen Tunnel der Erinnerung durchgraben. Wie durch ein Wunder, vielleicht auch dank meiner guten genetischen Anlagen, und durch den Beistand meiner Schutzgeister habe ich dieses einschneidende Erlebnis überstanden.

Doch nie habe ich damals mit meiner Mutter über dieses Erlebnis gesprochen. Meinen geschundenen Körper versteckte ich unter einem langärmeligen Rollkragenpullover, meine seit diesem Tag unkontrolliert zitternden Hände schlang ich fest ineinander, wenn ich mit ihr zusammen war. Mein Leben war nicht mehr dasselbe, mit den Erdenmenschen wollte ich es eine Zeitlang nicht mehr teilen, meine Mutter und Schwester ausgenommen. Ein großer mütterlicher Wald hüllte mich schützend ein, jede freie Minute versuchte ich, im Wald zu leben, ich umarmte die Bäume, sog tief den Geruch der harzigen Baumrinde ein, bettete mich ein in das feuchte, samtene Moos, um mit der Erde wieder eins zu werden. Ich stieg auf Bäume und versuchte mich in Flug- und Springübungen, die erst wegen gebrochener Fersenbeine eingestellt wurden. Im Schutz des Waldes wanderte ich stundenlang kilometerweit bis zu meinem geliebten Fluß. Dort saß ich Ewigkeiten, leckte die kühlen Kieselsteine und tauchte ein in das erfrischende Wasser, tief hoffend, dieser Fluß werde zum Strom und trage mich zum großen Meer. Erst unmittelbar vor dem Abendläuten huschte ich mit dem letzten Strahl der untergehenden Sonne in unsere gemeinsame Behausung, um nur noch kurze Zeit mit meinem Stiefvater vor dem Schlafengehen verbringen zu müssen. Ein stilles Urvertrauen, beziehungsweise ein Übereinkommen, verband mich in dieser Zeit mit meiner Mutter, die den Grund meines Verhaltens sicherlich ahnte. Für die Dorfgemeinschaft wurde ich zur Verkörperung der kleinen Liane, wie sie mich oft nannten.

Meinen Peiniger drückte wohl, wie in Dantes Inferno, das Gewissen, er reagierte danach milder und tat so, als wäre ich nicht vorhanden. Mein Mitgefühl für ihn war zu dieser Zeit zwar rational vorhanden, aber emotional völlig ausgebrannt. Ich vermied es, mit ihm zu sprechen, ihn zu sehen, ich barg dieses Geheimnis in meinem Herzen, versuchte, so oft ich konnte, bei Nachbarsleuten zu übernachten und die Ferienzeit bei meinem geliebten Onkel Kurt und dessen Frau Rosa zu verbringen.

Das ging so fast zwei Jahre, langsam begannen die seelischen Wunden zu vernarben, und die Motivation, dieses Leben wieder mit allen zu teilen, war in meine Psyche zurückgekehrt. Nie machte meine Mutter mir Vorwürfe, daß ich versuchte, so oft wie möglich außer Haus zu verweilen. Durch ihre innere Stimme war sie sich sicher, meine Liebe und mein Vertrauen niemals verlieren zu können, und ich brauchte mich so nicht schuldig zu fühlen, wenn ich neue Lebenspfade und Biotope suchen ging. In diesen begann ich nach den Schulstunden, mein Leben neu zu gestalten und zu erleben. Meine persönliche Schutzgöttin »Sublima« offerierte mir die ersten beschriebenen Seiten, und schon fing ich an mit dem kreativen Gestalten.

Vorhang auf! Meine Bühne, das heißt mein Werkraum, war eine verwunschene Kiesgrube ein paar hundert Meter hinter unserem Wohnhaus. Die eine Seite war zum Abladen von Sperrmüll freigegeben, die gegenüberliegende Fläche wölbte sich zu Sandhügeln. Hier schlitterte ich hinunter, grub mich ein bis zum Hals, und mit Mutters Wäschesprenger und dem heimlich entwendeten Besteck aus der Küchenschublade entstanden unter meinen kleinen Händen die bizarrsten Skulpturen, die von mir noch mit Steinen in allen Formen und Größen verschönert wurden. Der großzügige Mittelteil der Kiesgrube war auf natürliche Weise begrünt. Hier boten mir drei in den Jahren stehende, wohlbeleibte Buchenbaummütter ihre Schutz- und Dienstleistungen an. Die abgerundete Begrenzung bildeten vor Früchten strotzende Haselnußsträucher, die in der Erntezeit auch noch mir und meinen erwählten Spielgefährten den Hunger stillten. Ergänzt wurden sie durch kratzige Himbeer- und Brombeersträucher und durch Holunderbäume, die mein Reich vor Eindringlingen schützten und zur Reifezeit uns als Labsal dienten.

Im stattlichsten Buchenbaum hatte ich mir wie eine Eichkatze ein Domizil eingerichtet. Im Zentrum der dichtesten Verästelung besaß ich so meine aus den Zweigen der Büsche und dem von Bauern ergatterten Heu erbaute erste Kemenate. Diese Schutzzone war nur mir vorbehalten, die zwei anderen Bäume dienten als Gästehäuser. Ja, wir hatten es komfortabel da oben, unsere Penthäuser waren sogar mit Teppichen ausgelegt, die wir aus dem Sperrmüll hervorgezaubert hatten. In den natürlichen kleinen Öffnungen des Buchenbaumes warteten gehortete Bucheckern und Haselnüsse auf ihre Entdecker, aber auch Chewinggum und Schokozigaretten lechzten nach Aufmerksamkeit. In den Baumkronen hatten wir uns einen Spähwinkel eingerichtet, und ein altes Fernrohr, das aus dem Armeebestand in unseren Besitz gelangt war, erwies sich als nützlich, ankommende Besucher sofort auszumachen. Auf dem grünen Grund zwischen den Bäumen hatte ich meinen Salon eröffnet: Inmitten der angeschleppten Möbelstücke meiner Antique-Sperrmüllmesse konnte man über mangelnden Komfort nicht klagen. Eine rote Samtchaiselongue, aus der das Seegras zwar schon an mancher Stelle quoll und die einen gar sinnigen Übergang zur Grasnarbe darstellte, bildete das Herzstück, ein verstoßener Gobelinsessel auf drei Beinen, der wohl auch schon bessere Zeiten erlebt hatte, bekam von mir sein Gnadenbrot, und ein altes chinesisches Beistelltischchen wurde flugs mit ein paar Ziegelsteinen wieder auf stattliche Höhe gebracht. An manchen Tagen wanderten unsere Augen ungläubig über all die Schätze, die wir ans Tageslicht befördert hatten – Stoffe, glänzend und glitzernd, schwere Seidenvorhänge, leicht beschädigte Kristallüster, alten patinierten Schmuck, Bilderrahmen, darin inhaltsschwer ein Gemälde vom Abendmahl Christi, das zwischen den Wipfeln baumelte. Wir besaßen alte Vasen, denen man schon einen Zahn gezogen hatte, ja sogar ein aufziehbares Grammophon und eine ganze Kiste mit Schellack-Platten mit klassischer Musik. Auch Tanzmusik aus den dreißiger Jahren konnten wir unser eigen nennen. Wie war es möglich, daß sich Menschen von diesen wunderbaren Dingen trennen konnten? Mir konnte es ja nur recht sein. Wir schrieben das Jahr 1957, und die Wirtschaftswundertüte war bis zum Bersten gefüllt und lechzte nach Entladung. Die »Roaring sixties« warfen ihre fiebrigen Schatten – »Rock around the petticoat«. In meinem kleinen selbsterschaffenen Paradies schien die Zeit stillzustehen, aber dennoch hatte das heißgeliebte Coca-Cola auf seinem Siegeszug durch die Welt auch nicht vor unserer Enklave haltgemacht.

Hier auf der Wohnterrasse meines Gewächshauses erfand ich für meine Jugendfreunde die ersten kleinen Theatersketche. Ich motivierte die Kinder, die mir freudig Gesellschaft leisteten, ebenfalls kleine Szenen zu gestalten, was meistens dazu führte, daß

Streitsituationen der Eltern parodistisch zum besten gegeben wurden und die so geliebte Welt der Märchen vom Tapferen Schneiderlein bis hin zu Hänsel und Gretel leibhaftig vor uns erstand. Unser Sperrmüll-Kostümfundus war ja täglich vierundzwanzig Stunden geöffnet. Eine alte Gardine wurde geschickt zum Kleid der schönen Helena drapiert, eine Adlerfeder aufgezäumt, so daß sich Pinocchio rotznasig ins Geschehen stürzen konnte. Schweißtriefend hatte ich zuvor tapezierte Sperrholzwände, zerbrochene Teile eines griechischen Gipsreliefs und Türrahmen, ihres Flächeninhalts beraubt, angeschleppt, um uns ein Bühnenbild zu kreieren. Jetzt wurde der rotsamtene Vorhang zwischen den geduldigen Elevinnen aufgezogen.

Voilà, Brot und Spiele – panem et circenses. Auf einer rostigen Gießkanne blies man zur feierlichen Uraufführung. Da stellten auch schon mal die größeren Rangen ihre Indianerspiele ein und standen herablassend am Rande des Geschehens.

»Das ist das Reich der Zauberin Aurora«, sagte ich, »wagt es nicht, unbefugt hier einzutreten, ihr werdet euer Augenlicht verlieren.«

Sprich ein Verbot aus, und schon wird es übertreten. Unsere wohlbestückte barocke Weltenbühne hatten die Jungs in eine Frauenarztpraxis verwandelt und versuchten bei einem sich heftig sträubenden kleinen Mädchen mit Messer und Gabel zu den weiblichen Regionen vorzudringen, und das in meinem heiligen Hain!

Mit einem Aufschrei stürzte ich mich auf die Jungs, um die kleine Gefangene zu befreien – Johanna von Orléans wäre stolz auf mich gewesen. Und mit schlechtem Gewissen im Gepäck schlichen sich die selbsternannten Doktoren davon, nachdem ich mit ihrem Häuptling noch ein Abkommen getroffen hatte: Ich würde über das, was ich gesehen hatte, Stillschweigen bewahren gegenüber den Lehrkräften, den Eltern und dem Pfarrer, dafür durfte man auf ewig – man höre und staune – meine Jagdgründe »circenses« nicht mehr betreten. Das Versprechen wurde eingelöst, und das kleine malträtierte Mädchen hatte von diesem Tag an eine neue Gruppe von Spielkameraden gefunden. »Sag's vor allem nicht dem alten Kaplan«, hatte ein junger Indianer gebettelt. Ja, vor diesem älteren Herrn, einem Assistenten unseres gemütvollen Stadtpfarrers, hatten wir alle Angst, er machte immer »Zores«, wie die Schüler sich ausdrückten. Mit ihm war nicht zu spaßen, wenn es um das Abfragen der Bibeltexte ging.

»Wo hast du denn wieder rumgeludert?« Scharf sticht sein selbstgeschnitzter Weidenstock den jungen Rücken hinunter und reißt die Haut blutig, auf und ab und auf und ab. »Wie heißt das, wie?« keucht er. »Wärst du allezeit beschäftigt im Werke des Herrn, dann würde dir kaum Zeit zum Rumhängen übrigbleiben!«

»Das ist aus dem Korintherbrief«, flüstert der Junge schmerzgepeinigt.

»Dir geb' ich gleich einen Korintherbrief, du Korinthenkacker. Hosen runter, los.«

Ich erstarre vor Schreck, so weit war er noch nie gegangen. Wir kannten seinen Stock und die Übergriffe, wenn er unsere Rücken damit malträtierte, wir kannten auch seine fast bis zur Besinnungslosigkeit treibenden Stockschläge auf die empfindlichen Fingerspitzen, aber eine so beschämende Prozedur hatte noch niemand in der Klasse über sich ergehen lassen müssen. Als die ersten Schläge auf den Po des wimmernden Kindes herunterklatschen, muß ich einfach reagieren, die bekannten Ohnmachtsgefühle drücken mir schon wieder die Kehle zu. »Das dürfen Sie nicht«, schreie ich aus vollem Hals, »in Gottes Namen, hören Sie auf!« Heute scheint Herr Merkwürden völlig außer sich geraten zu sein, wie von Sinnen drischt er auf den armen Jungen ein, der Speichel trieft ihm eklig aus dem Mund, sein Antlitz hat etwas verzerrt Unmenschliches für mich. »Wenn Sie nicht innehalten, werde ich am Sonntag bei der Lesung meiner Epistel der versammelten Dorfgemeinde berichten, was Sie hier tun auf dem nackten Hintern.« Plötzlich läßt er von dem Jungen ab, dreht sich zu mir, mit einem ruckartigen Griff zieht er meinen Kopf an meinem langen Pferdeschwanz nach hinten, so daß ich nach vorne auf die Knie gehen muß. »Du blauglotziges Hexenkind, dir wird das Lesen der Epistel vergehen, jetzt wirst du ganz schnell die heiligen Buchstaben der Bibel vor deinen Augen tanzen sehen.« Ein höllisches Brennen fährt durch meine beiden Augen. Er hat mir seine selbstgepanschte Hagebuttensalbe in beide Augen geschmiert. »Ich bin blind«, schreie ich, »ich bin blind«, und renne zum Wasserhahn, wo ich versuche, von der verabreichten »heiligen Dosis« loszukommen. Ein paar besorgte Klassenkameraden versuchen, mir zu helfen. Weder dem herbeigerufenen Arzt noch meiner Mutter gelingt es, mein Vertrauen zu gewinnen, zu groß ist meine Angst vor der priesterlichen Immunität, um über das Geschehene zu berichten.

Einige Wochen später war die Entzündung abgeheilt, und so durfte ich auch wieder meine geliebten Lesungen zum sonntäglichen Messezeremoniell durchführen. Dankbar nahm ich mein gerettetes Augenlicht wahr, nur so konnte ich meinen Mitmenschen tief in die Seele schauen und so viel darin erkennen, konnte meine geliebten Bücher finden und bei neuen oder vielleicht auch schon bekannten Inhalten still erschauern, konnte wach sein, lernen, wandern. Meine Augen waren mein allerheiligstes Gut, so zumindest empfand ich es nach der überstandenen Attacke des Priesters.

Er hatte eine von ihm wieder einmal selbst heraufbeschworene Attacke nicht überstanden. Mausetot saß er, Jahre später, in dem großen braunen, geflochtenen Papierkorb des Klassenraums. Ein von ihm gequälter stämmiger Junge hatte seinen Peiniger mit letzter Kraft dort hineinbefördert, was ihm jedoch eine schmerzhafte Degradierung einbrachte: Er wurde hinter die Mauern eines Jugendgefängnisses, sprich: einer katholischen Erziehungsanstalt, in Sicherungsverwahrung gebracht. »Sein Wille geschehe« – Gottvaters Wille hatte ein paar Menschenkinder von einem Peiniger befreit, er war an einer Herzattacke gestorben. An den vom Schicksal dafür geopferten Jungen mußte ich oft denken.

Gott sei Dank gab es ja auch noch den gutherzigen Stadtpfarrer! Weise und humorvoll lockte er seine Schäflein, da mußte uns kein zähnefletschender Höllenhund das Kreuzzeichen ins kindliche Fleisch ritzen. Ich liebte diesen Seelentröster und vertraute ihm. So viele Fragen wollten beantwortet, mein immenser Wissensdurst wollte gestillt werden, wenn es um religiöse oder philosophische Themen ging. Dazu funktionierte ich auch schon mal die von den anderen Kindern so gefürchtete Beichtstuhlsitzung in eine selbsternannte Konferenzsituation um, denn hier hatte ich ihn ganz für mich alleine. »Wie ist Jesus auf dem See gegangen, barfüßig, mit Schuhen oder Sandalen?« – »Durch welche Öffnung seines Körpers ist er denn hinausgeschlüpft zum Auferstehen?« Die wartenden Mitschüler wunderten sich über das lange Sündenregister ihrer Klassenkameradin. Dieser Priester ermunterte mich auch zum Heraustreten aus dem kollektiven Kirchenschiff. Jeden Sonntag gab er mir die Epistel vertrauensvoll in die Hand, und so las ich mit großem Ernst aus dem Brief des Apostels Paulus über die Nächstenliebe.

Um das Getuschel der Gemeindemitglieder nicht auf sich zu ziehen, mußte man sonntags in der Kirche gesehen werden. Alle waren anwesend, auch jene, die meiner Mutter mit ihren beiden kleinen Kindern damals trotz amtlicher Zuweisung die Aufnahme verweigert hatten. Wie mir Mitglieder unserer Gemeinde Jahre später berichteten, beschlich sie immer ein ungutes Gefühl, wenn sie an den sonntäglichen Pflichtgottesdienst dachten, denn da stand immer dieses Mädchen, das sie mit stillem Ernst und großen, melancholisch-wissenden Augen in ihren Bann zog: »Denke nicht, du habest die Liebe, solange du noch Sorge trägst um dich selbst.«

Die Religion übte in dieser Zeit einen großen Einfluß auf mich aus. In meinem Herzen trug ich eine große Verehrung für unseren Heiland Jesus Christus, ich fühlte mich ihm sehr nahe, sein Schicksal schien mir schmerzlich vertraut. Die Bibel wurde für mich zu einer unentbehrlichen Ratgeberin. Seite für Seite verleibte ich sie mir ein, die Gleichnisse von Jesus Christus sog meine Seele auf wie ein trockener Schwamm.

Ein Karmeliterinnen-Kloster, das unserer Kirche angegliedert war, nahm für einige Zeit all meine Sinne gefangen. Niemandem war es erlaubt, diese Bräute Christi zu schauen. Sie lebten hinter hohen, alten Klostermauern und hatten ein Schweigegelübde abgelegt. Stundenlang kniete ich nach Ende des Schulunterrichts, um in der kleinen Klosterkapelle in ihren Gesängen unterzutauchen, denn das Singen zur täglichen Abendmesse zu hören war erlaubt, ebenso der Zutritt zu diesem Teil der Kapelle, deren Altarsektion in den geheimnisumwobenen Klostergarten hineinragte. Den Innentrakt des Klosters, den Wirtschaftsbereich und Wohnbereich durfte kein weltliches Wesen mehr betreten, außer unserem alten Kaplan. Er war Beichtvater und Seelsorger der Nonnen, und ich hoffe, er hat nicht auch noch hinter den klösterlichen Mauern mit seiner geheimnisvollen Hagebuttensalbe gehandelt.

Ein stilles Verlangen wollte mich um Schutz hinter diesen verschlingenden Mauern bitten lassen, nur der Gedanke an meine Mutter, die ich ja nicht alleine lassen wollte unter den Menschenwölfen, ließ mich zaudern. Das Leben hinter diesen Klostermauern entzündete die Phantasie von uns Schülern, ganz gleich, ob Mädchen oder Jungen. Es erregte uns der Gedanke, eine der

Schwestern leibhaftig vor uns zu sehen, ja sie vielleicht umfassen zu dürfen. Eine Nonne ohne Haube, ihren kahlgeschorenen Kopf schutzlos unseren lüsternen Augen preisgegeben, sie einmal schlafend in ihrem Sarglager zu überraschen, wo sie frierend der feuchten Kälte des alten Gebäudes ausgeliefert sein sollte – das alles hatte uns der alte Kaplan oft beim Religionsunterricht gar schaurig ausgemalt. Er berichtete von entbehrungsreichen Hungerexerzitien und peinvollen Selbstzüchtigungen. Ich mochte ihm das nie glauben, und die Buben stiegen auf den Kirchturm, um Einblick in diese verbotene Meile zu bekommen. Das Ergebnis war gleich Null.

Den Termin des Hochzeitstags einer Novizin, an dem sie Braut Christi werden sollte, hielt ich streng geheim vor meinen Mitschülerinnen. Gekleidet in das braun-weiße Nonnengewand ihrer Ordensgründerin, der heiligen Theresia, die eine Hand eheberingt, in der anderen eine weiße Lilie haltend, saß sie still lächelnd für einen Tag hinter dem Gitter einer einsehbaren Zelle des Besucherraums, um sich von den Familienangehörigen und der Welt da draußen zu verabschieden, denn erst ihren sterblichen Überresten war es wieder erlaubt, in Sichtkontakt mit der Gemeinde zu treten. Ich blieb Stunden, hielt mich ganz still, und ich beneidete sie, wie sie da thronte in dieser lichtdurchfluteten Zelle. Warum können wir nicht tauschen? Auf meinen Tränenfluß reagierte sie mit einem lieben Lächeln und gab mir ein Zeichen, ihr Herz sei mit mir – sie durfte ja nicht sprechen, was mein Schluchzen noch verstärkte. Mein Angebot, zu tauschen, hat sie Gott sei Dank nicht angenommen, oder habe ich ihr Zeichen mißverstanden?

Der stille Gedanke, eine Braut Christi zu werden, wurde nochmals entflammt, als ich einige Zeit später nach einem Blinddarmdurchbruch von weltlichen Nonnen wochenlang liebevoll gesund gepflegt wurde. Nun konnte ich ihnen etwas vorzwitschern und -plappern, und ich fühlte mich beschützt und geborgen wie in einem Lazarett, vor dessen Mauern der Krieg wütet. Meine Mutter und Schwester kamen mich sehr oft besuchen und waren der einzige rote Faden zur Außenwelt. Kaum konnte ich ein bißchen aufstehen, huschte ich schon assistierend hinter den Schwestern her, um die Kranken auf der Station zu versorgen. Ein kleines Vorgelübde war bald abgelegt, ich versprach der Oberschwester hoch und heilig, nach Abschluß der Schulzeit im Mutterhaus um Aufnahme anzuhalten. Neben der selbstverständlichen Güte einiger dieser Schwestern faszinierte mich vor allem ihr Humor.

Die persönliche Geschichte meiner Lieblingsschwester, die als unerwünschtes Kind im Kloster abgegeben worden war, erinnerte mich sehr stark an meine Großmutter mütterlicherseits. Durch den Widerstand meiner Urgroßmutter war ja ein ähnlicher Plan zunichte gemacht worden. Diese im Kloster aufgezogene Nonne war sehr unglücklich darüber, daß man ihr die Möglichkeit zur Selbstbestimmung genommen hatte. Sie schärfte meinen Blick für diese Lebensform, wies kritisch auf starre hierarchische Strukturen innerhalb der Ordensgemeinschaften hin und wünschte sich nichts sehnlicher, als mit mir zu tauschen. Sie selbst hatte nicht mehr die Kraft, ihrem Lebensschiff einen neuen Hafen zu suchen. Und doch bestärkte sie mich damals in dem Gedanken, mein Heil im Dienst am Nächsten zu suchen.

Ich hatte beschlossen, der Welt wieder einmal die Stirn zu bieten, konnte ich doch dankbar sein, nach dem kosmischen Eingriff des Chirurgen – der sich in besagter Nacht meines entflammten Blinddarms an einer Flasche Schnaps vergriffen, mich vergessen und erst Stunden später zugegriffen hatte – überhaupt noch unter den Lebenden zu weilen.

Mein Wurmfortsatz hatte beschlossen gehabt, sein eigenes Kapitel zu schreiben, und war durchgebrochen, wohl als Reaktion meines Immunsystems auf das permanente Psychodrama in unseren vier Wänden. Der auslösende Faktor war eine fieberhafte Erkältung, die ich mir zugezogen hatte, als ich versuchte, auf Jesu Spuren über den leicht vereisten Dorfweiher zu schreiten: »Genezareth, ich komme.« Nach jedem Schritt war das Eis mehr gebrochen, ich ging wie in Trance, die Kinder schrien vor Angst. In der Mitte wollte ich ihnen eine vor kurzem eingeübte Pirouette zum besten geben, als ich wie in Zeitlupe vor den Augen der Freunde verschwand. Mein brauner Teddymantel sog wollüstig die braune Brühe in den Pelz, und hinunter ging's zum eisigheißen, lichtdurchfluteten schlammigen Weihergrund.

Schimpfend und murrend zog mich der Bauer aus dem eisigen Verlies zurück ans Licht der Welt. Doch nach Hause ließ sich »Lehrling Petz« nicht bringen. Im Elternhaus meiner Freundin versteckte ich mich schlotternd hinter dem Bullerofen. Meine klammen Kleider wollten und wollten nicht trocken werden. Bis zum Abendläuten mußte ich mich aber an den brennenden, lauernden Augen meines Stiefvaters vorbei in die Familienkaserne einschleichen. Alles war noch feucht. Das Herz klopfte mir bis zum Hals, als ich mich durch die klirrige Kälte schlug. Mein Teddymantel trug Rauhreif und lastete schwer auf meinen Schultern, die nassen Schuhe gaben gar saftige Geräusche von sich, und die eisige Kälte nahm ich wahr, als liefe ich auf heißen Sohlen. Mein Gott, die Schuhe waren ja ganz aus dem Leim gegangen, und es gab doch nur dieses Paar!

Schon fiebrig, lag ich im Badezuber, den wir schnell mit kaltem Wasser gefüllt hatten – das Einheizen des Ofens hätte Stunden gedauert. Wir durften keine Zeit verlieren, denn mein Stiefvater konnte jeden Moment nach Hause kommen. Die halbtrockenen Kleider hatte meine Mutter noch schnell in den Wäschepuff gequetscht, den Teddymantel in Windeseile aus dem Fenster in den dunklen Garten geworfen und flugs neue, saubere trockene Klamotten neben der Badewanne bereitgelegt. Ja, wir waren eine Gang, wenn's ums Überleben ging.

In dieser Nacht stieg das Fieber, es stieg und stieg. Der Notarzt brachte mich ins Krankenhaus. Mein Stiefvater kam erst viel später nach Hause.

Schnitt, Schnitt, Stich, Stich, Stich – aus einer bäumekletternden Liane, einer von Dach zu Dach springenden Gottesanbeterin war mit einem stumpfen Hieb eine keuchende, fleuchende Froschkönigin geworden. Ja, das war wohl der erste Akt der Götter, mich erdenschwer zu machen. Diese Vernarbungen sollten sich bis zur Geburt meiner Tochter schmerzhaft meinem Leben mitteilen. Mein rechter Unterbauch wurde bei dieser Operation genauso zerfetzt und verstümmelt wie der rechte Unterbauch meines im Krieg gefallenen leiblichen Vaters. In beiden Fällen hatte sich Stahl hineingebohrt in die ewigen Jagdgründe unserer Colon-Regionen, nur daß es in seinem Fall ein Dumdum-Geschoß war.

Ist das ein Zufall? Ein russischer Professor berichtete mir von der Möglichkeit einer Beigesellung eines entkörperten Wesens zu einem Seelenverwandten, wenn dieses zu früh aus seiner vorgezeichneten Bahn geworfen wurde. Konnte ich das glauben? Der Gedanke machte mir gar keine Angst. Zu gerne hätte ich meinen verstorbenen verwundeten Vater mental auf meinem Rücken getragen.

Es dauerte eine lange Zeit, bis ich nach diesem schweren Eingriff wieder auf den Beinen war. Durch starke körperliche Schmerzen, die von der zurückgebliebenen Blinddarmnarbe herrührten – der Arzt hatte eine abenteuerliche Schnittechnik angewandt, um zu retten, was zu retten war –, war mein großer Bewegungsdrang empfindlich eingeschränkt, und die Ausübung meiner geliebten Sportarten wie Geräteturnen und Weitspringen war mit einem Schlag nicht mehr möglich.

Auch meinen unverzichtbaren Ballettunterricht, für den ich von der Ballettmeisterin ein Stipendium bekommen hatte, durfte ich nicht mehr erleben.

Was blieb mir da anderes übrig, als meine entzündete Phantasie Purzelbäume schlagen zu lassen. Als Märchenkönig tänzelte König Ludwig II. getreu an meiner Seite, ja er war neben meinem verstorbenen Vater und der Leitfigur Jesus Christus wie ein geistiger Onkel auch zu einer mentalen Begleitperson geworden. Ich liebte seine Sensibilität, seine Umsetzung von Phantasiewelten in die graue Realität des Alltags, ich wußte aber auch um seine traurigen Phasen, seinen Ekel vor Kriegshandlungen, seinen Trotz, die vorgelegten Urkunden nicht zu unterschreiben, und ich ahnte immer die ungeklärten Umstände des Todes: Er wurde geopfert für eine patriarchale Staatsräson.

Ich war gerade 13 Jahre alt, als ich mich mehr und mehr in Ludwigs Leben hineingoß. Oft saß ich bei der Votivkapelle in Berg am Starnberger See, genau an der Stelle, wo er ums Leben gekommen war. Mein Herz war dann immer so schwer. Die Fischer und Bauern des Ortes erzählten mir oft hinter vorgehaltener Hand: »Unser Kini is erschoss'n word'n, den Schuß hod oana g'hört.« – »Umbracht ham's ihn, weil er ein Humanist und ein künstlerischer Mensch war.« – »Der hod einfach z'viel Phantasie g'habt, des ko ma in dera Politik ned brauch'n«, sagte der Bäcker, »und Schlössa hat der baut, und Arbeitsplätz hod er g'schaffn, olle Handwerker ham a Arbeit g'habt, ja und erst unsere Kunsthandwerker. Ja, und heid kassiert der Staat Millionen vom Eintritt.« – »Ja d' Phantasie und d' Politik, des paßd hoid ned z'samm«, meinte der Wirt.

Ich habe mit großen Ohren und weit geöffneten Augen zugehört. Danach war mir für eine Weile vor Angst ganz bange. »Ich bin doch auch gegen den Krieg, der hat meinem Vater so weh getan und ihn dann verschluckt, und den kleinen Bruder meiner Mutter hat er sich auch einverleibt. Ja, und zuviel Phantasie hab' ich auch. Hoffentlich werd' ich jetzt nicht auch erschossen und der Staatsräson geopfert.«

Gottlob stand mir in dieser Zeit ein feinfühliger Lehrer verständig zur Seite. Er sollte sich, wie noch einige in der Zukunft, als beigestellter Schutzgeist erweisen. Er zerstreute bald meine Bedenken, brachte mir Geschichtsbücher und zeigte mir Abbildungen der Schlösser und ihre einmaligen phantasievollen Ausstattungen. Das Märchenschloß Neuschwanstein machte ich sofort zu meiner Trutzburg. Ich gab nicht eher Ruhe, bis mir der Lehrer versprach, die nächste Klassenfahrt dorthin zu lenken. Obwohl im Lehrstoff genausowenig vorgesehen wie die Geschichtsaufarbeitung des Dritten Reichs, nahm er zu unser aller Freude sogleich den ganzen Stoff des Königsmantels ins Lehrprogramm. Von Otto von Bismarck bis hin zur Kaiserin Sissi, von König Ludwig und dem tragischen Schicksal seines Bruders Otto, vom Norden zum Süden, von Bayern bis nach Venedig und Ungarn – mir wurde ganz schwindelig vor Freude, und ich suhlte mich mit Wonne in diesem geschichtlichen Dampfbad. Es war schwer, mich auf unserer eingelösten Klassenfahrt vom großen Sängersaal des Schlosses Neuschwanstein loszueisen. Wir gafften und glotzten, was da unsere Augen entzündete. All die Malereien, Schnitzereien, Stickereien, die Farbenpracht, die weite und lichte Höhe. Ich mußte weinen.

Das offene Ohr meines Lehrers und die offenen Mäulerchen meiner Klassenkameraden warteten auf mich, wenn ich wieder eine aufgeschnappte Geschichte aus dem Schatzkästlein der Bauern und Fischer übermitteln konnte: Gleich hinter unserem Schulort Aufkirchen, auf dem Weg nach Wolfratshausen, hatten ehemalige Sträflinge, die durch einen Amnestie-Erlaß Ludwigs I. freigekommen waren, einen Knüppeldamm gebaut. Als Lohn dafür durften sie sich ein Stück morastiges Land aussuchen und ihr eigen nennen. Viele waren während dieses Unternehmens verunglückt oder ertrunken, doch für die Überlebenden hatte dies die Freiheit und eine eigene Scholle bedeutet. Den Damm hatte man gebaut, um den Transport des Salzes zur nächsten Stadt schneller abwickeln zu können. So war eine neue Siedlung entstanden, die Filz, deren Bewohner man die Filzler nannte. Sie waren die Berührten, die Ausgestoßenen, und zu Zeiten Ludwigs I. sprachen sie eine eigene Sprache, das Jänisch, eine Art Zigeunersprache, und lange Zeit konnten deshalb ihre Straftaten auf dem nächsten Amtsgericht nicht abgewickelt werden. Das wußte man sich schnell zunutze zu machen und führte eine eigene Mautgebühr ein. Alles soll drunter und drüber gegangen sein in der Filz, bis ein junger Amtsrichter sich die Mühe machte, diese Sprache zu erlernen. Jetzt konnte man das Recht wieder walten lassen. Viele Menschen waren überfallen und ausgeraubt, manche getötet worden, aber auch das soll sich unter dem neuen Amtsrichter geändert haben. Er marschierte mutig selbst hinein zu den Familien, um sich ein Bild von der sozialen Struktur zu machen. »Vor ihm soll man großen menschlichen Respekt haben«, schloß ich.

»Du bist unsere kleine Scheherazade.« Unser Lehrer lachte fröhlich und strich mir übers Haar.

»Es stimmt, glauben Sie mir«, ich war ganz aufgewühlt. »Schon 1840 hatten Ludwig I. und sein Baumeister diese ersten Gastarbeiter aus der Türkei nach München geholt, um die Türkenstraße zu bauen. Ja, und 1790 hat doch der Graf Rumford mit dem Architekten Ferdinand von Sckell den Englischen Garten gegründet, und dann war da auch noch die Lola Montez.«

»Ja, woher weißt du denn das alles?« unterbrach mich mein Lehrer ganz erschrocken. »Darüber haben wir doch noch gar nicht gesprochen. Du machst mir angst, du weißt ja schon immer alles.«

Liebe Marianne!

Auf Deinem Lebensbarometer
Steht meist der Zeiger auf Schönwetter.
Kein Wunder, wenn hochsteigt bei ihm
der Zeiger.

Du bist dem Namen nach ja eine
Steiger.

Du lachst auch lieber mehr, als daß
Du weinst,
so daß Du selber eine kleine Sonne
scheinst.

Auf Hochdruck deutet bei so großem
Fleiße
Und nicht auf Tiefdruck, Deine
Arbeitsweise.

So laß' es, daß Dir ferne bleiben
schwarze Wolkentürme
Und allzugroße Niederschläge – und
die schweren Stürme.

Kempfenhausen 27.9.55   J. Schmid

»Lebensbarometer« meines Lehrers J. Schmid

Ja, ich lernte leicht, es flog mir alles wie von selbst zu, so als sei es schon Hunderte von Jahren eingegraben. Man mußte nur fest pusten, dann lagen sie frei, die alten Hieroglyphen. »Du mußt auf ein Gymnasium gehen«, meinte der Lehrer oft, »dafür werde ich einstehen.«

Er hatte die Rechnung ohne meinen Stiefvater, den dunklen Bewacher, gemacht. »Die soll arbeiten gehn wie alle anderen Arbeiterkinder, ich will den Fresser nicht noch länger durchfüttern müssen.«

»Ja, aber wir bekommen doch für die Marianne eine so gute Kriegswaisenrente, da könnt' ...« Der Satz erstarb auf meiner Mutter Lippen vor den drohend blitzenden Augen ihres Mannes. Aber mein Lehrer blieb auch ein Jahr später hart. »Sollte Ihre Tochter die höhere Schule nicht besuchen dürfen« – dieses Mal ging es um die Realschule –, »werde ich das Jugendamt verständigen. Sie wird ihre mittlere Reife in einem Internat ablegen, und Mariannes Rente wird eingezogen.«

Das traf meinen Stiefvater, denn oft waren das selbstverdiente Geld meiner Mutter und meine Kriegswaisenrente das wahre Einkommen, auf das man zählen konnte, wenn sein unter großen Mühen verdientes Geld zu flüssigem Gerstensaft umgewandelt worden war.

Abrakadabra, mein Weg war erst mal freigeschaufelt, und wie war ich dem Lehrer dankbar! In der Schule warteten weitere wichtige Bezugspersonen, Lehrer, Lehrerinnen, Priester, Freundinnen, Freunde, wie Schutzgeister in Menschengestalt auf mich, die mir helfen würden, ein weiteres Stück meines Lebenswegs zu beginnen und ihn auch zu bepflastern. Hier sollten die Weichen gestellt werden, damit sich meine Lebensbimmelbahn im Eiltempo von Station zu Station fortbewegen konnte.

Ein ehemaliger Deutschlehrer hatte eine Theatergruppe gegründet. Er ermunterte mich, aktiv und engagiert mitzuwirken.

»Theater ist nicht nur, an der Rampe seinen Beifall zu erhaschen und sein Ego zu pinseln«, sagte er immer. »Es bedeutet harte Arbeit, heißt zusammenzustehen, nichts persönlich zu nehmen, auch nicht den Erfolg, und sich für das Gesamte als verantwortliches Glied einer Kette zu betrachten, sich zu engagieren.«

Er sprach mir in jener Zeit aus tiefster Seele. Gerade im letzten Volksschuljahr hatte mich meine Kindertheatergruppe »Die Regenbogenkinder« schmählich im Stich gelassen, als wir uns nach intensiven Vorarbeiten (das Bühnenbild zusammentragen und aufbauen sowie täglichen Proben) auf die Aufführung eines Tiroler Theaterspiels über das Abendmahl Christi nicht einigen konnten. Vor Publikum zu spielen – und gar vor den Eltern, dem Lehrer oder Bürgermeister – sei nie ausgemacht gewesen, beschwerten sie sich ängstlich. Dabei hatte meine Mutter uns so schöne Kostüme genäht, ein Sägewerksbesitzer Probe- und Aufführungsräume zur Verfügung gestellt. Es half nichts, man war in der Überzahl. Alle Arbeit und Mühe waren umsonst. »Wir haben doch unseren Spaß gehabt«, meinten die Kinder. Heute kann ich sie bestens verstehen, doch damals war ich lange Zeit sehr traurig und fühlte mich verraten, denn für mich war immer klar gewesen, daß wir unseren Extrakt mit dem Publikum teilen wollten. Ich hatte mir vorgenommen, niemals mehr in einen Theatervorhang hineinzuschnuppern, jetzt aber sprach dieser Mann meine tiefsten Empfindungen aus, und so ließ ich mich in die Aufgabe, neben der Schule Theater zu spielen, hineinfallen.

In Shakespeares *Sommernachtstraum* wartete der Puck auf seine Einlösung, *Minna von Barnhelm* geisterte durch die Schulbänke, Schillers *Glocke* gab ihren Resonanzboden dazu, der *Erlkönig* ritt so spät durch Nacht und Wind, aber auch Karl Valentin und Liesl Karlstadt tunkten sich in meine Lebenssuppe ein. Ich öffnete alle Poren, saugte alle neuen Informationen wie Nektar begierig auf und archivierte sie in meinem Lebenscomputer. In der

Schule wurde ich Mitglied des imposanten Schülerchors und sang aus vollem Halse: »Freude, schöner Götterfunken, Tochter aus Höllisium …« Mit meinem auf einer Busfahrt gegründeten Kamm-Jazz-Orchester »Gruppo dilettanto« konnten wir auf einem Festival als Spontanakt die Zuhörer und Zuschauer erfreuen. Im Kochunterricht gelang es mir Naseweis, meine Lehrerin zu überraschen, wenn ich durch ein Zuviel oder zwei Zuwenig oder durch das Hineinbrauen eines ihr unbekannten Gewürzes aus der Schatzkiste meines weisen Großvaters ein ganz neues Geschmäckelchen gezaubert hatte. Eigentlich wollte sie mich ja schimpfen, aber die Geschmackspapillen ihrer Zunge hatten schon ein Jawort gegeben.

Mit meinem knappen Taschengeld kaufte ich ein – Mutter steuerte natürlich Lebensmittel bei –, um einmal wöchentlich für meine Familie »aufzukochen«. Da standen dann Paprikasalat mit Pistazienkernen, Blumenkohlsalat, Sauce hollandaise und Kresse, Ente bayrisch-surinamisch mit Orangensauce und Maronencreme freudig parat, sich in die dunklen, hungrigen Schlünde zu stürzen. »Gute Reise« sagte ich dann immer, und vor allem »gute Ankunft«. Meine Mutter tastete sich mutig vor in meinem kredenzten Schlaraffenland und genoß, mein Stiefvater aß und fand, daß meine abenteuerlichen Tischdekorationen – Feldblumen, Pflanzenblätter, ausgeschnittene und gefaltete Paradiesvögel, bunte Servietten – Firlefanz seien. Mit den Nachspeisen und dargereichten Früchten konnte er nichts anfangen, dafür aber meine Mutter, die Nachbarskinder und meine jüngere Schwester, die anfangs allerdings gemeint hatte, so wie das aussehe, möge sie das nicht. »Wie das schon darinliegt«, sagte sie immer. Doch das ließ ich nicht gelten. Ich zwang sie regelrecht, von meinen delikaten Speisen zu probieren. »So, jetzt steht's dir frei zu verweigern«, und bald schon konnte ich auch sie in unserem »Minikochclub Schlaraffia« zu den treuen Mitgliedern zählen.

1 Meine Mutter Agnes …
2 … und mein Vater Georg Deil
3 Einjährig

4 Hochzeit meiner Mutter mit dem Stiefvater, 1952. Meine Schwester Renate und ich …

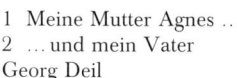

5 … mit meiner tapferen Mutter
6 Der erste Schultag …
7 … und die erste Kommunion

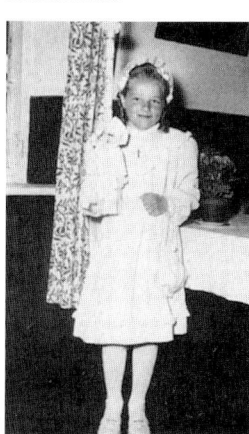

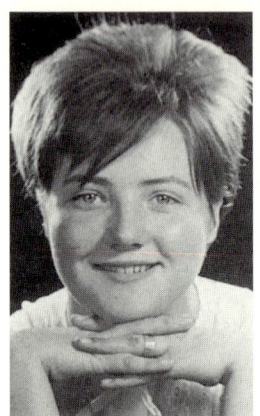

8–11 Oben (v.l.o.n.r.u.):
Mit sechzehn Jahren. –
Marianne und Fritz: Start
in eine verfrühte Ehe,
Starnberg im Herbst 1964
– Unsere Tochter Daniela
als Teenager. – Collage zu
Geburt von Danielas und
Carmelos Tochter Alina
Sophie.

12/13 Links: Mit meiner
Mutter. – Rechts: Daniela
und Lebensgefährte
Carmelo Granata

14   Mit Daniela, meiner Tochter und besten Freundin

15   Alina, mein wunderbares Enkelkind, dem dieses Buch gewidmet ist

16   Als Wirtin des Münchner Künsterlokals »Mutti Bräu« mit meiner Schwabinger Freundin Cosy Consience, 1976

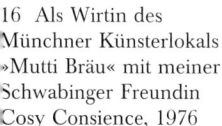

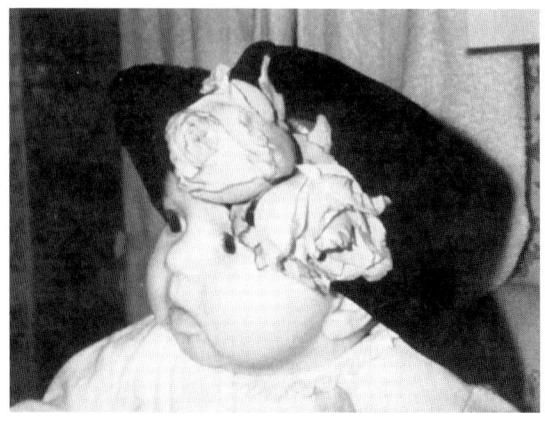

Meine »Opera curiosa«, ab Februar 1977

17–19 Als Mutter der Kompanie (oben links) und als Miß Piggy Mae West. –
Unten: »Liebe und Euphorie« – Miß Piggy mit der »Rainbow-Family« nach einer
Vorstellung

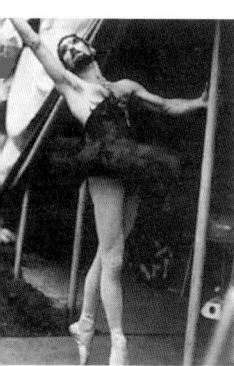

20 Pas de deux mit Roland
Baisch vom damaligen
»Scherbentheater«, einer
freien Gruppe, die sich
heute »Shy Guys« nennt

21/22 »Ballerina furiosa«
Rebecca, mein unvergeß-
licher Kurt Auer † (links),
und meine geliebte Manuela
Riva alias Mamma Roma
(rechts), die tragenden Säulen
der »Opera«

23 Gruppenbild 1978

24   »Adele Spitzeder« von Martin Sperr im
Münchner Studio-Theater im Fuchsbau, 1979
Als käufliches Mädchen Bella mit dem Autor
Martin Sperr, der die Titelrolle verkörperte
(Probenfoto)

25 Mit Philipp Sonntag in seinem Stück
»Ritter in der Not«, Modernes Theater in
München, 1987

26 Mit Olivia Pascal und Curtis Lemmon in
dem Film »Manche mögen's prall«, 1977 –
eine Jugendsünde, das Auge starr aufs Honor
gerichtet!

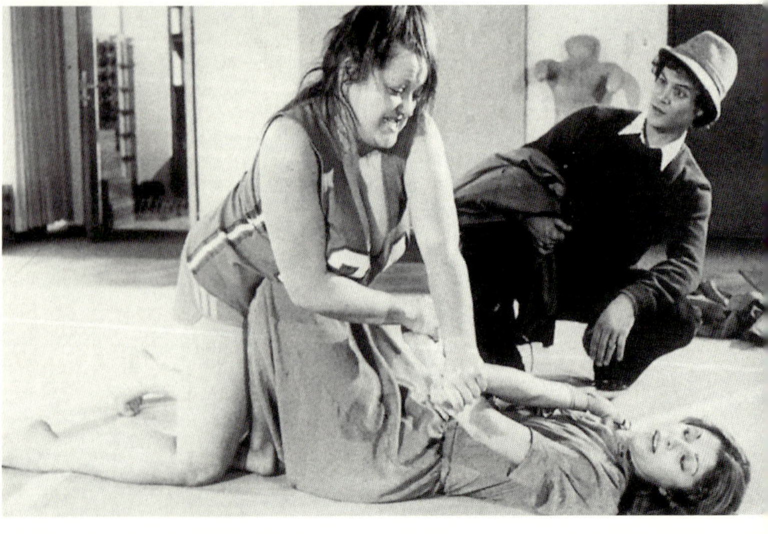

7 In dem Film »Die Kaiserin, die nicht lachen konnte« von Maran Gossow, 1979

8 In einem DADA-Programm von Hubert Kramer im Wiener Theater »Gruppe 80«

9 Vorerst Abschied von der »Opera curiosa« und Dank ans treue Publikum, München 1984

30 »Das große Glück kommt über den grünen Steg«: Zu Hause beim Kartenlegen, 1983

Die Schulzeit war für mich eine erfüllte Zeit. Die Lehrer hatten ihre Freude, aber auch ihre Plagen, wenn ich beispielsweise im Physikunterricht wieder mal zuviel von dem gefährlichen Gebräu »Oje 4« zum eigentlich gemütvoll reagierenden H_2O gegeben hatte. Eine Explosion war die Antwort. Da mir gerade wieder ein bestimmtes Blau ins Auge stach, wollte ich mehr Azur. Sorgenvoll blickte der Lehrer mich an: »Vergiß nie die Dosis, Mädchen, alles hat seine Gesetzmäßigkeit. Werde nicht unmäßig.« Das wollte ich zu dieser Zeit nicht hören, ausufern wollte ich, mich ausprobieren, da mußte etwas riskiert werden, mußte man sich die Finger verbrennen dürfen.

Mein Stiefvater bekam mich nur zu Gesicht, wenn eine Begegnung unvermeidbar war. So ließ er all seinen Zorn immer mehr an meiner armen Mutter aus, die immer trauriger wurde. Ich fühlte mit ihr und wollte sie nie verlassen, aber ich spürte gleichzeitig, daß ich hineintauchen mußte in die neue, mir scheinbar altbekannte Welt, um zu überleben.

So verbrachte ich, wie schon erwähnt, auch die Schulferien meistens bei einem geliebten Onkel-Tante-Ehepaar. Die Stiefschwester meiner Mutter lebte zusammen mit meinem Großvater mütterlicherseits und dessen zweiter Ehefrau in einer harmonischen Gemeinschaft. Bestimmt gab es auch Unstimmigkeiten, nur wir Kinder merkten es nicht. Mir gab dies Kraft und Vertrauen, nur war ich traurig, daß meine Mutter nicht einen so liebevollen Lebenspartner gefunden hatte. Hier tankte ich in den Ferien meinen Seelenkanister bei meinem Großvater auf, der uns in jungen Jahren so schutzlos auf den Dschungelpfad des Lebens geschickt hatte. Mit ihm ging ich viel in eine Gärtnerei, in der er noch gelegentlich arbeitete, und versuchte, seine Geheimnisse über Kräuter und Heilpflanzen aus ihm herauszukitzeln. Erst im Alter liebte und akzeptierte er mich, und oft weinte er und legte seine derbe Hand auf meinen Kopf, dann plagte ihn sein Gewissen.

Auch meine sogenannte Stiefoma, die meine Mutter in ihrer Jugendzeit schikaniert hatte, versuchte, an mir ausgleichend Gerechtigkeit walten zu lassen, und war ganz lieb und fürsorglich. Voller Tatendrang stürzte ich mich nach den Ferien wieder in meinen Alltag, voller Freude, meine Mutter und Schwester wiederzusehen und zu umarmen, aber mit gemischten Gefühlen, wenn ich an das männliche Wesen in unserem Haus dachte.

Meine Ahnung sollte nicht unbegründet sein, denn gleich bei der Rückkehr aus meinem ersten Stadturlaub wurde mir strikt verboten, im Haushaltsbereich Schulaufgaben zu tätigen, und sämtliche Bücher mit dem »Teufelsgeschwätz der Nazis« mußten aus der Wohnung verschwinden. Das war sehr hart und unverständlich für mich, aber nichts Neues. Alles sprach für einen neuen paranoiden Schub seiner Krankheit. Jetzt sollte eine schrecklich bedrohliche Zeit auf uns alle zukommen. Ein faustgroßes Magengeschwür machte ihn reizbar und unkontrolliert, der Alkohol brachte die dunkle Seite wieder ans Licht, ja er strömte direkt in den Hades seiner Seele und entflammte darin ein wahres Inferno. Ich war damals fünfzehn Jahre alt, und oft mußten wir Hilfe holen, um, wie wir dachten, unser Leben zu retten.

Plötzlich hagelte es wieder Schläge auf uns alle herab, und unsere geliebten Puppen mußten aus seinen Augen verschwinden – der Zwangssterilisierte konnte keine kleinen Kinder ertragen.

Wieder blieb mir zum Lernen nur die Zeit im Bus, doch nahmen die schriftlichen Hausaufgaben dabei oft abenteuerliche Formen an, wenn der Bus schwankend die kurvenreiche Strecke fuhr. Auch die abgeschnittenen Baumstümpfe des Waldes mochten sich gar nicht als Schreibpult mißbrauchen lassen. Ich wagte jedoch nicht, darüber zu sprechen, wenn wieder einmal ein Donnerwetter über meine schlampige Schreibweise, vor allem von meiner Deutschlehrerin, vor der ganzen Klasse auf mich herniederprasselte: »Werden wir jetzt noch zur Legasthenikerin?«

Ich schwieg und weinte still, denn ich wollte mich ja nicht selbst heruntermachen – und vor allem nicht meine schmerzliche Familiensituation vor den Menschen bloßlegen. So kam ich zu meiner Überlebensstrategie: Augen auf, Ohren spitzen, Nase schärfen, Mund zu, Tränlein zerquetschen. Da hieß es aufmerken, und zwar gleich beim Unterricht. Durch dieses aus meiner Notsituation heraus entstandene Training lernte ich, meine Sinne zu schärfen, um in meiner Gehirnrinde für den »Baum des Lebens« saftige Informationszonen zu schaffen, zu kollektivieren, zu archivieren, zu transzendieren und alles wieder abrufbar zu machen, auch ohne es vorher schriftlich fixiert zu haben.

Womit wir wieder beim bekannten Mephisto-Prinzip wären: »Was Böses will – das Gutes schafft.«

Dieses Training kam mir in meinem weiteren Leben noch oft zugute. Das ganze Spektrum meines Revuetheaters, der »Opera curiosa«, war so zuerst alchimistisch in meiner Phantasie-Gehirnschaltstelle in einzelnen Bildern geboren – da wurde geschachtelt, verschoben, zueinandergereiht, gefärbelt, verdreht und immer wieder kräftig geschüttelt, bis alles seine eigene unverkennbare Aussage und Einmaligkeit hatte. Erst kurz vor Probenbeginn quälten sich die fertigen Bilder durch meine Bleistiftmine, denn der dramaturgische Bogen mußte dem Theater oder den staatlichen Institutionen schriftlich vorgelegt werden, und auch zu unseren Proben brauchten wir unser geschriebenes Korsett. Die Schleifchen und Schnürchen und Farbtupfer entstanden erst beim Proben, und die einzelnen charismatischen Charaktere der Mitwirkenden gaben dem alchimistischen Gebräu seinen endgültigen, unwiderruflichen Gusto.

Wenn ich heute auf die Lebensstrecke zwischen dem siebten und dem vierzehnten Lebensjahr zurückblicke, überkommen mich wieder ein großer Schmerz und das Gefühl des Ausgeliefertseins in einer scheinbar bösen, dämonischen Welt, in der Ausübung von Gewalt und Ungerechtigkeit gegenüber schutzlosen Menschenkindern die Regel ist. Aber ich wärmte mich auch im Licht einer schützenden Mutterliebe, derer ich sicher sein konnte, die mir Selbstvertrauen einflößte und mir zum Motor wurde, mein Leben zu gestalten und dankbar anzunehmen. Diesen Mutterschutz hat mein Stiefvater nie gehabt, er war schon in seiner Kindheit schrecklichen Torturen ausgesetzt. In seinen ruhigen Phasen, in denen die Symptome seiner psychischen Erkrankung ihm nicht den Stempel eines leibhaftigen Satans aufdrückten, hatte ich immer großes Mitleid mit ihm, und eine menschliche Wärme für ihn brannte still in meinem Herzen.

Die Erhaltung meiner seelischen und körperlichen Gesundheit nach den Übergriffen – wenn man von einem natürlichen Verrücktsein und meinem liebevoll gepflegten Neuröschen-Beet absieht – scheint von einer großen genetischen Morgengabe zu zeugen. Das bestätigte auch der Psychiater, zu dem ich mich mit fünfundzwanzig Jahren zu analytischen Sitzungen begeben hatte.

»Wer in sich selbst die sogenannte böse, dunkle Seite genauso wahrnimmt und lebt wie seine helle, lichte, die das sogenannte Gute verkörpert, erkennt sich von zwei Seiten, und nur so kommt er in seine zentrale Mitte«, sagte er. Er war ein großer Verfechter aller Gedanken C. G. Jungs, nach dessen Lehrsätzen er gerne arbeitete und unterrichtete.

»Marianne, ich habe deine Seelenmusterung und deine Psychomaserung genau ausgelotet. Sei froh, denn du kannst nicht hassen, du hegst nicht ein Quentchen Rachegedanken, auch nicht im unbewußten Teil deines Seelenlebens, gegen deine Peiniger aus der Kindheit. Nur so bricht sich eine schicksalhafte Verkettung, und die Erinnyen sind um ihren Auftrag gebracht, den sie schon so sicher in der Tasche zu haben schienen.« Das frühe Hinauslehnen aus dem »westlichen Fenster«, das mir ermöglicht, so manches bizarre esoterische Wolkengebilde am Rockzipfel zu fassen und einen neu auftauchenden philosophischen Gedanken gleich in meiner lauernden Hutschachtel gefangenzunehmen, hat mich wachsam und sehend gemacht.

Die bösen Taten sind so wirklich wie die guten, nur unser Gewissen, und natürlich das kollektive der Gesellschaft, spricht ein Urteil darüber. Die Unbewußtheit kennt kein Gut und Böse – sie handelt zwanghaft. Und jedem Schatten folgt das Licht, unauflöslich polar aneinandergekettet. Nur durch das gelebte Manifestieren der Bilder des eigenen Schattenreichs kann man auch im wirklichen Leben durch den dunklen Kanal des Hades wieder zur lichten Dimension vordringen.

»Das Leben bedarf zu seiner Vollendung nicht der Vollkommenheit, sondern der Vollständigkeit, ohne die es kein Vorwärts und Aufwärts geben kann.« Den Satz habe ich bei C. G. Jung gefunden, und er erscheint mir sinnvoll. Gott bittet um »die Tat«, ob gut oder böse, damit als Antwort darauf ein neuer Baustein für die kosmische Bildung der Mutter Erde gesetzt werden kann.

Könnten wir uns doch unsere Taten und unsere oftmals so unsinnigen Verhaltensweisen mehr und mehr bewußtmachen! Denn wie sagte doch Jesus: »Mensch, wenn du weißt, was du tust, bist du selig.«

Überwiegt das Gute das Böse? C. G. Jung meint: »Man hofft immer, es sei das Gute, nur diejenigen, die sich jenseits von Gut und Böse wähnen, sind in der Regel die ärgsten Quälgeister der Menschheit.«

Ja, was bleibt da noch zu sagen? Nur dem, der sündigt, kann seine Sünde vergeben werden. Machen wir die Racheengel arbeitslos durch Vergebung und Liebe.

Besen, Besen, sei's gewesen

Martius

Ein gediegener Wohnsalon in einem Villenvorort von München. Die Wanduhr tickt, auf dem Boden krabbelt ein zehn Monate altes Baby zu Füßen seiner etwa dreißigjährigen Mutter, die zitternd mit großen Rehaugen in einem Rollstuhl sitzt. Multiple Sklerose!

Ich darf meinen Herrn und Lehrmeister, einen Facharzt für innere Medizin, auf einem Hausbesuch begleiten und ihm dabei auch assistieren. Während ich mit schwitzigen Händen die Injektionsnadel aus dem Fleisch der Frau ziehe, mit der sie eine hohe Dosis Vitamin-B12-Konzentrat injiziert bekommen hat, dringt die Stimme des Doktors an mein Ohr, das ich am liebsten verschließen möchte: »So, jetzt haben wir die fünfte Stufe unserer Behandlung erreicht. Jetzt heißt es kämpfen. Das Leben ist nicht nur Honigschlecken und Sichverkriechen. Wir stehen auf – Sie müssen! Sie haben einen kleinen Sohn. Sie müssen ihm beistehen.«

Die Frau weint bitterlich: »Sie wissen doch, Herr Doktor, daß es nicht geht.«

»Was ist *es*?« meint er. »*Du* mußt gehen. Dann wird *es* auch gehen.«

Sie weint. Auch das Kind fängt an. Ich hebe es auf und drücke es ganz fest an meine Brust.

Der Arzt bleibt hart zu der Frau. »Du wirst dich erheben, du kannst es. Heute bist du so weit.«

Ich möchte flehentlich um Gnade bitten, möchte mich am liebsten dazwischenwerfen. Ich trau' mich nicht.

Da plötzlich steht die junge Mutter auf. Die Augen starr auf den Arzt gerichtet, setzt sie Schritt vor Schritt, ja sie wandelt wie im Banne der Kraft des Mondes.

Ich bin wie erstarrt, habe Angst, sie würde jeden Moment wie ein Streichholz zusammenknicken. Aber sie hält durch, und so sollte es auch bleiben. Von diesem Tag an war der Verlauf ihrer Krankheit gestoppt.

Wieder war es diesem Medizinmann gelungen, den Dämon einer scheinbar unheilbaren Krankheit in die Schranken zu weisen und den unausweichlichen Verfall des Muskel- und Nervenapparates zum Stillstand zu bringen. Er nannte dies Stabilisierung. Wenn ein Patient mit multipler Sklerose nach mehreren schweren Krankheitsschüben zu ihm gekommen war, hatte er immer sehr ehrlich erklärt, daß er das Rad der Krankheitsgeschichte nicht mehr ganz an den Anfang zurückdrehen könne. Es gelang ihm aber immer, nach einer dreimonatigen Behandlung etwa, die Symptome der Krankheit zum Stillstand zu bringen. Dieser Arzt wandte unkonventionelle Heilmethoden an, die Außenstehenden oft sehr abenteuerlich erschienen.

Einen großen Wissensschatz über medizinische Lehrmethoden der anderen Art hatte er in seinem Reisegepäck von langen Reisen und Studienaufenthalten in China mit zurückgebracht. Er war ja nicht nur Mediziner, er hatte auch Astrologie studiert, Philosophie, Psychologie und Astronomie. Dafür hatte er sich eine kleine Sternwarte mit allen Instrumenten aufgebaut, die fortan ein Platz für mich werden sollte, an dem ich unglaubliche Einblicke tun durfte. Dieser Mann war mir als Schutzpatron und väterlicher Freund vom Schicksal zur Seite gestellt worden, und heute noch erfüllt mich große Dankbarkeit, wenn ich daran denke: Er war bereit, all sein Wissen mit mir zu teilen.

Es war ihm, zum Erstaunen seiner Kollegen, gelungen, die Krankheit multiple Sklerose und die damit verbundene permanente Verschlechterung des Gesundheitszustandes zum Still-stand zu bringen. Leider sind alle seine Aufzeichnungen ver-schwunden, und er selbst weilt nicht mehr unter uns, was mich manchmal sehr traurig stimmt, weil er vielen Patienten mit sei-nen Erfahrungen und Experimenten eine große Hilfe sein und vielleicht die Stabilisierung ihrer Situation erreichen könnte.

Der Körper der erkrankten Person wurde zuerst einmal entgiftet und von Ballaststoffen befreit, was meistens durch eine dreitägi-ge Kur geschah, zum Beispiel eine Schrothkur. Die Ernährung wurde total umgestellt auf einen alkalischen Unterbau, was hieß: Gemüse, vor allem Rohkost, Mineralwasser. Der Säurehaushalt wurde durch Weglassen von Zucker, vor allem von Stärke und purer Säure, wie Weinsäure, reduziert. Das Manko von Vitami-nen, Mineralien, Metallen usw. wurde durch Medikamente wie-der ausgeglichen.

Die Seele wurde durch Gesprächstherapien, bei denen der Pa-tient lag und sich aussprach, erleichtert, gestreichelt. Eine Ana-lyse war verboten. »Ich habe nicht das Recht zu werten«, sagte dieser Arzt immer. »Die auf der Seele liegenden schmerzlichen Erinnerungen sollen durch den Mund über eine Luftbrücke zum Chakra des Herzens der lauschenden Person gelangen, sich em-pathisch mit deren Elixier des Vertrauens und der Sympathie ver-mischen und dann als Sprachklangteppich ins mütterliche Welt-all hinausgeschickt werden.«

Kehrte so ein Teppich wieder zu seinem Fakir zurück, war dies erlaubt und manchmal sogar erwünscht, denn dieser Vorgang sollte immer wiederholt werden, auch wenn es für den Zuhörer anstrengend war.

Als vierte Stufe folgte eine Verwöhnung des Körpers durch Bä-der mit Kräutern, Meersalz und Algen, durch Massagen mit Blü-tenölen, Rosmarinöl und Lavendel, die der Arzt zum Teil selbst hergestellt hatte, und die Einbettungen in liebevolle Umarmungen und Schaukelungen, die der Patient vielleicht als Kleinkind nicht empfangen hatte.

Nach etwa drei Monaten war der Patient dann reif für eine Behandlung mit organischen Giften, die der Arzt in die Fußsohle injizierte. Jedes Körperorgan hat seinen abgegrenzten Bereich in der Fußsohle, und diese Zonen kannte er aufgrund seines Wissens um die Lehre der chinesischen Medizin. »Paßt auf, Moleküle«, sagte er immer, »jetzt heißt es kämpfen.«

Meistens fing er mit Bienengift an. In kleinen Dosen wurde es in die verschiedenen Zentren der Fußsohle injiziert, und nach etwa zwei Wochen gab es dann Schlangengift – nun mußte der Körper reagieren. Das steigerte sich in einem ganz bestimmten Rhythmus bis hin zu Quecksilber oder Selen, das man auch oral einnehmen konnte, und nur er kannte die kausalen Zusammenhänge.

Hatte sich der körperliche und seelische Zustand des Kranken gebessert und folgten keine neuen Krankheitsschübe mehr nach, ging er daran, das Immunsystem mit Hilfe einer Eigenblutbehandlung zu aktivieren. Das war in jener Zeit eine noch völlig ungewöhnliche und kaum einem Arzt bekannte Methode. Fünf Kubikzentimeter Eigenblut entnahmen wir aus der Vene, um dieses sofort wieder ohne Zusatz von Sauerstoff in das Depotgebiet des Gesäßmuskels einzuspritzen. Diese Behandlung wurde in Abständen von einem Monat dreimal wiederholt und dann wie eine jährliche Impfung beibehalten.

Das Interessante an dem Ganzen war für mich, wie er mir das erklärte. Indiziert der Körper diesen blutigen Mikroanteil seines eigenen Systems, der ja alles im Mikrobereich besitzt, was der große Körper im Makrobereich als Teil des großen Weltalls enthält, als fremden Eindringling von außen, wird flugs analysiert. Das Immunsystem muß diesen Feind bekämpfen, ihn abtasten, damit es ihn überrumpeln kann. Nun wird ausgelotet – was hat dieser Feind nicht, was ich aufbauen muß, um ihn zu überlisten oder zu übertrumpfen? Und somit baut der Organismus die fehlenden Bausteine des Abwehrblocks innerhalb seines Systems wieder auf und stärkt somit die eigene Abwehr.

Nur dem Körper selbst bleibt verborgen, daß das Ganze über einen legitimen Trick abgelaufen ist. Er wird überlistet. Diese Prozedur, die ich übrigens an mir selbst sofort ausführen ließ und immer noch einmal im Jahr durchführen lasse, hat sich bestens bewährt und zeigt auch unglaublich gute Wirkung bei sämtlichen allergischen Problemen des Organismus.

Dieser Arzt, mein Chef, war schon 1960 der Meinung, daß alle Menschen mit einer Eigenblutbehandlung beglückt werden sollten, um sich auf diesem Pfade wieder selbst begegnen zu müssen und somit eine Aktion–Reaktion auszulösen.

Für Patienten im fortgeschrittenen Stadium hatte er noch einige andere Überraschungen parat. Der Urin des Patienten wurde gereinigt, präpariert und dann unter die Haut injiziert oder auf bestimmte Hautstellen plaziert – ja, der Zweck heiligt die Mittel! Auch damit konnten sehr gute Ergebnisse zur Stärkung der eigenen Abwehr oder des Immunsystems erzielt und oft auch schwer heilbare Ekzeme, Ausschläge oder Entzündungen positiv beeinflußt werden.

Die letzte Stufe der Initiation, wie er es nannte, waren dann die in wachsähnlichem Material eingehüllten kleinsten Eigenkotkügelchen, die dem Organismus wieder einverleibt wurden und den Kreis ganz konsequent schließen sollten.

Ja, die Eigenblutbehandlung wurde noch gerade so akzeptiert, aber für weitere Vorschläge bezüglich der Urin- oder Eigenkottherapie mochten sich nur einige wenige Tapfere hergeben. Aber es half, und wie!

Einen Sinn machte es auch, wie mir der Arzt erklärte, daß man den Organismus zwang, Erfahrungen, die man im Leben und somit auch im Organismus – also in der Leber und der Niere – nicht verarbeitet hatte, durch die Rückführung der Ausscheidungen zu lösen – und zu verarbeiten –, natürlich über den Organismus hin zur Seele.

Dieser Mann war Medikamenten aus den pharmazeutischen Fabriken nicht abgeneigt, er kombinierte sie jedoch sehr vorsichtig mit homöopathischen Präparaten. Das Wichtigste für ihn war immer die Dosis, die meist sehr viel niedriger als üblich sein sollte. Im ganzen Leben ist immer die Dosis entscheidend, denn ist sie zu hoch, gerät der Organismus aus der Balance – das sieht man ja auch in der Homöopathie: Die Überdosis an organischen Giften wäre tödlich, während die Verfeinerung, die Feinabstufung und Verdünnung, als Medikament heilend ist.

Älteren Damen, die sich über Schlaflosigkeit beklagten, überreichte er immer selbstgedrehte Pillen, die er aus Milchsäure, Kräutern und Vitaminen hergestellt hatte, und mit erhobenem Zeigefinger schärfte er ihnen ein, auf die verschriebene Dosis genau zu achten, denn das Mittel sei außerordentlich intensiv und gefährlich dazu. Dazu setzte er ein todernstes Gesicht auf. Natürlich hatte er zuvor körperliche Ursachen ausgeschlossen. Meistens kannte er die Patientinnen und auch deren Psychogramme schon über Jahre hinweg. Das Geheimnis war, daß ein einfaches Naturprodukt dieselbe Wirkung haben konnte wie drei starke chemische Schlafmittel. Der Arzt nannte es den Placebo-Effekt. Für mich war das damals völlig neu, doch wird dieser Trick heute ganz selbstverständlich auch in den Kliniken und in der Medizin allgemein angewandt. So war ich durch praktische Erfahrung zu der Erkenntnis gelangt, daß das Ich des Menschen mit der großen Kraft des Glaubens eine außerordentliche Wirkung auf die Seele und vor allem auf den Körper des Menschen haben konnte.

»Dasselbe gilt auch für die Speisung«, erklärte mein Chef. Es kann ein Teller voll labhafter, vitaminreicher Lebensmittel zelebriert werden, und doch wird der hauseigene Magier der Placebo-Hexenküche sie ohne Freude am Genuß nicht produktiv aufspalten und umwandeln. Während ein einfaches, oft nicht so gehaltvolles Mahl, durch dankbare Aufnahme mit allen Sinnen genossen und mit Kräutern und Gewürzen aus dem Reich der Phantasie bereichert, dem Körper all die Verdauungssäfte abtrotzen kann, die er braucht. Placebo, unser brüderlicher Magier, der sich nur durch den Glauben aus dem Schattenreich erhebt, uns dann aber als willfähriger Diener zu Lebzeiten nicht mehr allein lassen wird, wenn wir ihn nur rufen.

Meine ehemaligen Lehrer aus der Realschule, vor allem mein früherer Deutschlehrer, waren sehr, sehr traurig gewesen, daß ich nach vier Jahren Erfahrung und Experimentierens mit der Theaterwelt mich nicht entschlossen hatte, die Schauspielschule zu besuchen, um den Gedanken, Schauspielerin zu werden, konsequent zu verwirklichen. Dafür fand ich mich noch viel zu jung. Außerdem hätte es ja von zu Hause keine finanzielle Unterstützung gegeben. Ich wollte viel lieber eine Lehre mit sozialem Engagement absolvieren und praktische Erfahrungen sammeln.
Wir gründeten damals, während der Realschulzeit, eine private Initiative, um im Städtischen Krankenhaus Wochenendpflegedienste an todkranken Patienten zu leisten, denn es herrschte ein großer Personalmangel. Manchmal saß ich zweimal im Monat am Bettrand von Patienten, um Sterbehilfe zu leisten. Nie hatte ich Angst, dem Tod ins Auge zu schauen. So ging ich mit einigen den Weg bis zur Brücke, die Hände haltend, die Stirn mit feuchten, kräutergetränkten Lappen kühlend. Ja, eine Hebamme brauchen wir, um ins Licht der Welt zu staksen, aber wo ist sie, um uns beizustehen, wenn wir uns dem Gevatter Tod als Vollstrecker anvertrauen müssen, der uns den sicheren Weg über die Brücke

zum jenseitigen Flußufer geleitet? Wo waren die Angehörigen dieser meist älteren Menschen in ihrer letzten Stunde? Wir jungen Menschen versuchten, diese schmerzliche Lücke so gut wie möglich zu füllen. Das war tröstlich, doch die Augen der Abschiednehmenden wanderten unruhig zu den Türen. Lassen wir unsere sterbenden Angehörigen nie alleine! Es war vollbracht, ein stilles Licht und ein friedliches, nach innen gekehrtes Lächeln umflorte das Antlitz des Toten. Vor den Toten hatte ich weniger Angst als vor manch Lebendem! Diese Erfahrung mit der Sterbehilfe hat sehr stark meine Rolle in *Zuckerbaby* inspiriert.

Hatte ich Krankenhausdienst, zweimal im Monat, dann konnte ich natürlich auch dort nächtigen, was ein guter Vorwand war, um nicht im Hause meines rabiaten Stiefvaters verweilen und schlafen zu müssen. Solcherart mit Sozialschicksalen konfrontiert, von kranken, leidenden Menschen umgeben, denen man wenigstens ein bißchen helfen und sie in den Armen wiegen konnte, schien es mir zu dieser Zeit sträflich, den Weg einer Schauspielerin einzuschlagen, obwohl man mir täglich eingebleut hatte: Du bist begabt, du hast, du kannst.

»Ich weiß, was ich will«, sagte ich dann immer, »und das hat Zeit.« Kinder- oder Säuglingsschwester, Hebamme, das wollte ich werden, das schwirrte in meinem Kopf herum.

Eine Berufsberaterin dirigierte mich dann ganz selbstverständlich zu diesem Ausbildungsplatz einer medizinisch-technischen Assistentin. Bei einem Facharzt für innere Medizin sollte ich nun meine weiteren Weihen empfangen und viele neue Lebensrezepte aus Abrahams Wurstkessel entdecken.

Noch immer erfüllt mich bei diesem Gedanken eine tiefe Dankbarkeit, und ich bin froh, daß ich damals nicht den gefährlich gepflasterten Pfad der Eitelkeit und Selbstdarstellung gegangen bin. Denn erst durch das eingelöste, gelebte Leben bekommt man die Erfahrungswerte, die die Skala der Empfindungen beim

Spielen einmalig stützen und eine ganz andere Ehrlichkeit ermöglichen. Außerdem war ich ja noch viel, viel zu jung.

Das Wartezimmer unserer Praxis war bunt gestaltet, Musik durchflutete die Räume, und mein Chef selbst residierte in einem gemütlichen, wohnzimmerähnlichen Refugium mit klassisch-antiken Möbelstücken und modernen Bildern, Büchern, subtropischen Pflanzen, in deren Mitte er mit einer brennenden Zigarre im Mundwinkel thronte.

Sein Sprechzimmer war farbig gestrichen, und moderne Malerei unterstrich die Gesamtidee des begehbaren, bunten Raumes. Die Behandlungszimmer, das Laboratorium, die Massageräume waren in beige Töne getaucht, und auch dort gaben moderne Bilder Impulse und sandten spezielle Energien zu den Patienten.

»Deine Seele hat sich wieder inkarniert, Marianne, um mehr und mehr zur vollen Reife zu gelangen. Die archetypischen Bilder sind so tief in deinem Unterbewußtsein gespeichert, daß daraus eine unglaubliche Phantasiewelt entstehen kann. Wenn du dir vorstellst, daß die gespeicherten Bilder all deiner Inkarnationen vielleicht sogar zurückgehen bis zu Adam und Eva! Die Energie des Mondes symbolisiert die Seele und ihre Empfänglichkeit. Von deiner planetarischen Konstellation her bist du ein Mondkind. Du besitzt eine Traum- und Phantasiewelt, die nicht erst im jetzigen Leben entstanden sein kann. Du bist eine alte Seele, die sich neu inkarniert hat, um ihren Weg zu vollenden. Auch wenn du gern erwachsen sein willst, bleibt ein Teil von dir kindhaft offen, verletzbar, liebebedürftig und auch aus der Phantasie heraus kreativ. Der Mond ist deine Empfänglichkeit. Nur weil du empfänglich bist, kann sich eine wahre Empfänglichkeit ereignen. Der Mond ist die Kraft, die deiner Seele zur Geburt verhilft. Öffne immer deine Gefühle, laß sie hinaus in die Welt, um deine Seele einmalig auszudrücken, und hab keine Angst davor.«

Ich sitze mit glühenden Wangen vor einem riesigen Teleskop in der selbsterbauten Sternwarte meines Lehrherrn und tauche tief ein in das gütige Antlitz des Mondes, als sich diese Worte meines Mentors tief in meinem Bewußtsein festsetzen.

Ich konnte ihm einfach ganze Krater in den Bauch fragen, und oft tagten wir in seiner Sternwarte, um den Geheimnissen der Astronomie auf die Spur zu kommen. Der hitzige Planet Mars mit seiner lebenaktivierenden Zeugungskraft wurde mir ebenso vertraut wie sein kreativ-zärtlicher Gegenpol, die schöngeistige Venus, die den Schöpfungsakt überhaupt erst möglich machte und ein Symbol für das Geben und Nehmen in dieser Welt ist. Doch auch der beunruhigend launische Saturn lugte hinter dem Vorhang des Weltenfensters zu mir herein, um meinem irdischen Körper die Grenzen zu weisen und um mir bei Übertretung der Regeln auf die Finger zu klopfen. Auch das Planetengeschwister-paar Merkur und Jupiter legte mir freundlich gesinnt seine Hände auf die Schultern, um aus dem von Merkur angeschleppten Wissen und der von Jupiter angesammelten und transzenden-tierten Weisheit ein kosmisches Überlebenssüppchen zu kochen. Viele Menschen mit seelischen Erkrankungen, die auf vegetative Beschwerden des Nervensystems zurückzuführen waren, behan-delte mein Chef mit speziell ausgesuchter Musikbeschallung für Seele und Körper. Oft waren es Mozartkompositionen oder fernöstliche musikalische Klangbilder aus Flöten, Trommeln, Xylophonen, die er selbst zusammengestellt hatte, und dazu ließ er die Menschen tanzen. Es gab aber auch Musik, die durch Trommeln den Herzschlag symbolisierte, kombiniert mit natür-lichen Geräuschen wie Regen, Wind, Wellenschlag, Vogelgezwit-scher. Der Sonnenschein wurde dann akustisch von einer Gitarre nachempfunden. Heute hat diese Art von Musik schon lange Eingang in die Meditationstechnik gefunden, damals jedoch war dies noch etwas ganz Besonderes.

Ganz fest war er auch davon überzeugt, daß der Mensch in seiner Dreiheit von Geist, Seele und Leib als Mikrokosmos in musikalischen Intervallen aufgebaut und auf die heimische Harmonie des Makrokosmos abgestimmt sei: »Schau, wie bei einer guten alten Bratsche oder einem Violoncello befindet sich oben der Diapason spiritualis, der vom Kopf bis hin zu den Hüften reicht und die Grenze zu dem Diapason corporalis bildet.«

»Halt«, sagte ich, »warten Sie bitte, das kann mein kleines Hirn nicht alles auf einmal aufnehmen. Es war heute am Tage schon so viel in der Praxis. Salizyl, Phosphatase, Elektrophoresen, Tachycard, Lymphozyten, alle Begriffe purzeln in meinem Gehirnkämmerlein die Treppe hinunter und vermischen sich zu einem zinkleimigen Strophantinblutkuchenbrei. Das schaffe ich nie, wie soll ich das alles behalten?«

»Das macht die gute Mutter Zeit, sie ist viel gütiger, als du denkst. Ich wollte ja nur sagen, daß dort, wo in der großen, kosmischen Welt die Sonne die Lebenspenderin ist, in der kleineren, körperlichen Welt das Herz ist«, antwortete er verschmitzt. Mein Rücken entspannte sich, denn das konnte ich bildlich nachvollziehen.

Sein verstehendes Lächeln steht für immer vor meinen Augen. Ganz zart nahm er meine vor Aufregung schwitzende Hand: »Wie wäre unsere Welt trist und leer ohne die allverbindende und einende Macht der Musik. Die musikalische Harmonie, meinte schon Agrippa, ist eine mächtige Schöpferin, sie zieht die himmlischen Einflüsse an und erweckt Gefühle, Ideen, Handlungen und Veranlagungen. Selbst die Fische im See von Alexandrien freuten sich über die harmonischen Klänge, und die Musik hat vielleicht auch die Freundschaft zwischen den Menschen und Delphinen gestiftet. Und selbst die Nymphen schwimmen vom Ufer bis zur Mitte des Sees und tanzen dort, wenn sie Musik hören, nach den zartesten Klängen.«

»Jetzt möchte ich aber einmal wissen«, sagte ich, »ob Ihre Nymphen auch dann noch tanzen, Herr Doktor, wenn ihnen der Defiliermarsch unter den silbrigen Hintern geblasen oder ein Wagnerscher Orkan die aufgepeitschte Gischt der See ins Antlitz schleudern würde? Dann müßte die kosmische Bratschenmutter doch auch Platz machen für ein disharmonisches Stakkato oder einen aus dem Rhythmus geratenen Violinschlüssel. Wäre das nicht wie bei einem reinigenden Gewitter?«

Er lachte aus vollem Halse.

»O Gott, o Gott«, sagte ich, »die Zeit ist verronnen.«

Die Zeit verrann ins Weltenmeer. Mein langer Nachhauseweg zwang mich zum Aufspringen. »Je reviens, Herr Doktor, bis morgen.«

Die Tür fiel ins Schloß. Ich bin hinaufgehechtet auf das Trittbrett der Straßenbahn, habe rennend und schwer atmend gerade noch den letzten Zug von München nach Starnberg erwischt, im Bus nach Berg gerade noch ein Plätzchen ergattert, dann mit klopfendem Herzen Fuß vor Fuß gesetzt und bin nach einer guten Dreiviertelstunde heim in dieses bedrohliche Revier der Wüste Gobi gekommen, wo meine sanfte Löwenmutter, die immer stiller wurde, auf mich mit ihrem Abendessen wartete und der unrastig auf und ab gehende schwarze Panthervater seine Krallen wetzte. Er war eifersüchtig auf den täglichen Weltenflug seines ihm ins Gehege gegebenen Schwalbenkinds.

In dieser Zeit schrieb ich das Märchen von der kleinen Schwalbe Cleo aus Mesopotamien, die, in fremdem Land ausgebrütet, ihre heimische Sippe nicht mehr finden konnte. Vor der Winterzeit wird sie von dem Schwalbenbürgermeister aufgefordert, sich dem sicheren Überlebensflug in die bekannten Wintergefilde anzuschließen. Doch Cleo verneint, auch eine dreitägige Bedenkzeit lehnt sie ab. So sitzt sie frierend auf dem entblätterten Apfelbaum, wird von einem Uhu unterhalten, einer Hauskatze zärtlich gewärmt, damit sie nicht erfriere, und von den Kindern beim ersten Schnee ins Haus geholt. Dort macht sie sich nützlich und überlebt. Als im Herbst die Schwalben wieder zu dem gewohnten Flug in den Süden rüsten, will Cleo auch diesmal nicht mit. Den Kindern ist nun zwar verboten, die Schwalbe erneut zu sich ins Haus zu nehmen, doch Cleo bleibt konsequent. Sie muß nach Mesopotamien. Kurz vor Einbruch des Winters kommt ein großer Kranich, der sich verflogen hat, und läßt sich auf ihrem Ast nieder. Auch er muß nach Mesopotamien und verspricht Cleo, sie auf seinen Flügeln dorthin zu tragen.

Die Pubertät hat mich kleines weibliches Wesen erschauern lassen: Die Brüstlein schwellen, und meine erste Menstruation versetzt mich in so große Angst, daß ich denke, jetzt muß ich sterben, es wird nie mehr aufhören zu bluten. Erst nach drei Tagen vertraue ich meiner Mutter an, daß sie ein todkrankes Kind in ihrem Haus habe und ich sterben müsse. Sie solle auf mich aufpassen, und nach meinem Tod müsse ich verbrannt werden. Da nahm sie mich in den Arm und klärte mich auf, so gut es ging. Während ich gesprochen hatte, war kein Ton über ihre Lippen gekommen. Denn jetzt konnte ich ja ebenfalls schwanger werden, das war noch immer ihr Trauma, schutzlos mit den kleinen Kindern der Welt preisgegeben gewesen zu sein.
Also mußte ich mich selbst auf Entdeckungsreise machen. Die Erklärung einer jüngeren Freundin, schwanger werde man vom Küssen und die Kinder kämen aus dem Nabel heraus, erschien mir nicht ehrlich. Und doch hatte sie es so beinahe geschafft, mir die ersten zarten Kußversuche mit meinem Jugendschwarm zu vermiesen. Ja, da strich mancher Kater herum um die kleine Dorfschwalbe, aber ich war voller Angst: Die ungewollte Schwangerschaft drohte über uns.
Eine ältere Kusine kam da wie vom Himmel geschickt zu mir.

Sie war schon achtzehn Jahre alt und lebte in der Stadt. Jetzt tat sich das Kamasutra vor meinen Augen auf. Sie war eine gute Lehrmeisterin der Theorie, meine eigene Praxis wollte ich jedoch noch nicht eröffnen. So mancher Hosenknopf der Dorfburschen sprang freudig auf bei der Kunde, meine Kusine aus der Stadt komme wieder zu Besuch übers Wochenende. Mutig hielt ich Wache vor den erkorenen Liebeslauben, wo die erfahrene Liebespartisanin unseren Burschen ihre Lektionen erteilte und mir dann ein Referat über eine neue Kollegstufe hielt. Ja, nervös war ich immer, wenn die Laute dann gar zu wild und wollüstig zu mir drangen. Dann überkam mich immer eine große Angst, genauso, wie wenn ich diese Laute aus dem Bett meiner Mutter vernahm: Der böse Mann würde der Frau jetzt Schmerzen bereiten. Ja, so nah sind Lust und Schmerz, phonetisch Bruder und Schwester. Und ich wußte oft nicht, ob ich mannhaft meine Kusine vor dem sicheren Tod retten sollte. Erst wenn sie dann mit verknittertem Kleid und glänzenden Augen aus dem Verlies mit ihrem Galan lachend hervorgekrochen kam, war es mir wieder wohl ums Herz. Meine arme, zwei Jahre jüngere Schwester durfte nach Beschluß meiner Kusine noch nicht mit, sie war dafür noch zu jung.

Ich selbst mochte mich erst nur im Flirten erproben, und nachdem ich jetzt wußte, daß mein Mund schon Küsse erwidern durfte, ohne schwanger zu werden, ging ich auf mutige Expeditionen. Mein Zünglein tastete sich schon mal frech in die geheimnisvolle Mundhöhle meines Flirtpartners vor, doch meine Knie blieben wie zu einem Block zusammengeschraubt. Ich wagte nie, die sündige Zone meines Verehrers auch nur zu streifen. Arme Buben: Die Ofenplatte heiß gemacht, das Süpplein nicht gekocht!

Die Strafe folgt auf dem Fuß, als ich an einem Wochentag in der Arztpraxis von der ersten Kraft – sie war mir eine strenge Ausbilderin – den Auftrag erhalte, die eiternde Blinddarmnarbe eines Rentners zu säubern, zu salben und dann wieder neu zu verbinden. Zum Salben komme ich gar nicht mehr, denn unser Patient drückt meine Hand auf seine sündige Zone und stammelt: »Bitte streicheln, bitte streicheln!« Und sein kleiner Johannes nimmt wieder Haltung an. Das bringt mich dermaßen aus der Fassung, daß ich weinend ins Sprechzimmer hereinbreche: »Herr Doktor, Herr Doktor.« Ich halte meine versengte Hand wie eine Zaunlatte von mir: »Da hat mich …« Plötzlich wird mir bewußt, was es für den armen Mann bedeuten würde, wenn ich ihn anschwärzte, und so rudere ich und rudere, um mein Segelschiff wieder rückwärts zu bringen: »… Säure, Salzsäure, ich habe mich verätzt.« Doch meine scheinbar verätzte Hand hält seinem Blick nicht stand. Er ist gerade dabei, einem Patienten nach einer Lungenkrebsoperation anhand von kleinen Gewebsschnitten, an denen man die Lungenbläschen verpicht und verteert erkennen konnte, zu erklären, warum seine Lunge nicht mehr atmen könne, wenn er weiterhin seine dreißig Zigaretten täglich rauche – seine geliebte Havannazigarre steckt diesmal nicht in seinem Mundwinkel, er hat sie respektvoll im Schreibtisch versteckt, aber nur für diesen Fall. »Ja, Marianne, da wartet noch ein Zinkleimverband auf dich, den wir schon das letzte Mal geübt haben. Du weißt, nicht zu fest und nicht zu locker. Und die Röntgenbilder wirst du ab heute auch entwickeln, die letzten drei, deine Kollegin hat genug mit den Laborarbeiten zu tun. Unserem rauchenden Mohikaner gibst du dann eine intramuskuläre Injektion.« Er gibt mir das Medikament und sagt: »Schreib aber gleich den Namen drauf, dann kannst du nichts verwechseln.«

Aber wie soll ich, ach Gott? Da liegt ja noch mein schon vor Kälte schlotterndes Männeken und wartet auf seinen Seitenverband. »Ich komme, ich komm' ja schon.« Schnell verlasse ich das Sprechzimmer, um mich wieder in meinen Bereich zu begeben.

»Ja, und Frau Schneider bekommt noch ein Elektrokardiogramm, schreib's aber auf«, ruft der Chef hinterher.

Auf dem Gang fällt plötzlich ein großer Mann wie vom Blitz getroffen zu Boden – ein epileptischer Anfall, der, wie sich später herausstellen sollte, von einem Gehirntumor ausgelöst worden war. Fast wäre er auf mich gestürzt, zuckt an allen Gliedmaßen, schreit nach der Mama, Schaum tropft aus seinem Mund. Jetzt rufe ich um Hilfe. Der Doktor kommt. Ich laufe weg und verstecke mich mit klopfendem Herzen hinter der Tür meines Behandlungszimmers. Da dringt die weinerliche Stimme des von mir so abrupt verlassenen Mannes an mein Ohr: »Fräulein, Fräuleinchen!« Ich hole tief Luft, und mit dem strengen Ausdruck einer Karmeliterinnen-Nonne vollende ich meine Dienstleistung. Sein kleiner Johannes hatte sich schon wieder zur Ruhe begeben, seine Äuglein blitzten zwar noch verlegen, aber ich glaube, er war froh, daß ich den Vorfall nicht an die große Glocke gehängt hatte.

Die Anforderungen, die man in dieser Praxis an mich stellte, wurden immer größer. Sobald ich etwas gelernt hatte, mußte ich es in mein Pflichtprogramm aufnehmen, und vor allem die übertragene Verantwortung drückte auf meine Seele. Hatte ich das richtige Medikament gespritzt? Ist mein Zinkleimverband auch gelungen? Auf dem Heimweg tobte es in meinem Kopf.

Und mein Zuhause war auch immer wieder für Überraschungen gut. Einmal mußte ich feststellen, daß mein Stiefvater seine angetrunkenen Kumpane mitgebracht hatte. Er selbst hatte sich mit dem Ruß des Ofens den Körper eingeschmiert und tanzte gerade vor den grölenden Mannen auf dem Tisch seinen, wie er sagte, Kannibalentanz. Meine Mutter und meine Schwester hatten sich angstvoll eingesperrt. Die Betrunkenen machten zotige Witze, und mein Stiefvater wollte, daß wir Frauen sie nun unterhalten sollten.

Da stieg ich in meiner Not auf einen Küchenstuhl, hielt das Kreuz mit meinem geliebten Jesus vor mich hin, und eine Flammenrede prasselte auf die Männer herab: »Wagt es nie mehr, unser Haus zu betreten. Gott wird euch strafen.« Ich versuchte, sie wie Kaninchen mit meinen Augen zu bannen, meine Stimme hatte für mich einen fremden Ton.

Man schickte sich an, die Wohnung zu verlassen und im Wirtshaus weiterzufeiern. Auch mein Stiefvater kroch sprichwörtlich zu Kreuze. Beim Hinausgehen flüsterte mir ein betrunkener Gast noch ein paar Drohungen ins Ohr: »Du kommst mir nicht aus, ich habe Zeit.«

Mein Herz hatte sich zusammengezogen. Ich wußte, hier konnte ich nicht mehr lange wohnen bleiben, ich mußte mir ein Zimmer in der Stadt suchen und meine Mutter und meine Schwester mit diesem Mann erst einmal allein lassen. Ich hatte nicht die Kraft, die große Belastung durch meine medizinische Ausbildung mit den Übergriffen des Stiefvaters, der nun zum hochgradigen Alkoholiker geworden war, zu vereinen. Ich wußte nur noch nicht, wie ich es meiner Mutter beibringen sollte.

Auch das soziale Miteinander der Dorfjugend forderte seinen Tribut. In diesem Jahr wurde in unserem Ort ein Maibaum aufgestellt. Wir Maderln und Buben wurden auserkoren, in Tracht um den Maibaum herumzutanzen, denn so war es Brauch. Es schien mir gleichsam wie ein indianischer Initiationsritus.

Fesche Dirndlkleider wurden genäht, Lederhosen gesäubert, Schuhe, Tücher, Strümpfe und Haarnadeln auf Vordermann gebracht oder geliehen, wenn man selbst keine besaß.

Die verschiedenen Volkstänze mußten nun dreimal wöchentlich einstudiert werden. Es war mir sehr wichtig, der Dorfjugend durch meine Teilnahme zu signalisieren, daß ich mich nicht absondern wollte, sondern mich wirklich als Teil der dörflichen Gemeinschaft sah, was umgekehrt nicht immer der Fall gewesen war.

Nervös und aufgedreht versuchten nun wir Mädchen, unsere Favoriten als Partner zu erahnen, was allerdings umsonst war, da ein Los entscheiden und dann später so manche Partnerschaft besiegeln sollte.

Dabei wurde für mich die Drohung des betrunkenen häuslichen Gastes der rußigen Kannibalennacht alptraummäßig wahr. Ich mochte nicht glauben, daß gerade dieser aufgekratzte, auf mich fixierte, wilde Mann, der den Gerstensaft zu seinem Lieblingsgetränk erkoren und mir unmißverständlich klargemacht hatte, daß er mir mein jungfräuliches Attribut rauben wolle, ja, der mir auflauerte und um dessen Nachstellungen willen ich oft den Nachhauseweg über die Felder antreten mußte – daß ich genau ihm durch die Entscheidung des Loses in die Hände fallen würde. Als es dennoch zu meinem großen Schrecken geschah, klatschten die anderen Mädchen begeistert. So waren zwei Fliegen mit einer Klappe geschlagen. Man hatte den wilden Schürzenjäger selbst los, und gleichzeitig wurde damit dem so andersgearteten Mädchen »aus Surinam« – das hatte ich ja immer betont – eins ausgewischt.

Ich lief weinend in meinen geliebten Wald und suchte Trost, umarmte meine Buchenmutter und hatte dabei immer das siegessichere Lächeln im Antlitz meines Verehrers vor Augen. Jetzt hatte er seine Zeit, denn schließlich mußten die Tänze ja wochenlang geprobt werden.

Ich lernte, mir Respekt zu verschaffen. Seine Übergriffe, beispielsweise mit einem schnellen, nicht erlaubten Zusatzabtastgriff die Tanzhaltung zu unterlaufen, ahndete ich lebhaft. Und trotzdem mußte ich so manches Mal vom Tanzlehrer aus der Ecke, in die ich mich weinend verkrochen hatte, zurückbefohlen werden. Dann zwang man den Gockel zur Räson, was jedoch nur für kurze Zeit gelang. Für mich war dies eine sehr schwere Prüfung, und doch wagte ich es nicht, vor der Dorfge-

meinschaft die Mitwirkung für diesen rituellen Tag aufzukündi-
gen.

Meine Jungfernschaft konnte ich retten, die später aufgedeckte
Komplizenschaft konnte ich den männlichen Vereinsmitgliedern
jedoch lange nicht verzeihen. Hatte dieser Mann doch tatsächlich
den Losverteiler bestochen! Man hatte mich das vorletzte Los
ziehen lassen, und ihm übergab man dann das letzte. Alle Männer wußten davon und hatten ihre Freude, die Mädchen ihre
Schadenfreude, und ich weinte – vor Freude, als alles vorbei war.

Ich versuchte in dieser Zeit, meine Fühler mehr nach städtischen
Regionen auszustrecken. In München war beim sonntäglichen
Record-Hop, das im Löwenbräukeller stattfand, das Tanzfieber
ausgebrochen. Der Saal faßte an die achthundert Jugendliche in
der Altersgruppe von zwölf bis zwanzig Jahren. Bill Haley röhrte
»Rock around the clock« durch alle Kanäle, nach Chubby
Checker twisteten wir die Bohlen blank, Petticoats waren beim
Versuch, sie steif zu bügeln, versengt worden, »Splish-Splash«,
Buddy Holly sprang in den »Brausepulver-Cocktail«.

Wir tanzten, was die Beine hergaben, eins, zwei, drei, vier, fünf,
sechs, sieben, acht, umdrehen, rocken und rollen. Der neue Mo-
detanz »Continental« wollte geübt und in Formation getanzt werden, und plötzlich fand ich mich mit ein paar Jugendlichen auf
dem Laufsteg, um für ein Modehaus Teenagermode vorzuführen.

Glücklich säckelte ich eine Autogrammkarte ein, die Johnny Hal-
liday mit seiner Schweißperle veredelt hatte. Das Autogramm-
sammeln wurde von da an ein Hobby von mir, und ich schrieb
lange Briefe an Schauspieler wie Curd Jürgens und Brigitte Bardot, Sophia Loren und Silvana Mangano und war hocherfreut,
wenn ich eine Antwort bekam und vielleicht sogar noch ein paar
persönliche Zeilen, weil meine Briefe auch so persönlich waren
und vielleicht zu den Personen selbst vorgedrungen waren.

Meine Freundinnen aus dem Dorf, die ich überreden konnte, mich auf meinen Streifzügen in die Großstadt zu begleiten, waren trotz aller Freude immer vergrämt, wenn es wieder spät geworden war und wir den Nachhauseweg von der östlichen Seite durch das Isartal antreten mußten. Da hieß es dann, nach einer Zugfahrt bis Icking, zwei Stunden durch den finstren Wald nach Hause gehen.

Ich war glücklich, wenn meine Pfadfinderseele wieder ein neues Pflaster betreten, einen neuen Pfad entdecken durfte, und so hatte ich mich ganz alleine zur Bambi-Feier ins Deutsche Museum auf die Reise gemacht.

Die Schauspielerin Karin Baal verehrte ich damals ganz besonders, und es gelang mir, zu ihr durchzukommen und sie zu bitten, sich für ein Foto mit mir zur Verfügung zu stellen – immer wieder war ich darauf angesprochen worden, daß ich eine Schwester von ihr sein könnte. Nie werde ich die Gefühle dieses Augenblicks vergessen, die ein entscheidender Grund mit dafür sind, daß ich heute versuche, sehr fair und offen mit den Autogrammwünschen der Fans umzugehen, um sie nicht vor den Kopf zu stoßen, und dankbar dafür zu sein, daß es von außen diese Reaktion auf meine Arbeit gibt.

Als ich bei einer Wanderkinovorstellung Samsons Haar in Delilas Nähkästchen verschwinden sah, war meine Liebe zu dem Medium Film erblüht. Dieser historische Film mit den stattlichen Kostümen und prunkvollen antiken Interieurs trug mich in eine andere Dimension und ließ mein Herz erbeben. Jetzt hatte ich Zelluloid geleckt, und so ließ ich keinen Sonntagnachmittag vergehen, an dem ich nicht in dem kleinen Kino in Starnberg saß. Ganz fest verliebte ich mich in die Schauspielerin Giulietta Masina, die ich neben Anthony Quinn in dem Film *La Strada* entdeckt hatte.

Plötzlich tauchte Marcel Camus' Film *Orfeo Negro,* der während des Karnevals in Rio gedreht worden war, vor meinen Augen auf und ließ meine Seele tief erschauern. Auch bei dieser Adaption des Orpheus-und-Eurydike-Themas verliert Orpheus Eurydike an die Unterwelt und darf nicht zurückschauen, da er sie sonst nicht mehr wiederfinden wird. Doch er kann es nicht lassen, dreht sich um, da er zweifelt, ob sie hinter ihm ist, und somit erfüllt sich der Spruch.

Diesen Film habe ich mir immer und immer wieder angeschaut, auch noch Jahre später. Ich bekam durch ihn eine große Sehnsucht, ein großes Fernweh, fremde Länder besuchen zu dürfen. Vor allem Brasilien schien mir so vertraut, so seltsam vertraut. Und genau in dieser Zeit entdeckte ich, daß Surinam oberhalb von Brasilien liegt. Aus dem lokalen Pflänzchen entwickelte sich eine globale Pflanze, die ihre Fühler zum Firmament und in die weite Welt streckte.

Obwohl ich der Meinung war, daß die mir zustehende zweite, männliche, Hälfte nicht inkarniert sei, flirtete ich gerne mit Jungs, konnte mich aber nicht entscheiden, »mit jemandem zu gehen«, wie wir es nannten.

Der erste Partykeller wurde an einem Wochenende eingeweiht, da schwoften und knutschten die Teenager, daß es nur so eine Freude war. »Rote Lippen soll man küssen« streute Cliff Richard darüber. »Schau mal, was die Marianne für einen geilen Rahmen hat«, warf ein Jungmann zu einem anderen über den Tisch. Er meinte meine Figur. Damals war ich rank und schlank wie eine Gazelle. Die Jungs wollten immer nur das eine, möglichst bald. Und einige meiner gleichaltrigen Gespielinnen waren außerordentlich willig.

Über das von mir aufs Tapet gebrachte Thema der Seelenwanderung mochte man nur milde lächeln, über die Theorie von den zwei Hälften, daß zu jedem weiblichen Yin-Wesen ein männlicher Yang-Partner gehörte, lachte man sich kaputt. Die Clique hielt sich lieber an das Greifbare, Sinnenerfreuende. Mich nannten sie »unsere Meerjungfrau«.

Ich tanzte für mein Leben gern, erkundete sofort alle neuen Tanzstile, brachte gar abenteuerliche Geschichten von meinen täglichen Pfadfinderreisen mit und gab so manchen zündenden Funken für gemeinsame Picknicks, Wanderungen, Theaterveranstaltungen, Konzerte, Spiele und Scharaden. Mein Platz in dieser Clique war geschützt.

All meine seelische Liebesfähigkeit schenkte ich in jener Zeit einem katholischen Priester, der in der Berufsfachschule unterrichtete, die ich einmal in der Woche besuchen mußte. Ich empfand ihn als alleinigen Seelenbruder und Vertrauten neben meiner Mutter und meinem Arzt, dem väterlichen Freund und Ausbilder. Er verstand meine Fragen und konnte Gedanken aufnehmen und beantworten. Die anderen Mädchen in der Klasse, die schon älter und nicht an Religion, sondern an ganz anderen Themen interessiert waren, hatten keine Lust auf seinen Unterricht und versuchten permanent mit ihm zu flirten und ihn unsicher zu machen.

Der Priester hatte viele Jahre in Thailand gelebt, unterrichtet und auch studiert und war ein sehr schöner und auch schöngeistiger Mann, der die Lehren des Buddhismus stark verinnerlicht hatte. An den erstaunten Gesichtern meiner Klassenkameradinnen vorbei berichtete er vom Gliederungsprinzip der Lehre Buddhas und ihren vier edlen Wahrheiten. Etwas in mir begann zu vibrieren, und ich hing an seinen Lippen, als kennte ich all diese Dinge schon von weither. Die vier Wahrheiten benannte er als das Leiden, seinen Ursprung, seine Aufhebung und den Weg zu seiner Aufhebung. Leiden nannte er alles, was wegen seiner materiellen Vergänglichkeit Verlust und Enttäuschung bringen mußte. Das Leiden war für ihn eine Bezeichnung für die Unerlöstheit, in der sich alle Wesen aufgrund ihres Verhaftetseins in der Welt befinden müssen. »Denkt nicht, diese Religion sei deshalb ein philosophischer Pessimismus«, sagte er. »Buddha wird oft auch als der große Arzt bezeichnet, als ein Heiloptimist, der überzeugt war, daß jeder eine Erlösung vom Leiden erreichen kann, sobald er sich darum bemüht. Das Leiden wäre weniger erschreckend, wenn es im Tod ein Ende fände, doch durch das Gesetz der ewigen Wiedergeburt kommt das durch das Sterben vermeintlich Abgelegte als neue Individualität wieder auf euch zu. Selbstmord ist daher ungeeignet und bewirkt nur einen Wechsel der Daseinsform, keine Befreiung.«

Mir war ganz heiß geworden. Ich wollte diese neue Erkenntnis unbedingt meinen Freunden übermitteln. Wie sollte ich das tun? Ich stellte mir ihre verblüfften Gesichter vor. Das waren ja ganz ungewöhnliche Worte aus dem Mund eines katholischen Pfarrers. Auch nahm er uns den Schrecken vor der Ohrenbeichte, die innerhalb unseres Gemeindewesens noch immer vollzogen wurde. Meine Klassenkameradinnen, die in der Stadt lebten, gingen dagegen kaum mehr in die Kirche. »Forscht ganz tief im Urgrund eurer Seele, beichtet oder empfindet als Sünde, was ihr nur ganz tief als Sünde gegenüber dem Nächsten empfindet, auch wenn es sich um das sechste Gebot handelt.« Kann denn Verliebtsein Sünde sein?

Wir beschlossen, die alte Sünde von ihrer Sündhaftigkeit zu befreien. Wir waren unserem Gönner so dankbar.

»Stellt euch das Fegefeuer und die Hölle nicht als brennendes Inferno vor, wo ihr armen Sünder mit Pech übergossen und geschmort werdet. Stellt euch vor, die Bilder des Lebensfilms ziehen nach eurem Tode immer wieder an eurem geistigen Auge vorbei. Die Seele sieht nun klar alle Fehler, alle Sünden, alle nicht vollbrachten Aufgaben, kann aber in den kristallisierten Ablauf nicht mehr eingreifen, vor allem nicht ohne den Gebrauch der

Sinne eines realen Körpers. So zagt nicht und handelt beizeiten, vor allem, wenn es an der Zeit ist«, lehrte er uns.

Dieser Mann war meine erste große platonische Liebe. Meine Seele war erfüllt von Wärme und Dankbarkeit, aber auch mit großem Respekt vor der Entscheidung, das priesterliche Leben führen zu wollen. Nie hatte ich mich bis dahin stärker als menschliches Individuum in der Vielschichtigkeit meines Weiblichseins akzeptiert und gespiegelt gefühlt.

Eine unserer Klassenkameradinnen, Tochter aus gutem Hause, konnte ihn nicht begreifen. Sie stellte ihm nach, versuchte, ihn zu küssen, schrieb ihm obszöne Briefe und bezichtigte ihn dann später, sie verführt zu haben, was eine Verleumdung war.

Die Vorgesetzten der katholischen Kirche, denen der Priester aufgrund seiner freizügigen Auslegung der Bibel und seiner Nähe zum Buddhismus schon lange ein Dorn im Auge gewesen war, verbannten den Armen in eine einsame Kirchengemeinde – eine Kirche, ein Pfarrhaus – weit weg von uns hoch oben auf einem Berg. Ich war untröstlich, hatte ich doch einen großen Seelenbruder und Lehrmeister verloren.

Das Mädchen hatte wohl seine Aufmunterungen zu wörtlich, die Verleumdung aber nie zurückgenommen. »Nimm hin die Welt«, rief Zeus von seinen Höhen. Das ließ sich der Priester nicht zweimal sagen, trat aus der Kirche aus und in den Stand der Ehe ein. Er zeugte drei Söhne, hurra, die Erde hatte ihn wieder.

Permanent
schwanger

Aprilis

A-hui« schallt es frühmorgens durch den Gang der Praxis. »A-hui« und »A-hui« antworten wir Assistentinnen im Chor dem fragend an der Eingangstüre wartenden Psychiater, der unser Chef war. Dieses Ritual wurde täglich exerziert und damit der Startschuß für einen neuen Arbeitstag gegeben. Die Bahn war frei, und erleichtert betrat daraufhin der Chef seine Praxis – also mein neuer Chef, bei dem ich seit ein paar Monaten eine Halbtagsbeschäftigung hatte, weil ich wieder ins Berufsleben zurückgewollt hatte.

Er war recht patent, eine respektierte Kapazität und sein Humor erfrischend, doch ein paar seiner Marotten wurden gehegt und gepflegt, so auch das »A-hui«-Gebot. Er wollte als letzter, nach seinen Angestellten, die Praxisräume betreten. Wir alle mußten um spätestens neun Uhr morgens versammelt sein, so daß er als Grenzgänger sozusagen den Kreis schließen konnte. War man morgens zu spät dran, war der Arbeitstag schon gelaufen, denn es war absolut verboten, nach ihm zu kommen. Er sah das als ein Ihm-in-den-Rücken-Fallen. »In den Rücken fallen« durften ihm nur die ihm anvertrauten und ihm zutraulich zugewendeten Patienten, ja das wünschte er sogar, denn dann hatte er sie an der langen Psycholeine.

Durch unseren »A-hui«-Ausruf signalisierten wir dem Herrn, daß seine Dienerinnen alle versammelt waren, andernfalls mußte an der Tür Meldung gemacht werden. Aber sonst war er ganz normal, würde der Volksmund sagen.

Wir schrieben das Jahr 1965, und ich war im Herbst 1964 in den Hafen der Ehe eingelaufen. Ja, da war es einem verspielten, heißblütigen Löwenjüngling namens Fritz doch gelungen, der scheuen, aber neugierigen Meernixe Marianne den schuppigen Fischschwanz abzustreifen und sie unter Protest der gesamten Bewohner ihres unbewußten Meeresgrundes in seine gut getarnte Höhle zu locken.

Das war die erste große Liebe, die Körper und Seele ganz und allmächtig umfaßte. Einer geheimnisvollen Stimme lauschend, beschloß ich, mich nur ihm ganz anzuvertrauen und hinzugeben. Andere Freunde waren vor den Kopf gestoßen, auch meine werbenden Verehrer.

Fritz verfügte über nie versiegende Quellen, phantasievolle Geschichten zu erfinden, absurde Wortspielcreien zu kreieren und komische, pantomimische Einlagen zu offerieren, die einem fast das Zwerchfell bersten ließen. Sein großes Regenbogen-Charisma zog die Frauen in ihren Bann, seinen Charme versprühte er pfundweise – und nicht umsonst. Er war erst zwanzig und liebte das Leben und die Frauen in allen Farben und Formen, was diese auch postwendend zurücktelepathierten. Die anderen jungen Männer betrachteten diesen Konkurrenten im Revier mit Argusaugen, und doch zollte man ihm auch großen Respekt, weil man wußte, daß dieser Hitzkopf schnell seine Fäuste mit ins Spiel bringen würde, wenn es um einen Angriff auf seine menschliche Daseinsberechtigung und männliche Ehre ging.

Ich ließ mein noch unbesetztes Herz lange nicht von seinen Minnegesängen erweichen, obwohl es in seiner Nähe verdächtig aus dem Takt geriet. Diesem um mich werbenden Filou wollte ich meine so lange gehütete Jungfernschaft noch nicht opfern: »Drittes Auge, sei wachsam!« Ich wollte ihm nicht erlauben, nur meinen Skalp zu rauben, um ihn nach Überdruß in seinem privaten Jagdmuseum als Trophäe an die Wand zu nageln. Doch so weit mein Auge reichte, gab es keinen Grund, ihm auf die Finger zu klopfen. Er war verliebt und lief oft über zwei Stunden, um nach der Schiffsüberfahrt vom Westufer zu meinem Dorf am Ostufer zu gelangen. Es wurde geturtelt, geküßt, umarmt, und keine Anzeichen sprachen dafür, daß er mich auch vom Mädchen zur Frau machen wollte. Meine ganze Abwehrtaktik erübrigte sich. Als Rock-'n'-Roll-Meister aber brachte er mich zur Perfektion, und wir trainierten und tanzten zur Freude der Freunde und des Publikums artistische Formationen und gewannen so manchen Pokal.

Nach fast einem dreiviertel Jahr riß mir der erotische Geduldsfaden. Jetzt, heute, an meinem achtzehnten Geburtstag, sollte das jüngferliche Burgtor erstürmt werden. Ich übernahm den Part der Circe und den des das Gastrecht gewährenden Burgfräuleins und eröffnete das Zeremoniell. Ich wunderte mich, wie leicht mir alles von der Hand ging und wie freudig und gern der schon erfahrene Partner die Regie übernahm, um seinen geliebten Blauen Engel »von Kopf bis Fuß auf Liebe einzustellen«.

Jetzt hatte ich eine zweite Hälfte, einen ritterlichen Beschützer und eifersüchtigen Bewacher.

Mein Stiefvater witterte die Kraft und den Mut des jungen Mannes, zu meiner Verteidigung auch den Kampf nicht zu scheuen. Er ließ mich immer mehr in Ruhe, übertrug aber leider seine Attacken zunehmend auf meine wehrlose Mutter. Das Gefühl, daß sich eine dunkle Macht aus meinem Leben zurückzog und einer lebendigen Liebe und Lebensenergie Platz machte, ließ mich im siebten Himmel schweben mit dem jungen Mann an meiner Seite. Wir hatten schon nach einem Jahr des Liebenlernens geheiratet, um in die bedrohliche Welt eine eigene kleine Trutzburg zu stellen, natürlich unter dem Kopfschütteln der Erwachsenen und Freunde. »Das sind ja noch Kinder«, meinten sie bei der Hochzeit in Weiß und wollten wohl einfach nicht glauben, daß es sich dieses Mal nicht um eine Mußehe handelte. Nur meine Mutter weinte und lächelte gleichzeitig still in sich hinein. Sie hatte meinen Kopfsprung ins heiße Wasser verstanden, obwohl auch sie meinte, daß ich mit neunzehn Jahren noch viel zu jung dafür sei und sie sich eigentlich, zusammen mit meinem Lieblingsonkel, immer einen Arzt als Lebenspartner für mich gewünscht hatte.

Mittlerweile hatte ich alle Prüfungen mit Bravour bestanden und war die erste Kraft meines Chefs geworden. Das große Labor schmiß ich ganz alleine: Da wollte Blut abgenommen und analysiert werden, Grundumsatzbestimmungen, Elektrokardiogramme durchgeführt werden, aber auch die Assistenz der kleinen Röntgenabteilung gehörte zu meinem Aufgabengebiet. Dazu hatte er mir alle Verbände und intramuskulären Injektionen, aber auch alle intravenösen Injektionen vertrauensvoll übertragen. Es gelang mir fast immer, die Venen der Patientinnen zu treffen, auch wenn sie sehr tief liegend und nicht zu spüren waren. Ich stach, schloß halb die Augen, und plötzlich gab es in meinem Ohr ein ganz leises Geräusch. Ich hatte das gesuchte Objekt geortet, und das, obwohl meine Hände als Relikt meines seelischen und nervlichen Dauerstresses während meiner Kindheit permanent zitterten. Im Laufe der Jahre hat sich dieses Nervenleiden Gott sei Dank verflüchtigt.

Niemals verflüchtigt hat sich jedoch die glühende Eifersucht meines auserkorenen Burgherrn. Allein durfte ich das Verlies kaum verlassen. Das ängstigte König Artus, strich doch so mancher liebeshungrige Kreuzritter durch die Wälder und Felder. Panisch war ihm der Gedanke, daß ein Ritter Lanzelot ihm seine selbsternannte Königin abspenstig machen könnte. Der Gedanke, daß jemals ein anderes männliches Instrumentarium in den Schoß seiner eroberten Jungfrau eindringen sollte, schien ihm unerträglich.

Aber selbstverständlich war es König Artus erlaubt, in neue Festungen einzukehren, denn die Liebesdienste der besiegten Burgfräulein durfte man nicht abschlagen. So stand es schon an den Wänden des Heiligen Gral geschrieben.

Um des lieben Burgfriedens willen mußte ich meinen geliebten alten Lehrherrn verlassen. Dieser weise Medizinmann raubte zuviel der Zeit, die mein Gatterich mit mir verbringen wollte. Ja, in einer Arztpraxis herrschte keine Vierzigstundenwoche, vor allem damals nicht und schon gar nicht in der unsrigen, in der der Patientenzustrom bald zu einem hochwasserähnlichen Notstand ausuferte. Ich kam dreimal in der Woche abends schon mal nach zehn Uhr nach Hause, und das, obwohl wir in München wohnten.

Meine Stimme durchbrach die Stille des Raumes, dem Arzt stockte der Atem: »Herr Doktor, ich muß Sie verlassen, mein Ehemann hat mir ein Ultimatum gestellt.« Jetzt war es über meine Lippen.

»Gib deine Eigenständigkeit als Frau nicht auf, du kannst doch nicht alles für diesen Mann über Bord werfen!« Wäre er mein wirklicher Vater gewesen, hätte er mich diese Kinderehe nie eingehen lassen, das fühlte ich. »Überleg's dir noch mal.«

Meine Kehle war wie zugeschnürt. »Sie haben mich doch immer gelehrt, unser Weg sei vorbestimmt. Ich muß mein Schicksal einlösen. Ich habe dieses Tor gewählt, und jetzt wollen Sie mich am Vollenden des Wegs hindern!«

»Ja, Marianne, es gibt aber auch den rechten Weg. Bist du sicher, daß du auf ihm bist? Bist du sicher, daß du den rechten Weg gewählt hast?« Tränen standen in seinen Augen.

Ich schluchzte laut und sagte: »Ich weiß nur eines, daß ich ihn liebe.«

»Ja, ja. Wer Tränen ernten will, muß Liebe säen. Der nächste Patient, bitte.«

Das Dasein einer Nur-Hausfrau erschien mir von der Lebensqualität her nie erstrebenswert. Jetzt versuchte ich, gestalterisch kreativ und eigenverantwortlich in mein Leben einzugreifen. Das gemietete Haus glich dem von Pippi Langstrumpf: grüne Möbel, orangefarbene Tapeten, moderne, farbenfrohe Bilder an den Wänden und dazwischen Pflanzen, Pflanzen, Pflanzen, die absonderlichsten Gewächse, die auch nach Pflege verlangten. Papageienvögel zwitscherten um die Wette, und dazwischen turnte übermütig mein kleines Meerkatzen-Affenkind, das ich fast verhungert aus einer Zoohandlung befreit hatte. In einer Studierecke türmten sich Bücher über die Philosophien der Weltgeschichte, sogar ein kleines Fotolabor hatte ich eingerichtet, um im kreativen Fluß zu bleiben und mich über das Ablichten von Menschen und Natur in der Spiegelung zu diesen lebendig zu halten. Ich nahm meine Leidenschaft zu kochen wieder auf, zauberte meine surinamisch angehauchten Gerichte, meine Ente im Orangenhain, und schwelgte in Fischkreationen, mit Ingwer, Curry und Safran gar mundig ummantelt, die es meinen Gästen angetan hatten, welche zum Leidwesen meines Ehegesponses immer zahlreicher wurden. Mir war's gerade recht. Ich führte schon wieder Regie, wenn ich beispielsweise ein Menschenpaar Schulter an Schulter an meiner Tischrunde plazierte, was natürlich nie ohne Hintergedanken geschah, und ich fühlte eine riesige Freude, wenn beim köstlichen Avocado-Honig-Orangen-Nachtisch ein bestellter Musiker seine Gitarre als musikalischen Begrüßungscocktail für ein neues Liebespaar schlagen konnte, das sich vielleicht für eine Nacht oder für eine längere Reise gefunden hatte.

In dieser Zeit wurden auch Dichter und Denker zu meinen Begleitern, Cronin mit seiner *Zitadelle,* Ibsen mit *Nora oder Ein Puppenheim,* Zola mit *Nana,* Baudelaire mit *Blumen des Bösen,* André Gide mit seinen *Falschmünzern,* Hermann Hesse mit *Siddharta* und

Steppenwolf und Max Frisch mit *Mein Name sei Gantenbein*. Ihre Werke drangen tief in mein Bewußtsein ein, ebenso ließen mich Lehrbücher über Psychologie und Verhaltensforschung, Freud contra Adler, C. G. Jung und seine *Erkenntnis des Lebens* und eine Schrift von Bruno Bettelheim über erfolgreiche Therapien mit autistischen Kindern nicht mehr los.

Mein junger Ehemann und seine indianische Seele nahmen nicht an diesen literarischen Reisen teil, er ließ mich aber schmunzelnd gewähren, wenn ich gerade wieder armfuchtelnd und augenrollend ein in einem Buch gefundenes Zitat mit meinen Freunden teilte.

»Es ist lächerlich, aber gewöhnlich, eine in sich selbst ruhende und auf sich selbst beruhende Schöpfung nur deshalb zu verurteilen, weil sie feindlich mit Ideen zusammenstößt, die außerhalb ihres Kreises liegen.« Ganz im Sinne Friedrich Hebbels war dieser Ehemann eine auf sich selbst beruhende Schöpfung – da gab es keinen Zweifel –, und willensstark war er. Meine Seelenbilder ließ er laufen und aufstocken. Er klinkte sich selten in den seelischen Diavortrag ein, ließ mich hier schalten und walten, auch was die Organisation des Haushalts, die Dekoration des Wohnbereichs und die gesamte Abwicklung der geschäftlichen Papiere betraf.

Und obwohl er es nicht offiziell absegnete, ließ er mich auch wieder ins Berufsleben zurückkehren.

Ich hatte mich dieses Mal für die Sparte Psychologie und Psychiatrie entschieden, denn das paßte momentan gut zu meinen Interessen, tiefer und tiefer hinter die Dinge des Lebens, vor allem in den Bereichen Philosophie und Psychologie, vorzudringen. Die neuen Dienstzeiten bei dem Psychiater, zwei halbe und zwei ganze Tage in der Woche, schienen machbar und mit meinem Privatbereich vereinbar zu sein.

Unser Dr. »A-hui«, wie wir ihn scherzhafterweise nannten, war in vielem so ganz anders geartet als mein erster Lehrmeister, und doch zeichnete auch er sich durch außergewöhnliche, konstruktive Therapien aus, die man heute in der Verhaltenspsychologie wiederfindet. Es ging ihm, in groben Zügen, darum, daß der Patient die abgespaltenen Schattenanteile mit seiner Hilfe aufdeckte, dann versinnbildlichte, durch die Tat lebendig machte und sie ihn so zum wahren Selbst zurückführen sollten. »Ich sehe jeden Menschen als Gebäudekomplex, wenn er bei mir auftaucht und um Hilfe ersucht«, sagte er. »Oft ist es ja nur ein Gebäudegespinst, das sich der Patient als Hausarchitekt mühselig aufgebaut hat. Ziegelstein per Ziegelstein muß ich es nun bis auf die Grundmauern abtragen, die versteckten und verlegten Bausteine wiederfinden und dann versuchen, durch Meditation und meine Intuition den Original-Bauplan, der in der verschlossenen Seelenkammer versteckt ist, aufzustöbern. Zuerst gilt es jedoch den passenden Schlüssel zu finden, den der Patient in seinen Gehirngängen unter den Teppich gekehrt hat. Oft über Jahre hinweg muß ich nun die Bauleitung und Überwachung der Handwerksarbeiten durchführen. Da ist es mir nicht erlaubt, einen protzigen Palazzo hinzustellen, wenn sich nur ein unter den Balken ächzendes kleines Bauernhaus in eine Waldesnische kuscheln will.«

Erhebliche Erfolge hatte er bei der Behandlung von Alkoholismus. Er haßte das Wort »Trockenseinmüssen«, das gab es für ihn nicht. Eine Pflanze kann auch nicht völlig trocken sein, dann stirbt sie. Steht sie permanent unter Wasser, verfaulen die Wurzeln, und sie stirbt ebenfalls. Wird die Pflanze exzessiv mit Wasser überschwappt, braucht sie eine Zeit, bis sie die Flüssigkeit wieder aufgebraucht hat – und wieder wären wir bei der Dosis. Für ihn war klar, daß der Alkoholismus eine Reaktion auf eine Frustrierung der oralen Triebbefriedigung in frühester Kindheit war.

Seine Patienten ließ er immer folgendes nachsprechen: »Ich muß nicht trocken sein, ich habe ein Recht auf Flüssigkeit. Achtzig Prozent meines Körpers bestehen aus Flüssigkeit. Ich versuche nur, mit der Bemessungsmenge umgehen zu lernen. Ich darf mich ruhig zuschütten und dann schauen, was passiert. Ich fülle die Fruchtblasen meines Egos bis zum Bersten auf, aber ich achte auf die Intervalle. Die Qualität meiner Getränke ist mir wichtig. Weg mit dem Fusel und reinen Glykol. Davon kann man blind werden.«

Danach gab es Unterricht in Weinkunde, es wurde beraten und gelehrt, wie sich so manch edler Tropfen zusammensetzt, und damit der Respekt für den Wein im Glas unterstützt. Für den edlen Gerstensaft und andere Getränke lief es ganz ähnlich ab.

Der Alkohol wurde nicht verdammt, war er doch auch in vielen flüssigen Medikamenten in gemütlicher Runde mit den wichtigen Ingredienzen der Heilmittel anzutreffen. »Ich weiß, daß dir das Trinken wohltut, der Alkohol deine innere Unruhe dämpft und deine Probleme scheinbar in die Ferne rücken läßt. Aber lös dich von den Verstrickungen und deinem Gordischen Knoten selbst, ich helfe dir.«

Einmal gelang ihm, fast wie Alexander dem Großen, ein durchschlagender Erfolg, als er das Rasterbild eines exzessiven Alkoholikers, der sich sprichwörtlich mit allem, was an Flüssigkeit und alkoholischen Mitteln zur Verfügung stand, zuschüttete, innerhalb von ein paar Stunden gefunden hatte. Diesen Patienten hatte die Mutter im Alter von drei Jahren im Zustand einer schweren Psychose verhungern und verdursten lassen wollen. Sie trug sich in dieser Zeit mit schmerzhaften, schuldvoll besetzten Selbstmordgedanken. Solange ihr Kind noch am Leben war, erlaubte es ihr Mutterinstinkt nicht, sich umzubringen. Also hoffte sie, daß durch den Entzug von Nahrung und Flüssigkeit der Tod des Kindes von alleine eintreten werde. Das Kind wurde in dieser Zeit in seinem Zimmer eingesperrt und durfte nur heraus, um die Toilette zu benutzen. In seiner großen Not fand das Kind die Möglichkeit heraus, aus der Toilettenschüssel Wasser zu trinken, und überlebte. Von der Schwester der geistig schwer umnachteten Mutter wurde es gefunden und aus seinem Gefängnis befreit. Völlig unsensibel wurden über das Trinken aus der Toilette noch Jahre später innerhalb der Familie Witze gemacht. Im Unterbewußtsein des Kindes war diese Situation des Fastverdurstens markiert, und es hatte beschlossen, Flüssigkeit auf Vorrat anzulegen, um das nächste Mal gewappnet zu sein, wenn es eine so große Durststrecke bewältigen mußte. Durch glückliche Umstände und feinfühlige Gespräche gelang es dem Psychiater, dieses schlafende Bildnis an die Oberfläche des Bewußtseins zu bringen und es innerhalb eines Jahres von der Zwangshaltung zu lösen. Die Mutter konnte durch Lüftung ihres Geheimnisses, sie habe den Sohn töten wollen, weil sie ihn so liebte und ihn durch ihren Selbstmord nicht schutzlos in der Welt zurücklassen wollte, ihren Teil beitragen, diese schreckliche Wunde auf den Weg der Heilung zu bringen, denn durch diese Erklärung war die existentielle Bedrohung für den Patienten nicht mehr so stark.

Die von der Gesellschaft tolerierte Machtausübung über die Seele und den Körper eines Kindes brachte meinen Chef stets in Rage: »Wir müssen uns für die Leiden des kleinen Kindes mehr sensibilisieren. Aus diesem hilflosen Wesen, dem so viel Leid angetan wird, das oft noch nicht einmal ernst genommen wird und das meistens hinter den Kerkermauern der eigenen Familienburg abläuft, werden später Erwachsene, die den eigenen Kindern oder der Gesellschaft alles zurückerstatten, ob sie wollen oder nicht. Sie werden entweder zu Rächern oder Vollstreckern oder leisten den größten humanitären Einsatz, um Grausamkeiten und Ungerechtigkeiten in der Welt zu bekämpfen. Dabei tragen sie oft ein bohrendes Wissen in sich, zu dem sie keinen Zugang

mehr haben und das sie hinter der Idealisierung einer glücklichen Kindheit verbergen.«

Mein Mund wurde ganz trocken, wenn er so sprach. »Ein Glück
nur«, sagte ich, »wenn die Ausbalancierung dieser Unausgewo-
genheit dann über die kreative Dimension möglich wird.«

»Das Schrecklichste, was passieren kann«, fuhr er fort, »ist, wenn
diese seelischen Verletzungen und Machtausübungen der Eltern
zu einem Zeitpunkt passieren, wo du so klein bist, daß du in deinem Bewußtsein noch ein Stück von deinen Eltern bist, was unweigerlich später zu Zwangsneurosen und Perversionen führen
muß. Ist das Ego des Kindes schon ausgereift, widerfährt dem
Kind persönlich die Unterdrückung von Empfindungen wie
Wut und seiner erstmals lebensnotwendigen narzißtischen Bedürfnisse nach Spiegelungen und respektvoller Akzeptanz. Es ist
dann zwar schmerzhaft und erniedrigend für das Kind, aber es
ist in seiner Rückblendung nur ihm widerfahren, es gehört seinem Selbst ganz alleine. Wenn du jetzt die Kreativität ansprichst,
so ist dazu in meinen Augen die konstruktive, bewußte, trauern-
de Aufarbeitung notwendig, um zu einem schöpferischen Vorgang umgewandelt zu werden.«

Seine Worte waren immer so klug gesetzt, aber ich konnte sie instinktiv unredigiert in meinen durstigen Computer einspeichern.
Das alles machte Sinn.

Mit seinen individuellen Therapien erzielte er wirklich gute Resultate, davon konnte ich mich täglich überzeugen. Aber irgendeine innere Stimme ließ ihn nicht ganz in meine Seele ein, obwohl
ich mit ihm eine Therapie angefangen hatte, um meine still vor
sich hinweinende Kindheit vor ihm aufzurollen und zu analysieren.

Manche seiner Berührungen, vor allem aber das Abnehmen des
Urins durch einen Katheter, empfand ich als nicht gemäß. Er
machte das auch bei anderen Frauen, vor allem bei den jüngeren,

was uns Assistentinnen schon immer suspekt erschien und uns veranlaßte, Wetten abzuschließen, wenn eine neue junge Patientin das Wartezimmer unserer Praxis betrat: »Wetten, Katheter!« Als er mir nach einiger Zeit nahelegte, ich solle meine nicht gelebte erotische Vaterbeziehung vertrauensvoll in seine Hände legen, weil mein gefallener und von mir, wie er sagte, idealisierter Vater ja nie zur Verfügung stand und ich mich mit meinem Stiefvater, dem Quälgeist, auf dieser Ebene nicht auseinandersetzen konnte, mußte ich ihn, um zu überleben, förmlich von mir abspalten und zu einem fremden Eindringling machen.

Bei Lebenskonstellationen dieser Art oder wenn die Patientinnen noch jünger waren, bot er sich als Transformator an. Die sexuelle Einlösung schien ihm in manchen Fällen gerechtfertigt. So wollte er nach einem genau von ihm austarierten Zeitplan, meistens waren es drei Monate, das von ihm initiierte weibliche Wesen dann den Männern draußen in der Welt in die Arme legen. Aber mich in freudianischem Überschwang auf das väterliche Lotterbett zu ziehen gelang diesem Missionar nicht.

Das war zu der Zeit, als eine unserer Patientinnen nach einer gruppentherapeutischen Sitzung Selbstmord verübte, weil ein männliches Gruppenmitglied ihr vor der ganzen Runde eröffnet hatte, wie häßlich und dumm sie eigentlich sei. Mich piesackten damals einige verwirrte Patienten sehr. Einem setzte ich eine Spritze so gut, daß er es gar nicht wahrnahm, und er behandelte mich, als hätte ich das Medikament gestohlen, es selbst eingesteckt und ihm die Spritze nicht gegeben. Am nächsten Tag drehte er sich während des Spritzvorgangs um, um mich bei meiner »Tat« zu ertappen. Die Spritze brach, der Schmerz folgte auf dem Fuß, und er jagte mich durch die Räume, um mich für den erlittenen Schmerz zu züchtigen.

Ich fühlte mich nicht mehr wohl in der Umgebung des Arztes, der soviel Wissen um meine Seelenstrukturen, um mein gelebtes

Leben in seiner Akte verwahrte, obwohl ich die Analyse bei seinem parainzestuösen Übergriff abgebrochen hatte. Ich mochte nicht mehr für ihn arbeiten.

Das Schicksalsrad blieb wieder einmal, wie von Geisterhand bewegt, stehen und mein Herz ebenso. Mit Jubel nahm ich die Kunde auf, daß eine Frucht meines Leibes zu einem Menschenkind heranreifen sollte. Ich war schwanger.

Wie auch meine Astrologin festgestellt hatte, stand diese Schwangerschaft unter einer glücklichen astrologischen Komponente. Ich hatte mir so sehr ein Kind gewünscht, und jetzt war es nach zweieinhalb Jahren Ehestand zu unser beider Freude passiert.

Ich hatte von Anfang an mit einem weiblichen Wesen gerechnet, ja, ich hatte es gefühlt. Ein lebendiges Etwas, meine Tochter, in mir wachsen zu fühlen nahm mich seelisch sehr in Anspruch, vielleicht zu sehr, wenn ich mich im nachhinein daran erinnere. Am Anfang meiner Schwangerschaft spürte ich den begehrlichen Atem meines geliebten Mannes noch neben mir, doch mit dem Wachsen des Bauches wuchs auch seine Entfremdung. Ab dem sechsten Monat gab es mich als sexuellen Partner nicht mehr, er leistete mir nur noch materiellen Schutz, damit ich das Kind in Ruhe zur Welt bringen konnte. Meine Mutter und meine Schwester standen mir damals mit Rat und Tat zur Seite, mein Mann kam jedoch nur noch sporadisch nach Hause und wickelte den Hauptanteil seines täglichen Lebens im »Außen« ab. »I wonna hold your hand« hatten die Beatles bei unserem Honeymoon durch den Tanzschuppen geschmettert und ihre Pilzköpfe im Takt bewegt. Nun schlugen unsere Herzen nicht mehr im Takt. Hatte ich vielleicht zu stark auf das zarte, pochende Herz meines kleinen Mädchens, das ich unter dem Herzen trug, gehört? Hatte sich die emotionale Nabelschnur zu meinem Gegenüber verwickelt? Warum konnte er meinen schwangeren Körper nicht mehr berühren? Fragen über Fragen. Heute, Jahre später, weiß ich, daß dieses Phänomen bei sehr vielen jungen schwangeren Frauen und ihren Männern anzutreffen ist. Meine Astrologin fand heraus, daß der Vater meines Kindes den Geburtsplaneten Saturn im Zeichen des Mondes stehen hatte. Diese Männer suchen in der Frau immer wieder die Mutter, sagt sie. Wird der Platz der Mutter weggenommen, entsteht während dieser Zeit eine große Entfremdung und eine Hinwendung zu anderen Frauen als Mutterersatz.

Am Morgen des 4. August konnte ich meine kleine Tochter Daniela in den Armen halten. Einer resoluten, aber herzensguten Hebamme, mit der ich ganz allein war, ist es zu verdanken, daß diese schwere Geburt einen natürlichen Verlauf genommen hat. Sie weigerte sich vehement, einen vom diensthabenden Arzt befürworteten Kaiserschnitt vorzubereiten und einzuleiten. An diesem Tag hat mir das Schicksal mit meiner Tochter eine schwesterlich-mütterliche Gefährtin zur Seite gestellt, die ich meine »hawaiianische Prinzessin« nannte. Mit dieser großen Seele verband mich von Anfang an ein intensives Band der Liebe und Freundschaft, und das ist bis zum heutigen Tag so geblieben.

Meine »beste Freundin« leistete mir in den letzten Wochen vor der Geburt auf einmal keinen Beistand mehr. Sie besuchte mich nicht im Krankenhaus und tauchte erst ein paar Wochen nach der Geburt aus der Versenkung auf, um ihre Anwartschaft auf die Patenschaft meiner Tochter anzumelden.

Wenn ich heute an diese Zeit zurückdenke, beginnen meine Hände zu zittern. Es war an einem sonnigen Frühlingsvormittag im Mai, als das Schwert des Damokles mir das Herz zerriß.

Wir waren glücklich mit unserer kleinen Tochter, die gerade neun Monate alt geworden war und die ersten Brabbellaute in den Rachen der Welt spuckte. Mein Körper war schlank und für meinen Lebensgefährten wieder begehrenswert geworden. Er

111

liebte seine kleine Tochter abgöttisch und war zu seinem Weibe zurückgekehrt.

Da stand sie eines Morgens in meinem Wohnbereich, in ein Wolkengebirge von Parfüm gehüllt, die im Wind spielenden Haare bis zur Hüfte offen, mit großen roten, wohlgeschürzten Lippen – seine Froschkönigin. Die grünen Katzenaugen zu schmalen Schlitzen geschlossen, lange rote Krallen blitzten kampfbereit. So hatte ich mir die biblische Salome immer vorgestellt, so hätte ich sie in einem meiner Theaterstücke auferstehen lassen, doch hier tobte das echte Leben mit Brachialgewalt. Salome wollte nicht nur den Kopf meines zurückgekehrten Ehemannes, nein, sie verlangte nach der ganzen Vierheit, Seele, Körper, Geist und …

»Geben Sie ihn frei«, sagte sie, »er gehört mir.«

Hörte ich recht? Der Boden schien sich unter mir aufzutun.

»Ihrer besten Freundin habe ich ihn jetzt ausgespannt. Ich habe ihm ein Ultimatum gestellt: sie – oder ich.«

»Wer sie?« quetschte ich mühsam heraus.

»Na, die andere, Ihre Freundin«, konterte Salome. »Aber mein Schatzi« – das war mein Mann – »hat sich jetzt entschieden. Wir wohnen ja schon fast zusammen.«

Der Vertrauensbruch meiner intimsten Freundin raubte mir beinahe den Verstand.

Wie ich später erfuhr, residierte sie, während ich im Krankenhaus war, frech in meinen vier Wänden. Alle meine Freunde hatten geschwiegen wie ein Grab, und das seit Monaten. Vor Scham wollte ich am liebsten sterben. Doch da sah ich auf meine kleine Tochter, und das Blut schoß mir zum Herzen zurück.

Salome hatte gerade wieder Luft geholt, um weiter auf den Busch zu klopfen. Die wulstigen Lippen klappten auf und zu, die gekrallten Finger beschrieben Kreise und Ellipsen in meinen luftleeren Raum. Da packte ich, wie in Trance, die nötigsten Utensilien, nahm mein Kind und stürzte an der immer noch gestikulierenden Geliebten des Veli Pascha vorbei und aus der Wohnung hinaus, um mich für einige Zeit unter die schützenden Fittiche meiner Mutter zu begeben, die sich selbst vor kurzem vom Joch ihrer Ehe befreit hatte. Nun wohnte sie im Krankenhaus, wo sie die dortige Nähstube leitete.

Das Kind hatte ich in die offenen Arme meiner Mutter gelegt. Für drei Tage und Nächte schüttelte und warf sich mein Körper vor Schmerz und Pein. In meinen vom vielen Weinen ausgeleerten Tränenkanälen trugen die Gondeln Trauer. Auch Beruhigungsspritzen konnten den Tränenfluß und den Einsturz des Nervengebäudes nicht verhindern.

Den respektlosen Auftritt der glücklosen Salome konnte ich irgendwie einordnen, wenn es auch weh tat, aber der Vertrauensbruch meiner besten Freundin preßte Träne um Träne aus dem Grundwasser meiner Seele, bis die Blutstropfen rannen.

Seit dieser Zeit habe ich zwei Kinder. Geheimnisvolle Kräfte gaben meinem Körper in den folgenden Monaten die Form einer Schwangeren, als Schutzzone. Ich war nicht mehr bereit zur Begattung. Ich blieb von meiner Körperform her permanent schwanger, und das ist bis heute so geblieben.

Jahre später traf ich meine ehemalige Freundin und Vertraute als Insassin einer psychiatrischen Anstalt wieder. Als ich mich überwinden konnte, mit ihr zu sprechen, erklärte sie mir mit tonloser Stimme und leeren Augen, daß sie sich eigentlich nur mit mir habe verschmelzen wollen und auch das Gefühl gehabt habe, daß es so gewesen sei. Also habe sie ja keinen Betrug begangen. »Es ist mein Kind«, sagte sie, »meins.« Und dann führte die Schwester sie von dannen. Von diesem Tag an hatte ich für dieses Schicksal nur noch Trauer in meinem Herzen.

Noch weitere fünf Jahre lebte ich mit dem Vater meiner Tochter in einer eheähnlichen Gemeinschaft, in einer, wie ich es immer nenne, Geschwisterehe, und wir arrangierten uns.

Als Geschäftsführerehepaar des Theater-Cafés und Tanzlokals »Spinnradl« in Starnberg ging für uns ein Traum in Erfüllung. Die Aufgaben und Räumlichkeiten der gastlichen Stätte waren sinngemäß verteilt: Der Herr des Hauses residierte im Tanzdielenbereich als Empfangschef, Ordnungshüter und Hobby-Entertainer. Mein Terrain bestand aus einem kleinen Café, einer Bar und dem Gartenbereich. Außerdem oblag mir die gesamte Programmgestaltung und Organisation, was mir eine riesige Freude machte.

Die geliebte Stimme von Cocteau wurde als Theaterstück aufgeführt. Die apokalyptischen Synkopen der Band »Murmel und das Sonnenschiff« erschütterten das Gebälk des Holzdachs. Pink Floyds »Darkside of the moon« und Bill Weathers »Use me« verließen den Plattenteller. Bodybuilder, die zur Musik des »Spartakus« ihre Muskeln spielen lassen wollten, sahen sich plötzlich von klassischer Ballettmusik unterlaufen und wuchsen über sich selbst hinaus. Ich freute mich diebisch.

Einmal stieß ein von mir im Dunkel des Raumes plazierter weiblicher Gast plötzlich einen schrillen, spitzen Schrei in das Dunkel. Man wisperte, rauschelte und versuchte noch Wochen danach zu ergründen, wessen Dame so über die Hutschnur gelüstet hatte.

Wer über diese Türschwelle trat, genoß meinen Mutterschutz, und zwar jedermann. Das machte ich auch einer Gruppe Turnschuh-Tennis-Apostel klar, die gerade über einen paradiesischen Vogel, wie sie es nannten, vom Leder zogen. »Ob Mann, ob Frau, wer weiß es genau.« Eine transsexuelle Künstlerin hatte ihre Hormone in Wallung und ihre vor Schreck erstarrten Mienen in ihren wogenden Brüsten wieder zum Auftauen gebracht – mit ihren großen, kräftigen Händen nahm sie die Herren bei den heißen Köpfen und tauchte sie in die Hügel und Täler ihres großzügigen Stromlinien-Dekolletés.

Man glaubte, seinen Ohren nicht zu trauen, was für Worte aus diesem Mund hervorbrachen: »Mach's mir doch endlich wieder einmal von vorn – ein ausgesprochener Liebesakt, so schön im Bett und ausnahmsweise nackt.« Mit unnachahmlicher Grandezza durchschritt dieses hermaphroditische Wesen wie die Königin von Saba auf goldenen Schuhen der Größe 44 den Raum, den sie mit ihrer großen Opernstimme füllte.

Man mochte sie am liebsten umarmen und nie mehr loslassen, soviel Wärme und Menschlichkeit strahlte in unsere Herzen. Das jugendliche Publikum und die meisten Frauen und Männer eroberte sie im Sturm, spürte man doch auch durch die bärbeißig herausgestellte Ironie dieses Künstlers eine verletzte große Seele, die ein schweres Schicksal im Schlepptau hinter sich herzog.

Bei der stürmisch geforderten Zugabe ihres provokanten erotischen Liederabends forderte das kleine Nachtlied »Dein Johannes ist geformt wie ein Brezel, wie du damit lieben kannst, ist mir ein Rätsel« den Zorn manches Recken heraus. »Marianne, das müssen wir uns nicht bieten lassen. Aus dem Munde dieser Frau kommen Worte, die, wenn überhaupt, nur ein Mann aussprechen sollte.«

»Mann« war konfus, und ich war zufrieden. War es doch gelungen, wieder einmal ein paar Knöpfe von der bürgerlichen Zwangsweste abzusprengen.

Doch die »Soiree« unserer Künstlerin hatte in ihren Augen noch keinen befriedigenden Abschluß gefunden. Den einen oder anderen meckernden Sohn Adams hatte sie mutig zu einem Tête-à-tête in unsere Gartenlaube gelockt. Mit entrückten Mienen wankten sie später an meine Bar zurück. Herrje, wie wollte man nun seinen fehlenden Hosenknopf seiner einstweilen das Haus hütenden Gattin verklickern? Dabei versuchte gerade eine andere, allein ausgehende Gattin, sich lasziv um einen Barhocker windend, dem Mann ihrer besten Freundin den Mund für die verbotenen Früchte ihres Apfelbaumes wäßrig zu machen.

Als gute Wirtin hatte ich Schweigepflicht. Ein allzu bekannter Schmerz machte sich wieder auf die Reise zu meinem Herzen. Warum tun wir Frauen uns das gegenseitig an? Warum gibt es keine Solidarität, sinnierte ich traurig versunken und umfaßte dabei mit stillem Lächeln meinen runden, scheinschwangeren Leib. Ene mene mai – ja, ich war frei … »Eine Margerita mit Salz und gestampftem Eis, bitte«, drang da plötzlich die kehlige Stimme meiner hermaphroditischen Künstlerin an mein Ohr. Dieses wunderliche Menschenkind sollte mir eine gute Freundin fürs Leben werden.

Ja, sie war nun zufrieden mit dem Verlauf des heutigen Abends. »Männer sind das Salz in der Suppe, die wir Frauen auslöffeln müssen«, argumentierte sie wissend, dann zog sie mich zu sich, um zu überprüfen, wie weit ich das erotische Abc der »Kategorie Muß« aufsagen konnte. Ich winkte müde ab.

»Männer sind so leicht erregbar und dadurch auch verführbar, das mußt du wissen, Kindchen!«

Ich nickte stumm in mich hinein. »Wenn wir Frauen es darauf anlegen, haben sie keine Chance, glaub es mir, und zwar alle«, fuhr sie fort. »Das hat unsere Mutter Natur schon gut eingerichtet, der Samen muß sich verströmen, die Menschheit darf nicht aussterben«, lachte sie breit, um aber plötzlich über ihre eigene Pointe tief zu erschrecken, denn als männliches Urgrundwesen würde sie ja wohl nie Kinder bekommen können.

»Ich sehe mich und auch die Frauen als ein Gefäß, das den Samen des Mannes in sich aufnimmt, und zwar mit ihrer vollen Bewußtheit. Das ist für mich jedesmal ein fast sakraler Vorgang«, sagte ich, »ein Zusammengießen der vitriolischen Körperflüssigkeiten. Ich bin ja für die schuldfrei gelebte freie Sexualität, wir tragen aber trotzdem eine soziale Verantwortung füreinander und das ...« Was redete ich denn da ins Leere? Meine neue Freundin hatte sich schon siegessicher ihrem Nachbarn zuge- wandt, um für ihre theoretischen Belehrungen ein praktisches Beispiel folgen zu lassen.

Da, auch unsere Strohwitwe zahlte plötzlich hastig, warf sich ele- gant den teuren Pelz über die Schulter, zwickte sich den aufge- griffenen Galan unter die moschusdurchtränkte Achselhöhle, und ab ging's in die kuscheligen Polster ihres schnittigen Cabrio- lets, das schon mit geblähten Nüstern auf seine Herrin wartete. Unser Sesam öffnete wieder seine Pforte. »Volare – oho.« Die Menschen denken immer nur an das eine. Und wahrscheinlich ist das auch gut so. Jeder hat sexuelle Bedürfnisse, die nach Stil- lung verlangen. Wenn nur alles nicht immer so verlogen, hinter- rücks und schuldhaft besetzt ablaufen würde!

Ich denke, also bin ich

Ich denke doch – also bin ich auch

Ich denke, daß auch ich bin und fühle

Ich hab ihn ganz schrecklich lieb, wenn ich nur an
    etwas anderes denken könnte.

Meine Seele liebte in dieser Zeit ganz tief meinen brüderlichen Freund David, den ich den Hirtenknaben Quintius nannte. Was den sexuellen Appetit anging, war er dem eigenen Geschlecht zu- getan, was mir zu dieser Zeit nur recht war. Meine Seelenwunden heilten langsam, und ich wollte mich für lange Zeit keinem Mann mehr hingeben.

Einmal hatte ich es versucht, den Seitensprung meines Ehegatten mit einem Fehltritt meinerseits sündhaft auszutarieren. Doch leider kam nur ein gefährlicher Ausrutscher dabei heraus.

Ich war mit meiner Tochter und einer Freundin einer Einladung nach Spanien gefolgt und war am Vorabend meiner Rückreise mutig mit zum Elternhaus meines Bilderbuchspaniers gegangen, um dort zu feiern, wie er es nannte. Dieser schöne, exzentrische Mann sollte es sein. Er sollte der zweite Mann in meinem Leben werden, und wenn auch nur für eine Nacht.

Im Hause angekommen, mußten wir fast auf dem Boden kriechen, um in seine Räume zu gelangen. »Du bist das erste weibliche Wesen«, tat er mir auf, »das unter dem Dachfirst meines Mutterhauses verweilen darf. Mein Vater hat sich dort in dieser Ecke erhängt«, deutete er auf eine düstere Kellertüre, »aus Gram über seine herrschsüchtige Ehefrau, also meine Mutter.«

Ganz weich und zärtlich wurde der scheinbar »wilde Mann« in seinen Umarmungen, als plötzlich die gefürchtete Mutter durch das Haus geisterte. Ich versteckte mich mit klopfendem Herzen unter der Bettdecke. Ein schnarrender spanischer Stimmenkugelblitz pfiff mir um die zugestopften Ohren. Bald hätte es ein ganzes Pfeifkonzert gegeben, denn Mutter hatte wie immer ihr Kleinkalibergewehr über der Schulter im Anschlag, um für jeden unerwünschten Eindringling zum Garaus aufzuspielen. Ein heftiger Wortwechsel in Spanisch prasselte auf die Bettdecke hernieder. Als das Schlurfen ihrer Schritte auf dem lichtüberfluteten Gang verhallt war, zwängte sich plötzlich eine schnüffelnde, knurrende Dobermann-Schnauze durch den Türspalt. Die Geisterwelt hatte diese Amour fou gleich an Ort und Stelle geahndet. Sofort wollte ich zum Hotel zurück, wo meine Freundin den Posten des Kindermädchens übernommen hatte, doch war wegen der Gefahr nicht daran zu denken. In der Ecke des Zimmers kauernd, alle meine Utensilien um mich geschart, wartete ich nur auf eine Gelegenheit, dieses Haus des Schreckens verlassen zu können. Mein Verführer lachte wie verrückt über diese verzwickte Situation, die er wohl ganz bewußt so eingefädelt hatte. Er machte mich auch darauf aufmerksam, daß ich, falls mir mein Leben lieb sei, noch bis zum Morgen warten müßte und erst gehen könnte, wenn »die Hexe«, so nannte er seine Mutter, das Haus verlassen habe.

Ich verpuppte mich wie eine Raupe und zählte müde die Glockenschläge der Kirchturmuhr. Da schlug es dreizehn.

Für weitere Zärtlichkeiten fand sich bei mir kein Raum mehr. Mein Verführer lag schlafend in meinen Armen, das Mondlicht fiel auf das edle, schöne Gesicht meines Prinz Eisenherz. Ich fühlte eine nie gekannte Trauer für das Schicksal dieses Menschen, dessen Mutter ihren bedrohlichen Schatten so stark über ihn geworfen hatte.

Am nächsten Tag reisten wir ab. Mein dunkler Prinz drückte mich ganz fest an sich, ein magischer Bund fürs Leben war geschlossen.

Unsere Wiedersehen in den darauffolgenden Jahren verliefen kameradschaftlich und basierten auf gegenseitigem Respekt und Freundschaft. Wie froh bin ich noch heute, daß ich diesem dunklen Archetypus meiner Seele, der in meinem Unterbewußtsein rumorte, einen Platz in meinem realen Leben eingeräumt hatte. Eigentlich hatte ich mir dieses Abenteuer doch romantischer vorgestellt, aber jetzt konnte auch ich der Welt einen Seitensprung vorweisen. Ich wußte, daß mein stiller Jesus Christus mir schon verziehen hatte – mein Ehemann konnte es bis heute nicht, obwohl unsere Ehe zu der Zeit wirklich nur noch auf dem Papier bestand und unser Abkommen, geschäftlich und freundschaftlich Partner zu sein und uns gemeinsam um unsere aufgeweckte Tochter zu kümmern, bereits seit Jahren bestens funktionierte.

Er selbst war mit meiner Absegnung wieder zum Jäger auf freier

Wildbahn geworden und hatte sogar eine feste Freundin, ein schönes, Gedichte rezitierendes Wesen, das den ganzen Sinn seines Daseins in den Liebesdienst des Mannes gestellt hatte.

Mit David durfte ich diskutieren, träumen, Arm in Arm schaukeln, Gedichte erfinden. »Im Traume küsse ich den hermaphroditischen Hirtenknaben Quintius – während wir lachend in den Olivenölfeldern der Mohave-Wüste schwimmen.« Über Wort- und Bildfindungen dieser Art konnten wir uns halb totlachen.

Wir besuchten unsere Lieblinge, allen voran Claude Monet und Otto Dix, in den Galerien der Stadt. Auch der Kinobesuch wurde immer mehr zu einem ganz besonderen Ereignis, denn wir hatten so ziemlich den gleichen Geschmack.

Gerade kamen wir aus dem Film *Die Katze* mit meiner geliebten Simone Signoret und Jean Gabin. Wir rannten und rannten, legten uns wie Kinder unter den Bahntunnel und ließen mit geschlossenen Augen die Eisenbahn über uns hinwegbrausen.

Fritz, der meinen Seelenbruder David auch sehr mochte, betrachtete unsere Aktivitäten ungläubig staunend, konnte aber meine seelische Kehrtwendung zu den Männern, die dem eigenen Geschlecht zugeneigt, mit Sympathieempfindung und Toleranz, die er für meine Freunde hegte, nachempfinden.

Nun hatte er jedoch Kunde davon erhalten, daß sich ein spanischer Kontrahent in sein Revier verirrt und ich es gewagt hatte, ihm Hörner aufzusetzen. Das war ihm entschieden zuviel!

Am Neujahrsmorgen des Jahres 1974 lud ich einige Habseligkeiten mit Hilfe meiner Mutter, meiner Schwester und einiger Freunde auf einen kleinen Laster, um einen neuen Lebensabschnitt zu erzwingen. Der Planet Uranus nickte mir wohlgesonnen zu, mein Mann vergaß auch alle seine Drohungen und Prophezeiungen und ließ mich mit unglaublichem Entsetzen im Antlitz passieren.

Unsere vorher so tolerante und respektvolle Lebensstruktur hatte sich nach meiner Rückkehr aus Spanien in ein Inferno verwandelt. Der Spanier war allmächtig in mein Leben eingebrochen und zum übermächtigen Dämon für den Ehemann geworden. Er mochte nicht glauben, daß es meine eigene, freie Entscheidung gewesen war, der Werbung dieses Mannes nachzugeben, und meine täglichen Bitten, einer Trennung unseres Ehebündnisses zuzustimmen, waren ungehört verhallt. Bis zu diesem Tage. Meiner Argumentation, es handle sich ja nur um ein Zusammenleben mit meiner Tochter und Mutter, schenkte er keinen Glauben. »Da wartet ein anderer Mann, kein Mensch kann ohne Sexualleben sein. Du warst doch eine so sinnliche Frau, wohin sollen sich denn diese Energien verpufft haben?«

»Da wird kein Mann sein, sondern mein geliebtes Kind und die Menschen, denen mein Herz zugetan ist, und meine sensibel männlich-weiblichen Wesen, die ›family‹, wie ich sie heute nenne.«

In den Seelen und Herzen dieser anderen Männer – der schwulen Männer, wie sie sich selbst so gerne nennen – lebe ich voll akzeptiert meine meerjungfrauenhafte Weiblichkeit aus, und das seit vielen Jahren. Sie sind mir Mütter und Väter zugleich, und auch meine schwesterliche Mütterlichkeit deckt sich oft mit den Bedürfnissen meiner Freunde, ein Kind zu sein. Die starke männliche Seite in mir kommt in diesen Freundschaften voll zum Zug. Wir tauschen die Rollen und erfinden neue Partituren, wie es uns Spaß macht. Der oft unglückliche Prozeß des Besitzenwollens und Einverleibens des anderen über den sexuellen Akt findet nicht statt. Die Liebe wird allumfassend, die Befruchtung findet über die Seele statt, gemeinsame kreative Gebilde werden wie zu gemeinsamen Kindern. Zärtlichkeit und Umarmungen gleichen denen von Geschwistern, Kindern oder denen von der Mutter zum Kind und münden nicht zwangsläufig in einen sexuellen Akt.

Diese Umarmung steht für mich für den großen Schutz der biologischen Mutter Erde. Das sind jedoch nur meine tiefen Empfindungen und Erfahrungen aus meinem gelebten Leben bis zum Hier und Jetzt, meine ganz speziellen Bedürfnisse, die ich lebendig gestalte. Ich habe gelernt, große Toleranz walten zu lassen bei allem, was die lebendige Gestaltung der sexuellen Phantasiewelt meiner Mitmenschen und vor allem die Erfüllung ihrer Bedürfnisse angeht. Jeder Mensch lebt in meinen Augen praktisch untrüglich nach den Regeln seiner erfahrenen oder unerfahrenen Regisseurin Libido. Kann die eine Person die Straße der Ausschweifung vielleicht noch nicht verlassen, um zum Palast der Weisheit zu gelangen, wie William Blake das so gütig lehrt, hat die andere Seele diese Täler der Sünde, des Lasters und der Freude vielleicht schon durchwandert und klimmt gerade hinauf auf dem asketischen Pfad, um dort oben von der Aura der kosmischen Mutter die dunkel befleckte Seele wieder liebevoll auflichten zu lassen. Es wäre nur wünschenswert, wenn die so oft sexuell ausgelebten Machtgefühle, die ja immer mit einer Unterwerfung des Partners und oft auch mit dessen Erniedrigung einhergehen, der Vergangenheit angehörten. Der sexuelle Hunger des nie satt werdenden Egos ist übermächtig und wird nie gestillt werden, solange er die Früchte der Lust nicht mit dem Du zu teilen gewillt ist. Aber wir haben mit Recht Angst vor der totalen Hingabe. Gib jemandem den kleinen Finger, dann will er gleich dein Leben. Die blutrünstige Fratze des Kannibalen steht furchteinflößend am Horizont der Geschichte, und wir, die Lämmer, schweigen. Wie rasseln da die Säbel der Herren, wie blinken da die Sporen der Damenstiefeletten in der Morgensonne. Wie scharren die roten, spitzlackierten Krallen nervös im duftgetränkten Sand der Arena. Die sieben Schleier der Salome zittern schon vor Erregung, bereit, den starken Siegfried einzuwickeln, so daß er sich nicht wehren kann, wenn er kommt, der Stich ins

Herz. Heute war Salome schneller. Der Kampf der Geschlechter ist am Toben. »Es kann in der Welt keinen Frieden geben, solange in der Liebe Krieg ist«, sagt Dieter Duhm in seinem Buch *Der unerlöste Eros*.

Tauschen wir doch einmal die Geschlechterrollen, senden wir Siegfried im Tutu und in Ballettschuhen tänzelnd hinaus auf die Weltenarena. Auf der gegnerischen Seite Salome, zum stolzen Matador mutiert, die weibliche Maske zu den sieben Schleiern in den Sand geworfen. Heute sei es ihrem Animus erlaubt, im Angesicht der Menge den schnaubenden Stier zu bezwingen. Die stolze Brust heraus, die nach Blut lechzende Mantilla mit Grandezza um die Hüfte gezogen. Olé, der sterbende Schwan will sich aber nicht in sein Schicksal fügen, auf der Flucht vor den Amazonen-Pikadores wirft er sich zu Füßen seiner dominanten Gespielin. Ihre Mantilla landet wie ein Frisby auf den Köpfen des Bürgermeisters und seiner erbosten Gemahlin in der Ehrenloge. Die männliche Ballerina balanciert tänzelnd plié, plié. Die Sylphiden klatschen vor Freude in die Hände und so auch Salome. Lachend wirft sie ihre Kleider ab und stürzt sich in die Arme ihres betututelten Siegfried, der nicht mehr weiß, wie ihm geschieht. Und so lieben sich beide im großen Arenengrund und nehmen ein Bad in der staunend begeisterten Menge. Zuckende Leiber, lachende Herzen, erschauernde Seelen, ein großer, tantrischer Akt der Verschmelzung, »Mann« hat seine Geschlechterrolle vergessen, man ist wieder Mensch.

»Frau Sägebrecht!« Eine Stimme peitscht an mein Ohr.
»Autsch«, jetzt habe ich mich geschnitten. Blut tropft auf die Glasplatte meines Objektträgers, den ich gerade in das Mikroskop plazieren will. Ich habe mal wieder taggeträumt.
Hier an meinem ersten Münchner Arbeitsplatz nach der Trennung von meinem Ehegespons muß ich die Brötchen für unsere

kleine Familie verdienen. »Medizinisch-diagnostisches Laboratorium« nennt sich das Wirkungsfeld meines Professors und Chefs, der gerade völlig aufgelöst und mit abstehenden Haaren vor mir steht. Ich kleide ihn in Gedanken sofort in ein Tutu und setze ihm ein Myrtenkränzchen auf. Ich muß lachen.

Er konnte über meine so geliebten erotischen Wortspielereien nie lachen und meinte immer nur: »Aber Frau Sägebrecht.« Einmal aber hatten wir ihn erwischt, als er mit einem aus einem »Playboy«-Heft ausgeschnittenen Damenbein, das wie ein Füllfederhalter aus der Tasche seines Arbeitsmantels ragte, aus seinem geheimnisvollen Labor stakste. »Aber Herr Doktor«, sagten wir da, auf das Corpus delicti deutend. Schnell verschwand er nach oben zu seinen streng wissenschaftlichen Berichten, in denen er mit ehrwürdigen Kollegen aus der ganzen Welt über sein Lieblingskind, den Lakto-Bazillus Bifidus, den er in Bulgarien aufgetan hatte, korrespondierte, aber auch hinauf zu seinen großzügig ausufernden pornographischen Schriftergüssen, mit seinen selbstgefertigten erotischen Collagen ausgeschnittener Damenleiber, die er zu kühnen Stellungen in gleichgeschlechtlichen Beziehungen komponierte und später ablichtete.

Gott sei Dank, dieser scheinbare Säulenheilige ist ein richtiger Mensch, schoß es mir durchs Herz, als meine schnüffelnde Kollegin dieses Betriebsgeheimnis vor mir ausbreitete.

»Der Autoklav ist nicht angesprungen«, schrie er eines Morgens ganz von Sinnen. »Wissen Sie, was das heißt?«

Ja, der Autoklav hat nicht funktioniert, heute. Unser Untersuchungsmaterial wurde nicht desinfiziert.

»Wir hatten doch heute ein hochinfektuöses Tuberkelsputum diagnostiziert«, sagte der Doktor, in Panik vor den auf Raub ausgehenden ausgebrochenen Bazillen.

Unsere gemütvolle Putzfrau hatte, dem täglichen Ritus folgend, seelenruhig den unfolgsamen Autoklav, der diesmal keinen

Dampf ablassen wollte, geöffnet und war, wie immer, darange-
gangen, die Objektträger und Reagenzgläser von den sterblichen
Überresten zu befreien.

»In nomini patris et filii et spiritus sancti.« Der Professor schlug
ein Kreuz. Irgendwo im Laborraum lauerten sprungbereit unsere gefährlichen Tuberkeltiger. Nie habe ich mehr Angst im Auge
einer Eminenz im weißen Kittel flackern sehen. Nur durch Aus-
merzen der feindlichen Belagerer durch die Löschtrupps des
Desinfekto-Kommandeurs vom Gesundheitsamt war der große
Wissenschaftler wieder zu bewegen, sein geliebtes Laboratorium
zu betreten.

Für mich war dieser Betriebsunfall zu einem Prüfstein geworden.
Durch die neue Lebensqualität meiner ertrotzten Freiheit und
der positiven Lebensbejahung und Gestaltung in dieser Zeit hatte Angst keinen Platz mehr in meinem Herzen. Allez-hop kom-
mandierte ich die unsichtbaren Tuberkelbazillen und blieb ungerührt in dem entstandenen Tohuwabohu an meinem Mikroskop kleben. Allez-hop, spring, brav, brav. Vor euch habe ich
keine Angst. Ich bin selbst eine große, kosmische Bakterie. Wenn
ihr nicht folgt, werde ich euch einfach aufessen.

Ich
bin
ein
Hologramm,
Galan

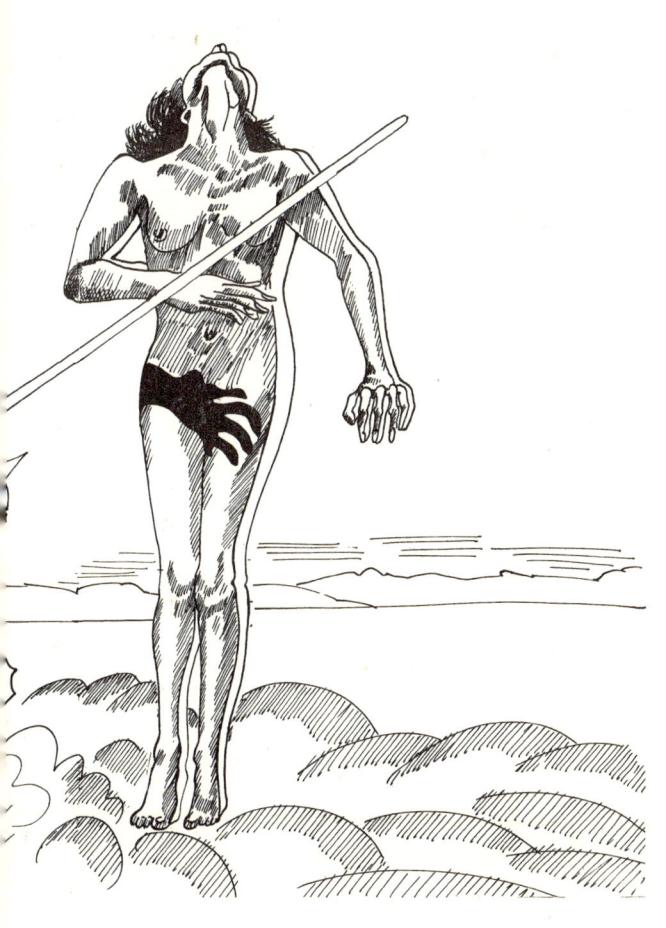

Maius

Geilheit ist doch ein absolut göttlicher Zustand, Marianne. In meiner Beziehung zu Gott sind Eros und Wollust total einbezogen. Schau dir doch die Natur an, ein ewiger Coitus non interruptus. Dieser gesteigerte und fieberhafte Zustand ist nicht von uns, er ist gebieterisch und absolut. Gott will dich vital und geil, ohne Angst, aber mit sensiblem Bewußtsein. Und ich will dich jetzt, und zwar ganz.«

Der Mann, der so spricht, übt eine große Anziehungskraft auf mich aus. Er ist Soziologe, Kunsthistoriker und Psychotherapeut in einem und hat sein Leben in den Dienst eines Experiments für eine humanitäre Erde gestellt, das für einen neuen sexuellen und ökologischen Humanismus arbeitet.

»Ich spüre doch dein übermächtiges Verlangen in deinem überhitzten Blut, wenn du deine Gleichnisse in unnachahmlichen, farbenprächtigen, metaphysischen Bildern vor meinen Augen erstehen läßt. Ich fühle deine überschäumende Sinnlichkeit«, sagt er. »Höre auf die Sirenen deiner Seele, oder der Damm wird eines Tages brechen und dich vielleicht hinabschleudern in das Tal der dunklen Umnachtung. Heute nacht wirst du bei mir sein.«

Meine zitternden Hände verberge ich unter der Tischdecke, das wild schlagende Herz treibt mir den kalten Schweiß auf die Stirn. Ich versuche, dem Blick, der sich tief und wissend in meine Seele bohrt, standzuhalten. »Aber ich mag keine Sexualität leben«, sage ich, »die sich nur reduziert auf eine bloße Triebbefriedigung ohne den geflügelten Gott Eros, der sein rosarotes Elixier über die Liebenden gießt.«

»Du hast ja nur Angst, vertrau mir«, antwortet er. »Schau, die Mitglieder unserer Lebensgemeinschaft, ganz gleich ob Mann oder Frau, versuchen, eine Geschlechterliebe zu propagieren und zu leben, die frei ist von sozialen und religiösen Zwängen, frei von Verstellung, Angst und Eifersucht.«

Anna, seine Begleiterin, die zur Zeit seine Lieblingsmaharani ist, wie sie mir auf der Toilette ganz stolz berichtet hat, ist stumm, manchmal kopfnickend, den Ausführungen ihres Meisters gefolgt.

»Eifersucht gibt es nicht in unserer Gruppe«, meint er. »Zur wirklichen Befreiung der Sexualität gehören Toleranz und Gewaltfreiheit.«

Ja, da kann auch ich freudig einstimmen!

Bei seinem direkten Ansinnen, die Nacht mit mir zu verbringen, sehe ich, wie sich Annas Pupillen ruckartig verengen, spüre, wie sie den Atem anhält und ihren Körper steif und fragend aufrichtet. »Ist es nicht so, Anna?« dringt seine männliche Stimme wie von weit her in unsere Kemenate. Die Zeit steht still. Anna nickt ergeben. Sie hatte mir anvertraut, daß sie gerade ein Kind von ihm unter ihrem Herzen trägt.

Anna, ich spüre deine Angst und deinen Schmerz, diesen so geliebten, schönen Mann mit einer anderen Frau teilen zu müssen. Anna, heute mußt du kein Opfer bringen, denke ich.

Ich liebte diese beiden Menschen auf eine tiefe Weise, so als kennte ich sie schon aus Urzeiten. O Mann, wenn du wüßtest, wie viele Gedanken, diese Erde auf meine eigene, homöopathische Weise für immer zu verlassen, zu dieser Zeit in meinem Kopf spukten. War ihm denn gar nicht mein schwanger ausgeformter Unterleib aufgefallen, der der männlichen Welt so eindeutig signalisiert hatte, ich sei nicht zur Begattung bereit?

Wir schrieben das Jahr 1976, und meine Trennung und Scheidung lagen nun schon drei Jahre zurück. Wunderbar hatte es immer geklappt, die fidelen Jäger, die sich auf der Jagd nach einem Wild befanden, mit gezückter Büchse an mir vorbeipirschen zu lassen. Blattschuß, Gott sei Dank, ich war's nicht.

Einigen Wildhütern, die sich nach einer mütterlichen Gespielin sehnten, war es schon gelungen, mich scheues Lianenkind für eine Nacht zum Verweilen auf ihren einladenden Moosstätten zu ermutigen. Begann ich dann am nächsten Morgen über Aldous Huxleys *Schöne neue Welt* zu philosophieren und seine Utopie, »O freuet euch voll Überschwang, das Allerhöchste nahet sich, schmelz hin bei diesem Trommelklang, denn ich bin du und du bist ich«, zog sich die männliche Stirn gar merklich in Falten. Zitierte ich dann noch aus meinem geliebten *Buch der Weisheiten,* dem *I-Ging:* »Alles Leuchtende in der Welt ist abhängig von etwas, an dem es haftet, damit es dauernd leuchten kann«, so war das die sicherste Methode, einem solchen Verehrer, der sich wohlig in meine mütterliche, fleischige Rundheit versenken wollte, ganz ohne Streß heimzuleuchten. Er brachte das nicht auf die Reihe, denn so wollte er seine »barocke Madonna« ganz bestimmt nicht.

Wir saßen noch immer beisammen, und ich erzählte und erzählte. Der Soziologe und seine Gefährtin lauschten, schmunzelten, lachten. »Wißt ihr«, sagte ich, »die Berberfrauen haben sich in früheren Zeiten Kissen unter ihre Kleidung geschoben, um so den einfallenden, plündernden Soldaten nicht in die Hände zu fallen. Don't rape me, I'm pregnant.« Lange Jahre hatte diese Notlösung funktioniert, bis man den Frauen auf die Schliche gekommen war.

Nun war jedoch dieser schöne, für mich so anziehende Mann, der über eine so große weibliche Intuition verfügte, auf verschlungenen Pfaden zu dem in meinem Dschungel der Seele gut getarnten weiblichen Seinsgrund vorgedrungen.

»Deine Verpuppung oder Verhüllung«, meinte er, »ist kein Zeichen von Verklemmung« – ich trug seit meiner Scheidung nur noch lange Röcke, um die wohlgeformten Revuebeine, wie es immer hieß, nicht mehr den männlichen Augen preiszugeben –, »sondern ein starker Ausdruck für einen erotischen Vorgang, der sich im Werden befindet wie eine unbewußte Erinnerung an ein Paradies, dem du verhüllt entgegengehst, bis du es wiederfindest.«

Wäre da nicht eine so große Wärme für Anna gewesen, ein Mitgefühl und Respekt vor ihrer Menschenwürde, mit ihm wäre ich an diesem Tag in das unbewußte Paradies gegangen. Er schien mir gleichsam so vertraut, und es war, als hätten meine Schutzgeister ihn gesandt, um mich von meinem mit schwerem Herzen gefaßten Entschluß abzubringen.

Doch Eurydike hatte beschlossen, der materiellen Welt den Rücken zu kehren und sich auf den Weg zu ihrem so sehr vermißten Orpheus in den Hades zu machen. Zu müde war ich, den Lebenskampf noch weiter ohne eine zweite Hälfte auf mich zu nehmen. Diese Phase meines Lebens nenne ich meinen Versuch eines homöopathischen Selbstmords.

Der Termin, in ein Krankenhaus zu gehen, stand schon fest. Ich hoffte, mich dort durch eine auferlegte Hungerzeit, die wegen einer Bauchspeicheldrüsenentzündung notwendig geworden war, so weit transzendental zu machen, daß ich meinen Körper verlassen und zu meinen Seelenbrüdern und -schwestern in der jenseitig existierenden Dimension gelangen könnte. Dort wartete offenbar mein Orpheus, meine zweite, nicht inkarnierte Hälfte auf mich, die sich bei unseren fast täglichen okkultistischen Sitzungen und Séancen immer wieder und ganz deutlich gemeldet hatte.

»Du hast genug gelitten, wir werden dich eher zurückholen. Ich werde immer bei dir sein, ich bin dein Mann, hab keine Angst vor dem Hinübergehen. Ich werde dich abholen.«

Die Mitwirkenden dieser Sitzung erschraken. So klar und deutlich war noch nie eine Antwort auf eine Frage gekommen. In was hatte ich mich hineinbegeben?

Diese Wesenseinheit hatte sich als katholischer Priester vorgestellt und davon gesprochen, mein Mann zu sein: »Ein Mensch kann nichts nehmen, es sei denn, es werde ihm gegeben. Ihr selbst seid meine Zeugen, daß ich gesagt habe, ich sei nicht Christus, sondern von ihm hergesandt. Wer die Braut hat, der ist der Bräutigam. Der Freund aber des Bräutigams steht und hört ihm zu und freut sich über des Bräutigams Stimme. Diese meine Freude wird nun erfüllt. Er muß wachsen, ich aber muß abnehmen.«

Gänsehaut rieselte über unsere Rücken, denn diese Worte stammten aus der Bibel, aus dem Evangelium des Johannes, und beim Gläserrücken hatte das Glas genau diese Botschaft fehlerfrei an mich gerichtet.

War ich denn noch bei Sinnen? Ich selbst hatte die Tür zu diesem geheimnisvollen Reich der Magie aufgetan, um immer weiter zu den großen Wahrheiten vorzudringen, und doch konnte ich den Schleier nie ganz wegreißen. Gott sei Dank.

Die geheimnisvolle Existenz der geistigen Wesen hatte mich schon immer fasziniert, und jetzt tauchte ich täglich mit Freunden ein in das verlockende, gefährliche Neuland.

»Du bist wohl von allen guten Geistern verlassen«, argumentierte meine Mutter, die feststellen mußte, daß meine Wohnung immer leerer und leerer wurde, und zwar auf meine Anweisung hin. Die Möbel und die persönliche Habe meiner Tochter hatten wir schon zu meiner Mutter nach Starnberg gebracht, wo Daniela so lange bleiben sollte, bis ich wieder auf eigenen Beinen stehen konnte und von meiner Bauchspeicheldrüsenentzündung genesen wäre.

Für mich selbst behielt ich nur ein Buch mit dem Titel *Rätsel Mensch* und eine nach meiner Person angefertigte Puppe, die ich dann meiner geliebten Betty, Chefin der Travestie-Theatergruppe »Blue Lips«, mit auf eine große Welttournee gab. Das Buch bat ich meine Mutter strengstens zu verwahren.

Meine arme Mutter brauchte damals als gute Gärtnerin eine große Portion Toleranz, um dem dubiosen Treiben ihres Pflanzenschößlings einen Sinn abzugewinnen. Ein tiefer Seufzer entrang sich ihrer Brust, als Freunde sich gerade anschickten, das Silberbesteck einzusäckeln und, mit einigen meiner so geliebten Grafiken unter dem Arm, die Wohnung verließen.

Ich hatte es so gewollt, ich hatte es so angeordnet. Was sollte ich noch mit diesen wertvollen Gegenständen, wenn ich keine Wohnung mehr besaß? Meine über alles geliebte Behausung konnte ich mir finanziell nicht mehr leisten. Huan, die Auflösung. Danach trachteten all meine Gedanken. Was war passiert? Was hatte aus einer kämpferischen, lebensbejahenden Jeanne d'Arc ein kaum noch die Erde streifendes Hologramm gemacht?

Die Trennung von meinem Geschwisterehemann war mir wohl doch mehr in die Knochen gefahren, als ich wahrhaben wollte. Er hatte sich den Rucksack auf den Rücken geschnallt und sich auf einen ganz neuen Pfad hin zu den Kanarischen Inseln begeben, was ich aus heutiger Sicht nur begrüßen kann, weil er dort seine neue große, mütterliche Weggefährtin gefunden hat, die ihm zwei Töchter gebar. Letztes Weihnachten waren alle wieder beisammen: Daniela, die ihre Stiefschwestern Rubin und Marjolein glücklich umarmte, ich und seine zweite Frau Maja, die in der Küche werkelten, während meine Mutter mit Fritz, Danielas Freund Carmelo und meinem Seelenbruder David im anderen Raum Karten spielte. Danielas Exfreund Clinton hatte gerade seine neue Freundin auf dem Schoß, als er für meine temperamentvolle Exschwiegermutter Fini und ihren zweiten Ehemann Hans eine Weihnachtsgeschichte zum besten gab. Dazu die Schwester meines Exehemanns, Dizzy, die gerade die Tür öffnete, um Will, meinen Ritter von der Tafelrunde, zu Tisch zu bitten, der, einsam durch die Stadt geisternd, nach Wärme lechzte und dem wir aus den delikaten Resten noch ein Essen zauberten, das er hungrig verschlang, um sich dann in unsere Runde hineinzulümmeln. Für meinen geliebten, schon von uns gegangenen Schwiegervater Karl Sägebrecht, den begabten Musiker, hatte ich ebenfalls ein symbolisches Plätzchen hergerichtet.

Wie wichtig es gewesen war, diese schmerzliche Trennung durchzustehen, ohne mit Schmutz zu werfen! Daniela hat nie den Vater verloren, und ich habe heute unsere Freundschaft wiedergefunden. Dem Himmel sei Dank. Durch eine mutige Entscheidung durften sich zwei neue Lebensformen gestalten. Die Mutter Erde freute sich.

Doch tat sich dieser neue Lebenspfad nach der Trennung von Fritz erst mal ganz beschwerlich vor mir auf. Konnte ich mich früher tagsüber ganz wunderbar um meine kleine Tochter kümmern, die sich zu einem wahren Wonneproppen entwickelte, und nur abends das Café-Theater bewirtschaften, mußte ich jetzt wochentags beide Aufgaben unter einen Hut bringen, was sehr schwer war. Eine Hilfestellung in Form einer Sozialunterstützung von seiten des Staats ließ mein Stolz nicht zu – welch ein Unsinn! So versuchte ich, die Doppelbelastung zu meistern. In einem Fotoverlag in Starnberg hatte ich eine Stelle als Praktikantin bekommen, und mir wurden vom Chef des Hauses große Aufgaben übertragen. Das Gehalt war zwar sehr gering, dafür das in mich gesetzte Vertrauen um so größer. Fotografische Werke wurden von mir mit Bildtexten versehen, immer zur Freude der jeweiligen Fotografen. Eine kleine Zeitung, die von diesem Verlag gestartet worden war und die in verschiedenen Restaurants auflag, oblag, was die Konzeption und Gestaltung betraf, meinen Händen. Die ersten Artikel flossen aus meiner Feder, und ich lernte alle technischen Notwendigkeiten über Layout und Korrektur, um einer Zeitung Gesicht und Gewicht zu geben. Der Chef war zufrieden.

Argwöhnisch beäugte mich ein Kollege im Nachbarzimmer, ein wandelndes Lexikon und Intelligenzgenie, in meinem Büro. Er war eifersüchtig auf mein Territorium und auf die mir übertragenen Aufgaben, obwohl er ja selbst mit seiner Position mehr als nur zufrieden sein konnte.

Heute war nicht mein Tag. Schon morgens fand ich mich im Kniefall vor meiner kleinen Tochter, die sich nicht anziehen lassen wollte, um von mir auf dem Weg zur Arbeit bei ihrer Schule abgeliefert zu werden. »Danny, bitte, zieh dich an.« Sie wollte nicht. Ihr gefiel dieses neue, hektische Leben nach der Trennung nicht, in dem sie auf so viele gemeinsame Stunden mit mir verzichten mußte und ihren geliebten Vater in so weiter Ferne wußte. Ich hatte sie dann doch noch überredet, erst bittend, dann weinend, dann mit einem Klaps auf den Po, dem ersten und letzten in unserer Mutter-Tochter-Beziehung. Wie tat mir das leid! Es sollte nie wieder geschehen.

Endlich war ich auf dem Weg zur Arbeit, aber wieder viel zu spät. Die Stimmung im Verlag war gedrückt, durch die Wände drang die sich überschlagende Stimme meines Chefs und Gönners, herrje, der gerade meinen Schreibtischnachbarn zur Schnecke machte. Geduckt kam dieser liebe Mann, der mir so viel beigebracht hatte, zurück ins Zimmer, um schweigend, den Rest des Tages in bedrohliche Gedanken versunken, seine Arbeit zu verrichten. Die Luft war zum Schneiden dick.

Ich versuchte gerade, Ordnung in das Chaos auf meinem Schreibtisch zu bringen, als mein eifersüchtiger Kontrahent, die Arme auf meinem Schreibtisch aufgestützt, über meinem Antlitz drohte. »Sie waren zu spät, obwohl der Chef wegen innerbetrieblicher Unstimmigkeiten es nicht bemerkt hat.« Er warf einen langen Blick zum Schreibtisch meines Kollegen. »Ich werde es dem

Chef zwar heute nicht übermitteln, doch finde ich Ihr Verhalten skandalös und unkollegial.«

»Aber ich habe ein noch kleines Kind, und das hat heute …«

»Papperlapapp«, fuhr er dazwischen. »Sie sind geschieden. Das hätten Sie sich vorher überlegen sollen. Wären Sie verheiratet geblieben, bräuchten Sie jetzt nicht zu arbeiten. Hier sind Sie mit der Firma verheiratet. Merken Sie sich das. Erst kommt die Firma. Mit Ihrer Einstellung werden Sie hier nicht lange bleiben.« Er schraubte seine Stimme ganz hoch, damit seine Tirade durch die Wände zum Schreibtisch des Chefs dringen konnte.

Ich war müde, und ich wußte, daß ich zu seiner Aufforderung zum Machtkampf niemals auf der Lichtung erscheinen würde. Genau in diesem Moment beschloß ich, die Seile zu lösen und mein Lebensschiff wieder hinaus aufs freie Weltenmeer treiben zu lassen. Ich lächelte still, während sich der Mann immer mehr in Rage redete – wenn er nur wüßte, welchen Entschluß ich gerade im Fahrtwind seines Orkans gefaßt hatte. Ich war ihm ja so dankbar.

Er mißdeutete mein Lächeln. »Schauen Sie mal auf Ihren Schreibtisch. Wie können Sie denn da überhaupt etwas finden?«

»Ging denn was verloren?« lächelte ich ihn an.

»Und was hat dieses Buch hier in Ihrem Arbeitsbereich verloren?« Er wedelte es wie verrückt vor meinen Augen auf und ab. Kun, die Bedrängnis: oben Dui, das Heitere, unten Kan, das Abgründige, waren noch vom Morgen her aufgeschlagen, als ich vor meinem wie immer schmunzelnden Nachbarn eine Münze geworfen hatte, um von meinem geliebten Orakelbuch *I-Ging* einen Rat in meiner schwierigen Lebenslage zu bekommen. »Im See ist kein Wasser mehr, es zeigt sich das Bild der Erschöpfung. So setzte der Edle sein Leben daran, seinem Willen zu folgen«, sprach das Orakel. Und wie ich ihm folgen wollte! Doch im Moment war ich wirklich in Bedrängnis. »Man ist bedrängt«, sagte mein Buch bei Wein und Speisen. »Der Mann mit den scharlachroten Kniebinden kommt eben herein.«

Das Buch hatte sich in seine Teile aufgelöst, und die Seiten flatterten wie Schneeflocken auf den Boden. »Da, schauen Sie sich das einmal an.« Triumphierend hielt mein Bedränger eine Traubenrispe in die Höhe. Die andere Hand klatschte die ebenfalls auf meinem Schreibtisch vorgefundene Tageszeitung auf die Kante. »Was soll das Chaos, was?« Seine Brillengläser waren beschlagen. Sein Atem pfiff.

»Das kann ich Ihnen gern erklären«, antwortete ich mit gefaßter Stimme. »Sie müssen nämlich wissen, ich lebe nach der erfolgreichen Beendigung einer speziellen Therapie jetzt nach dem Prinzip der ›gewollten Unordnung‹ nach Professor Jirtschli-Birtschli«, dabei verzog ich keine Miene.

Nun hatte ich ihn erwischt. Das wandelnde Lexikon begann hastig in Sekundenschnelle in seinen Archiven zu stöbern. J wie Jirtschli-Birtschli. Nichts. G wie »gewollte Unordnung«, kein Eintrag. Ein verlorener Blick hinter den beschlagenen Gläsern. Dann wurden die Diener und Boten ausgesandt, die durch die Gehirnwindungen rasten, um das fehlende Wissen zu komplettieren. Mit einer gemurmelten Entschuldigung drehte er sich auf dem Absatz um, um den Raum zu verlassen.

Noch an diesem Abend habe ich meinen Chef um meine Entlassung gebeten.

All diese Bilder gingen mir durch den Kopf, als ich ein Jahr später, nach der aufrührenden Begegnung mit dem Soziologen, mit der Straßenbahn zu einem anderen eindrucksvollen männlichen Wesen unterwegs war, um wieder mit einem neuen Lehnsherrn abzurechnen und wichtige Daten abzuklären.

Von meiner großen Seelenschwester und Freundin Cosy, dem berühmten Schwabinger Original, hatte ich mich überreden lassen, meine Dienste und Talente wieder vielen Menschen zur Verfügung zu stellen. Denn auch Cosy zehrte noch von den unvergeßlichen Stunden, die wir gemeinsam an verschiedenen gastronomischen Plätzen verbracht und zelebriert hatten. Was hatten wir da schnabuliert und fabuliert. Sie hatte sich nun ganz der Malerei verschrieben und beschwor mich, wieder in den Dschungel des Lebens zurückzukehren und für eine berühmte Schwabinger Kneipe, das »Mutti Bräu«, die Geschäftsführung zu übernehmen. Ich zögerte. Konnte ich diese Aufgabe ohne eine männliche, zweite Hälfte bewältigen? Lust hatte ich nach meiner zweijährigen Pause schon, große Lust. Und eine gewaltige Sehnsucht drängte mir Farben, Musik, Bilder von Menschen und Gerüche von delikaten Speisen auf. Sich wieder in den Arm nehmen, tanzen, lieben, sich freuen – meine frierende Seele setzte sich ein buntes, schillerndes Gedankenmosaik zusammen.

Und so kam es dann, daß sich im Februar 1976 die Tore zu einem neuen Tempel der Freude öffnen sollten. Die Fensterläden hatten wir alle von außen geschlossen, was zu ironischen Bemerkungen der anderen Schwabinger Geschäftskollegen führte.

Die menschliche Atmosphäre wurde unsere beste Türsteherin, und Cosy stand mir als geistige Schwester zur Seite. Brechend voll war es bei uns von Anfang an, und dankbar und ehrfurchtsvoll wandelte ich auf den Spuren der legendären Mutti Bräu, die diesem Platz über Jahre hinweg eine einmalige, unvergeßliche Patina gegeben hatte. Der Inhaber war äußerst zufrieden und ließ mich frei schalten und walten. Er besaß mehrere Lokale in der Stadt und war als Geschäftsmann eine respektierte, gefürchtete, schillernde Eminenz. Einmal in der Woche fuhr ich zu ihm, um abzurechnen. Zehn Prozent waren für mich. Einen Teil davon investierte ich sofort wieder, um meinen Gästen einen großen Topf Gulaschsuppe zu zelebrieren, selbstgemacht natürlich, oder den einen oder anderen Künstler zu sponsern, indem wir unseren

»Salon«, wie wir ihn nannten, zu einer Cabaret-Bühne oder gar zu einem Ausstellungssalon umfunktionierten.

Die surrealen Bilder des Fotografen Stephen Hampff begrüßten die Gäste farbenfroh von den Wänden, und die Keramikarbeiten unserer Gertraud thronten einmalig schön auf den Simsen, um dort um die Gunst der Gäste zu werben.

Den Nachmittag verbrachte ich in der Küche, um Speisung für die immer hungrigen Mägen zusammenzubrauen. Meine kleine Tochter assistierte mir oder spielte nach der Schule mit ihren Kameradinnen, die sie im Schlepptau mitgebracht hatte. So konnte ich den Nachmittag mit ihr verbringen. Wir hatten eine uns inzwischen ans Herz gewachsene Wohnung an der Isar gefunden, und mein Leben war wieder voll Freude und voll Kommunikation. Die Zusammensetzung der Gästeliste war illuster, die ganze Skala Mensch, wie ich sie mir immer erträumt hatte, vom edlen Professor der Universität bis hin zum selbsternannten geliebten Professor Einstein, der auf der Straße lebte und die Chaiselongue unseres Salons nicht mehr verlassen wollte, von den vielen hungrigen Studenten bis hin zu den liebeshungrigen Sekretärinnen, vom weisen Lebenskünstler bis hin zum großen Dichter und Denker, Entertainer der Weltbühnen – alle hatten sich hier versammelt. Da wurde diskutiert, was das Zeug hielt, angebandelt, daß es nur so zischte von der Glut der Leidenschaften.

Martin Sperr, der Dichter, thronte, als Isar-Nöck verkleidet und von einer bunten Nixengemeinde eingesäumt, und ließ genüßlich einen halben Karpfen im Rachen verschwinden – die Kapern-Zitronen-Sauce träufelte er sich über die gierigen Lippen. Nachmittags hatten wir zur Freude meiner Tochter mein Märchen in zehn Bildern *Die wahre Geschichte von König Ludwigs Tod* für eine geplante Moritat komponiert und fotografiert. In meiner Geschichte hatte sich der König dem gierigen Wassermann widersetzt, der ihm Schlösser und Schlösser zu bauen befohlen hatte. Sein Volk wollte auch bedacht werden, denn er war ein guter König. Die derben Fäuste des Isar-Nöcks umklammerten also den Schwanenhals des Monarchen. Der König war tot, es lebe der König. Doch unser König Ludwig, der im bürgerlichen Leben als Haarschneide-Locken-Meister den Damen bei tobenden Wagnerklängen das Haar bändigte, krächzte und hüstelte, die Augen immer noch vor Schreck geweitet: »Martin, jetzt hättest du mir beinah den Adamsapfel neidruckt, du bist narrisch.«

Ja, eine narrische Freud hatten wir immer! Ganz besonders, wenn der Martin mit Inbrunst nach seinem Spezialrezept seine Biersuppe gekocht hatte. Ein Pfund Butter war dann schon mal ganz leicht im Zehn-Liter-Topf gelandet, um die Mischung von Hopfen, Malz, Bier und Salz, Majoran, Pfeffer, Kümmel und Brot zu einer delikaten Kraftbrühe zu komponieren. Sie stürzte sich über die erstaunt neugierigen Papillen der Zunge hinab in den hungrigen Schlund des Magens, und gleich darauf gab der Magenpförtner den Befehl, das feurige Toben mit ein paar Litern von vor bayrischem Reinheitsgebot nur so strotzendem Bier zu löschen. Hopfen und Malz, Gott erhalt's!

Einmal in der Woche fand ein Gastkochessen statt, denn außerhalb des Ruhetags brauchte ich ja auch einen Abend, um mich ganz den Gästen widmen zu können, was normalerweise immer erst ab elf Uhr möglich war. Töpfe auskratzen, hieß es da, und eine Stunde lang halfen alle zusammen, Personal und Stammgäste, um die Küche wieder blitzblank glänzen zu lassen, damit auch mir noch Zeit zum Kommunizieren blieb.

Für das Gastkochessen mußte sich der Koch alle Utensilien mitbringen, dann konnte er seine Schöpfung auch selbst verkaufen oder verschenken, was gelegentlich passierte. Da zauberte der Meisterkoch aus dem Elsaß, Gardelli Carté, Wachtelbrüstchen auf einer Wacholderbeermousse, da eiferte ein mit glacierten Ananasstücken umlegtes elsässisches Weinsauerkraut mit einem kunstvoll zu Buchstaben gespritzten Muskat-Kartoffel-Püree um die Wette und wollte lustvoll verspeist werden. Da brannte nichts an, da blieb auch nichts über. Fünf Musiker einer Steelband aus Trinidad hatten mit ihrem Eintopfgericht, das aus Kidneybohnen, Fleisch vom Huhn und Schwein, Zwiebeln, Chili, Soja und vielen geheimnisvollen Gewürzen bestand, die sie uns nicht verraten wollten, eine Gaumenfreude nie gekannter Art beschert. Dazu verkauften wir Piña Colada, die nach dem persönlichen Rezept unserer musikalischen Troubadoure schon einen Tag vorher mit Rum, Limonen, Ingwer und Kokosmilch aus frischen Kokosnüssen angesetzt worden war. Das Fleisch der Kokosnuß wurde geraspelt und in den Pokal gegeben. Ein Spieß, besteckt mit frischen, subtropischen Früchten, krönte das Glas. In dulci jubilo. In dieser Nacht feierten wir den Sieg der Geister des Frühlings über die Dämonen der harten Winternächte. Der Entertainer Tommi Piper steppte sich in den Taumel seines »Singin' in the rain« und wurde von dem beherzt in die Tasten greifenden Künstler des Grand Magic Circus begleitet, der aber gerade einen klassischen Schlenker zu Edith Piaf gemacht hatte. »Non, je ne regrette rien«, weinte er hinauf zum wissenden Mond. Tommi steppte weiter im Regen der Piña-Colada-Fontänen.

Mein lieber Freund Erich Schleyer und ich ... ein Paar wie Don Quichote mit seiner Sancha Pansa. Wir befanden uns gerade auf einer Versuchstauchstation, um eine neue Figur unseres Tango mortale im Rollmopsverfahren auf den Teppich der Welt zu bringen, was wegen der Kinn an Kinn stehenden Menschen, die nach den Rhythmen der trommelnd bearbeiteten Benzinfässer tanzten, kaum gelang – wir fühlten uns verschmolzen, alle zusammen. Die Frage, wer war zuerst, das Ei oder das Huhn, hatte in solchen Momenten keine Gültigkeit mehr. Auf den Schultern meines geliebten Freundes, des langen Erich – oder Trine Gardine, wie er von mir liebevoll genannt wurde – blickte ich glücklich auf das brodelnde, ekstatische Menschengebräu in Abrahams Wurstkessel. Ja, hier war ich glücklich, dazu brauchte ich keine Juwelen, keine Pelzmäntel. Die Anzahlungen hatte ich schon den Musikern als Gage gegeben, denn Eintritt bezahlen mochten meine Gäste nicht so gern.

Ruckartig hält die Straßenbahn an der Münchner Freiheit. Fast hätte ich vor lauter Träumen versäumt auszusteigen. Jetzt mußte ich mein Herz in beide Hände nehmen und das letzte Mal über die Schwelle unseres zur zweiten Heimat gewordenen Domizils schreiten. »Er« wartete schon auf mich, sortierte gerade die Schallplatten aus, die er den Käufern nicht überlassen wollte. Sein grauer Anzug saß stramm und korrekt wie immer. Sein meliertes Haar mit dem bläulichen Schimmer zog meine Augen wie immer in den Bann. Eine Putzkolonne versuchte gerade verzweifelt, die mindestens einen halben Meter hohe Konfettischicht vom Teppichboden zu bekommen und die vielen zerbrochenen Scherben der Gläser und Teller mit spitzen Fingern und Bemerkungen aufzusammeln. Die beiden Leibwächter hatten es sich mit einem guteingeschenkten Whisky in den Polstern des Lokals bequem gemacht, um auf ihren Maestro zu warten. Unser Lokal war verkauft worden. So hatte es also doch gestimmt, was scheinbar böse Zungen mir schon seit Wochen zugetragen hatten.

Auf meinem Weg durch den Raum stoppte ich, stellte mich in die Mitte, schloß die Augen, um noch einmal die ganze Szenerie des gestrigen Abschiedsabends vor meiner Seele auftauchen zu lassen.

Da saß die ganze Crew des Circus Roncalli mit André Heller und feierte und trauerte ebenfalls um den Verlust ihres frenetisch umjubelten poetischen Zirkusprogrammes. Durch einen juristischen Handstreich hatte der Co-Partner das Unternehmen in der vergangenen Nacht geschäftsunfähig gemacht. Da konnte nun auch Sebastian Baur, der berühmt gewordene, hauseigene Engel der machbaren Wunder, keine Wunder mehr bewirken. Wir waren während ihres Gastspiels alle gute Freunde geworden, und ich hatte unter Aufbringung all meiner Energien und mit Hilfe meiner Freunde und Stammgäste ein großes Abschiedsfest organisiert, obwohl mir seit der Nachricht des Verkaufs die Arme bleischwer waren, vor allem der linke, und eine unendliche Trauer sich um mein Herz und um meine Gedankenwelt gelegt hatte. So sehr hatte ich mir gewünscht, an diesem Ort für Jahre mit den Menschen die kreativen Früchte unserer aufgegangenen Saat ernten zu dürfen. Meinen knoblauchgespickten, mit Zwiebeln, Senf, Pfeffer, Majoran und Muskat gewürzten Schweinebraten, den ich noch einmal für alle kochte, konnte ich nur mit meinen Tränen salzen. Das Weißkraut, in Butter angebraten, mit Ananas süßsauer geschmort, mein persönliches Rezept à la Surinam, und der riesige Serviettenknödel mit Eidotter, von Muskat nur so strotzend, mit Petersilie versetzt und mit einer Füllung aus gar knusprigen Semmelbröseln mit Kräutersauce, mit Schinkenwürfeln durchwirkt, schmeckten so gut, als wollten sie uns damit Trost zukommen lassen. »Anna Moffo«, setzte unsere Diseuse Manuela Riva ihr erprobtes Opernorgan über die Köpfe der Gäste hinweg. Sie wartete noch, zur Vorfreude aller, um mit einem zündenden Potpourri dem auf der Zunge zergehenden Nachtisch – gekochter Apfel in Weinsud mit Sherry und Zitronensauce, gefüllt mit Rosinen und Mandelsplittern – noch eins darauf zu setzen. »Man muß das Leben nehmen, wie das Leben eben ist« und »Warum soll eine Frau kein Verhältnis haben?« gab Manuela gekonnt zum besten. Für einen Augenblick ließ sie uns vergessen, daß unsere Arche am nächsten Morgen für uns nicht mehr begehbar sein würde. Daniel Sander, das choreographische Genie, der mit seiner eigenen Tanz- und Travestiegruppe »Folie parisienne« im Nationaltheater in der Nachbarschaft erfolgreich gastierte, trocknete meine Tränen – die Tänzer und Tänzerinnen der Truppe hatten sich schon seit Wochen nach den ausverkauften Vorstellungen bei uns zuerst den hungrigen Bauch vollgeschlagen und sich dann lebensgierig unter die illustren Gäste gemischt, woraufhin sich so mancher Gast des Nachts zu ihnen gesellte. Das war mir immer die größte Freude gewesen.

Galt für mich in jener Zeit das Zölibat, freute es mich um so mehr, wenn sich meine Freunde und Gäste lustvoll den schuldfreien Freuden der Lust hingaben. Ich befand mich in einer geheimnisvollen Zwischenstufe meiner Ich-Menschheits-Beziehungen, die in mir als große Liebesbeziehung alle Wünsche und Sehnsüchte abdeckte.

Als an diesem letzten Abend unser König Ludwig, alias Richard Reiter, stolz im Ornat des verehrten Königs, das Lied vom »Holden Abendstern« über die muskulösen, dazu posierenden Arme eines schönen Bodybuilders schmetterte, der als des Königs Lustknabe unter seinem Hermelin hervorgeschlüpft war, schrien und tobten unsere Gäste vor Vergnügen.

Der Schnupfer-Weltmeister trat vor das nach Luft ringende Publikum: »Hepp hepp, ich bin der Schnupfer Sepp.« Dabei schniefte er ein ganzes Pfund Schnupftabak in seine Nüstern. Man kriegte sich nicht mehr ein vor Staunen. Und kaum hatte sich der bayerische Magier scheinbar in die Lüfte erhoben, tanzte eine elfengleiche Ballerina selbstvergessen zur Musik von Jim Morrison über die Bühne, um von einem dunklen Dämon, der aus dem Hades kam, bei rasantem Trommelwirbel von dannen getrieben und in den Wald verschleppt zu werden. Triumphierend zog der Dämon mit seiner Beute zur Eingangstür hinaus, vorbei an einem grauhaarigen, vollbärtigen Mann mit großen blauen Augen und einem orangenen Umhang, Sir Swami Gauri Bala, einem Guru aus Ceylon, der mit seinem Schüler, dem Maler Otto Mirtel, beschlossen hatte, den letzten Abend mit uns zu verbringen. Er klatschte begeistert, als Manuela Riva zum Ende der Show die Bühne betrat. Die Idee der »Opera curiosa« war geboren, der Wundertüteneffekt ging auf. »Ja, ich bin die tolle Frau aus der Tingeltangelschau«, sang Manuela. Die Gäste tobten.

Gerade versuchte ich mir, mit geschlossenen Augen im Raum stehend, die Worte von Gauri Bala in Erinnerung zu rufen, die er mir an diesem Abend wie eine kühlende Salbe auf meine Wunden gelegt hatte: »Marianne, lebe nur im Hier und Jetzt …«, da riß mich eine kehlige, gereizte Stimme aus meinem Traum. »Meine Zeit habe ich nicht gestohlen«, schnarrte es zu mir herüber. »Wollen Sie jetzt vielleicht einmal zu mir herüberkommen, damit wir reden können? Es tut mir leid, was passiert ist, aber ich mußte das Lokal verkaufen, solange die Immobilie heiß war. Ich hätte es Ihnen ja gegeben, aber Sie konnten doch die Ablöse nicht selbst aufbringen.«

Ja, Tageszeitungen hatten um Hilfe und zum Einstieg eines finanzkräftigen Kompagnons aufgerufen, doch die Ablösesumme von 100 000 DM war viel zu hoch.

»Ich mache Ihnen einen Vorschlag«, eröffnete er mir. »Ich habe noch einige Lokale hier in der Stadt, die nicht mehr so gut gehen. Sie bekommen von mir fünfzehn Prozent von der Verkaufssumme, wenn Sie mir für die weiteren Lokale konzeptionelle, kreative Ideen bringen. Wir bringen die Plätze hoch und verkaufen sie dann. Jedesmal bekommen Sie fünfzehn Prozent der Ablöse.«

Ich schüttelte den Kopf wie von Sinnen. »Niemals, niemals, das war nie ausgemacht. Dieses Geschenk eines magischen Platzes kann man nicht erzwingen, man kann es nur erbitten und dann ein willfähriger Diener sein«, sagte ich. »Das würde kein Glück bringen, nur um einer aufgepeppten Immobilie willen, das würden mir meine Schutzgeister nie verzeihen.«

Entgeistert schaute er mich an. »Sie sind ja völlig verrückt, das ist mir noch nie aufgefallen. Was reden Sie da für einen Stuß!« Seine Stimme wurde lauter.

Seine Vasallen schreckten hoch, doch da gab es keine Arbeit. Trotzig blickte ich in die durchdringenden blauen Augen. »Ich bleibe dabei, das war nie ausgemacht.«

»Was sind Sie doch für eine undankbare Person.« Seine Stimme wurde leiser. »Nie habe ich Sie, wie die anderen Geschäftsführer, kontrolliert, habe Stichproben gemacht und abkassiert. Ihnen habe ich vertraut.« Seine Augen schimmerten feucht, meine Knie zitterten.

»Sie haben mir fünfzehn Prozent Anteil von der Ablösesumme versprochen. Ich bin krank, ich muß nächste Woche ins Krankenhaus. Ich habe doch eine Tochter, die ich allein mit meiner Mutter großziehe.«

»Sie kennen die Bedingungen, rufen Sie mich an. Ansonsten können Sie sich Ihr Geld über die Anwälte ertrotzen, falls Sie überhaupt Geld für die Prozeßkosten haben sollten.« Er zog ab, seine Leibgarde folgte wie der Blitz auf ein Schnippen des Fingers.

Ich verließ mit erhobenem Kopf den Ort, der uns fast ein Jahr lang vor der Unbill der Welt zum schützenden Mutterleib geworden war, vorbei an den mir auf die Schulter klopfenden Putzfrauen. An der Tür fiel mir ein, daß mich Gauri, der Guru, den ich vom ersten Moment an tief in mein Herz geschlossen hatte, am übernächsten Tag hatte treffen wollen, bevor ich ins Krankenhaus mußte. Inständig hatte er mich gebeten, diese Verabredung wahrzunehmen, bevor er, vielleicht für immer, nach Ceylon zurückkehren werde. Was hatte er mich schon am ersten Tag gelehrt, als er genüßlich seinen Châteauneuf-du-Pape hinuntergeschluckt und sich seine geschnorrte Havanna-Zigarre tief in die Lunge gesogen hatte: »Nimm von allem nur das Beste, nur vom Feinsten, nur das, was deine Sinne streichelt«, sagte er. »Trink lieber nur ein Glas Wein, wenn du dir kein zweites leisten kannst, nimm aber einen guten, damit der Geist des Weines deinen Geist brüderlich beflügelt. Dasselbe gilt auch für die Sexualität, Marianne. Geh keine Kompromisse ein.« Ich mußte lächeln, als ich an den letzten Satz dachte. Doch das Lächeln erstickte ganz schnell in einem Schwall von Tränen, als ich mir ausmalte, was das Nichteingehen auf den vorgetragenen Kompromiß meines vorläufig letzten Lehnsherrn für mich und meine Tochter für die nächsten Monate bedeuten würde. Ich hatte keine Kraft mehr nach diesem Desaster. Ich war fest überzeugt, der gefährlichen Stimme des männlichen okkulten Lockrufes folgen zu müssen, die mich in den geistigen Bereich des geheimnisvollen Jenseits hinübersuggerieren wollte.

Bei meiner Heimkehr an diesem Tag hielt mir eine Mitbewohnerin, die sich bis zum Monatsende bei mir einquartiert hatte und mir eine so hohe Telefonrechnung hinterließ, daß ich mir wegen der Kaution für Jahre kein Telefon mehr leisten konnte, eine Zeichnung unter die Nase. »Schau, was ich vorhin für eine Vision von dir hatte. Ich konnte nichts dagegen machen, es kam einfach so über mich«, sagte sie. Sie hatte mich in einer selbstgefertigten Zeichnung ans Kreuz genagelt.

Der Raum war leer, mein Haus hatte keine Wände mehr, die Wohnung war fast leergeräumt. Ich war müde. Ich mochte heim. Ein vor Jahren gefundenes Gedicht kramte ich an diesem Abend aus einem alten Schuhkarton.

»Ich möchte heim, mich zieht's dem Vaterherzen,

dem Vaterhause zu.

Fort aus der Welt verworrenem Gebrause

zur stillen tiefen Ruh.

Wenn Gott es will, will ich mein Kreuz noch tragen,

will ritterlich durch diese Welt mich schlagen.

Doch tief im Herzen seufz' ich insgeheim,

ich möchte heim.«

Ich lag schon seit einer Woche auf der Station in meinem Krankenhaus auf dem Lande, weitab vom Schuß. Es war das Krankenhaus, in dem meine Mutter die Nähstube leitete. Als einzige
Therapie hatte man mir eine vierwöchige Fastenkur verordnet,
um die Langerhanssche Insel der Bauchspeicheldrüse zu entla-
sten, damit sie sich wieder stärken konnte.
»Unsere kleine Asketin«, nannten mich die Ärzte, weil ich alle
Phasen der Hungerperiode ohne große Entbehrungen wegsteck-
te. Mein runder Leib konnte ja jetzt von seinen Schutzdepots zeh-
ren. Das *I-Ging*-Orakel hatte mir an diesem Tag das Zeichen Gen,
das den Berg, das Stillhalten, bedeutet, beschert. Wie so oft hatte
es wissend und ahnend zu mir gesprochen. »Stillhalten deines
Rückens, so daß er seinen Leib nicht mehr empfindet. Er geht
in seinen Hof und sieht nicht seine Menschen.« Ich konnte nicht
glauben, was da stand. Ich hatte mich von meinen Freunden verabschiedet, nicht gesagt, wohin ich mich begab, und sie gebeten,
mich nicht zu besuchen. »Das Herz denkt dauernd«, stand da vor
meinen Augen im *I-Ging* zu lesen. »Das läßt sich nicht ändern,
aber es sollen sich die Bewegungen des Herzens auf die gegen-
wärtige Lebenslage beschränken. Alles Darüber-hinaus-Denken
macht das Herz nur wund.« Du redest dich leicht, du weises *I-
Ging*. Durch die Reinigung des Körpers und des Geistes war meine Sehnsucht, diese Welt zu verlassen, der tiefen Gewißheit ge-
wichen, daß ich den Lebenskampf noch einmal aufnehmen müsse. Die Stimme meiner ersten großen Vaterfigur, des mich
ausbildenden Arztes, drang an mein Ohr: »Du mußt wieder auf-

stehen, du hast ein Kind, das dich braucht.« Aber ich hatte ja keinen Platz mehr, an dem ich leben konnte. Die Wohnung meiner Mutter reichte gerade noch für meine Tochter. »Halte dich still«, sagte eine innere Stimme, »du hast das letzte Tor deines Reinigungsprozesses noch nicht erreicht.«

Ich befand mich in der dritten Woche meiner Hungerkur, mir war nur erlaubt, Mineralwasser zu trinken. Die gefährliche Talsohle in der zweiten Woche, wo der Körper versucht, sich brüllend über sich selbst zu stürzen und sich aufzuessen, hatte ich lächelnd passiert, zur Verwunderung der Ärzte, die sehr zufrieden mit den Ergebnissen waren. Meine Sinne hatten sich unglaublich geschärft. Die Worte des Arztes drangen wie elektrische Peitschenhiebe an meinen Körper: »Was lesen wir denn heute, meine Dame? Wieder C. G. Jung«, den er schon bei der letzten Visite respektvoll aufgenommen hatte. Heute waren es *Herrn Dames Aufzeichnungen*, die mir mein lebenslustiger Guru Swami Gauri Bala in den Schoß gelegt hatte, bevor er seine Rückreise in seine Wahlheimat Ceylon angetreten hatte – er war eigentlich von Geburt Berliner. Auf meine Feststellung, ich würde München verlassen – ich sagte München und nicht die Welt –, malte er mir einen roten Punkt zwischen die Augen: »Du wirst bleiben.« Aber ich glaubte, es besser zu wissen, wenn ich an meinen gefaßten Plan dachte. Sein »Lebe nur im Hier und Jetzt, Marianne« hatte er dann in Franziska zu Reventlows Buch geschrieben.

»Du mußt bleiben, Marianne«, beschwor er mich, »denn die Wurzeln des alten Wahnmoching harren noch alle in der Erde, um wieder nach oben zu treiben. Die großen Kosmiker, wie Wolfskehl mit seinem Hang zum Geheimnisvollen und Mutterrecht und seinem heiligen Kugelzimmer, Schuler mit seinen verhängnisvollen Auslegungen des Mutterrechts, Bachofen, Klages' Weltuntergangsvisionen und die Bekämpfung des Geistes als Quelle allen Unheils, Stefan George mit seiner kritiklosen Bewunderung von Schulers Thesen, sie alle suchten nach den tief schlummernden, scheinbar ausgetrockneten Quellen zur heidnischen Welt. Die Frau und die bebende Seele stellte den Mittelpunkt dar, mystisch und symbolträchtig, nicht nur der schwebende Geist. Auch die Maler Paul Klee und Franz Marc, der den ›Blauen Reiter‹ mitbegründete, hatten sich dem Zirkel angeschlossen. Weißt du, Marianne, nur Eingeweihte durften bei den okkulten Sitzungen und an den bedeutungsschwangeren Nachmittagen in Wolfskehls Salon am ›Jour frappée‹ teilnehmen. Durch Künstlerwahn und große Selbstüberschätzung und Mißachtung des Lebens mußte dieser Kreis zerbrechen.«

Herr Dame war laut Buch über einige Zeit Gast dieser kosmischen Gruppe und Zuschauer der Szenerie gewesen. Franziska zu Reventlow propagierte das freie Künstlerleben und verachtete die Moral ihrer Zeit. Der Begriff Wahnmoching wurde, so sagen die Bücher, von ihr geprägt. Dieser junge Herr Dame hat genaue Aufzeichnungen gemacht über die Einschüchterungsversuche des Herrn Wolfskehl, wenn ein Mitwisser über die geheimen Sitzungen gesprochen hatte. Da wurde schon der eine oder andere einmal mit einem Bann belegt und mußte München verlassen. So war es in *Herrn Dames Aufzeichnungen* nachzulesen. Eines Tages war dann Herr Dame verschwunden. Man nahm an, er sei aufs Schiff gegangen und in ein fremdes Land gereist …

Meine Gedanken kehrten zurück, denn der Geruch von Speisen, ich glaube, es war Sauerkraut, zog aus der Krankenhausküche streng in meine Nase und ließ mir das Wasser im Mund zusammenlaufen. Ich hatte jetzt schon die vierte Woche kein Essen mehr bekommen, jetzt roch es auch noch nach Vanille, Äpfeln und Pfannenkuchenteig. So stark hatte ich das noch nie empfunden. Es war, als liege mein Körper gar nicht mehr auf dem Bett, der Kopf erschien mir vom Rumpf getrennt und frei im Raum zu schweben. Die Gerüche waren so stark und betörend, dazu torkelten tanzende Farblichter, sich an den Händen haltend, durch den Raum.

Da, wie ein Blitz, schoß mir ein Gedanke durch den Kopf und wollte sich nicht mehr vertreiben lassen: War vielleicht Gauri Bala der alte Herr Dame selbst gewesen, der sich vor seinem Tod noch einmal an die Stätte der heidnischen Feste begeben hatte? Ein Amerikaner hatte ihm die lange Reise bezahlt. Wenn meine Rechnung stimmte, müßte er sechsundachtzig Jahre gewesen sein. Das käme hin, auch er war Berliner.

Als ich Otto Mirtel Monate später nach Swami fragte, lächelte er weise: »Swami war Swami, er ist nach seiner Heimkehr von uns gegangen.«

»Du wirst bleiben.« Wie eine brennende Wunde fühle ich seine bestimmenden Finger auf meinen Augen.

»Wir sind mit Ihrer Heilung sehr zufrieden«, dröhnt die Stimme des Arztes schmerzhaft an mein Ohr. »Wir werden Sie noch vor dem Weihnachtsabend entlassen, damit Sie diesen Tag schön besinnlich zu Hause feiern können.« Da steigt die kalte Angst auf – wo ist zu Hause? Ich hatte ja alles aufgegeben.

Wie mit einem Donnerschlag brechen plötzlich meine lieben Freunde in den Raum – und finden, von ungutem Gefühl hierhergetrieben, ein erleuchtetes Wesen, fast über dem Bett schwebend. Bin ich ein Hologramm? Ich kann mich kaum mehr fühlen, als ich versuche, mich zu zwicken.

Die stromgefüllten, durcheinanderwirbelnden Sätze der Freunde peitschen mir den Hintern. »Aua, aua – nicht sprechen, das tut so weh, keiner versteht mich.«

»Schon in zwei Tagen darfst du wegen guter Führung heim«, trällert Andrea, meine Seelenschwester und mich auch heute noch zärtlich schützende Freundin.

»Kannst bei mir ein Zimmer haben, solange du nichts Eigenes hast«, wirft Thomas schnoddrig in den Raum.

Alles Blut strömt mir zum Herzen. »Danke, Thomas, wenn du wüßtest«, sage ich.

»Ist doch klar, Mann«, meint er und streichelt ungeschickt meine Hand. Als alle wieder gegangen sind, finde ich auf meiner Bettdecke die *Duineser Elegien* Rainer Maria Rilkes, von meiner lieben Freundin Barbara mit einer Widmung versehen und mit einer Rose verziert. Im berauschenden Duft eines Blütenmeeres, das mir meine Freunde aufgebaut haben, springen mir die Buchstaben einer gerade aufgeschlagenen Seite in das Magnetfeld meiner Seele. Da steht:

»Preise dem Engel die Welt, nicht die unsägliche, ihm

kannst du nicht großtun mit herrlich Erfühltem; im Weltall,

wo er fühlender fühlt, bist du ein Neuling. Drum zeig

ihm das Einfache, das, von Geschlecht zu Geschlechtern gestaltet,

als ein Unsriges lebt, neben der Hand und im Blick.

Sag ihm die Dinge. Er wird staunender stehn, wie du standest

bei dem Seiler in Rom oder bei dem Töpfer am Nil.

Zeig ihm, wie glücklich ein Ding sein kann, wie schuldlos und unser,

wie selbst das klagende Leid rein zur Gestalt sich entschließt[...]«

Es überkam mich ein tiefes Gefühl der Scham. Es war, als hätte mir eine Stimme diese Worte über meine überreizten Nervenbahnen direkt ins Herz gesprochen.

Nie mehr würde ich auch nur mit dem Gedanken spielen, meinen Körper vor der mir bestimmten Zeit zu verlassen. Denn es war mir ja so klar, daß mein hohes Selbst oder mein Schutzgeist, wie man's nimmt, meine sinnlich gelebten, praktischen Erfahrungen dringend brauchte, um wieder ein kleines, aber neues Molekül zu der großen Evolution besteuern zu können.

Für die nächsten zehn Jahre war ich als Mitglied einer Krankenkasse nicht mehr dingfest zu machen – Kranksein war nicht mehr drin.

Vor Séancen und okkulter Schwarzmagie hatte ich hinfort einen Heidenrespekt.

Ich verließ mich in Zukunft lieber auf meine ach so kluge innere Stimme und konnte meinem verehrten Dichter Hermann Hesse nur freudig zustimmen, wenn da geschrieben stand: »Ich glaube an die Existenz der Geister, da besteht kein Zweifel. Ich glaube aber, daß auch große Geister in einem Körper meinen Weg kreuzen werden, und ich halte mich lieber an diese.«

Wie recht sollte er haben.

Ein
Atom
tanzt
aus
der
Reihe

Iunius

Mein Rücken schmerzt, ich kann mich nicht bewegen. Ich fühle mich eingeklemmt, etwas Dunkles, Kaltes drückt mich schwer zu Boden.

Als ich meine Augen vorsichtig zur Seite rolle, taucht das blutverschmierte Gesicht eines jungen Mannes neben mir aus dem Nebel. Er liegt auf einer Bahre. Bin ich im Krieg von einem Granatsplitter im Rücken verletzt worden? Ich weiß es nicht. Ein sternförmiger Schmerz breitet sich im Kopf aus.

Die Schwere, die auf meinem Körper lastet, zieht langsam ab wie eine bleierne Wolke. Stille herrscht im Raum. Da taucht plötzlich das Gesicht Peters, meines besten Freundes, vor mir aus dem Dunkel. Hände greifen nach mir. Es wird wieder lichter.

Geschützt von Peter sitze ich noch wackelig auf einem Stuhl und versuche, das Geschehene zu erfassen. Wir drehen einen Film. Die Mitglieder der Filmcrew stehen unter großem Schock. *Taboo parlor* heißt das filmisch-erotische Gedankenspiel, und ich habe mich für den Charakter der Dance-Mistress, einer vielschichtigen, interessanten Persönlichkeit, anwerben lassen, da ich Monika Treut sowohl als Regisseurin, aber auch als Mensch sehr schätze.

Mein Partner hat sich das Knie empfindlich verletzt, als wir während einer Tangoformation, in die er das Wiener Krüppellied eingebaut hatte, die Balance verloren und ich rücklings mit dem Kopf auf eine Metallplatte des Schiffsbodens geklatscht war, mit einem Knall, der sich anhörte, als ob man ein neues Jahr anböllern würde. Mein Partner fiel schnurstracks auf mich.

Ja, so vehement hatte ich mir die Rückkehr in das sexuelle Leben nicht gerade vorgestellt. Trotz meines großen Schocks kitzelte mich ein Lachen, doch leider war es nicht zum Lachen. Ich hatte das Gefühl, als ob mein letztes Stündlein geschlagen hätte, denn mein Rücken schien sich in seine Bestandteile auflösen zu wollen. Jedenfalls fühlte ich das so.

Mein Rücken tropft sich total hinunter, das Gefühl, ganze Fleischteile lösen sich ab, und mein Rückenmark beginnt völlig freizuliegen, scheint kein Traum zu sein. Nun, denke ich, werde ich nicht mehr überleben, mit diesem schrecklich lädierten Rücken.

Die Mitglieder der Filmcrew haben große Panik, daß ich meine Arbeit nicht fortsetzen kann, denn schließlich handelt es sich um eine Low-Budget-Produktion. Ich kann das gut nachvollziehen, und doch macht es mich traurig, daß man sich so wenig um mich kümmert. Don Pedro, so nenne ich mein bestes Stück Freund, hält meine kalten Hände. Sein Blick hüllt mich gleichzeitig sorgenvoll und fürsorglich ein.

Er will vor mir nicht zugeben, was wirklich passiert ist. Peter ist Arzt. Er denkt nur daran, mich zu beruhigen, rede ich mir ein. Als ich wieder warmes Blut schwallweise meinen Rücken hinabtropfen spüre, breitet sich eine große Panik in meiner Seele aus. Hätte ich nur meinen Schreibfluß nicht unterbrochen, um hierher nach Hamburg zu kommen und diesen Film zu machen – wir schreiben August 1993!

»Krüppel haben so etwas Rührendes«, höre ich meines Partners Stimme in mein Ohr träufeln. »Krüppel haben so etwas Verführendes.« Jetzt Wiegeschritt und Platsch.

Hilflos wie ein Maikäfer liege ich auf dem Rücken. »Maikäfer flieg, dein Vater ist im Krieg.«

Mein Buch hat sich erst zur Hälfte manifestiert. Bei dem Gedanken, es vielleicht nicht mehr fertigstellen zu können, überkommt mich eine große Traurigkeit. So viele Gedanken und gelebte Anekdoten wollte ich noch mit den Lesern austauschen. Würde es noch möglich sein?

»Wie lange wollen Sie sich noch ausruhen, Frau Sägebrecht?« schneidet die Stimme der Aufnahmeleiterin um die Ecke. »Was, zehn Minuten?« schreibt sich ihre Frage unauslöschlich hinter mein lädiertes Gehirn. »Zeit ist Geld, wissen Sie, Madame.«

Ja, alles hat seine Zeit, aber diese Dame hat kein Herz im Kopf. Peter nimmt beherzt mein Herz, das er eh in seinen Händen hält, und setzt es zurück auf seinen rechten Fleck. Zu meinem Rückentrauma erklärt er: »Das ist eine Reaktion deines erschütterten Rückenmarks, das mit einer manifestierten Sensation bild- und körperhaft reagiert hat«, und nimmt mich beruhigend in den Arm.

Ich beschließe, meinem Ritter Lanzelot zu glauben, und nehme mit weichen Knien und einem brummenden Kopf, dessen Inhalt nur noch aus Wackelpudding zu bestehen scheint, wieder meinen Peitschenknauf, um hier im Club »Mephisto« für unseren Film den »Guilt-Tango« zu dirigieren. »Und eins und zwei und drei und vier. Dip the oyster dive in the clam.« Nur nicht aufgeben. Ich werde meinem blutspuckenden Rücken einfach den Rücken kehren.

Mein Kopf hat sich vielleicht durch diesen Unfall wieder zurechtgesetzt und so aus der Not eine Tugend gemacht.

»Und Platz gemacht, und eins und zwei und drei und vier.« Mit hocherhobenem Haupte dirigiere ich die Tanzpaare zum Spezialtango, der in eine Square-dance-Formation mündet.

»We love the foreigners«, heißt es da. »We share our land with them and our daily bread and anyone who doesn't want, we kiss until he's dead.« Meine Stimme, wie von mir abgetrennt, schallt durch den Raum, um die Paare in Bewegung zu bringen.

Ich habe einfach beschlossen, trotz der Schmerzen meine Arbeit fertigzustellen. Nach einer längeren Drehpause macht es mir große Freude, an einem Filmprojekt mitzuwirken.

Ein paar Tage später haben Ritter Lanzelot samt Erdschwester Sancha Pansa dessen Stahlroß Rosinante in Bewegung gesetzt, um die heimatlichen Gefilde wieder ins Visier zu nehmen.

Nach Auflösung unserer Tafelrunde mit meinem alten Herzenskameraden David, der seit zwei Jahren tapfer gegen seinen Goliath (das Aids-Virus) kämpft, befinden wir uns auf unserem Heimritt. Die Ampel gebietet »Halt«. Sie ist die letzte ihrer Genossinnen, bevor die lange Autobahn von Norden nach Süden fällt.

Wehe Gedanken ziehen durch meinen Kopf. Die Erkrankung meines Seelenbruders David quält seit eineinhalb Jahren mein Herz. Schwere medikamentöse Behandlung (AZT Interferon-Cortison, Antibiotika, Inhalation eines antibiotischen Mikrofilms über die Lunge etc. etc.) haben aus David ein zitterndes Bündel Nerven gemacht. Doch es war offenbar ein Kampf gegen Windmühlen, denn seine T-Zellen sind auf Null abgestürzt.

Erst jetzt hat der behandelnde Arzt die Ampel auf Rot geschaltet: »Jetzt ist sowieso alles egal«, sagte er. »Unsere Weisheit ist am Ende. Setzen Sie Ihre Medikamente ruhig ab.« Er hat ihn praktisch aufgegeben. »Rauchen Sie, wenn's Ihnen schmeckt.« Für den Arzt war der Fall abgeschlossen.

Auf dem Beifahrersitz strample ich und gestikuliere, als ich vor Peter das Psychogramm dieses Arztes ausbreite, der meinem Freund David nie erlaubt hatte, eine andere Therapie als die streng medikamentöse auch nur zu versuchen. Und David war nicht fähig, ihm sein Mißtrauen auszusprechen, diesem Schamanen im weißen Kittel traute er, von ihm erhoffte er Hilfe.

»Himmel, Arsch und Zwirn«, sage ich, »ich möchte diesen Arzt, der meinen Freund mit einem Glimmstengel am seidenen Lebensfaden so allein hängen läßt, zu einem Duell herausfordern.«

»Aber meine Holde, mäßigen Sie sich«, sagt Peter. »Sie meinen Firmament, Gesäß und Nähgarn«, korrigiert er mich lachend und verbrennt sich gerade den Mund, als er sich eine frisch angezündete Fluppe zwischen die Lippen klemmt. »Du solltest Davids Unentschlossenheit respektieren und richtig interpretieren.«
»Ja, ja«, sage ich, »wir haben keine Götter mehr, zu denen wir aufschauen können, nur die Götter in Weiß, um die wir so gerne herumtanzen.«
Davids Vaterbeziehung existierte nur über die Taufurkunde, deshalb war dieser Arzt vielleicht sein Vaterersatz, sein Beichtvater. Ihm konnte er seine Gürtelrose umbinden, ihm konnte er seine Seele auf den reinen Tisch legen: Ich bin schwul. Ich bin dein Sohn. Da legt Abraham im weißen Kittel den Infusionsschlauch zum Herzen Isaaks. Doch der ist nicht gefüllt mit Herzblut.
Mit Gebrüll stürzen sich die feindlichen Bataillone in die unwegsamen Kampfgebiete des geschwächten Gegners. Da schlagen die antibiotischen Bombenteppiche ihre Schneisen in den gelähmten Organismus. »Vater, ich rufe Dich«, klagt die Seele in dem Schlachtgetümmel. Der Herr im weißen Kittel sieht seine von Staats wegen verordnete Vaterpflicht erfüllt. Urbi et orbi.
»Ich will nicht, daß David, wie so viele, jetzt von uns geht. Ich will, daß er lebt«, sage ich. »Er ist noch nicht bereit für seine große Reise.«
»Du sollst dich nicht so aufregen«, meint Peter, »die Ampel steht immer noch auf Rot. Denk an deine Gehirnerschütterung und an deinen lädierten Rücken.« Er streicht mir liebevoll über das Haar.
Ein seltenes Wohlgefühl durchrieselt meine Seele. In der Freundschaftsbeziehung zu diesem feinfühligen Wassermann meines unterbewußten Meeresgrunds fühle ich mich in meiner nixenhaften Frauheit seit Jahren wieder geborgen und gespiegelt. Im Feld des kosmischen Teleskops schwingen wir uns lachend hin-

auf zu den Sternen, ziehen uns an, stoßen uns ab, und jeder zieht seine vorgeschriebene Bahn, bis wir wieder kollidierend kommunizieren. Electronos und Positrona. Die manchmal freiwerdende Energie leuchtet ganzen Ameisenheerscharen heim in ihre sicheren Hügel- und Trabantenstädte. Rette sich, wer kann. Unsere Lachanfälle, gespeist aus nie versiegen wollenden Quellen der geschöpften Phantasiegebilde, machen manchen Menschen angst, andere lassen sich von uns anstecken.

Die Ampel ist noch immer auf Rot. »Steck mir doch eine neue Zigarette an«, dringt da die geliebte Stimme meines »Chefpiloten« durch den atomaren Wust meiner Überlegungen.

Bei der Übernahme der angefeuerten Blaserette begrüßt Peter freudig einen Werbespruch einer progressiven Zigarettenreklame, die ein männliches Paar auf einer Gesellschaft in freudiger Umarmung zeigt. Das ist ja mal mutig, denke auch ich. Peter liest laut: »Und jetzt eine kräftige Männer ...« Krach, Blech. Das stehende Auto wird mit einem Schwupp nach vorne geschoben, Peters noch jungfräulicher und mein lädierter Nacken werden vor- und zurückgeschleudert. Ich kann es einfach nicht glauben. Ein alter Amischlitten hat sich in den metallenen Allerwertesten unseres Cabriolets gebohrt. Der Kofferraum, vor Schmerz zusammengekrümmt, verweigerte später die Herausgabe seines anvertrauten Inhalts und mußte vom Sprengmeister selbst zur Räson gebracht werden.

»Wo ist das Meer?« fragt der Fisch. »Du bist schon mittendrin«, antwortet der Taschenkrebs und hangelt sich schmunzelnd weiter. Dieser Spruch geistert durch meinen Kopf. Inmitten eines Häusermeers sind wir umspült von hupenden, schimpfenden Autofahrern. Ich glaub', jetzt werde ich verrückt.

Als Peter versucht, eine Telefonzelle zu stürmen und um polizeiliche Hilfe zu bitten, unterdrücke ich einen Lachanfall. Es scheint alles aus der Bahn geraten zu sein, und wenn ich der tragischen

161

Komik der Situation folgen könnte, müßte ich mich zu Tode lachen. Doch da fordert schon das Leben seine Einlösung. Ein Westentaschen-Cowboy Marke »Go West« hat sich aus dem verbeulten Chevrolet herausgeschält, Westernboots, Haare schulterlang, Marke Shiloh-Ranch, dunkle, brennende Augen, sein Moustache bewegt sich auf und ab. »Willste mal meine Daten, Lady, solang der Alte auf dem Trab ist. Nichts für ungut für die Karambolage. Eine Wespe ist mir an den Sack gegangen«, bringt er zu seiner Verteidigung vor.

Auch das Polizeiprotokoll strotzt von diesen Bemerkungen. Ich lache, weil es zum Weinen nicht reicht.

Müde und ausgelaugt sitze ich Stunden später vor meinem auf mich so lange wartenden Schreibtisch, aber mein Kopf ist leer, mein Körper müde, es will und will nicht fließen.

Während ich mein altes Hausrezept, Lavendelöl, auf meinen Rücken streiche, kann ich es kaum glauben, daß ich nach einem sprichwörtlichen Höllenritt durch die gefährlichen Täler Mephistos wieder hier gelandet bin.

Auf der Fahrt von der Hansestadt in die Südmetropole prasselten Regengüsse fordernd, wie um Einlaß bittend, an die Scheiben unseres Autos, Hagelkörner trommelten über unseren Köpfen und machten sich frech auf den Straßen breit. Zuckende Blitzgeschwader rasten an unseren erschrockenen Augen vorbei auf der Flucht vor dem fluchenden Donnergott, der seine Wut brüllend und fauchend auf uns herabschepperte. Der Wettergott hatte es besonders wichtig und raste von Wald zu Feld, um aufbrausend, zischelnd sein kosmisches Fett dazuzugeben. Da, plötzlich tauchte vor uns ein roter Flitzer aus dem Nebel, um sich seine Überholspur zu erzwingen. In Sekundenbruchteilen verwandelte sich das Panorama in einen Hexenkessel. Ja, auch Hexe Agneta mußte noch ihr Scherflein Schwefelpaste auf den Highway schmieren, boing, zirr, Blech, Blut, Krach, Quietsch, Herz,

Schlag. »Paßt auf, ihr Schutzengel!« Heute hatten sie Agnetas Hexeneinmaleins beherrscht.

Es waren nur Millimeter, und die Blechlawine hätte uns in die unendliche Tiefe gezogen. Könnte ich euch nur umarmen, ihr Schutzengel mit den gebrochenen Flügeln. Wie können wir das nur wiedergutmachen? Eine schreckliche Stille herrschte Sekundenbruchteile nach der Kollision, die Zeit war stehengeblieben. Der Porschepilot saß entrückt-entgeistert auf der Straße, sein Fuß wollte nicht mehr mit ihm und ragte gen Osten. Seine Schuhe hatten sich in verschiedene Richtungen aus dem Staub gemacht. Ungläubig starrte der aus seinem Auto herausgeschleuderte Mann auf das Knäuel Blech seines so geliebten Vehikels, das gerade mit einem letzten Seufzer schmauchend seinen Pferdegeist gen Himmel schickte.

In Peter übernahm der Arzt die Führung. Er eilte dem Verletzten zu Hilfe. Aus einem der demolierten Autos kam kein Laut, niemand regte sich mehr. Wenn nur nicht diese schreckliche Stille den Platz erfaßt hätte. Die Zeit gerann, und sie konnte erst durch den nachdrängenden Lebensrhythmus wieder in Gang gebracht werden.

Mir kroch plötzlich eine lähmende Angst meine verletzte Rückenpartie hoch. Bewegen wir uns vorwärts, die Unfallstelle muß ja noch abgesichert werden, befahl ich mir. Es gelang mir, mich aus meiner Erstarrung zu lösen. Aller guten Dinge sind drei, sagt der Volksmund. War das Gesetz der Serie nun hiermit vollzogen, würde dieser Alptraum endlich einem Happy-End zutaumeln? Aus eins mach zehn und zwei laß gehn und drei mach gleich, so bist du reich, die Vier verlier, aus fünf und sechs, so sagt die Hex, mach sieben und acht, so ist's vollbracht. Wenn ich nur Goethes Meister Faustus Glauben schenken könnte.

Ich will weiterschreiben, ich muß dem Fluß meiner Sprache folgen und bald mein redegeschwängertes Werk der Menschen

Schoß zur Geburt übergeben. Ich muß weiterschreiben, doch mein Kopf ist schwindlig und fühlbar leer, und wie auf einer hinter meiner Stirn aufgezogenen Leinwand nehmen die aufwühlenden Ereignisse der letzten drei Tage immer wieder Platz. Ein großes Gefühl der Dankbarkeit überkommt mich.

»Peter«, sage ich da, »hoppla, wir leben noch. Vivat, crescat, floreat – lebe, wachse und blühe.« So lautet heute unser Trinkspruch.

Das Getränk, ein Liter Weißwein, der von mir über sechs große, zuerst von der Sonne erwärmte Bergkristalle im Abstand von ein paar Stunden gegossen worden war, will nur zaghaft über Peters schmunzelnde Lippen. »Das habe ich nach einem alten Rezept der Hildegard von Bingen gebraut«, erkläre ich stolz. »Die Sonne heizt diese Kristalle auf, aktiviert und ionisiert sie. Beim Ablöschen mit Wein wird dann über die Strahlung ein Wirkungsmechanismus frei. Der Stein überträgt sein ganzes Wesen und spendet so die vermißte Energie. Ja, da können meine entleerten Batterien nur kopfnickend beipflichten. Um die Wirkung noch zu verstärken, werde ich mir später die Kristalle auf den Solarplexus auflegen. Diese Taktik habe ich von meinem alten Arzt«, eifere ich an meinem besorgten Schulmedizinmann vorbei.

»Ich weiß nur eins«, korrigiert er, »du mußt dein Buch zu Ende bringen. Es ist schwer, das weiß ich, ich werde dir beistehen.« Ganz fest nimmt er mich in den Arm. Zusammen sind wir stark.

»Denk an unser überstandenes Reisedebakel«, sagt er und kostet mutig das Elixier der selbsternannten Alchimistin.

Ja, aufrichtig und mit nie gekannter Intensität und Vertrautheit leben wir unsere kosmische Liebesbeziehung vor den Argusaugen mancher Mitmenschen. Andere schneiden sich einfach ein Stück ab vom Kuchen der Freude.

Ja, Schneewittchen in ihrem holografischen Sarg hat ihr Herz blindlings einem funken- und farbensprühenden Königssohn vermacht, der schon mal im kleinen Braunen seiner Tante Helga hochhackig den »California Dream Men« seine Aufmerksamkeit zollt.

Oje, da steht der gute Onkel Platon schon wieder am Tor, die Schere schwingend, um meine Flügel zu stutzen, die wieder in den Himmel der Liebe wachsen wollen. Schnell schwinge ich mich in die Lüfte, und unbeschnitten tauche ich zurück in die Bewußtheit einer vergangenen Zeit.

Wir schreiben das Jahr 1976, und zwar hat dieses Mal der Februar das Sagen. Ich lebe mit meiner Freundin Ruth in einer Schwabinger Hinterhofwohnung, und Ruth hat sich, obwohl klassische Schauspielerin, von mir überreden lassen, heute als Mitglied des Ensembles der Cabaret-Bühne »Marienkäfer«, die aus allen Nähten platzt, zu spielen.

Die Geburtsstunde meiner geliebten »Opera curiosa«, mit deren kreativer Idee ich ja schon Jahre schwanger ging, wird heute eingeläutet. Zwei Geburtshelfer, Martin Sperr, der Dichter, und Peter Kern, der Schauspieler, haben schon gewichtig auf der ersten Bank Platz genommen. Dieses Kind wollen sie mit mir schaukeln. Heilvoll bläht sich da der samtene Theatervorhang. Maria, Chefin und Herzstück dieses Ladens, lamentiert noch heftig mit einem von Schicki-Micki-Sonderbehandlungen verwöhnten Blauen Blut, der nicht glaubt, daß es in diesem Refugium keine Extrasalami für ihn und seine Gefährtin geben wird. Maria klemmt zornesrot die Satinschleppe der feinen Dame in die Türe, als sie die Herrschaften mit einem kräftigen Ruck die Treppe rückwärts bezwingen läßt. Mir wird's ganz heiß vor Schreck.

Doch mein Revier ist auf der Bühne und in der Garderobe hinter der Bühne zu finden, wo sich zweiundvierzig Wesen zu arrangieren haben. Die Garderobe hat gerade zwölf Quadratmeter, da braucht man Nerven aus Stahl.

GUARDINI-
Delphixier® Tonicum

Gebrauchsinformation sorgfältig lesen!
Dr. P. Irberseder GmbH, Guardinipark, München

Wirkstoff:

Aqua aquaria aurea pesca  JRB

Zusammensetzung:

10ml des Tonicums enthalten:

9ml kalkreiches Münchner Leitungswasser
2 Schuppen eines schwarzen Teleskopaugen-
   schleierschwanzes
1 Brise „Magic blue"
1 mg Polaritätsisolation gegen Magnetwirkung München
1000 BIT Inspiration

Anwendungsgebiete:

- Schwäche- u. Erschöpfungszustände durch Stieß oder anderer Ursachen
- Reiseantrittsbeschwerden -u. Hindernisse
- Antriebsschwäche u. Triebschwäche
- Schreibfaulheit u. Initiativverlust
- Lampenfieber
- Inspirationsschwäche u. Gedankenlosigkeit
- Grenz- u. Abgrenzprobleme
- Dying-Mona-Syndrom

Eigenschaften:

G-Delphixier ist das erste Glied einer neuen Generation
von Beflügelungspharmaka, die in der Pharmakodynamik
und Therapie bisher keine Parallelen hat.
Negativismen, psychosomatische Organreaktionen, Von
Außen verursachte Lähmungszustände mit daraus resultierenden Leistungseinbußen, Gehemmtheit und Erschöpfung
zustände werden durch G-DELPHIXIER bei Einhaltung
des Wachsamkeitsniveaus ohne hypnotische Begleit-
effekte nachhaltig beeinflußt.

Dosierungsanleitung, Art der Anwendung:

Soweit vom Arzt nicht anders verordnet:

Allgemein: G-DELPHIXIER benetzt den Zeigefinger der rechten Hand.
Damit Schläfen 3x im Uhrzeigersinn einreiben.
Bei Reise-und Abreisehindernissen: Sitzbad 1ml G-DELPHIXIER
auf 10 Liter Wasser.

166

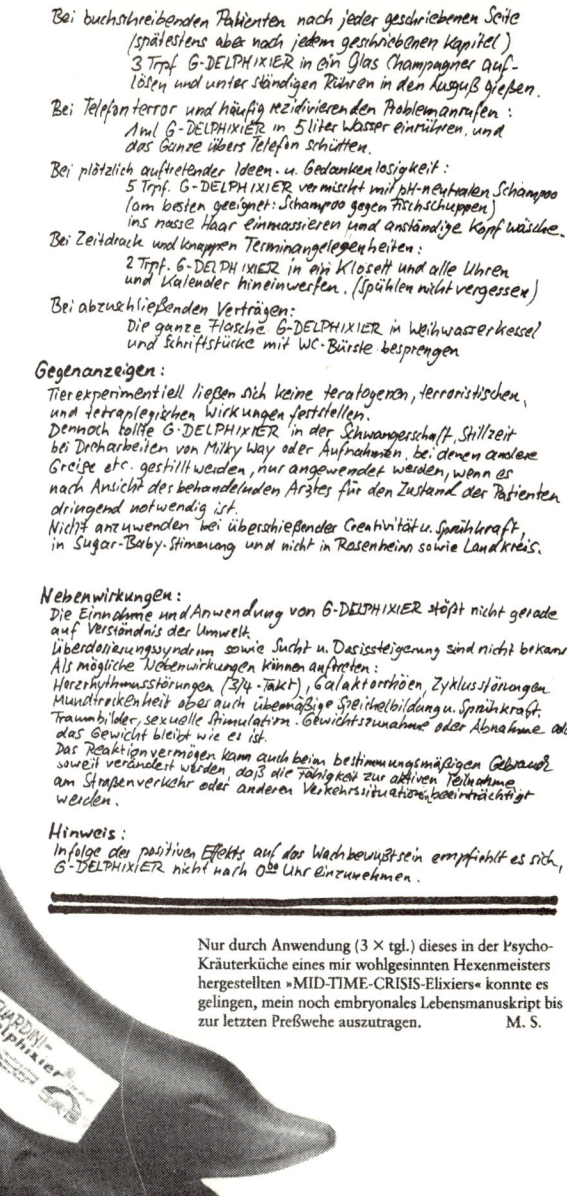

Bei buchschreibenden Patienten nach jeder geschriebenen Seite
(spätestens aber nach jedem geschriebenen Kapitel)
3 Trpf G-DELPHIXIER in ein Glas Champagner auflösen und unter ständigen Rühren in den Ausguß gießen.

Bei Telefonterror und häufig rezidivierenden Problemanrufen:
1 ml G-DELPHIXIER in 5 liter Wasser einrühren, und
das Ganze übers Telefon schütten.

Bei plötzlich auftretender Ideen- u. Gedankenlosigkeit:
5 Trpf G-DELPHIXIER vermischt mit pH-neutralen Schampoo
(am besten geeignet: Schampoo gegen Fischschuppen)
ins nasse Haar einmassieren und anständige Kopf wäsche.

Bei Zeitdruck und knappen Terminangelegenheiten:
2 Trpf G-DELPHIXIER in ein Klosett und alle Uhren
und Kalender hineinwerfen. (Spülen nicht vergessen)

Bei abzuschließenden Verträgen:
Die ganze Flasche G-DELPHIXIER in Weihwasserkessel
und Schriftstücke mit WC-Bürste besprengen

Gegenanzeigen:
Tierexperimentiell ließen sich keine teratogenen, terroristischen,
und tetraplegischen Wirkungen feststellen.
Dennoch sollte G-DELPHIXIER in der Schwangerschaft, Stillzeit
bei Dreharbeiten von Milky Way oder Aufnahmen, bei denen andere
Greife etc. gestillt werden, nur angewendet werden, wenn es
nach Ansicht des behandelnden Arztes für den Zustand der Patienten
dringend notwendig ist.
Nicht anzuwenden bei überschießender Creativität u. Sprühkraft,
in Sugar-Baby-Stimmung und nicht in Rosenheim sowie Landkreis.

Nebenwirkungen:
Die Einnahme und Anwendung von G-DELPHIXIER stößt nicht gerade
auf Verständnis der Umwelt.
Überdosierungssyndrom sowie Sucht u. Dosissteigerung sind nicht bekannt.
Als mögliche Nebenwirkungen können auftreten:
Herzrhythmusstörungen (3/4 -Takt), Galaktorrhöen, Zyklus-Störungen
Mundtrockenheit aber auch übermäßige Speichelbildung u. Sprühkraft,
Traumbilder, sexuelle Stimulation, Gewichtszunahme oder Abnahme oder
das Gewicht bleibt wie es ist.
Das Reaktionsvermögen kann auch beim bestimmungsmäßigen Gebrauch
soweit verändert werden, daß die Fähigkeit zur aktiven Teilnahme
am Straßenverkehr oder anderen Verkehrssituationen beeinträchtigt
werden.

Hinweis:
Infolge des positiven Effekts auf das Wachbewußtsein empfiehlt es sich,
G-DELPHIXIER nicht nach 0⁰⁰ Uhr einzunehmen.

Nur durch Anwendung (3 × tgl.) dieses in der Psycho-
Kräuterküche eines mir wohlgesinnten Hexenmeisters
hergestellten »MID-TIME-CRISIS-Elixiers« konnte es
gelingen, mein noch embryonales Lebensmanuskript bis
zur letzten Preßwehe auszutragen.   M. S.

Die Küche des Lokals muß ebenfalls als Umziehraum herhalten, der Hinterhof kann ein Lied singen, wie sich Oliver mit ein paar sicheren Handgriffen in Josephine Baker verwandelt und dann mit unnachahmlicher, federumflorter Anmut die Bühne betritt, um sich in die Herzen des Publikums zu fegen.

Mein Disco-Hitler, in furchteinflößender Uniform, prüft, ob sein Bärtchen fest haftet, und übt noch schnell vor seinem Auftritt den bekannten Gruß, der uns immer wieder erschauern läßt. »Nie wieder Krieg«, brüllt er dann auf der Bühne und reckt die Faust gen Himmel. »Tanzen will ich, singen will ich, ich will ins Showgeschäft.« Unser geliebtes Marlenchen Dietrich hat nur darauf gewartet, sie glaubt ihm, und so tanzen sie den Tango mortale. »Warum soll eine Frau kein Verhältnis haben?« tönt Marlene durch den Raum, was zwei Soldaten in Strapsen, die diese Szene im Tangoschritt umrunden, nur bestätigen.
Ja, die Show läuft wie am Schnürchen. Alles habe ich selbst geschrieben und mit Hilfe des Regisseurs Leo Lorez in Szene gesetzt. Die Bühne erstrahlt im Glanz der großen Diven, Josephine Baker sticht Marlene Dietrich das Auge aus, Hitler umschreitet im Stechschritt die Bühne, er wittert Genossen. Eine Mickey-Mouse-Version von Marilyn läßt Einblick in ihr Dekolleté nehmen. »Diamonds are a girl's best friends.«
My best friend, Konstantin Wecker, will nun partout die Bühne nicht mehr betreten. Just am Ende, an dieser Stelle, habe ich im dramaturgischen Ablauf sein »Willi«-Lied eingebaut. Ich habe mich vor Conny auf die Knie geschmissen und bitte ihn inbrünstig, genau jetzt und hier dieses Lied zum besten zu geben.
»Marianne, das ist ein Wahnsinn, das paßt doch nicht«, versucht Conny, den Bug seines Schiffs herumzureißen. »Schau dir mal das tobende Publikum an, Glitter, Glamour, Fun, das ist es doch, nach was sie gieren. Da kriegst du mich nicht hinaus.«

»Das ist doch lustvoll, was mein Publikum erlebt«, meine ich, »eine Loslösung von dem schon ergrauten Fischbeinkorsett des tristen Alltags. Genau jetzt wär' der Moment für mich gegeben, einen puren Tropfen Wermut auf den sprudelnden Aminosäure-Polypeptid-Cocktail zu träufeln. Die Aufeinanderfolge, die Sequenz ist von höchster Bedeutung!« Ich vertraue meiner gebauten Proteinarchitektur, die durch meine Ahnung um die stimmige Aminosäure-Frequenz unendlich gestützt wird. »Jetzt brauchst nur noch du mir zu vertrauen, Conny.«

Der schaut nach meiner Ausführung, als ob ein Einhorn auf Schlittschuhen durch die Lüfte saust. Die erregt schwingenden Fühler meiner Bienenmaske geben ihm den restlichen Psychonektar. Den Verdauungsvorgang nütze ich schamlos aus. Ein kräftiger Schubs, schon steht mein Gladiator inmitten der johlenden Menge der Travestie-Kolleginnen, die, sich taumelnd in der Gunst des Publikums sonnend, ihn mit offenen Armen aufnehmen und zum Piano geleiten, das ihn fiebrig erwartet. »Bon voyage, Conny«, winke ich ihm zu, als mich ein blauer Strahl aus seinem Auge trifft. »Wir sprechen uns noch, Schwester.«

Kräftig und wild greifen Connys Hände in die Tasten des aufjaulenden Pianos, und Willis Schicksal geht auf die Reise, um sich in den schon überschäumenden Herzen des Publikums Platz zu suchen. »Gestern ham's den Willi derschlagen«, die Geschichte von Connys Freund Willi, der von einer Gruppe Neo-Nazis zu Tode gestiefelt wurde, nur weil er nicht konform mit deren Meinung war, schwebt wie ein violettes Wolkenbild über unseren Köpfen. Eine sakrale Stille kehrt ein. Mütter weinen still, Menschen beginnen, sich an den Händen zu halten. Ich traue mich kaum zu atmen. Tränen der Trauer und Erlösung vermischen sich mit meiner Theatermaske zu einem zärtlichen Brei, und wie durch einen Nebel sehe ich das Gespenst der nationalen Front, frech und unflätig auf der Bartheke sich hinfläzen. Die dunklen

Augenhöhlen versuchen starr, Gesinnungsgenossen zu orten. Doch seine Hochrechnung macht sich nicht bezahlt. Die Flut der in den Köpfen und Herzen erweckten konstruktiven, lebensbejahenden Bilder schwappt das Gespenst von der Theke herunter, und vor dem orkanartigen Applaus, der den Interpreten jetzt umspült, flüchtet es durch das Schlüsselloch ins Freie. Glücklich umarmt der Liedermacher die Biene Maja, deren Knie noch immer zittern. Das Experiment ist gelungen.

Unser Clown Archimedes aus Frankreich, von Beruf eigentlich Architekt, der sich mit seiner kleinen Tochter Fleur auf der Flucht vor seinen besitzergreifenden Schwiegereltern befindet, die ihm nach dem Tod der Mutter die Tochter entziehen wollten, zelebriert seine selbstgestrickte Spaghetti-Nummer. Klein Fleur assistiert behende. Sie führt uns behutsam hinaus aus dem Tal der Trauer, das Lächeln steigt ganz luftig und leicht die Leiter hinauf, den Mond auszuspionieren, und auch das Barometer schwitzt sich wieder nach oben. Archimedes hat den körperlichen Hunger gestillt, Fleur das Herz wieder erwärmt, jetzt meldet die durstende Seele ihr Bedürfnis an.

Tacka, tacka, tam, da steht sie im blauen Lichttorbogen. Padmini Chari aus Indien, unsere religiöse Tempeltänzerin, unsere Schutzgöttin, die uns zu unserer heutigen Hochzeit zwischen Himmel und Hölle ihren Segen geben will. In ihre Hände und Füße sind Zeichen wie Runen eingegraben. In einem rituellen Tanz bittet Padmini die Götter um Frieden und verbindet tänzerisch das Empfangene, dessen Bewegungen nach unten zur Erdnähe tauchen, mit dem Schöpferischen, dessen Tanzausdruck sich in Kreisen von der Erde zum Firmament empor zu bewegen hat. Die Kräfte der Natur sollen für einen neuen Frühlingsanfang vorbereitet werden, und unsere Göttin bringt die Einflüsse der Zeichen in harmonische Koexistenz, so daß alle Wesen blühen und gedeihen können.

Padmini ist wunderschön und wie aus einer anderen Welt in mein Leben getaucht. Wenn ich meine Augen wieder öffne, ist sie immer noch da. Ganz verrückt vor Freude könnte ich werden, und nur ein Aktenordner voll mit Korrespondenz mit Padminis gestrengem Ehemann erinnert mich an die Schwierigkeiten, bis ich diese Tänzerin in unser Programm integrieren durfte.

Im Rahmen einer Tanzveranstaltung hatte sie mir ins Auge gestochen und sich in meiner Seele festgesaugt. »Was glauben Sie denn, ich lasse meine Gemahlin doch nicht in einem Cabaret mitwirken. Wenn Sie kein klassisches Theater vorzuweisen haben, müssen Sie uns vergessen«, argumentierte der Ehemann. »Das ist eine religiöse Zeremonie, sie gehört eher noch in eine Kirche.« »Wenn aber die Menschen nicht mehr zur Kirche gehen, dann sollte diese zu den Menschen kommen, und wär's auch im pfuhligen Schlamm eines Cabarets«, schrieb ich meinen letzten Bittbrief, und damit hatte ich den Herrn weichgetrommelt.

Meine grazile Tempeltänzerin aus fernem Lande war ein Mitglied unserer »Regenbogenfamilie« geworden. Ihr Mann, als Diplomat für die indische Botschaft tätig, begleitete sein Kleinod zu den täglichen Vorstellungen, um sie gleich am Ende in den schützenden Hain seines rosenumrankten Palastes zu bringen.

Ein stilles Glück lag über den Häuptern dieses Ehepaares. Padmini blühte auf für die paar Stunden, die sie mit unserem bunten Menschenknäuel, wohlig in die Garderobe gepfercht, verbringen durfte. Da wurden die ölig tänzelnden Muskeln des Bodybuilders ehrfürchtig berührt, die modellierten Brüste unserer Lady Chanel, die früher ein Mann war, tapfer in Augenschein genommen, da umschlangen ihre filigranen Arme, die nicht enden wollende Taille unserer unverzichtbaren geliebten Erdmutter Manuela Riva, die als Mamma Roma in der »Opera curiosa« Furore machte und, als gottesanbetende Spinne eine züchtige Nonne bei einem lesbischen Traum ertappend, diese in ihren Riesenrachen

hineinzuwürgen hatte. Aber nur auf der Bühne. Das glockenklin-
gende Lachen von Padmini sang mir noch Jahre in den Ohren,
wenn unser charismatischer Tänzer Rebecca, den sie besonders
in ihr Herz geschlossen hatte, kettenrasselnd als Königin der
Nacht im ledernen Outfit seinen Auftritt einläutete und damit
zwei Kampfhennen in Tutus und Spitzbärten von der Bühne jagte, die sich gerade bärbeißig ihre teuer zu Markt getragene Haut
im diffusen Licht der Öffentlichkeit vom Leibe fetzten.

Doch ihr Lachen erstarb, auch das Lachen im Zuschauerraum,
wenn die Königin der Nacht als Bild der nicht schützenden Mutter vom väterlichen Sarastro ein Opfer forderte: »Der Hölle Rache kocht in meinem Herzen.«

Rebecca, der Artist, verfügte über eine unnachahmliche magische Kraft. Unser Atem stand still. Der grausame Vater Sarastro
hält den nackten Knaben in eiserner Umklammerung. »Mein
Sohn, ist er in deinen Händen?« fragt befehlend die dunkle, ver-
schlingende Mutter.

»Er ist's«, antwortet Sarastro, »wir werden es vollenden.« Sarastro schneidet dem Knaben das zuckende Herz heraus, das natürlich ein mit viel Theaterblut getränktes Kälberherz ist, und
übergibt es, an der Mutter vorbei, den fleischfressenden Blumen
des Bösen zum Fraß.

»He was a golden boy and he died«, singt ein blinder Landstrei-
cher seinen Kameraden ins Herz.

Woher kamen alle meine Visionen? Mein Herz schmerzt noch
heute, wenn ich an diese Szene denke. Das Publikum badete freiwillig im Wechselschauer der Gefühle, und alles mußte ich auf
mein Kerbholz nehmen, all diese Szenen waren ja auf meinem
Komposthaufen gewachsen. Eine Flut von Bildern drängte aus
tiefen Seelenschichten hervor. Der Begriff der »Dramödie« spielte sich ein, Theater zum Weinen und Lachen. Wie Don Quichot-
te drehte ich so manchen Spieß um, die hauptberufliche Strippe-

rin Lady Chanel, die gerade von Ritter Kunibert verführt werden sollte, der umständlich versuchte, in voller Eisenmontur einen Geschlechtsakt zu imitieren, bekam Texte von Shakespeare. »Aye, aye, every inch a king«, hatte sie zu rezitieren. Die Hausfrau Beate, die Angestellte des hiesigen Kulturbetriebs war, zog sich in der nächsten Nummer anrüchig das Dirndl vom Leib. Mit dem Schlachtruf »Make love, not war« trieb sie ihr Elektropiano zu orgeliastischen Höhen.

Nach der asketischen Phase meiner Krankheit hatte mich nun eine Lebensfreude überschwappt, die Bilder stritten sich alle in meinem heißen, überschäumenden Kopf und wollten in Szene gesetzt werden. Gott sei Dank gab's da auch noch den kühlen Kopf Leo Lorez, Theater- und Multimediaregisseur aus Belgien. Mit größter Selbstverständlichkeit nahm er meine entzündete Phantasie an und schmiß sie nicht gleich in einen großen, kollektiven Ascher, wie so viele vorher.

»Du tickst doch nicht richtig«, mit diesem Ausspruch hatte sich ein junger Theaterregisseur herablassend gen Westen gewandt und sah sein großes Idol Peter Zadek in Bochum. »Was du dem Publikum da antun willst, ist ja abartig«, zischelte er über den Tisch zu mir hinüber. Und »Mit meiner Hilfe rechne nie!«, als ich ihn bat, mit mir zusammen mein Spektakel in Szene zu setzen, und ihm die ersten Ideen auf den Tisch legte.

Meinen Glauben, bürgerliche und vagabundierende Gene für die neue Künstlerfamilie unter einen Hut zu bringen, wenn auch nur für die Zeit des gemeinsamen Eintauchens in das Spektrum des Regenbogens, den ich zu meinem Zeichen erkoren hatte, stellte Leo Lorez nie in Frage. Er versuchte nur, die Gesetzmäßigkeit eines dramaturgischen Ablaufs über die Materie in meiner Gedankenwelt zu verankern. »Schau mal, hier habe ich eine Attrappe stehen, die muß mit abgebaut werden. Wer bringt für die nächste Nummer das Mikro in die richtige Position?« usw.

173

Ich, der ungeduldige Zauberlehrling, mußte mich in Geduld üben. Die Technik forderte ihren Tribut. Das Licht schrie nach Konzeption, der Techniker erwartete seine Befehle, bevor die Lichtorgel angeworfen werden konnte, die alles szenenspezifisch und einfühlsam untermalen sollte. Dankbar nahm ich diese Lehrzeit wahr.

Als wir unser Schwabinger Terrain verließen – wir hatten ein Angebot für eine Zelttheaterproduktion bekommen –, zog Leo den Schaustellerkarren noch mit, obwohl das neue Ambiente viel größer war. Als wir aber 1979 von den Direktoren des Residenztheaters eingeladen wurden, verließ ihn die Courage. War es Ehrfurcht vor dem Staatsapparat? Angst vor den das Schwert der Sprache manchmal so schmerzhaft schwingenden Theaterkritikern, ich weiß es nicht. Ich mußte ihn passen lassen und zog dieses Abenteuer mit meinen wiederum siebenundvierzig Akteuren aus aller Welt allein durch. Panem et circenses, was sollte uns schon passieren. Ich hatte genau zur klassischen Jahreszeit mein »Brot und Spiele« inszeniert, in derselben Zeit, in der im Alten Rom Cäsar seine julische Basilika den Plebejern einmal im Jahr zur Verfügung gestellt hatte: im November.

Ja, das Publikum liebte uns vom ersten gemeinsamen Atemzug an, egal, ob sich der Spielort auf einer Cabaret-Bühne, im Rund eines Zirkuszeltes oder sogar innerhalb der heiligen Hallen des Staatstheaters befand. Kritiker priesen uns inbrünstig, andere brachen laut Kritik den Vorstelungsbesuch nach dem ersten Akt ab, um ihren durchbrechenden Blinddarm, dessen Verursacher wir gewesen sein sollten, den Händen eines erprobten Chirurgen anvertrauen zu können.

Gastspiele in Hamburg, Berlin, in Wien: Der Virus »Opera curiosa« suchte sich instinktiv seine Opfer. In Berlin spielten wir in einem großen Theaterzelt vor über zweitausend Besuchern. Die Punks, deren Taschen wieder einmal leer waren, wollten auf das

Schauspiel nicht verzichten, und flugs waren die Zäune niedergetreten, und strahlend saßen sie auf den besten Plätzen. Zu viele Karten waren ausgegeben worden, und so randalierte das engagierte Berliner Publikum und witterte einen größeren Betrug. Waren wir, »Kasperltheater für Erwachsene«, schon ohne unser Wissen monströs als Freak-Show angekündigt worden, so sollte jetzt, was eigentlich als multikulturelle Gaumenfreude gedacht war, existentiell in die Pfanne gehauen werden.

Ein Teil des Publikums hatte schon begonnen, die Requisiten des Zeltes abzubauen, um Plätze zu schaffen, die man ihm nicht anbieten konnte, obwohl die Menschen bezahlte Karten in den Händen hielten. Der Tourneeleiter lechzte nach einem Überfallkommando, die Gesichtsfarbe meiner Regenbogenkinder war in kalkiges Grün getaucht. Angst essen Seele auf. Gekleidet in ein elegant geschmackloses Abendkleid aus den Fifties – mein einziges Freakattribut waren mein runder Körper und meine Plastikschweinnase, die ich mir zur Moderation aufgeklebt hatte –, nahm ich mein Herz in beide Hände und stakste hinaus in das unheilschwangere Arenarund.

Pfiffe gellen, Becher ziehen ihre Bahn, um mich zu treffen. Mit der zittrigen Stimme eines zerbrochenen Reagenzglases richte ich meine Botschaft an die außer Rand und Band geratene Menge. »Meine Damen und Herren«, höre ich mich gicksen, »wir werden heute nicht spielen, wir haben Angst vor euch.« Da, der Lärmpegel beginnt sich zu senken. Die ersten Lachsalven über die zittrige Schweinefrau in der Mitte des Arenarunds bauen sich auf. »Wir können nicht mehr spielen, wir sind keine hartgesottenen Gladiatoren, die meisten von uns haben die Hose voll.« Lachkanonaden steigen auf. Ich setze mich bezwungen in die Mitte. Miß Piggy weint gottserbärmlich. Das Nervenkostüm löst sich in seine Teile auf. Die Schweinenase hängt nur noch am klebrigen Pattexfaden. Da, knack, jetzt haben sie mein Herz zerrissen. Übermannt von Schmerz bemitleide ich mich, in Wahrheit hat mein Korsett aufgegeben. Vor Scham versinke ich in meine Welt von Atlantis. Eine angespannte Ruhe breitet sich aus. Viele Besucher haben immer noch keinen Platz. Die ersten Punks kommen schüchtern mit einem Taschentuch, um meiner Rotznase Erleichterung zu verschaffen. Sie helfen mir tapsig-liebenswürdig wieder auf die Beine.

Ich rufe: »Alle Gäste, die eine Karte besitzen, aber keinen Platz gefunden haben, bekommen ihr Geld wieder zurück.« Ich versuche, meiner Stimme wieder Halt zu geben.

Unser Tourneeleiter und Veranstalter rudert verzweifelt mit den Armen und versucht tobend, meinen Redefluß zum Stillstand zu bringen. Doch ohne Überfallkommando traut er sich nicht zu uns herauf.

Ich wiederhole frech mein Angebot.

Die ersten Karten werden zurückgegeben, es waren aber nur ein paar hundert, an dem weitaufgerissenen Mund des Veranstalters vorbei. »Gebt uns eine halbe Stunde, bitte. Die Zuckerbrot-Gladiatoren werden sich euch samt Peitsche zum Fraß vorwerfen«, bittet Miß Piggy die wartende Menge.

Und dann erleben wir an diesem Abend eine kosmische Verschmelzung mit unserem Publikum. »Die Hochzeit von Kanaan« habe ich es genannt. Nach diesem Abend waren wir alle miteinander verwandt.

Die Einsamkeit inmitten der »Kopf ab« fordernden Menge, das einzelne Wesen, das durch Offenlegung eines Schwachpunktes über sich hinauszuwachsen hatte, dieser Moment hat sich auf ewig in die morphingetränkte Grabesstätte meiner Rückerinnerungen eingefräst. Mein seelisches Immunsystem war für die nächsten Jahre an diesem neuralgischen Punkt gestärkt worden. Noch viele Anekdoten oder Anekzoten könnte ich von dieser Kreativphase der siebenjährigen »Opera curiosa«-Periode berichten. 1976 bis 1984 wurden über zweihundert Artisten, Schauspieler, Lebens- und Travestiekünstler, Hinterhof- und Opernsänger zu Kindern der »Regenbogenfamilie«. Neun autarke Produktionen mit immer neuen Programmen machten sich auf die Reise zu den Herzkanälen der Menschen. Ein neues, schon jahrelang gehegtes und genährtes Projekt aus der »Opera curiosa«-Reihe wartet heute mit bebenden Nüstern auf seinen Einlaß. Mit *Paradies kaputt?*, einer Adaption des Oskar-Panizza-Dramas *Das Liebeskonzil*, wird die in der Zwischenzeit angewachsene »Regenbogenfamilie« dem hoffentlich wieder staunenden Publikum ein neues Produkt in Form einer kulturellen Mischformation aus filmischen und theatralischen Szenen zu Füßen legen.

Panizzas Himmelsfamilie ist in unserem Falle eine Familienmafia, die einen multikulturellen pharmazeutischen Konzern leitet. Die Geschichte Panizzas rankt sich um ein Konzilium, das von der Heiligen Familie der Mutter Maria einberufen wird, um den Erdenteufel Luzifer zu Rate zu bitten, sich ernsthaft eine schmerzhafte Bestrafung der Menschen zu überlegen, da die Schuldfähigkeit oder das Schuldgefühl nicht mehr vorhanden sei. Luzifer kommt am Ende nach langen Experimenten, Versuchen und Überlegungen mit Syphilia, Symbol der Lustseuche Syphilis, zu der Heiligen Familie, um sie als schreckliche Bestrafung für die gelebte Sexualität der Mutter Maria anzubieten.

Dieses Stück ist mir schon seit vielen, vielen Jahren sehr nahegegangen, und es weist merkwürdige Zusammenhänge mit der heutigen Aidsproblematik auf.

Luzifer wird in unserem Falle Doktor Faustus, der Wissenschaftler, sein, der Forschende, Suchende, der sich aber schuldvoll in den Dienst der multinationalen korrupten Pharmaziekonzerne gestellt hat. Mehr darf ich jetzt noch nicht verraten.

»Ich glaub', mein Schwein pfeift«, war der lapidare Kommentar eines renommierten Filmproduzenten, als ihm das aufgeschlagene und nach Jahren vervollständigte Theater-Treatment von meinem *Paradies kaputt?* an die Magenwände klatschte. Das »Du tickst wohl nicht richtig« konnte er sich sparen. Wir werden selbst in diesen saftigen Apfel beißen müssen, das war mir klar. Doch dieses Mal müssen wir betriebswirtschaftlich ran an die Kamellen. Vor allem muß eine Firma gegründet werden, denn für meine »Opera curiosa« im Rahmen der Veranstaltung mit dem Marstall-Theater hatte ich nicht aufgepaßt und als Vertragspartner alles auf meine Fontanelle, wie ich immer sage, genommen. Obwohl wir großen Erfolg verzeichnen konnten, mußte ich doch am Ende mit vielen Schulden alleine fertig werden, was ich erst über all die Jahre ganz tapfer geschafft habe, so daß ich jetzt wirklich frei davon bin. Es war eine schwere Zeit für mich. Aber dieses Mal werde ich aus den Fehlern lernen und mit Hilfe von Rechtsanwalt und Betriebswirt eine funktionierende Firma aufbauen. Und dann hoffen wir, daß wir das professionelle Abwickeln lernen werden.

»Ich helfe euch mit Rat und Tat«, bietet sich ein erfahrener Filmverleihdirektor an, denn das wird ein Stück Arbeit werden. »Es kann sich lohnen«, zwinkert er mir zu.

»Ja, und falls Profit abfällt, wird der dann in einem neuen Modell ›Humanité‹ anteilmäßig auf alle aufgeteilt«, schmeiße ich freudig in die Runde.

Das vorher noch so energisch vorgeschobene Kinn des Filmverleihers sackt enttäuscht auf die seufzende Brust. »Mit dir Geschäfte zu machen ist sinnlos, Marianne.« Er streichelt gedankenverloren meine Hand, die schon zum Bleistift fährt.

»Wie wär's mit ›Risk-film-production‹?« frage ich.

Alle stimmen schmunzelnd zu. Die Würfel sind gefallen.

Am 2. Oktober 1978 erschien im »Spiegel« Nr. 40 der folgende Beitrag von Fritz Rumler zur Institution »Opera curiosa«:

»Seinen letzten Ochsen schmeißen«

Auf der Kärntner Burg Hoch-Osterwitz war, im Jahre 1334, Matthäi am letzten. Der böse Feind hatte alle Nachschubwege abgeriegelt, den Eingeschlossenen gebrach es an Proviant, bald krachte ihnen der Magen.

Ein letzter Ochse stand schließlich noch da. Der Burgherr befahl, ihn zu schlachten und mit Weizen zu füllen – dann ließ er ihn über die Mauer schmeißen. Die Belagerer, vom scheinbaren Überfluß verwirrt, zogen demoralisiert ab.

Der sagenhafte Burgherr ist heute Patron einer farbigen Gemeinde, in der man sich existentiell auch als »Ochsenschmeißer« fühlt: die Münchner »Rainbow Family e.V.«, eine Bruderschaft der Subkultur mit seelisch korrespondierenden Mitgliedern in aller Welt. 120 Leute insgesamt.

Ab und an versammelt sich die Familie zum großen öffentlichen Schmeißen. »Opera curiosa« heißt die Veranstaltung. Die jüngste fand, zwei Wochen lang, soeben in einem Münchner Zirkuszelt statt, und so Kurioses, Monströses, Hinreißendes ist in diesem Genre augenblicklich weit und breit nicht wieder zu sehen.

Ein Festival der Freaks und Punks rollt ab, mit den obligaten Diva-Parodien der Transvestiten und Transsexuellen, mit Vampiren, Valentin-Nachfahren, blutlüsternen Boten aus der Lederszene und einem MarilynRemake.

Die Trapp-Familie krakeelt, Bayernkönig Ludwig besingt mit Wagners »Holdem Abendstern« einen schwellenden Bodybuilder, der Blues-Bayer Willy Michl schwebt als Glöckner von Notre-Dame durch die Manege, und dazwischen wuselt Miß Piggy aus der »Muppetshow«.

Piggy ist das Herz der »Opera curiosa« und die Mutter der »Rainbow-Family«: Marianne Sägebrecht, ein bayrisch-barocker Posaunenengel, spielt das Schweinchen, »weil mich alles interessiert, was außerhalb der Norm liegt«.

Sie sei ein »Kreismensch, von Natur aus rund«, sagt sie. Und in der »Rainbow-Family«, an der sie schon seit zehn Jahren sammelt, sei »die ganze Palette Mensch drin«. Die »Mutter der Transvestiten«, wie sie auch genannt wird, kennt »die verzweifelten Situationen, wo einer seinen letzten Ochsen schmeißt«.

Marianne Sägebrecht hat medizinisch-technische Assistentin gelernt, war Sozialtherapeutin, Sprechstundenhilfe bei einem Psychiater, Fotografin, und als ihre Ehe scheiterte, beschloß sie, Schwabinger Wirtin zu werden: Basis ihrer Regenbogen-Revuen.

In der Spielwiese sieht sie durchaus ein »Ventil für meine Kinder«. Geheime Wünsche werden ausgelebt; was im bürgerlichen Leben unter den Teppich kommt, kann sich hier lustvoll exhibitionieren; ab und an habe schon mal ein »Abteilungsleiter« angefragt, ob er im Weiberfummel (»ohne Namen«) bei ihr auftreten dürfe.

Unter den rund vierzig Mitgliedern, Punks, Freaks, Clowns, Rockern, Schauspielern, Transvestiten, Sängern sind auch eine ganze Reihe mit bürgerlichem Hintergrund. Einer, der gern Nekrophiles bietet, sei Dekorateur und gelernter Physiker. Der Mann, der sich »total mit König Ludwig identifiziert«, hat einen Friseursalon; der Bodybuilder, nach Marianne »ganz zart und asexuell«, ist Maurer in Niederbayern. Und ihr Star-Transvestit, ehemals Tänzer und Meister der Schwarzen Messe, war Empfangschef in einem Münchner Luxushotel.

Andere freilich sind, wie sie sind. »Horror-Charlie«, so heißt er sich, ist auch im Leben Horror-Charlie, »eine Wahnsinnsfigur«, sagt Marianne. Er wurde als Chef-Rausschmeißer bei Rock-'n'-Roll-Konzerten bekannt, büßte da viele Zähne ein und sieht sich nun völlig eins mit Frankenstein jr. Er hat eine Langspielplatte mit Horror-Gelächter gemacht, seine Briefbögen ziert eine Fledermaus, und das Wort Blut führt er gern und oft im vampirischen Munde. Sein Lebensziel: das »Stadium des vollendeten Wahnsinns zu erreichen«.

Fritz, »die Nachtigall von Ramersdorf«, ist von zarterem Naturell. Er hat fünfzehn Jahre lang mit hoher Stimme auf Hinterhöfen gesungen, Spezialität: »Du bist die Rose vom Wörthersee«, haßt Männer mit dicken Backen, weil er selbst dünne hat, und fürchtet den Teufel. »Schaut's weg«, ruft er oft, »jetzt hat er mich grad wieder, der Krambambuli.«

Mariannes Lieblingskinder aber sind die Transsexuellen. Ihnen hilft sie, sich zu solidarisieren, verschafft ihnen auf der Bühne die »totale Abreaktion«, die »Lust-Loslösung« als therapeutischen Vorgang.

Oft haben Vaterhaß und eine übermäßige, unglückliche Mutterbindung den Wunsch geweckt, das Geschlecht zu wechseln. Margerita, einst Holger, beispielsweise schminkt sich wie ihre beim zwölften Kind gestorbene Mutter. »Für mich ist sie eine totale Frau«, sagt Marianne, »sogar eine mit Busen.«

Als Frau möchte man dann gleichfalls umschwirrt sein wie Marlene – »wie Motten um das Licht«. Die Diva-Parodien, von der Callas bis zur Rökk, bergen dann auch tieferen Sinn: endlich mal, wie die Glamour-Stars die Männer zu Füßen liegen sehen.

Mariannes glitzernde, schillernde beineschmeißende [...] Show hat bei allem Jux doch auch eine sehr dunkle Seite: Menschen versuchen mit ihrer bedrängten, bedrückten, verrückten Existenz fertig zu werden. Ochsenschmeißer eben.

Marianne, die Mutter der Kompanie, muß ihre Schützlinge »oft in den Arm nehmen«. [...]

(© »Der Spiegel«, Hamburg 1978)

Ich
bin
kein
Star,
ich
bin
ein
Mond

Iulius

Your passport please.« Eine chromblitzende Gürtelschnalle gleißt mir fordernd ins Auge. Der dazugehörige Ledergürtel protzt breithüftig auf einer enganliegenden Reithose, die in geheimnisvollen Schäften von schwarzledernen Stiefeln verschwindet. Eine fordernde, lederbehandschuhte Hand geistert vor meinem Auge durch das Wageninnere. Wie ein Eichhörnchen grabe ich mich durch meine Tasche, um den Paß dingfest zu machen und ihn mit zitternden Fingern an diese furchteinflößende Respektsperson auszuhändigen.

»Do you know where you are?« näselt die klebrige Stimme, die aus einem verölten Stimmritz-Ofen herausgepreßt zu werden scheint. Das dazugehörige Antlitz verheißt keine Gnade.

»Yes, I'am in New York«, sage ich artig meine Hausaufgabe auf.

»New York, yes, of course«, zischelt mein Bilderbuch-Police-Cop. »But this taxi is on the way to the Bronx.«

Mein Herz beginnt dumpf zu schlagen.

»Do you know what I mean?« fragt er. »You don't enjoy your life.« Damit klappt er meinen vor Angst schwitzenden Paß zusammen und gibt ihn mir zurück. Sein Kollege hatte einstweilen den starr dreinblickenden selbsternannten puertorikanischen Taxifahrer an Handschellen einer »grünen Minna« in den Schoß geführt, zu den anderen Mitgliedern der Gang. »Good time in New York, Ma'am. Take care, Ma'am«, und ab taucht er, um die weiteren Komplizen der kriminellen Vereinigung e. V. hinter Schloß und Riegel zu bringen.

Ja, meine erste Berührung mit amerikanischem Boden im April

1986 findet unter einer denkwürdigen Konstellation statt. Den Streiktag der Taxigenossenschaft, der die sogenannten Yellow Cabs angehörten, die um einen besseren Standplatz auf dem Flughafengelände New Yorks kämpften, hatten die Mitglieder einer kriminellen Gruppe aus der Bronx clever für ihre Zwecke benutzt. Der für Ordnung sorgende Aufsichtsbeamte wurde bestochen, und mit gemieteten Limousinen fuhr man in das Flughafengelände, um wartende Fluggäste aus aller Welt offiziell in private Limousinen einzuladen und dann zu verschleppen und auszurauben.

Ich selbst war schon von einem der Mitglieder der Gang angesprochen und in ein Taxi verfrachtet, dann aber, als eine Maschine mit japanischen Fluggästen auf dem Flughafen ankam, wieder ausgeladen worden, wohl in der weisen Vorahnung, daß er für meine Person und mein Gewicht zwei oder drei kleinen Japanern den Platz anweisen und seine Beute damit voluminöser ausfallen könnte. Ich war mir in diesem Augenblick der Gefahr nicht bewußt, und wenn ich heute daran denke, daß mir mein runder Körper wahrscheinlich das Leben gerettet hat, könnte ich mich vor Lachen ausschütten, denn die ersten drei Taxis wurden nicht von der Polizei gestoppt, kamen durch, und darin wäre dann ja unweigerlich auch mein Platz gewesen.

Ja, mein Schicksalstiger sperrte mal wieder hungrig seinen Rachen auf, und eine neue Sieben-Jahres-Phase drängelte auf Einlösung.

Doch vorerst saß ich total gerädert in dieser gestoppten Limousine und harrte auf eine Lösung unseres Desasters. Ich war sehr nervös, die Zeit saß mir im Nacken, denn man erwartete mich zu Presseterminen und zur Premiere des Films *Zuckerbaby (Sugar baby),* den ich mit Percy Adlon gemacht hatte.

»Marianne, du schwofst als eine drei Meter hohe Pappmaché-Figur mit deinem Zuckerbaby in Tangoformation auf dem Lin-

coln Boulevard«, hatte sich mein alter Freund Albion, der schon
seit einigen Jahren seinen immensen Lebenshunger in der übersättigten, gierigen Stadt New York zu stillen versuchte, total aufgeregt nach langer Pause am Telefon wieder in Erinnerung gebracht.

»Ich glaub', mich küßt ein Pferd«, entgegnete ich. Die Nüstern ge-
hörten der Glücksgöttin Fortuna, die, was meine neue Passion
des Schauspielerberufs betraf, schützend die Arme für mich ausgebreitet hatte und diese auch für weitere Jahre liebevoll um meine Seele legen sollte.

Der Film erzählt die kleine, humane Geschichte einer Leichen-
frau, einer Amme der Verstorbenen, wie ich es immer nenne.
Der Beruf der Leichenfrau war meine Idee, hatte sich in meinem
Kleinhirn angestaut und von dort nicht mehr wegwischen lassen.
Die Stimme eines U-Bahn-Fahrers dringt tief in die Seele dieser
einsamen Frau, und sie heftet sich an seine Fersen, läßt ihn nicht
mehr aus den Augen, bis sie ihn in einem oleandergetränkten
Schaumbad herzhaft verwöhnen darf.

»Amour fou«, diesem launischen, witzigen Haudegen bietet sie
mutig einen Platz in ihrer bis dahin jungfräulichen Kemenate an,
und sie gewinnt auf allen Herzlinien. Nach all den einsamen Jahren ist in ihre Seele der Schauder der Liebe gefallen. Urlaub wird
ertrotzt, ihr Äußeres sexy aufgemöbelt. Die eigene Wohnung
weiß um die Verantwortung und spielt mit: Da wird aufgepeppt,
dekoriert, Essen zelebriert, Badeschaum produziert, daß es nur
so eine Wonne ist.

Hier saß ich nun plötzlich auf der Kinoleinwand mit meinem
Wonneproppen-Partner Eisi Gulp in der Zelluloid-Badewanne
des New Yorker Filmfests, und unser kleiner Würmling wurde
vom verwöhnten New Yorker Publikum zum bonbonfarbenen,
schreienden Lindwurm hochgeklatscht. Persönlich glänzten Eisi
und ich hierbei nur durch Abwesenheit, denn Percy Adlon hatte

die Festival-Crew auf unser unrasiertes Englisch hingewiesen. Ja, zum Filmfest durften wir Kinder nicht mit.

Sugar baby wurde vom amerikanischen Filmpublikum mit Begeisterung überschüttet, und von Stadt zu Stadt, von Küste zu Küste Amerikas kletterte dieser kleine Film empor in der Gunst des oft so übersättigten Publikums.

Percy Adlon war über diese Akzeptanz seines Films in den USA, die auch in seinem Geburtsland Deutschland, in Japan, Australien und anderen europäischen Ländern zu Buche schlug, so berührt und glücklich, daß er beschlossen hatte, mich noch einmal über die Brücke, »overseas«, zu senden, diesmal mit einer Geschichte vor Ort. Von der geborenen Idee für den Film *Bagdad Café* (in Deutschland: *Out of Rosenheim),* mit der er sich auf einer Autotour von der Ost- zur Westküste infiziert hatte, bis zur Verwirklichung sollten jedoch noch eineinhalb Jahre vergehen.

Jetzt, für diese erste Reise, hatte ich mich vertrauensvoll auf meine Schicksalslinie begeben, die sich als lange Luftlinie über den Ozean ins Firmament hineingezeichnet hatte. Im Kinotheater am Lincoln Center hatte man sich schon freudig auf meine Ankunft vorbereitet: Ein Buffet in Regenbogenfarben – und ein Blumenmeer wogte unruhig meiner Ankunft entgegen. Wo war sie nur, wo war »Sugar Baby« abgeblieben?

Ich saß einstweilen niedergeschlagen, mit ausgehängten Schultern in besagter Limousine. Traurig hing unser Buick Riviera auf dem Flughafengelände herum, mit mir und einer vor Geld nur so strotzenden Hausfrau aus Niederkalifornien, deren Amerikanisch ich mit meinem Schlußverkauf-Schulenglisch beim besten Willen nicht verstand und auf das ich mir keinen Reim machen konnte. Sie insistierte immer wieder, Kaugummi kauend: »W'gonnagettayellowcab«. Ich beschloß, mein Schicksal sich im Windschatten dieser gelben Leithennenmutter vollziehen zu lassen. Gack. Gack. Wie gut, daß sich Dr. Konrad Lorenz in dieser

Notsituation aus meinen Hirnwindungen herausschälte. Mit meiner ebenfalls gestrandeten Leidensgenossin würde ich weiterstelzen, um nicht schon am Anfang meiner Reise als gerupftes Huhn in die Weltgeschichte eingehen zu müssen.

Mein großer, wilder platonischer Freund Albion, der diese Reise mitorganisiert und versprochen hatte, mich am Flughafen sicher in Empfang zu nehmen, war nicht aufgetaucht. Mir fiel das Herz in den staubigen Bordstein, als mein Verdacht zur Gewißheit wurde: Er würde nicht kommen.

Die Dämonen der Nacht hatten wohl die Schranken des Tageslichts nicht durch die verhängten Vorhänge hereingelassen, um den angekündigten Pflichtbeitrag eines sozialen Alltags einzulösen. Albion befand sich in einer bedrohlichen Lebenskrise, sein dunkler, im Schatten der Seele lebender Bruder Yeti hatte seit Jahren in den weißen Dünen der Koka-Seelen-Plantagen sein Lager aufgeschlagen und war trotz heftiger Schneestürme und schmerzhafter Erfrierungen ganzer Seelenanteile nicht durch Zuspruch, Einspruch oder Zusammenbruch dazu zu bewegen, diesen Lagerstätten den Rücken zu kehren. Da gab's Kain wenn und Abel.

So hatte ich auf die Bitte Albions, der mir wegen seiner charismatischen Persönlichkeit, seiner überschäumenden Lebensfreude und wegen der äußersten Freiheit seines Geistes, gepaart mit einem göttlichen Humor, seit Jahren ganz fest ans Herz gewachsen war, meinen Lebensplan für die nächsten drei Monate ganz auf ihn – und natürlich die Präsentation von *Sugar baby* – zugeschnitten.

Seine Abhängigkeit von der alles verschleiernden heimtückischen Droge Kokain, in deren kaltem Auge er sich all die Jahre als Landherrnvogt gesehen und die er immer als seine willfährige, weiße Sklavin bezeichnet hatte, die er jederzeit in Freiheit entlassen könnte, hatte körperlich und seelisch ein Wrack aus ihm gemacht. Die Grundstruktur dieses sonst so menschlichen Kirchenschiffs mußte ich aus meinem Poesialbum der Rückerinnerung hervorholen, um nicht bei meiner Ankunft in Ohnmacht zu fallen – denn dieses aufgequollene, verschobene Menschenantlitz, das ich da jetzt erblickte, konnte ich erst einmal nicht in die Galerie der unvergessenen Menschen einreihen, für die ich einen großen Seelenpavillon gegründet hatte.

Ein ägyptischer Taxifahrer ließ uns Gepäckstück für Gepäckstück in den Kofferraum eines Yellow-Taxis hieven. Dabei hatte er sein Tempo nur verlangsamt, hatte nicht gestoppt, und dann fuhr er davon, wendete, und wir zwei zurückgelassenen Grazien mußten nacheinander in die geöffnete Türe des Wagens springen, da es an diesem Tag nicht erlaubt war, auf dem Weg vom Flughafen zur Stadt Gäste mitzunehmen. Da gestreikt wurde, durfte das Taxi nicht anhalten, und deshalb knöpfte uns der Taxifahrer vorsichtshalber gleich im Wagen eine eventuelle Strafgebühr ab, die sich pro Person auf einhundertzwanzig Dollar belief – nur für den Fall, daß man uns eventuell beobachtet hatte! Aber ich war nur froh, daß ich überhaupt in Richtung meiner angegebenen Adresse transportiert wurde.

Bei der Ankunft in seinem Apartmenthaus reagierte mein Freund Albion nicht einmal auf das Klingelzeichen des Doorman, der Schlüssel war nicht hinterlegt. Es schien ihn gar nicht zu interessieren, wie ich nach Stunden der Übermüdung angekommen war.

Aus den offenen Fenstern schmetterte Maria Callas laut über die Dächer *La Traviata*.

Albion, so stellte sich später heraus, lag die ganze Zeit voll Selbstmitleid in der Badewanne. Ypson-Salt und Bacon-Soda sollten seinen Körper wieder auf Vordermann bringen und seine Seele erfrischen.

Nach stundenlangem Warten in der Empfangshalle, wo ich weinend auf meinen Koffer niedersank und nur noch an meine Rückreise dachte, war mir auch die Tatsache vernebelt, daß die Gruppe der Filmtheaterbesitzer auf mich wartete. Vom Doorman und von der Wachmannschaft des Gebäudes wurde ich liebevoll versorgt, was mir wieder Mut machte.

Albion erschien so merkwürdig weggerückt und emotional an meiner Geschichte gar nicht beteiligt. Drei Jahre, in denen der Kontakt nur über Telefongespräche und Briefe aufrechterhalten worden war, und ein exzessiver Lebenswandel mit größerer Kokainabhängigkeit hatten gereicht, um aus einer blühenden, wuchernden Dschungelpflanze, die sich stets wild die Eukalyptusstämme des Lebens hinaufgehangelt hatte, eine entwurzelte und von den Fischen des Teichs angeknabberte, kraftlos auf dem Rücken liegende Wasserlilie zu machen, deren Blüte nun keinen Grund mehr spürte, um sich der biologischen Mutter in voller Schönheit aufzublättern.

Immerhin hatte Albion mich eindringlich gebeten, nun für einige Monate an seiner Seite zu leben und ihm Hilfestellung zu leisten, um von der Droge loszukommen.

»Marianne, der Albion hat angerufen. Er hat ein großes Drogenproblem ›Gogin‹ oder so ähnlich, hat er gemeint. Du sollst nach New York zu ihm kommen. Du, ich glaub', du mußt gehen. Er braucht dich dringend«, hatte mir meine Mutter damals, nach seinem Anruf, ausgerichtet. Sie hatte Albion, den sie schon seit Jahren als guten Freund von mir kannte, tief in ihr Herz geschlossen. Mit ihrem großzügigen Verhalten bei Albions Hilferuf hatten sich meine Liebe und mein Respekt für sie noch mehr gefestigt. Sie vertraute mir voll, und sie wußte, daß ich selbst mit Drogen nichts am Hutband hatte und auch in keinster Weise gefährdet war; aber, um ehrlich zu sein, ich weiß nicht, wie ich reagiert hätte, wenn ein ähnlicher Hilferuf an meine Tochter ergangen wäre. Ich glaube, ich wäre vor Angst vergangen, vielleicht auch deshalb, weil ich zu viele Hintergrundinformationen gehabt hätte.

Ja, Albion, mein mir vom Schicksal für die nun folgenden sieben Jahre zugeteilter männlicher Begleiter, liebte und verehrte mich mit jeder Phase seines nicht immer im Takt des bürgerlichen Rhythmus schlagenden Herzens. Seine exzessive sexuelle Phantasie, die für ihn oft selbst nicht faßbar war und manchmal in lebensbedrohende Sado-Maso-Rituale mündete, tauschte er nur mit dem gleichen Geschlecht aus. Immer hatte die Fratze einer Droge ihre Nase im Spiel.

Nach solchen wilden Nächten fand ich ihn morgens, wie einen Embryo zusammengekrümmt, weinend am Boden kauernd und um Erlösung von dieser dominanten, ihn scheinbar niemals mehr freigebenden Sucht bittend, die in ihrem Schlepptau ganze Heerscharen von schwarzen, ledergepanzerten Soldaten der Liebe herzog. Die Rituale von schmerzhafter Unterwerfung und Auslieferung mußte er in immer wieder zwanghaften Wiederholungen bis zur restlosen Erschöpfung exerzieren. »Hilf mir!« Ein Weinen schüttelte dann seinen zerschundenen Körper, und seine Seele schrie, wenn ich ihn vorsichtig wie einen Säugling zu baden und zu waschen pflegte.

Ja, dieser Mann hatte seine Lebenskerze, die mit einem großen Quantum an Wachs ausgestattet war, von beiden Seiten entflammt – und wie die Kerze brannte! Wie lange würde der Brennstoff noch reichen?

Mich erfüllt eine große Demut, wenn ich bedenke, daß dieser Freund es mir gestattete, diesen schmerzhaften, neuralgischen Punkt seiner Lebensbedrohung so nah mit ihm zu teilen. Das alles war sehr nervenbelastend und peinigend für mich, denn ich konnte nicht helfen, sondern nur Hilfestellung leisten.

Oft muß ich an den Film *Der Mann, der vom Himmel fiel* denken, in dem eine Frau einem Mann (David Bowie) hoch und heilig beteuert, daß sie ihn liebe. Aber als sich dieser Mann, ihrer Liebe sicher, die Kontaktlinsen abzieht, um ihr nun die raubtiergeschlitzten Pupillen seiner wahren Existenz zu offenbaren, bekommt sie einen Nervenzusammenbruch und macht sich schreiend aus seinem Lebenszyklus davon, um nie mehr zu ihm zurückzukehren.

»Ich bin dein Freund«, flüstert es da so oft von unseren Lippen, doch eigentlich ist man nur gewillt, dem in seiner eigenen Psychowerkstatt aus vielen Teilen der Vergangenheit und vorgefundenen Bestandteilen einer noch nicht eingelösten, projizierten Zukunft erfundenen Menschen Leben zu gestatten.

Maske um Maske zog Albion vor mir ab. »Bist du immer noch an meiner Seite?« wunderte er sich, wenn der Dämon seiner zweiten Existenz wieder einmal versucht hatte, mit einem Laserstrahl, der mir tief ins Herz dringen sollte, unsere Verbindung zu durchtrennen. »Bitte, verlaß mich nicht.« Der lichte Bruder hielt meine Knie umklammert.

Eine Nacht voller Angst und Schrecken, die von einem Drogenexzeß, der in ein erschreckendes Sado-Maso-Ritual mündete, ausgelöst worden war, hatte mich in große seelische Not gebracht. Aus Albions Privatgemächern waren Laute der Lust gedrungen, das Klatschen auf nacktes Fleisch vermischte sich mit keuchend-stoßweisem Atem. Anschwellendes Stöhnen drang durch die Tür, schlich geduckt den Gang entlang, um sich in der Nische meines zitternden Herzwinkels frierend ein sicheres Plätzchen zu suchen. Der Geruch von Schweiß kroch feucht die Wände des Apartments hinauf.

Angstvoll zusammengekauert saß ich in der Küche im Sessel und versuchte, meine Gedankenwelt mit den Bildern der belebten Straßen New Yorks zu verschmelzen, um meine Angst in den Griff zu bekommen. Obwohl es vier Uhr morgens war, scherte sich die Stadt nicht im geringsten um die gute alte Zeit, und ihr Puls klopfte und klopfte.

Der verunglückte Raubüberfall bei der Ankunft hatte in mir eine – Jahre andauernde – große Revierunsicherheit ausgelöst. Hier oben im sechzehnten Stock bei Albion hatte ich mich bisher immer geborgen gefühlt, bis zu diesem Tag, sprich dieser Nacht. Es war, als hätte der große Meister Mephisto selbst den Taktstock zu diesem Zeremoniell geschwungen.

Ursprünglich war ich mit Albion und einer Freundesgruppe verabredet gewesen, um Staten Island zu entdecken, wartete wie elektrisiert, schon geschneuzt und gebügelt, in der Wohnung, um auf die Fähre zu gehen, die uns hinübertragen sollte, wir wollten die Skyline von Manhattan vor uns sehen und der Freiheitsstatue unsere Ehre erweisen. Die Weichen waren jedoch anders gestellt. Ein wunder Punkt lechzte nach Berührung. Nur für einen kleinen Gedankenstrich hatte Albion uns vor dem gemeinsamen Aufbruch um Verständnis gebeten. Er wollte in einer Bar eine für ihn deponierte Nachricht entgegennehmen. Nach ein paar Stunden ermüdenden Wartens kehrte er, an unseren erschreckt aufgerissenen Mündern vorbei, mit ein paar gefährlich dreinblickenden, ledernen Argonautenkumpanen zurück in den Herrentrakt des Apartments.

Wieder einmal hatte der eiskalte weiße Engel Albion seine schneefrostigen Flügel um das Herz gelegt, es für Stunden eingefroren und auch die Seele mit einem Ring von Rauhreif bewegungsunfähig gemacht. Gierige Leiber frönten ihren Götzen, die aus dem genetischen Urgrund in der Arena der Trugbilder Platz genommen hatten.

Noch nie hatte ich so große elementare Angst um das Leben eines Freundes gehabt wie in dieser unseligen Nacht. Diese Angst wurde auch noch geschürt von einem Gast Albions, der für eine Luftfahrtgesellschaft tätig war und sich gerade mit einem jüngeren Freund Albions Gastfreundschaft wohl schmecken ließ. Mit schmallippigem Lächeln stellte er wollüstig und verdorben in Aussicht, unserem Freund werde in dieser Nacht bestimmt etwas zustoßen, denn er habe die mitgebrachten Mitglieder des orgiastischen Zeremoniells unschwer als Zugehörige einer Gang erkannt, die Teile des Central Park kontrollierten und brandgefährlich seien.

Dieser sadistische Geselle ließ mit seiner Bemerkung meinen Pulsschlag auf olympische Höchstleistung klettern. Meine Pupillen konnten sich auf Dauer vor Schreck nicht mehr zusammenziehen und starrten in eine geräuschumflorte Leere. Eine irrationale Angst lähmte meine Sprache. Unser Freundschaftsabkommen, bei dem Toleranz an erster Stelle stand, machte mich handlungsunfähig.

Ich malte mir in dieser nicht enden wollenden Nacht die schrecklichsten Ereignisse an die Wand meiner Imaginationen. Der gelackte Schweizer Steward hatte mich dieser gedanklichen Situation ausgeliefert und war mit seinem Freund zum Tanzen in die Disco verschwunden.

Als er spätabends nach Hause zurückkehrte, stellte er seine Schuhe vorab in den Herrensalon, wo er eigentlich die Nacht verbringen wollte. Doch da dieser Teil der Wohnung noch immer heftig unter Beschlag war, hatte er sich ein Bett geschnappt, und jetzt wurde erst einmal ein Pfadfinderlager provisorisch neben meinem Gästebett aufgeschlagen. Wohlgestimmt tastete sein suchender Blick mein von den vielen Tränen verquollenes Gesicht ab – dieser feine Herr hatte anscheinend noch nicht genug. Der Junge mochte aus Rücksicht auf mich nicht mit ihm Liebe machen, doch der dominante Bezwinger kannte kein Pardon. Auch dieses Schauspiel eines grenzüberschreitenden Übergriffs mußte ich noch auf mich einprasseln lassen, obwohl ich ja gar keine Eintrittskarte dafür erworben hatte.

In dieser Nacht begann ich, mit meinem Schicksal zu hadern. Wo war ich gelandet! Ja, es war mein freier Wille, hierher zu kommen, doch in einen so bedrohlichen Bereich, wie Albion ihn um sich hatte, hatte mein Herz in meinem Leben noch keinen Stolperer gesetzt.

»Bist du immer noch meine Freundin, kannst du es mit mir noch ertragen?« hatte Albion oft und oft mit angstvollem Blick gefragt. Und auch nach dieser Nacht konnte ich ihm nicht den Rücken kehren. Mit dem Tag des Antritts einer Freundschaft wird ja immer gleich eine ganze Schicksalsschleife von gelebtem Leben in dunklen oder lichten Räumen mitgeliefert. Auf dem Weg zu Albions Seeleninnerem mußte ich mit ihm da hindurch. Ich bereue nicht einen Atemzug dieser so seltsam gelebten, ehrlichen Freundschaft. Viel unmenschlicher und durchtriebener fand ich das Verhalten des Schweizer »Lochkäsefabrikanten«. Rückgrat würde man bei dieser Sorte Mensch wahrscheinlich nicht finden.

Die Bestrafung für das Inszenieren und Intrigieren dieser Nacht folgte sprichwörtlich auf dem Fuß. Als der Morgen trotzig über der niemals schlafenden Stadt heraufgezogen war, hatte es unser Businessman sehr eilig, zum Flughafen zu gelangen. Hastig wurde ein Geldkoffer mit Banknoten ausgestopft, der Junge barsch kommandiert, seine ausgesetzten Schuhe dem Herrn wieder über die Füße zu stülpen. Da, wie vom Blitz getroffen, durchzuckte ihn ein Gedanke, den er nicht in Form zu fassen vermochte. »Meine Schnürsenkel, ja wo sind denn meine Schnürsenkel abgeblieben?«

»Schlapf, schlapf«, antworteten die beiden gewienerten Schuhe im Duett, während er entsetzt den Gang probeweise abschritt. »Ja, das geht nicht, das ist unmöglich, ich bin doch Steward bei der Swissair!« Das außer Rand und Band geratene Schuhwerk amüsierte sich: »Schlupf, hick!«

Das kleinkarierte Geschau des großen Sado-Meisters, die große Angst vor Blamage bleiben mir unvergeßlich in Erinnerung. »Aber die Geschäfte sind doch noch nicht offen. Das ist ein Skandal!« entfleuchte es ihm von den Lippen.

Als ich ihn in Gedanken die lange Gangway hinaufschlapfen sah und mir vorstellte, daß er den ganzen Flug beim Versorgen der ungeduldigen Gäste mit diesem Geräusch zubringen mußte, begann wieder Leben in meine verquollene Mimik zurückzukehren: »C'est la vie!«

Als er gegangen war, hob ich mit Tränen in den Augen und einem erstickten Lachen in der Brust mein großes Baby Albion vom Boden auf, um ihn, wie immer nach solchen Nächten, nach einem reinigenden Bad dem neuen Tag in die Arme zu legen.

Das Abenteuer war übrigens gut ausgegangen. Unter den Lederrüstungen hatten diesmal ein Professor der Columbia-Universität und ein sich ihm anvertrauender Student gesteckt.

Ist das Paradies scheinbar wieder verriegelt und der Cherub hinter uns, müssen wir die lange Reise um die Welt machen, um zu sehen, ob es vielleicht irgendwo wieder offen ist, meint Heinrich von Kleist.

Jetzt bin ich Ihnen, lieber Leser, mit meinen bewegten Ausführungen zeitsprungmäßig empfindlich vorausgeeilt. Typisch Sägebrecht, würden meine Freunde sagen. Natürlich war an jenem ersten Tag meiner Ankunft in New York Albion dann doch wieder auf die Beine gekommen, um mir zur umjubelten Premiere von *Sugar baby* als mein Begleiter zur Seite zu stehen. Die Besucher strahlten große Liebe und Akzeptanz für mich und unsere Filmgeschichte aus. Das Thema um Einsamkeit, Liebe, Tod und die menschliche Auseinandersetzung damit hatte vor allem diese Großstadtmenschen auf direktem Wege ins Herz getroffen. Im Publikum befanden sich viele Studenten, die sich nach der Vorstellung in hitzigen Debatten über den Tod rangelten. »We love you, Sugar Baby, it's a pleasure to meet you. It's good to see you!«

Überall empfingen mich offene Arme und Herzen. Das Thema Tod, mit Respekt und Liebe aufbereitet, hatte offenbar den verschütteten Nerv des amerikanischen Filmpublikums getroffen, und im Land des Schlankheitswahns durfte auch noch ein barockes Sugar Baby zielbewußt auf diesem Nerv herumtreten. Mein Herz mußte ich bei soviel Akzeptanz in beide Hände nehmen, damit es nicht vor Übermut und Glück selbständig seine Runden drehte, um dann beschwingt auf dem Haupt der Freiheitsstatue Platz zu nehmen.

»Wir brauchen eine Hebamme am Anfang unseres Lebens und am Ende unseres Lebens, das ja nur einen Übergang bedeutet und für mich zu einem neuen Anfang führt«, höre ich mich sprechen. Mein Englisch ist noch sehr embryonal, aber man hatte mich verstanden. Albions Augen ruhten stolz auf mir, fest nahm er mich in den Arm. Meine Hand drückt ganz fest die seine. »Ich bleib' an deiner Seite, was immer auch geschehen mag.« So hatte alles angefangen.

»Wo Leben ist, ist auch Hoffnung«, erklärt mir ein Freund, ein großer Psychologe und Psychiater, der auch zufällig zu dieser Zeit in New York ist und den ich bitte, mit mir ein Gespräch über das Problem Albions zu führen. »Dein Freund muß als Kind eine bittere Enttäuschung erlebt haben«, meint er, »die in seiner Seele unvergeßlich und unverzeihbar blieb. So ist wohl sein ganzes späteres Leben eine einzige verärgerte, aber verhöhnte Reaktion auf und Aggression gegen dieses Gefühl. Ja, wir alle müssen entwöhnt werden, uns aus Verhaltensmustern lösen und die Abhängigkeit von den Eltern aufgeben. Trinken oder Drogenmißbrauch scheinen typische Rachereaktionen darzustellen, die mit dem Mund ausgeführt werden. Die dabei eingesogene Substanz enthält einen hohen aggressiven Wert, der aber indirekt ist. Der reife Erwachsene reagiert eher direkt aggressiv statt indirekt. Durch sein Schweigen bereitet Albion wohl seinem Vater und seiner Mutter Kummer und Verbitterung, muß aber so seinen Kummer nicht direkt zur Sprache bringen – was ja wohl auch nicht gehört werden würde. Seine Furcht, dann das Liebesobjekt zu zerstören und es gleichzeitig zu verlieren, bestätigt ihn noch in seinem Verhalten. So steigert er sich Punkt für Punkt, um immer aufs neue eine Form der Betäubung zu suchen, die indirekt aber wieder jene Aggressionen heraufbeschwört, vor denen er sich selbst so fürchtet.«

Albion hat dann nach fast vier Jahren die Fesseln seiner Drogensucht gesprengt. Der Versuch, im Schutz eines Benediktinerklosters Ruhe zu finden und von den Dämonen seiner sexuellen Empfindungen loszukommen, scheiterte kläglich. Dort in den geheiligten Räumen setzten sich die Einflüsterungen der Diener Mephistos wie Spulwürmer in seine Gehörgänge und vergifteten seine sich nach Stille sehnenden Gedanken. Erst als er sich entschließen konnte, seinem gefräßigen Ego den Brotkorb etwas höher zu hängen und sich um die hungrigen Seelen von jugendlichen Drogenabhängigen zu kümmern, die sich ebenfalls dem Lockruf der chemischen Sirenen nicht mehr entziehen konnten, bekam sein Leben einen Sinn, und das Du hatte sich in den Spiegel Narzissos' eingeblendet.

Noch drei erfüllte Jahre waren Albion beschert, bis er durch ein Lymphdrüsen-Karzinom, das sich plötzlich ganz heftig über ihn hermachte, von uns gerissen wurde, und das mit siebenundvierzig Jahren. Sein Tod hat ein tiefes Loch in meine Seele gerissen, und diese kosmische Zahnlücke ist nicht vom besten Seelendentisten aufzufüllen.

Albion, ich weiß, wie sehr du durch das zwanghafte Leben deiner Sexualität, die sich in den Dimensionen des von unserer Gesellschaft gerade so kokett bildlich verbratenen Sado-Maso-Kults abspielte, hast leiden müssen. Ich weiß auch, daß sich in diesem Falle die Schmerzen an die Stelle der Lust gesetzt haben, daß es immer nur eine momentane Erleichterung gab und dann die Schmerzensschreie deiner verletzten Seele um so lauter an die Schläfe pochten und Wiederholungen erzwangen. Deshalb macht es mich traurig, wenn Madonna so kaltschnäuzig mit überheblich ausdrucksloser Miene die Requisiten und Rituale dieser durch schmerzhafte Erlebnisse in der Kindheit geprägten Spielart einer anderen Sexualität publicity-süchtig verkauft – express yourself –, ebenso wie die neue Sekte unserer S-M-Apostel in diversen Talk-Shows: ungerührt, intelligent, gewieft, eiskalt und hybrid. Gefühl existiert nur als Spottlied auf den Blümchenkaffee-Sex, wie sie die so verachtete, normale Sexualität bezeichnen. Eine kettenklirrende Domina führte in einer Fernsehsendung ihren Sklaven in Ledermaske vor, den Lacklederstiefel gebieterisch auf seinen gekrümmten Rücken gedrückt, um kumpanenhaft einer Fernsehmoderatorin zu erklären: »Wissen Sie, hier bei mir ist alles sauber, das hat mit Sex nichts zu tun.« Dabei deutete sie mit dem Knauf ihrer Peitsche selbstherrlich auf die Galerie ihrer Folterinstrumente. Die Moderatorin kicherte belustigt. Konservative Regierungsmitglieder werden sich freuen. »S-S«, Sauberer Sex ohne direkte Berührung. Ich möchte schreien, wenn ich an die gelebte und miterlebte Wahrheit in Albions Leben denke. Früher wurden Sklaven noch freigekauft, dieser Sklave der sauberen Domina war jedoch verloren, denn diese rigide, destruktive Mutterattrappe mußte ihn verschlingen. Ach, hätten wir doch nur mehr mütterliche Dominas und Huren vom Schlage meiner geliebten Mutterhure Domenica. Sie nimmt Geld, und sie gibt dafür ein Quentchen Leben, wenn auch nur für einen Augenblick. »Wer den Glauben des Kindes achtet, besiegt Hölle und Tod«, meinte William Blake.

Mein erster, abenteuerlicher Besuch in New York näherte sich langsam seinem Ende. Noch einmal ging ich durch die Straßen und ließ das Leben durch mich hindurchfluten.

Bei einem Spaziergang über den Columbusplatz kamen plötzlich zwei amerikanische Studentinnen auf mich zu: »Marianne, kannst du uns bitte in den Arm nehmen.« Gesagt und auch schon getan. Wir halten uns, wir wiegen uns, drei Herzen teilen sich einen Dreivierteltakt.

Ich saß am großen Columbusbrunnen und flog mit den Tauben noch einmal zurück ins Jahr 1979, an die Tränke, wo eine Schicksalskomponente, von meinem Unterbewußtsein mitgestützt, die ersten Puzzleteile zu einem späteren filmischen Tryptichon bereitstellen sollte.

Drei Charaktere klagten ihre eigene Färbung ein, als ich von Martin Sperr für sein Theaterstück *Adele Spitzeder,* das im Münchner Studio-Theater aufgeführt werden sollte, verpflichtet worden war. Die Rolle der geschäftstüchtigen, bauernschlauen Adele Spitzeder schneiderte sich Martin Sperr als Autor des Stücks selbst auf den eindrucksvollen Leib. Ich hatte die Rollen einer Bäuerin, einer stimmlosen Opernsängerin und der Prostituierten Bella, die auch als Geschäftsführerin in einem Nobelbordell der Spitzeder zu fungieren hatte, zu bekleiden.

Inständig bat ich Martin Sperr und unsere aufmerksame Regisseurin, der gegen Geld Gunst gewährenden Dame den Klischee-Mantel der alkoholgeschwängerten, ordinären Fregatte abnehmen zu dürfen, um darunter eine warmherzige, mütterliche Persona zum Vorschein zu bringen. Die zuerst mißtrauische Regisseurin bat mich, dem Charakter erst einmal als experimentelle Probeidee Form zu geben.

Kirschrot schwelgte der Mund. Ein rotsamtenes Mieder hielt den wogenden Busen in Schach, ein rotseidener Rock fiel auf geschnürte Stiefeletten, falsche Wimpern klimperten; hoch oben, auf dem blonden Haardutt, thronte selbstgefällig die Blume von Hawaii, aus Plastik natürlich. Doch Bellas Herz war aus Gold. Ihre Nuttenseele hatte das Kinderantlitz nicht verloren. Verständnisvoll und zärtlich versuchte sie wie eine Geisha, die Wünsche ihrer Kunden zu respektieren und deren Bedürfnisse zufriedenzustellen, gegen Geld natürlich. Ja, so hatte ich mir das vorgestellt, Frau Regisseurin.

»Wir spielen hier ja nicht *Alice im Wunderland«,* zischelte eine Kollegin, die auch eine gewerbliche Dame nachzustellen hatte.

»Also ich hab' mir das ja viel radikaler, direkter vorgestellt«, betonte die Regisseurin, »deine Vorstellung ist an den Haaren herbeigezogen.«

»Ja«, sagte ich, »man muß nur lange genug an den Haaren ziehen, dann kommt man schon zur Haarwurzel. Da sieht dann so manches menschlich aus. Vom Wurzelwerk her sind wir alle die gleichen, unschuldig in Erbsünde getauchten Gotteskinder. Es gibt für mich keine minderwertigen Menschen, auch bei den Prostituierten zeigt sich die ganze Palette Mensch. Der Schöpfer hat auch da seine Regenbogenfarben ausgeschüttet. Ich erlaube keine Diskriminierung«, redete ich mich in Rage.

Martin Sperr meinte lakonisch: »Ja, ja, unsere Wurzelmarie ist schon eine bizarre Menschengärtnerin.«

Die Kolleginnen starrten gelangweilt an die Decke oder zerquetschten ein süffisantes Lächeln. »Komische heilige Nutte, sehr komisch«, meinte ein Kollege. Die Regisseurin, die frisch von Zadeks Schulbank geschlüpft war, hatte sich alles viel brachialer, formal exzessiver vorgestellt, ließ mich aber probeweise weiter gewähren, um nicht noch mehr Unruhe im Ensemble zu riskieren. *Meine* Bella durfte nun unter der roten Laterne Platz nehmen.

Ein flinkes Augenpaar hatte sich bei der freudig beklatschten Premiere auf Bellas schulterfreien Kragen geheftet, um sich von dort aus besser in das blaue Firmament ihrer Augensterne fallen lassen zu können.

Percy Adlon saß im Publikum. Eine platonische Liebesgeschichte in drei Zyklen hatte hier an diesem Abend ihren Anfang genommen. Ein geheimnisvolles Morse-Alphabet war, auf einem Lichtstrahl reitend, in die Seele Percys gedrungen.

»Hättest du den Charakter dieser Hure nicht mit deinen Seelenmustern aufgefüllt, ihr nicht diese Menschenwürde und Wärme verliehen, wären wir uns nie begegnet, Marianne. Ich hätte dich ganz einfach nicht wahrgenommen«, beteuerte Percy immer wieder, auch vor Journalisten.

Diese leichtfüßige, runde Elfe sollte ihm nun als Farbkasten dienen. Mit ihr im Kopf wollte er einige laufende Bilder gestalten.

Wie froh bin ich jetzt im nachhinein um meinen manchmal wie fremdbestimmten Starrsinn. Hier wurden die Weichen gestellt für eine schöpferische, glückhafte Phase meines Lebens.

In Percy Adlons Fernsehfilm *Herr Kischott* spielte ich im Sommer 1980 die bayerische Frau eines spanischen Gastarbeiters, der Sancho Pansa darstellt. Hier beschnupperten wir uns und loteten unsere philosophischen lebensbejahenden Einstellungen aus, öffneten die geheimen Schlupfwinkel unserer Seelenkammern, legten angstlos die gehorteten, eingebrachten Früchte der vergangenen Zeit auf den blanken Tisch, das Samenpaket des nächsten Frühjahrs wortlos gleich dazu.

»Ich bin nicht fertig mit dir, Marianne. Da sind zwei Bilder in meinem Kopf, die ich in einem Film binden muß«, erklärte mir Percy Adlon beim Abschied von den Dreharbeiten, seine Frau Eleonore nickte zustimmend. »Die Vision, wie du stundenlang wie Treibholz auf dem Rücken im Wasser lagst und unsere Teammitglieder dich wie eine Termitenkönigin gefüttert haben, zum einen, und wie du dann zur Abschiedsparty die ganze Nacht lang auf hohen Absätzen Rock 'n' Roll getanzt hast, zum anderen, diese zwei Dimensionen muß ich zusammenbringen. Gib mir Zeit!« Und vier Jahre später, im Sommer 1984, stieg Sugar Baby mit ihrem heißgeliebten Sugar Boy ins bonbonfarbene Schaumbad. Die beiden brachten so manches seelische Fußbad zum Überschwappen. Viele Menschen öffneten ihr Herzkämmerlein, um dem pinkfarbenen Elefantenbaby ein kuscheliges Plätzchen anzubieten, vor allem junge Zuschauer und Studenten. Andere trugen danach eine sorgenvolle Miene zu Schau. »Der Koloß von Rhodos«, meinte ein Kritiker, »sollte wohl besser zurück auf den Sockel seiner Heimstätte gebracht werden.«

Spinnefeind hat sich der damalige Sendeleiter des Bayerischen Rundfunks eine derartige Geschmacksverirrung verbeten. Die Hauptdarstellerin in seinen Augen schon unpassend rund, sollte das Ganze durch den erdachten Beruf einer Leichenfrau vollends in den unästhetischen, maroden Sumpf der Peinlichkeit gezerrt werden. »Mit mir nicht, Herr Adlon, nur über meine Leiche. Erfinden Sie den Beruf einer U-Bahn-Reinigungs-Kosmetikerin, dann können wir wieder über eine Beteiligung des Bayerischen Rundfunks reden.«

»Percy, bleib bitte bei deiner, unserer Uridee der Bestattungsdienst-Angestellten, einer Hebamme am Ende des Lebenswegs, um Geburtshilfe für ein nächstes Leben zu leisten«, flehte ich. Percy wackelte kurz, zuviel stand auf dem Spiel, blieb aber dann doch eisern.

So nicht! Hatte der Sendeleiter doch schon kaum den Extrakt meiner »Opera curiosa«-Aufzeichnung ertragen, die sein sittliches Empfinden merklich ins Wanken gebracht hatte und die hinter seinem Rücken von dem damaligen Chef der Unterhaltung, Dr. Schmidt, ins Programm genommen worden war.

Wieder griff ein Aristokrat in die Speichen meines Schicksalsrades. Herr Dietrich von Watzdorf, ich nenne ihn unseren Schutzengel Nummer eins, nahm den Film in sein Programm-Repertoire. Hier tummelten sich eigentlich nur filmisch aufbereitete Opern- und Ballettaufführungen. Er schaffte nun den Platz auf seinem Schreibtisch, Mozart mußte erst mal weichen, Wolfgang Amadeus hab Dank! Zuckerbaby durfte am Rockzipfel Léhars mit ins Land des Lächelns hineinschweben. Wenn wir uns heute zufällig auf dem Flughafen oder bei einem Filmfestival begegnen, umspielt ein stolzes, wissendes Lächeln die Lippen unseres Förderers und Gönners. Fest und dankbar drücke ich seine Hände. Auch ein Direktor des Berliner Filmfestivals fand damals keinen Geschmack an unserem »unästhetischen Machwerk«. »Kein Interesse«, lautete sein Urteilsspruch.

Die Nacht »Surpriso«, die von Ulrich Gregor und seiner Frau im Delphi-Kino im Lauf der Jahre zu einer spannungsvollen Zeremonie hinentwickelt worden war, machte alles weitere möglich: Diesmal war ihre Herzensentscheidung auf unseren Film gefallen. Nun waren wir doch in Ihr Festival integriert, Herr Direktor, wenn auch gegen Ihren Willen. So war Berlin die Kuschelwiege für das Monster-Zuckerbaby geworden, und der Film wurde von Publikum und Kritik gepudert und gepampert, daß es eine Freude war. Das Kurbelkino wurde zum ersten Laufstall – und wie das Baby laufen lernte! Mit Siebenmeilenstiefeln stakste es in die weite Welt hinaus, und als unsere Filmkopie am Verkaufsstand des Weltvertriebs die ersten zaghaften Zelluloidsprünge in den Vorführraum wagte, griffen zwei Herren aus weiten Landen beherzt hinein ins Badenaß. Der USA-Verleiher aus New York, Don Grim, hatte seinen schnuppernden Nasenflügeln Vertrauen geschenkt, und auch der Einkäufer für den japanisch-eurasischen Markt mochte auf dieses weibliche Pendant eines Sumo-Ringers und ihren – mit den Körpermaßen eines tibetanischen Mönches ausgestatteten – Liebespartner nicht verzichten.

H. Peter Irberseder, »Eine Rose ist eine Rose, ist eine Rose«, Öl auf Leinwand 1996, 140 x 140 cm (aus dem Zyklus »Der Kleine Prinz«).

Don Grims Nase ging nicht baden, und auch das japanische Aufkommen ließ Percys Mundwinkel strahlen.

Aber für mich bedeutete dies, spazierenfliegen in der Weltgeschichte. Als gute Schwester meinen Filmfiguren beizustehen und sie zu unterstützen nenne ich »meine Hausaufgaben machen«. Diese Aufgaben sind nicht leicht zu lösen, sie erfordern Disziplin und eine objektive Bereitschaft, zusammen mit den Journalisten durch konstruktive Gespräche neue Impulse zu setzen und sich eine Qualität des guten Miteinanders zu ertrotzen.

»Manchmal können mir die Journalisten schon leid tun, wenn sich auf ein Reizwort von ihnen ein Redeschwall über sie ergießt. Mariannes Redefluß zu stoppen, gleicht dem Versuch, einen Wildbach mit bloßen Händen aufzuhalten«, so beschrieb eine Journalistin ein Gespräch.

Ja, ich ufere gerne assoziativ aus, kehre aber immer wieder zum Ausgangspunkt zurück.

Mit geweiteten Augen starrte Rutger Hauer, der große Mime und Charakterdarsteller aus dem Film *Blade runner,* den ich bei einem Festival in Vancouver kennengelernt hatte, meinen sprudelnden Sprechblasen hinterher, die bei einem Interview mit einer kanadischen Fernsehanstalt meinem offenen Herzkanal entwichen waren.

»Du bist ja verrückt, du darfst nicht so offen sein. Mir wird ganz schwindelig, du darfst doch nicht deine intimen Gedanken und Erfahrungen den Journalisten weitergeben. Sie werden dich eines Tages nicht mehr schützen.«

»Mein Herz liegt mir auf der Zunge«, sagte ich, »was soll ich machen? Ich kann mich nur ganz verströmen oder gar nicht. Jeder Mensch, der zu dem Ufer meines Lebensflusses kommt, darf darin ein Bad nehmen, wenn er will, oder sich auch nur die Füße waschen. Schüttet jemand giftige Tinte hinein, wird sich mein Fluß schwarz-violett färben, ja. Aber durch das permanente Fließen wird er sich wieder reinigen. Die giftigen Farbteile werden sich dann setzen müssen. Wichtig ist für mich, Rutger, daß ich von dem Grundwasser meiner Seele nicht zuviel für alle ausschöpfe und besser haushalten lerne.«

Rutger erinnerte mich in diesem Moment an den ungläubigen Thomas. »Du brauchst Schutz, Kleine, das fühle ich. Ein Public-Relations-Agent muß her, my god. Wenn du das nächste Mal nach Los Angeles kommst, werden wir das professionell in Angriff nehmen.« Schützend legte er seinen großen Arm um meine

Schultern. Seine verletzliche, hochsensible Seele in dem imposanten Körper eines Yedi-Ritters fürchtete um meinen Seelenfrieden. »Du mußt dir keine Sorgen um mich machen, Rutger.« Beruhigend tätschelte meine Hand die Wange meines großen besorgten Bruders. »Für mich gelten all eure Regeln nicht. Ich bin kein Star, ich bin ein Mond. Die Sonne ist mein Publikum oder ein Journalist, meine Freunde oder Familienmitglieder. Aber heute bist du meine Sonne.«

Erschrocken zieht sich diese nochmals kurz hinter eine bewölkte Stirn zurück, um dann breit und freigebig Herz und Hirn eines Mondkindes zum Scheinen zu bringen.

Marianne baut wieder Luft-schlösser

Augustus

Eine Hand versucht ungeschickt mit chinesischen Stäbchen delikate Essenshappen aus einer großen Suppenterrine ans Tageslicht zu befördern, um sie dem wartenden Gaumen zu offerieren. Jetzt gilt es zuerst einmal in die Mundöffnung zu treffen. Die Sinne fühlen sich geschmeichelt. Ingwer, Kokosmilch, Zitronengras, Koriandergrün und saftige, weiße Fleischstückchen. Mit einer nie gekannten Intensität tauchen die Gewürze und Zutaten dieses Gerichtes in meiner Erinnerung auf. Eine fremde und doch so vertraute Sprache füllt plätschernd und wohltuend den Raum, in dem zarte Blumengestecke verteilt sind, die sich als pastellfarbene Farbtupfer mit den hereinbrechenden Lichtbündeln geheimnisvoll vermählen, die dann ihre Kreise ziehen. Das anmutig lächelnde Antlitz einer bildschönen taiwanesischen Serviererin taucht in meinem Blickfeld auf, die Hände hat sie fast wie zum Gebet gefaltet. »Do you like our tomgokaefrog?«
Ich nicke lebhaft.

Nein, es ist kein Erwachen aus sehnsuchtsvollen Kindheitsträumen. Zusammen mit meinen deutschen Pressebetreuern, die sich rührend um mein Wohlbefinden sorgen, sitze ich mit der Familie der taiwanesischen Filmverleihfirma zum Mittagstisch in Taipeh, der Hauptstadt Taiwans.

Nach der ungeahnten Akzeptanz von *Sugar baby* hat sich die Firma Big Film entschlossen, gleich unsere beiden nächsten Produktionen, *Bagdad Café* und *Rosalie goes shopping,* zu starten. Mir erschien das alles fast unwirklich – das kleine Binsentraumboot, das ich als Kind so oft an meinem Bach vor Anker gelegt und mit dem ich mich auf eine globale Reise hatte machen wollen, um zu meinem in melancholischen Kindheitstagen so sehr vermißten großen Weltenmeer zu gelangen, hatte sich vertrauensvoll im Bauch des silbernen Steinvogels in die Lüfte erhoben. Die ganze Liebe dieser so lebensbejahenden Menschen, die fast alle Buddhisten waren, strömte mir zu.

Die Opening Night von *Bagdad Café* war voll tiefer Emotionen. So viele Besucher zeigten mir ihre Begeisterung mit großer Offenheit und Liebe, daß ich vor Glück weinen mußte. Und doch war niemand da, mit dem ich dieses Gefühl hätte teilen können. Konnte ich es überhaupt noch mit den Menschen zu Hause teilen? Ich hatte große Angst davor, vielleicht noch mehr neidvolle Blicke zu züchten oder hämische Bemerkungen abzurufen.

»Ach, Madame Sägebrecht fährt noch U-Bahn! Welche Ehre, nach dem allen«, tönte ein mittelalterlicher verhinderter Schwabinger Künstler durch den vollbesetzten U-Bahn-Waggon. Weinend war ich damals nach Hause gestapft.

Ja, mit *Bagdad Café* war Fortuna zum zweiten Mal auf unserer Seite. Der kleine, humanistische Bilderbogen, der die Geschichte einer Bürgersfrau erzählt, die in der Mohave-Wüste von Kalifornien ihren Angetrauten verläßt, um mit einer schwarzen Familie durch Eigeninitiative und mit viel Phantasie ein neues Leben aufzubauen, hatte wie ein Blitz in die Gemüter und Herzen des Publikums eingeschlagen, ob im europäischen Raum oder auf großer, internationaler Ebene: in den USA, Australien, Südafrika, Japan – es war kaum zu fassen.

In dieser Zeit habe ich wieder gelernt, Dankgebete zum Himmel hinaufzuschicken. Tief Luft holen, demütig sein und nur nichts persönlich nehmen, meditierte ich täglich für meinen Seelenfrieden.

Ein Lachen am Tisch schreckte mich auf. Jetzt hatte ich, trotz der Tagträumereien, mit meinen Stäbchen wieder in die Terrine meiner taiwanesischen Suppe gegriffen, und die Begleitcrew war schon beim dritten Gang. Da, ich konnte es kaum fassen, spreizte sich ein Gebilde von der Größe und Form einer schwarzen Babyhand zwischen die Stäbchen. Wie war das möglich?

Um dem ersten tiefen Schrecken besser zu begegnen, hängte ich die Hand nach innen an den Suppentassenrand, es sah aus, als wollte ein Ertrinkender sich vor dem sicheren Untergang bewahren.

»Das ist ein Ochsenfrosch«, erklärte mir der Gastgeber liebevoll, »tomgokaefrog.«

Die Mitbesucher aus heimischen deutschen Ländern lachten über meine scheinbar originelle Idee, dieses Relikt so zu plazieren.

Für eine fotografische Session mußte sich mein Opfer noch ein oder zwei Zahnstocher als Eßstäbchen zwischen Daumen und Zeigefinger stecken lassen. Für mich war das nur ein Ablenkungsmanöver, denn der Appetit wollte sich einfach nicht mehr einstellen.

Meine deutschen Begleiter hatten Freude an meinem morbiden Frosch-Ikebana-Kunstwerk. Die Gesichter der Gastgeber duldeten alles still und ergeben. Das Gelächter schwoll an. Als ich aus dem Terrinengrund auch noch ein Froschauge nach oben beförderte und dieses auf einem zu einem Floß umfunktionierten Blumenblatt auf der Suppe zum Schwimmen brachte, platzte der bedienenden Tai-Elfe das seidene Stehkrägelchen. »Don't play with food, don't blame him, eat him, it is not his fault (Spiel nicht mit der Nahrung, mach dich nicht lustig über ihn, iß ihn, er kann nichts dafür)«, ermahnte sie mich höflich, aber bestimmt.

Ein tiefes Schamgefühl über meine Respektlosigkeit überzog mit einer rosigen Wolke mein Antlitz, und mein schlechtes Gewissen wollte sich am liebsten durch einen Sprung in das Blumenwasser der kostbaren Mingvase ertränken. Wie konnte gerade mir so etwas passieren? Schon als Kind war mir von meiner Mutter eingebleut worden, daß Nahrung rar ist und daß es in der Nachkriegszeit sehr schwer gewesen war, sie überhaupt aufzutreiben. Wie wichtig war damals für mich das Gebet vor einer Mahlzeit gewesen, um dafür zu danken, daß überhaupt noch Nahrung von der Natur für uns Menschen bereitgestellt wird. Immer wieder. Und nun das!

»Marianne, du bist ja eine Buddhistin«, hatten taiwanesische Journalisten in den letzten Tagen bei Interviews immer wieder freudig bemerkt und in die Hände geklatscht, wenn sich eine handgewebte philosophische Sprechblase als Reflex auf eine Frage durch den Raum bewegte.

Doch die Frosch-Arie ging mir nun nicht mehr aus dem Sinn, auch nicht, als ich, immer noch bedrückt, als Ehrengast einer total amerikanischen Tai-TV-Game-Show beiwohnen mußte. »Sie sind rund und daher keine Schönheit. Wie kommt es, daß man Sie jemals zu einer Filmproduktion geholt hat?« warf mir da der selbstverliebte Moderator vor die Füße.

Meine Spucke blieb weg, sie hatte um Kurzurlaub eingereicht. Jetzt nur die Jacke meines Nervenkostüms anbehalten!

Die rund achthundert Besucher dieses Live-Spektakels, meist Kinder und ältere Menschen, hefteten gespannt ihre Augen auf mich. Ein tiefer Atemzug brachte mich wieder in eine gute Ausgangsposition: »Was erlauben Sie sich«, höre ich mich antworten, »ich bin schön. In den Augen unseres Schöpfers ist jedes Individuum, jede Kreatur schön und wertvoll.« Das saß. Die Kinder klatschten.

Doch nach einem kurzen Augenblick hatte der große TV-Dompteur sich wieder in der Gewalt: »Wieviel wiegen Sie?«

Meine Ohren spitzten die Lauscher: »Da kann ich Ihnen schwer behilflich sein, denn mein spezifisches Gewicht ist nicht von dieser Welt«, antwortete ich. »Sie müßten erst umtarieren, aber dann

213

würde das ertrutzte Ergebnis nicht stimmen, denn mein spezifisches Gewicht verändert sich alle zehn Minuten.«

Herr Merkwürden schien jetzt etwas irritiert zu sein. Sein erprobtes Zahnpastalächeln mutierte zu gefrorenem Eis. »Sie sind ungeheuerlich rund. Hatten Sie keine Schuldgefühle, als Sie den jungen, schlanken Prinzen vom weißen Pferd rissen, um mit ihm Liebe zu machen?« Er meinte natürlich mein graziles Sugar Baby. Oh, my frog, stürzte es durch meinen Kopf, den ich jetzt nicht verlieren durfte. Das Lächeln hatte sein Land verlassen.

Siegessicher pflanzte sich der Matador vor mir auf. Im Zuschauerraum herrschte Stille. Aus schmalen Augenwinkeln heraus wartete jetzt der nach allen amerikanischen Regeln der TV-Kunst trainierte Meister der Zeremonie darauf, daß sich wieder einmal ein angeschlagener Kandidat freiwillig in den Staub der Arena werfe, um seine blanken Schühchen zu küssen.

Das rohe Verhalten dieses Menschen entbehrte jeder religiösen und buddhistischen Grundregel. Meine Antwort stand immer noch aus, doch ich kehrte zurück in mein Startloch: »Wenn ich richtig gehört habe, sagten Sie doch, ich sei ungeheuer riesig und rund.« Sein Nicken ließ mich fortfahren: »Und Sie sagten auch, ich sollte Schuldgefühle deswegen haben …«

Er winkte forsch ab. »Weiter, weiter«, meinte er gebieterisch, indem er auf den Zeiger seiner Uhr deutete.

»Seit ich die Grenze zu diesem bezaubernden Land überschritten habe«, sagte ich, »sehe ich in jedem Restaurant, in jedem Laden, in jedem Tempel eine Person, riesig, rund, mit einem großen, dicken Bauch – Buddha! Würden Sie diese Frage auch an ihn stellen?«

Genervt verschwand er hinter dem Vorhang. Das Publikum lachte befreit und klatschte, doch das Abenteuer war noch nicht überstanden.

Die Assistentin des abgetauchten Meisters trippelte grazil auf hohen Hacken in das Rund, ein Tablett mit Tai-Food vor sich her balancierend, das jeder Talk-Show-Gast zum Finale kosten mußte. Ich liebte das Essen dieses Landes, und so würde ich auch noch das hinter mich bringen.

Mit geschürzten Lippen und spitzen Nägeln führte mir die wespentaillenschlanke Dame eine undefinierbare Delikatesse bis kurz vors Gaumenzäpfchen. Die geleeartige Masse versuchte sofort, mit meinem Gaumensegel Brüderschaft zu schließen.

»Do you like it, Madam?«

Genau an dieser Stelle hatte sich vor einer Woche noch Brooke Shields Honig um den Mund geschmiert. »Sehr gut, very good«, hatte sie das Produkt mit ihrem berühmten Lächeln benotet. Nicht so aber die Sägebrecht. Mit dem Schrei: »Wasser! Wollen Sie mich umbringen?« prustete ich das untergeschobene Lebensmittel in hohem Bogen von mir.

Mit dieser Zeremonie sollte für ein taiwanesisches Diät-Food-Gericht geworben werden, es entpuppte sich jedoch als Kuckucksei, das ich nicht in meinem Nest belassen wollte. Hunderte von Kindern im Studio und Hunderttausende draußen an den Apparaten sprangen auf, klatschten und glucksten vor Freude.

So wurde ich von ihnen allen zur taiwanesisch-bayerischen Struwelpeter-Marianne im Land der Höflichkeit erhoben.

Erspähten die Kinder mich in den nächsten Tagen auf den Straßen oder an öffentlichen Plätzen, scharten sie sich in Trauben um mich. Sie erbettelten sich Haarsträhne um Haarsträhne, und ich sah schon haarlosen Zeiten entgegen, denn, einmal angefangen, warteten Hunderte von ihnen auf diese Morgengabe. Viele der Kleinen baten mich, meinen Namen in ihre offenen Hände zu kritzeln, und sie versprachen meiner Dolmetscherin hoch und heilig, sich jetzt nie mehr zu waschen.

Bei einem Besuch des staatlichen Museums mit all den Kunstschätzen aus den verschiedenen Epochen der chinesischen Kul-

tur, die dem großen Tschiang Kai-schek zu verdanken waren, der
sie von China mit nach Taiwan herübergeführt hatte, hätte ich
mich mit all den zierlichen Elfenbeinminiaturen, den meisterhaft
gearbeiteten Seidengobelins, den zerbrechlichen Porzellanvasen
und -kunstfiguren, den kunstvollen Holzschnitzereien mit Intar-
sien tagelang einsperren mögen, um sie still bestaunen zu können. Doch schon warteten die Artisten der Chinesischen Oper
darauf, uns mit der Aufführung eines mythologischen Mär-
chens, das mit großer artistischer Tanzleistung gewürzt war, ihre
Aufwartung zu machen. Ich hatte mich ganz in den so fremden
rhythmisch-monotonen Sprechgesang hineinbegeben, der in einen Klangteppich von Trommeln, Flöten, Rasseln und Xylophonen eingebettet war, und ließ mich berauschen von den auf-
reizenden Farbtableaus der Kostüme und den kunstvoll ge-
schminkten klassischen Masken. Und dieses Schauspiel, das in
Original-Mandarinsprache aufgeführt wurde, zog mich hinauf,
ließ mich im Sonnenschiff meinen Platz einnehmen und meine
Seele erschauern – wie so oft seit dem Eintritt in dieses Reich meiner versunkenen Sinne. »Geisha-vue« nannte ich in dieser Zeit
dieses immer wiederkehrende heimelige Gefühl.
Mit einem großen handgefertigten Schlüssel, der mich als neues
Mitglied der taiwanesischen Schauspielergewerkschaft auswies,
in der Tasche, den Geschmack eines letzten Trunks aus Schlan-
genblut, Gallebitter und einer Kräutermischung noch auf der
Zunge, der meine Lebensenergien und Abwehrkräfte stärken
sollte, saß ich dann mit wehen Abschiedsgedanken im Flugzeug,
das mich den langen, langen Weg wieder nach Hause bringen
würde. Nach Hause?
Vor dem Abflug hatten wir dem großen buddhistischen Haupt-
tempel der Stadt Taipeh noch einen Besuch abgestattet. Frauen
bringen die täglich zu verzehrenden Speisen dorthin, um sie von
den Göttern weihen zu lassen. Verschiedene Altäre laden ein, Hil-

fe und Rat zu erbitten. Blumen schmücken und dienen diesem Platz der Sammlung und Besinnung als wichtige Dekoration. Der Hauptteil des Platzes bietet heiligen Schutz für obdachlose Mitmenschen, die in dieser Tabuzone weder verdrängt noch verjagt werden dürfen. Frisches Wasser aus vier Brunnen wird täglich für die Verlorenen bereitgestellt, und von den geweihten Speisen geben die Tempelbesucher einen Teil für die hungernden Obdachlosen ab. Diese sozial-religiöse Einrichtung hatte mich sehr berührt und vor allem inspiriert.

Deshalb fiel es mir besonders schwer, dieses Land schon nach zwei Wochen wieder zu verlassen. So gern wäre ich noch viel länger geblieben, um Land und Leute besser kennenlernen zu können. »Ich komme wieder«, versprach ich ganz fest.

»Ja, komm wieder«, ermunterte mich der stattliche, schöne Direktor der Schauspielergewerkschaft. »Du brauchst nur ein Oneway-Ticket. Unser Gastrecht ist heilig. Herzlich willkommen. Wir werden eine TV-Serie für dich entwickeln.«

Oh, mein Gott, ich sah mich schon als eine das Schwert der Lilie schwingende Kung-Fu-Nonne durch die wöchentlichen vierzig Kanäle geistern.

Die Stimme meines Herzens hat am Ende aber doch gesiegt. Ich mußte zurück in dieses kleine Stück Herzensheimat, wo meine fast schon zwanzigjährige Tochter Daniela sehnsüchtig auf die wieder mal ausgebüxte Mutter wartete und auch meine eigene Mutter, die, die Hände still im Schoß gefaltet, hoffte, daß diese Tochter mit den Hummeln im Hintern und oft gar abstrusen Flausen im Kopf wieder an den heimeligen Herd zurückkehrte. Ich war mir ihrer stillen Übereinkunft sicher, mußte meine Mutter doch ihre eigenen Träume, als Krankenschwester nach Afrika zu gehen, um dort Kranken und notleidenden Menschen zu helfen, durch den Kriegsausbruch begraben und in den Wasserkübel der Hoffnungslosigkeit fallen lassen.

Ich, der Zugvogel, war glücklich heimgekehrt, wo wir – samt drei männlichen Katern und Carmelo, Danielas Herzensbuben, der den Großteil seiner Zeit in unserem Karmeliterinnen-Kloster, wie ich es scherzhaft immer nenne, verbrachte – wieder unseren reinen Frauenhaushalt führten. Meine Mutter hatten wir zur Schwester Oberin ernannt und uns in ihrer Wohnung seit 1978 ein kleines Zuhause geschaffen. Ein Bett, ein Schreibtisch, ein Schrank – mehr brauche ich nicht. Meine Mutter, meine Tochter und ich hatten unseren Lebensbereich zu einer intakten Wohnzelle zusammengeschweißt, und man hört und staunt, wenn offenkundig wird, daß dieses Wohnmodell, vielleicht auf einem Psycho-Reißbrett der Soziologen entworfen, auch in praktischer Anwendung funktionsfähig ist. Einzig unser musikalischer Gusto war nicht immer derselbe, und wenn sich aus Danielas Jungmädchenklause sanfte Soulklänge zur Zimmerdecke hinaufkräuselten, scherten sich Omas Zillertaler Geißenbuben wenig darum und schnalzten musikalisch ein Ei darüber. Spielte meine Seele krause Glucke, konnte das nur durch eine wilde Heavy-Metal-Kantate wieder ins Lot gebracht werden. Meine verehrte Musikband »Die Wand an« mußte mir dann das benötigte musikalische Elixier beisteuern: ein Schlagzeuger, der den Herzschlag in allen Rhythmen und Phasen nachfühlt, und ein Bassist, der seine Trommelwirbel phantasievoll untermalt. Sieben verschiedene Cassetten-Recorder, jeder mit anderen Musikinformationen gespeist, gaben die Würze für diesen rasanten Cocktail. Einmal drehte ich mir gerade diesen musikalischen Saft akustisch noch ein paar Zacken hinauf und begann, mich einzutanzen, da tauchte meine Tochter mit verärgertem Gesicht im Türrahmen auf. »Marianne, kannst du denn dieser Irrsinnsarie nicht den Garaus machen?« Doch dann entfleuchte ihr schon ein Lacher, als sie mich inmitten ihrer ehemaligen Kinderzimmermöbel tanzen sah.

Auf Danielas Vorschlag hin hatte ich meine merklich größere Damenkammer gegen Danielas Kinderzimmer eingetauscht. Dani fand das nur gerecht, da ich ja oft aus beruflichen Gründen durch Abwesenheit glänzte. Als ich ihr aber vorschlug, ihr auch meine Möbelstücke zu überlassen und nur persönliche Dinge wie Kleidung, Bücher etc. auszuräumen, kannte ihre Freude keine Grenzen. Ihre Kleinmöbel, die ihr schon seit Jahren, bemalt und bekritzelt, treu die Stange hielten, nannte sie ihren weiß- und orangefarbenen Pappendeckelsalon, den sie nicht mehr mochte und den ich für eine geistige Verjüngungskur nutzte.

Wie Baby Doll kuschelte ich mich für ein paar Monate ins viel zu kurze Liegestättchen und amüsierte mich köstlich, wenn Dani dann ganz stolz und gemessen ihre »neuen Räume« verließ.

Das aufregende Ereignis ihrer ersten Menstruation war mir geeignet erschienen, dieses Tauschmanöver vom Stapel zu lassen – sozusagen als Tribut an die kleine Frau, die im Begriff war, zu einem gebärfähigen Weib heranzureifen.

Wie ein Lauffeuer hatte sich die Kunde von unserem Handel in der Schule verbreitet, war von den Klassenkameraden und -kameradinnen mit ungläubigem Staunen aufgenommen und schnurstracks den Eltern zur Nachahmung auf den Tisch gelegt worden. Ein großes Tohuwabohu war entstanden, als die verunsicherten Eltern plötzlich ihre Schlafgemächer ihren Drei- und Fünfkäsehochs überlassen sollten, um es sich selbst in den Kinderzimmern bequem zu machen. Ja, die Knirpse hätten es »affengeil« gefunden, berichtete Daniela. Aber die Eltern waren bedient: »Dieser Lehrer wird doch nicht vom Staat bezahlt, daß er unsere Kinder zu diesen palastrevolutionären Ideen aufwiegelt.« Es hagelte Proteste. Der arme Klassenlehrer versuchte zu beweisen, daß ihn keine Schuld treffe. Eine kleine Riechspur blieb ihm aber auf den Fersen, bis er eines Tages die Quelle allen Übels ausmachte. Mich! Er startete einen sorgenvoll belehrenden Versuch, mir die Ungeheuerlichkeit meiner Tat bildhaft vor Augen zu führen, um den Extrakt der Reue in meiner Seele aufzuköcheln und mich zurechtzustutzen. Er versuchte, mir Angst einzujagen. »Im Interesse der Akzeptanz, die die Mitschüler für Ihre Tochter hegen, Frau Sägebrecht, darf ich Sie bitten, diese Spaßetteln künftig zu unterlassen, sonst müßte ich dem Jugendamt eine Meldung machen. Schließlich sind Sie ja eine alleinerziehende Mutter, nicht wahr?«

Ich lächelte nachsichtig in mich hinein, denn Daniela und ich hatten gerade die Positionen getauscht: Sie war für einige Zeit meine mütterliche Freundin geworden. Aber das wollte ich natürlich Herrn Lehrer Lämpel nicht aufs spärliche Butterbrot schmieren. Ja, ich liebe meine Tochter inniglich, habe aber bald begreifen müssen, daß sich hier ein eigenständiges Geschöpf in die Welt eingegossen hat, das wachsen und gedeihen mußte. Ich durfte sie nicht zu sehr mit den Essenzen eines jahrelangen Gärungsprozesses aus den Früchten meiner vermeintlichen Erkenntnis konfrontieren – sie mußte sich schon ein eigenes Lebenssüpplein kochen. Nur so würden wir gegenseitig von unseren Extrakten kosten können und uns ermuntern weiterzuexperimentieren. Ausgestattet mit meinem großen Vertrauen, konnte sich Daniela in der Zeit ihrer Pubertät als Guerillakämpferin erfolgreich durch den Dschungel des täglichen Lebens schlagen: Ob sich die gefüllte Tequilaflasche schon vor dem abendlichen Disco-Besuch im Kühlschrank einen kleinen Schnupfen holte, um dann unter der Jacke am Türsteher vorbeigeschmuggelt zu werden, oder der Haschkuchen, der von einem sogenannten Spaßmacher ohne Vorwarnung an Daniela und ihre Freunde verteilt worden war und sie für ein paar Tage gesundheitlich ernsthaft bedrohte – Daniela wußte, was sie wollte, und vor allem, was sie nicht wollte. Als ein Videoabend stattfand, für den ein junger Klassenkamerad die Horror-Erotik-Schatzkiste seiner videosüchtigen, in Urlaub befindlichen Eltern geknackt hatte, flüchtete Daniela ange-ekelt.

Mir konnte sie alles berichten. War sie ein Stückchen zu weit ge-gangen, kuschelte sie sich oft schutzsuchend wieder in meinen Arm. Das Wichtigste war für mich, diese Dinge so lange mit ihr zu teilen, wie sie bereit dazu war.

Aber Daniela teilt auch ein turbulentes Leben mit mir und den der bürgerlichen Norm oft nicht entsprechenden artistischen Menschen, mußte aber um ihr sicheres Nest zu Hause nie ban-gen, denn die meisten Kommunikationen mit Bekannten und Freunden wickle ich draußen, in Cafés oder Wohnbereichen der Freunde, ab.

Meinen homophilen Freunden schenkte Daniela immer all ihre menschliche Zuwendung, was immer stark zurückgegeben wur-de. Sie partizipierte aber auch über all die Jahre hinweg an mei-nen Freundschaften mit den »keltischen Recken« – wie ich meine sieben wilden Ritter meines Schneewittchen-Daseins immer zu nennen pflegte –, die sie respektieren und schätzen lernte. Unse-re Gesellschaft würde diesen Musterexemplaren von Mann den Stempel »Hetero exzentrico« auf die Stirne drücken – ich versu-che, in diesen freundschaftlichen Beziehungen auch die weibli-che Komponente dieser Männer zum Klingen zu bringen, und Daniela erlebt an meiner Seite, daß es möglich ist, dem männli-chen Gegenpol in selbstloser Freundschaft zugetan zu sein.

»Liebe ist immer Verführung, Marianna, auch Freundschaft«, meinte schelmisch lächelnd ein neu in mein Leben getretener Recke: Michael Carr, der hochsensible irisch-amerikanische Troubadour der Liebe.

»Gut, gebe ich Liebe voll zurück! Dann verführen wir uns jetzt zum wahren Akt der Menschlichkeit. Laß uns gute Freunde sein.«

Daniela schmunzelte mal wieder. Durch die ständige Anwesenheit meiner hilfreichen Schwester Renate, die ihr eine wertvolle Freundin wurde, waren meine vielen Reisen möglich geworden – auch durch den selbstlosen Einsatz meiner Mutter. Ohne den geringsten Neid betrachtet Renate meinen künstlerischen Werdegang: »Dieses öffentliche Leben mit all den aufregenden Seiten, aber auch den damit verbundenen Opfern, möchte ich nie leben müssen. Dazu fehlen mir die nötige Energie und der Mut.« Doch mit feinen Antennen ausgestattet für künstlerische Lebensqualität, genießt Renate die von ihr so gern besuchten Theater- und Filmaufführungen und freut sich am Extrakt der Früchte meiner filmischen Arbeit. Das gibt mir Schutz und macht mir Freude.

»Meine Kleine baut wieder einmal Luftschlösser«, höre ich ihre Stimme in meinen Spiralnebel dringen.

Ich sitze und tagträume. Dani hatte mich genau im Visier.

»Stell dir vor, Dani, letzte Woche habe ich mir mit einer Freundesgruppe bei einer Art Phantasiespiel ein Haus erträumt. Es sieht aus wie ein Ufo, nimmt aber auf Pfeilern Platz. Den unteren Bereich deckt die Küche ab, ein großes Bad, Lagerräume, Bügelräume, Gymnastikräume, und wieder geht's hinauf in den riesengroßen Hauptraum, der auf verschiedene Ebenen ausgerichtet ist. Es gibt keine Schränke mehr. Eine große Glaskuppel, die sich automatisch öffnen läßt und sich natürlich bei Sonneneinwirkung farblich verdichten muß, bildet das Dach. Denk nur, und hier habe ich einen Entwurf von einem Freund, dem Architekten Heribert Kögel, der das Ganze binnen einer Woche konstruiert, technisch ausgetüftelt und vor allem kostenmäßig kalkuliert hat. Allerdings hat er mir am Telefon äußerst gereizt mitgeteilt, daß ich ihm eine schlaflose Woche bereitet hätte. Und ich verstand ihn zuerst nicht, bis ich diese wunderbaren Entwürfe gesehen habe.«

Daniela lächelt zu mir herüber: »Du bist mir ein verrücktes

Huhn. Mit deinen Reinkarnationsideen, Überlebenssuppen, Geisterbeschwörungen und Immortalistenträumen. Ich hab' dich lieb.« Und sie schlingt ihre Arme um mich.

Ja, ich habe große Sehnsucht nach meiner Tochter, sitze in der zugigen Garderobe unseres Filmteams in der Mohave-Wüste und halte meine kleine Findelhündin Bagdad fest im Arm.
Schon seit vier Wochen hat uns im April 1986 wohl eine Schicksalsgöttin hierher verschlagen, um den Film *Bagdad Café (Out of Rosenheim)* mit Percy Adlon zu drehen.
Mir wäre beinahe die Luft weggeblieben, als Percy mich Wochen vorher in München anrief und mir berichtete, daß Jack Palance die Rolle des Malers Rudi Cox übernommen habe. »Mach dich nicht lustig über mich«, sagte ich.
»Da gibt's nichts lustig zu machen, da führt kein Weg vorbei, Marianne.« Ja, dieser Film forderte jetzt in unseren Terminkalendern und in unserem gelebten Leben seine Einlösung. Als Filmkulisse fungierte ein winziges Café in Newberry Springs, das für zwei Monate offiziell geschlossen und uns zur Verfügung gestellt worden war. Der ganze kleine Ort war mit auf den Beinen, und alle stellten sich für anfallende Arbeiten zur Verfügung, da es in diesen Wüstenregionen kaum Beschäftigung gab und die Menschen sehr arm und bescheiden lebten. Nie mehr wieder habe ich so viele starke individuelle Charaktere getroffen wie an diesem Ort. Für sie kamen wir wie vom Himmel: Ganze Familien konnten sich für den Film als Statisten verdingen und alle zusammen soviel verdienen, daß sie, wie sie uns berichteten, fast ein Jahr davon leben konnten, wenn sie alles in einen Topf schmeißen würden.
Jack Palance war auch schon angereist. Bei unserer ersten Begegnung brachte ich vor Schüchternheit kein Wort heraus, Jack band mich aber auch nicht in ein Gespräch ein. Na gut, dachte

ich, sprechen wir eben nicht. Diese Trotzphase half mir, die Szene, in der er bei der ersten Begegnung mit dem bayerischen Unikum Jasmin Münchgstettner deren federgeschmückten Lodenhut bewundert, sie ihm aber keinerlei Aufmerksamkeit schenkt, fast hautnah zu gestalten. Jetzt Schultern stolz nach oben, Brust nach vorne, Augenbrauen hoch und hochnäsig passieren.

»Szene im Kasten«, kam Percys Entwarnung. Der Einstieg mit einem professionellen Filmhasen war geschafft. Ein Kribbeln meldete sich in meinem Bauch. Das war die Aufregung, aber nur im guten Sinne.

»Ich komme aus Tinseltown«, säuselte Rudi Cox sonor eine Szene später in mein Ohr. Nun ja, denke ich, na und – und schaue trotzig in das braune Süppchen, das sich als Kaffee ausgeben möchte.

In der Garderobe wurde Jack gerade von seiner Maskenbildnerin bearbeitet. Meine Zeit war noch nicht eingeteilt, und so wartete ich brav mit meiner kleinen Hündin auf dem Schoß auf den Pinselstrich der Künstlerin. Da, sieh mal an, Jack Palance, dieser große, stille Mensch, unterhielt sich angeregt mit seiner Maskenbildnerin über Malerei, und es stellte sich heraus, daß er ein Kunstsammler war, europäische Malerei liebte. Und als junger Mensch gerne Charaktere in Shakespeare-Stücken gespielt habe, die man ihm aber dann nicht mehr habe anvertrauen wollen, weil er sich körperlich zu groß und grobschlächtig entwickelt habe. Auf seinem Schoß lag ein dickes Buch, die gesammelten Werke von Edgar Allan Poe, in das er immer wieder hineintauchte. Alles in allem barg dieser Cowboy offenbar eine wunderschöne, feine, zarte Menschenseele.

Gerade eben beschrieb er bildhaft eine Episode aus dem Film *Le mépris (Die Verachtung),* den er mit Godard in Frankreich gedreht hatte und bei dem die Brigitte Bardot seine Partnerin gewesen war. Jack Palance zeichnete bildhaft die Geschichte nach, wie Godard

Brigitte und ihn immer wieder einen Hügel hatte hinunterlaufen lassen, worauf sie in einem nahen Wäldchen verschwinden mußten. Nie war der Regisseur mit dem Resultat zufrieden. Nach zwanzig Wiederholungen schmiedeten Brigitte und Jack ein Komplott, denn sie empfanden wohl diese ganze Behandlung als unwürdig und entschieden sich nach dem Durchlauf des einundzwanzigsten Versuchs, nicht mehr zum Drehort zurückzukehren, sondern in ein am Wegrand liegendes Café einzukehren. Gesagt, getan. Nervös und gejagt hatte sich dann wohl das Team auf die Suche nach den zwei verlorenen Schäfchen gemacht.

Brav hatte ich die ganze Zeit mit dem Hündchen auf meinem Lauschposten in der Ecke des Garderobenraumes gesessen. Noch immer getraute ich mich nicht, mein Wort an den großen Mimen mit der geheimnisvollen Aura zu richten. So sprach ich dann also halblaut zu meinem Hundebaby Bagdad auf meinem Schoß, in »broken English« natürlich. »Hast du das gehört, Bagy? Da ging's um Jack Palance und Brigitte Bardot. Und jetzt heißt's Jack Palance und Marianne Sägebrecht. How strange. Aber was sollen wir machen? Die Phantasie der Autoren geht oft seltsame Wege, was, Bagy? Und Papier ist anscheinend geduldig. Ja, jetzt müssen wir es umsetzen. Mir ist ganz angst und bange.« Da stand Jack auf und nahm mich ganz fest in den Arm: »Ich bin hier wegen dir«, sagte er. »Ich bin hier, weil ich *Sugar baby* gesehen und geliebt habe. Hab Vertrauen zu mir. Ich bin doch selbst schüchtern.«

Der Bann war gebrochen. Mein Herz wurde wieder leicht, was sehr wichtig war, weil noch sehr intime Porträtsitzungen, in denen Jack Palance als Maler fungierte, mit Percy Adlon zusammen in Szene gesetzt werden mußten.

Von jetzt an fühlte ich mich beschützt, und doch steckte mir noch unser Kannibalen-Visions-Dreh in den Knochen, den wir in den ersten Tagen aufgenommen hatten. Da das Budget klein war, wurde diese Szene aus Kostengründen vor dem Kaffeehaus im Freien gedreht.

Der große Pott über der Feuerstelle war schon einen Tag zuvor aufgebaut worden. Die wüste Gerüchteküche brodelte, und keiner der männlichen Haudegen und der Wüstenbewohner mochte sich das Schauspiel einer Frauenkannibalenzeremonie entgehen lassen. Als ich im Oben-ohne-Kostüm frierend im großen Pott kauerte und auf meinen Einsatz wartete, bis die Kannibalen-Kandidaten fertig bemalt, bekleidet und zurechtgezupft waren, glaubte ich meinen Augen nicht zu trauen: Hunderte von Schaulustigen hatten sich auf den Weg gemacht. Natürlich handelte es sich vorwiegend um die Herren der Schöpfung, und zwar um die herrlichsten Exemplare. Aber auch einige Kinder und Frauen wollten sich den Spaß nicht entgehen lassen.

»You maik ai moove ouva hia?« (Wird hier ein Film gedreht?) Kein einziger unserer Crew verstand ihren sonnenverblichenen Akzent. Derweil tanzten sich die Kannibalenstatisten um meinen Pott herum in Rage. Ihre Augen blitzten, ihre Körper zuckten im Rhythmus, die Beine stampften die Erde. Hunka-tschanka. Mir wurd's ganz klamm.

»Action!« schrie Percy.

Die Tänzer nahmen ihre Rolle beim Wort, und Augen rollend, Zähne fletschend umtanzten sie den Kessel mit dem begehrten Braten.

»Action!«

Dieser Aufruf galt mir. Hatte ich mich doch jetzt wie Isadora Duncan im paradiesischen Zustand in Sichtweite der Kamera in die Höhe zu stemmen, was ich auch mit Galgenhumor tat.

»Dramatisch, dramatisch.«

Die versammelten Recken stammelten ein lautes Oh und klatschten und tobten bei meinem Auftauchen, was leider alles in den Film einprogrammiert wurde.

Percy war verärgert, denn dieser Versuch wäre für ihn und das Kamerateam phantastisch gewesen. »Es wird noch einmal wiederholt. Dieses Mal bitte ohne Geschrei und Geklatsche!« ordnete er energisch an.

Noch einmal ausliefern und noch einmal – und alles noch einmal. Dann war es endlich im Kasten.

Vor dem Dreh hatte ich den dunkelhäutigen Statisten die Geschichte des Buches in Umrissen deutlich gemacht und das Phänomen des Kannibalismus natürlich nur als eine Angstform der Ausländerin erklärt, weil ich ihre Menschenwürde nicht antasten wollte und es mich traurig machte, daß sie keine Information erhalten hatten. So hatte ich die Geschichte erklärt und darauf hingewiesen, daß es sich um einen Traum handelte und am Ende die weiße Frau und die schwarze Frau eine große Freundschaft eingehen und leben würden.

Nach Beendigung ihres Auftritts hatten es die schwarzen Statisten ganz eilig, denn sie hatten sich zu einer Kannibalen-Kaffeeparty verabredet. Die Schminke und die Knochen blieben vor Ort, auch die verrückten Kostüme waren ihnen so ans Herz gewachsen, daß sie darum baten, dieses Outfit für ihre Party anbehalten zu dürfen. So wurde im Originallook gefeiert, getanzt und sich gefreut. Meine sensible Seele hatte sich wieder hineingekniet, und vielleicht konnte man sich nur so frei und freudig bewegen, weil meine Geschichte vorher doch den Bann gebrochen hatte. Es war nicht mehr nachzuvollziehen.

»Geh hin, wo du hergekommen bist mit deinem fetten Arsch« – das Kinn weit vorgestreckt, die dunklen Augen weit aufgerissen. Das Tageslicht starrt kalt durch eine Tür in den Raum. Das Baby auf meinem Arm fängt an zu weinen. Eine große magische Kraft, die von meiner Partnerin CCH Pounder abstrahlt, breitet sich aus. Ja, das war gut. Wieder war eine Szene im Kasten.

Mein Herz schmerzt, aber auch meine Nieren melden sich zu

Wort. Meine Hüfte klopft, in stiller Pein die Stöße eines Gewehr-kolbens reflektierend, die mir meine magische Partnerin gestern hat zufügen müssen. Für eine Weile habe ich mich in eine Ecke verkrochen und weine still vor mich hin. Es ist mir passiert. Die Konstellation der Geschichte, des Nicht-dableiben-Dürfens, des Alleinseins, Kein-Revier-Habens, hat meine Seele auf Jahre zurück in alte Magnetfelder meiner Kindheit geworfen. Obwohl ich mir dessen gar nicht bewußt gewesen war, realisierte ich nun zum ersten Mal, daß ich von meiner Tochter und Familie, aber auch von nahen Freunden so lange getrennt war. Ohne Begleitung hatte ich mich riskant und mutig in das große Abenteuer gestürzt, und nun schien alles Vertraute so weit entfernt.

Percy Adlon hatte mich bereits eine Woche vor Drehbeginn in die Wüste geschickt. Denn kaum hatte ich in Los Angeles Fuß gefaßt, hatte sich das abenteuerliche Leben vor mir aufgetan. Kontakte waren schnell geschlossen, denn auch hier war Sugar Baby kein unbekanntes Wesen. Meine liebste Freundin Ruth, eine Kanadierin, mit der ich in München eine Zeitlang eine Wohnung geteilt hatte, hatte ebenfalls ihre Zelte in Santa Monica direkt auf der Meeresseite aufgeschlagen und lebte mit dem Jazzmusiker Charly Haiden zusammen. So hatte ich meine ersten Schritte im sonnigen Kalifornien behütet von meinen Freunden in den staubigen Sand dieses Großstadtpflasters gesetzt.

Einladung auf Einladung war gefolgt, und auf meinen Fußwanderungen entlang der Beach war die Regenbogenfamilie immer größer geworden. Sei vorsichtig, Marianne, keine Telefonnummer hergeben, nicht ansprechen lassen, Vorsicht, Vorsicht, du bist sehr in Gefahr ohne einen fahrbaren Untersatz. Ich konnte die Angst meiner Freunde gut verstehen, aber wieder einmal hörten meine Ohren einfach weg, mein Solarplexus bekam den Auftrag, die Antennen noch etwas weiter auszufahren und das Tor ganz offen zu halten. Und mein Herz war erfüllt von soviel Freude! Aber Percy kannte seine Pfadfinderin und deren soziale Umtriebe nur zu gut. Also griff er ein und packte mich in ein Hotel, drei Stunden von Los Angeles entfernt. Mitten in der Mohave-Wüste war ich nun ganz allein. Die Landschaft der Wüste stülpte sich um das Hotel herum, in dem es außer Automatengetränken keine Verpflegung gab. Mit weichen Knien konnte ich zum Frühstück oder Mittagessen in einem der Hamburger-Restaurants Platz nehmen. Kaum hatte ich mit zittriger Stimme mein erträumtes Ei bestellt, begann die Lady am Tresen mit ihrer Tirade: »How do you like your eggs …?« Fünf verschiedene Möglichkeiten machten mir die Auswahl schwer. Das letzte Angebot stand bei »Sunny side up«, was letztendlich mit unserem Spiegelei zu vergleichen war. Mein Überlebenstrick bestand nämlich darin, abzuwarten, bis der Schwall langsam abbrach, um dann bei der letzten Möglichkeit heftig mit dem Kopf zu nicken, was immer dann auf meinem Teller Platz nehmen würde.

Lichtstimmungen wie hier in der Wüste waren noch nie in meinem Leben mit solcher Intensität und Schönheit an mein Auge gedrungen. »Dieses Licht hebt binnen Stunden all die schwarzen Flecken deiner Seele auf«, schrieb ich Daniela nach Hause. Wie gerne wollte ich in diese Lichtvorhänge hineinwandern, sie über mir zusammenschlagen lassen. Doch Wandern war hier nicht möglich und die sich durch die Wüste schlängelnde Piste nur den metallenen, motorbrüllenden vierrädrigen Insekten der Highways vorbehalten. Hätte man sich zu Fuß auf den Weg gemacht, wäre man sofort von mißtrauischen Polizeibeamten im Streifenwagen gestoppt worden. Nur noch den Trappern, den letzten Mohikanern auf Schusters Rappen oder dem Rücken eines Pferdes, war es möglich, unangefochten in die Weite der kalifornischen Wüste hineinzugleiten. Und natürlich den »homeless«, die aber eher in den Lebensstrukturen der Großstadt zu überleben suchten.

So tanzten während dieser Warteperiode meine Augen sehnsüchtig auf dem wehenden Sand, saugten sich hungrig in das gleißende, farbenschimmernde Licht, und nach dem fünften Tag war meine einsame Seele verzweifelt den Tischrand hochgeklettert, um sich hinabzustürzen. Emergency! Trotz regelmäßigen Ausübens meiner magischen Tricks fast im Zehn-Stunden-Turnus blieb der Rest des verbleibenden Tages ohne Kommunikation, ohne Spiegelung mit einem Menschen. Jetzt verzichtete ich auf meinen Stolz und sandte einen Hilferuf hinaus – neben der im Film gestrandeten Jasmin hatte sich vor diesem wahren Hintergrund auch für mich wahres Leben Einlösung ertrotzt.

Als das Team von Tag zu Tag mehr zusammenwuchs, entstand eine unglaubliche Euphorie. Wir waren uns alle in großer Sympathie zugetan. Bernd Heinl, unser hochsensibler Kameramann, verschmolz fast mit seinem Aufnahmegerät und den beweglichen Bildern, und hinein zog er das Licht und bündelte die Farben mit seiner Imaginationskraft. Seine Techniker folgten respektvoll des Meisters Anleitungen. Percy Adlon selbst wurde zum feinsinnigen Dirigenten und brachte so Sprache, Emotion und Bewegung auf eine Schiene. Das Schauspiel ertrank im realen Lebenssaft. Ein magisches Fluidum erfüllte den Raum, alle spürten es, und so manche Gänsehaut wollte gar nicht mehr verschwinden. Auch unsere Statisten, alle ja originale Wüstenbewohner, gaben sich intuitiv in den kosmischen Lichtersee, und diese Momente prägten sich auf geheimnisvollen dritten Ebenen energetisch in das Zelluloid mit ein. Beim Betrachten des Films klopfen sie mit an und geben dem Reich der Sinne einen zärtlichen Magenschwinger mehr, den man fühlen und erahnen kann. Der intimste Moment war für mich gekommen, als ich nach einem komödiantischen Akt durch die Entblößung meiner Brust in eine menschliche, verletzliche Auslieferungssituation hinüberzugleiten hatte. Das Innere unseres Trailers, in dem diese Szene stattfinden sollte, war zum Umkippen heiß, der enge Raum bis zum letzten Millimeter ausgefüllt. Das Kamerateam, die Assistenten, der Regisseur, alle mußten hinein, denn jetzt sollte diese Szene Platz nehmen. Ich beschloß, meine Seele sich ganz verwundbar machen zu lassen und meine nackte Brust dieser Zeremonie anzuvertrauen, ohne in den Abgrund meiner Ängste schauen zu müssen. Ich konzentrierte mich im blinden Urvertrauen auf Mutter Erde, da fiel ein Lichtstrahl auf den malenden Rudi Cox, dem Jack Palance als Leben gebender Mime plötzlich ein russisches Gedicht in den Mund legte: »Schützt die Mutter Erde«, hieß es da, »schützt die runde Frau.« Wir alle hielten in diesem Moment den Atem an. In Percys Augen standen Tränen – und er hat diese Szene im Film Gott sei Dank so belassen, wie sie ganz spontan in Jacks Seele entstanden war.

Ein paar Tage darauf, als ich gerade beschlossen hatte, meine Tochter einfliegen zu lassen, weil die Sehnsucht zu groß geworden war und die Zeit ohne sie zu lang, nahm mich unser indianischer Schauspieler, ein echter Navarro-Indianer mit Namen Apesaneskwa, zur Seite. Er beichtete mir, große Identifikationsprobleme mit seiner Rolle zu haben, in der er als Mitglied einer indianischen Stammesgemeinschaft in der Lage sein mußte, einem Sheriff seine Person überzustülpen, um sich so des Respekts der Wüsteneinwohner sicher sein zu können. Ganz verunsichert stand das körperlich so starke Mannsbild zaudernd vor mir, und mir schoß eine Idee durch den Kopf.

Ich nahm ihn bei der Hand und führte ihn zum Stammtisch, an dem einige einsame Wüstenwölfe ebenso Platz genommen hatten wie Kautabak pfriemende, herzliche Individuen, Menschen, die gelernt hatten, unter den extrem bedrohlichen Bedingungen dieser Wüstenregion zu leben und vor allem zu überleben. Mit meinem zaudernden Indianer am Arm interviewte ich die Männer, einen nach dem anderen: »Stellt euch vor, dieser Mann hat die schwere Aufgabe, in unserem Film einen Sheriff darzustellen. Er fühlt sich aber dabei nicht im Lot, er fühlt sich unsicher und kann nicht glauben, daß so etwas in seinem realen Leben hier und jetzt Platz nehmen könnte.«

»Der Präsident hat uns doch hier draußen total vergessen. Da kann jeder sein, was er will«, meinte lakonisch ein Rauhbein.

»Aber darum geht es nicht«, antwortete ich flink. »Die Frage steht im Raum, ob dieser Mann euer Sheriff sein könnte.«

Ein großes Murmeln erfüllte den Raum. Wir warteten nervös.

»Ja«, meinte da der Dorfälteste, »ja, das wäre möglich. Natürlich wäre das möglich.«

Erleichtert verließ ein Seufzer die Indianerbrust. Sein Körper straffte sich, und Bagdad Newberrysprings hatte nunmehr einen neuen Sheriff bekommen.

Viele solche Begebenheiten schweißten uns zusammen, und so fiel uns der Abschied nach zehn Wochen intensiver Zusammenarbeit sehr schwer. Ganz fest hielt ich meine Partnerin Brenda, CCH Pounder, im Arm, um ihr good bye zu sagen, und dieses unglaublich energetische Bündel Mensch wurde dabei zart und verletzlich, das Gesicht, in dem oft tausend Jahre Menschheitsgeschichte zu sehen gewesen waren, jung und schön. Ihre großen Stimmungsschwankungen und die lauernde Verteidigungsposition einer oft so verletzten »schwarzen Seele« hatten mich langsam, fast ängstlich, und Schritt für Schritt, auf sie zugehen lassen – fast identisch mit dem Filmablauf.

Mit Bagdad, genannt Bagy, meiner adoptierten Wüstenfreundin, die vor meiner Garderobentüre ausgesetzt worden war und als Tochter einer wilden Halbcoyotenhündin als einzige ein Erschießungsmanöver überlebt hatte, im Schlepptau, traten meine Tochter und ich den weiten Weg nach Hause an. Am Ende unserer Dreharbeiten hatte Percy zu mir gesagt: »Marianne, bei unserer Zusammenarbeit dieses Mal habe ich wieder Gesichter in deinem Antlitz entdeckt. Da schmort und brutzelt es weiter. Ich werde bald wieder für dich konzipieren. Calling you.«

Die Musik von *Out of Rosenheim* wurde für den Oscar nominiert. Sie war wie ein großer multikultureller Schrei nach einem Freund, nach einer besseren Lebensqualität, nach dem Du. Die Wüste war für uns zum Symbol des Neuanfangs geworden, zum unschuldig brachliegenden Neuland, in dem noch keine Architektenhand zwanghaft gestaltend Form erschaffen hatte. Wie oft hatten andere Regisseure sie benutzt, um seelischen Sperrmüll abzuladen und ihn dem entfachten Feuer der Rache zum Fraß vorzuwerfen. Ja, die Wüste war für uns eine nicht strafende, nicht wertende gute Mutter. Während unserer Dreharbeiten wurden wir Zeuge, daß die Wüste einmal jährlich im Frühling blüht. In drei Tagen treiben die Sprößlinge, sprießen die Blätter, strotzen die Blüten. Es gibt nicht eine scheinbar vertrocknete Kaktee, nicht einen dürr im Spiel des Windes schwankenden Strauch, der nicht an diesem Wettbewerb Floreals teilnehmen würde. So weit meine Augen blickten, war der trockene Boden in ein gelbes Blütenmeer getaucht. Die Büsche prangten in pinkfarbenen Farbklecksen zu Tausenden dazwischen. Orangefarbene und rote Kakteenblüten wetteiferten mit dem azurfarbenen Blau des Himmels. Mein Herz wurde ganz weit.

»Ja, Mann, dazu braucht's gar keinen Regen«, erklärte mir der Wildhüter, der mit seinen Kollegen per Helikopter den vielen Menschen ein Zeichen gegeben hatte – und wir standen staunend wie Kinder. »Das Phänomen entsteht nur dadurch, daß sich der Grundwasserspiegel nach dem Gesetz der Urgezeiten hebt und alle Wurzeln der Pflanzen gleichzeitig eine Ration erhalten.« Übertragen auf den philosophischen Urgrund des Lebens, löste dieses Bild in mir eine große Ruhe und Hoffnung aus, daß diese Naturgesetze auch im Leben ihre Anwendung für all die hungrigen und durstigen Seelen der Menschheit finden könnten.

Bei unserem Rückflug traf der Computer wieder einmal eine salomonische Entscheidung und plazierte mich neben einem jungen Philosophiestudenten. Ich hatte die Freude, wieder einen Seelenbruder kennenzulernen, der mich mit einer wunderbaren Geschichte verwöhnte: Ein Psychologieprofessor aus Wien ist mit seinen Assistenten nach Taiwan gereist. Im Laboratorium eines Klosters führt ein Mönch durch reine Meditation ein Experiment vor, bei dem er, nur durch Konzentration, in einem Glaskolben einen wunderschönen Garten Eden entstehen läßt. Als dem Wiener Professor angeboten wird, dasselbe zu versuchen, weigert er sich erst vehement, läßt sich dann aber doch darauf ein. Der Versuch will und will ihm nicht gelingen. Ein Mönch stellt sich dem Professor als meditatives Energiebündel zur Verfügung. Er meditiert mit ihm. Plötzlich fällt der Mönch in Ohnmacht. Im Laborkolben erscheint ein Gehirn, verstümmelt und mit chemischen Formeln übersät, ein Auge schwimmt in diesem abenteuerlichen Gebräu, einsam nach seinem Zwilling suchend. Ein Soldat, Begleitperson und als Wache postiert, lacht über diesen »Humbug«. So ermuntert ein Mönch auch ihn, es selbst einmal zu versuchen. Zuerst weigert er sich, läßt sich nach vielen Bitten aber doch überreden. Er konzentriert sich, konzentriert sich, konzentriert sich. Nichts tut sich, nichts taucht auf. Inständig bittet man den Soldaten, nicht aufzugeben. Zwei Mönche unterstützen seine meditativen Bemühungen, und als sie plötzlich in Ohnmacht fallen, erscheint im Kolben erst eine kleine schwarze Kugel, die größer und größer wird, den Kolben sprengt und magnetisch alle Gegenstände, die sie berührt, an sich und in sich hineinzieht, bis sie die Wand durchschlägt und am Firmament verschwindet. Der Soldat reagiert eiskalt und meint, damit habe er nichts zu tun, das sei das Problem der Mönche.

Der Professor stellt die bange Frage, was das zu bedeuten habe. Der Mönch antwortet, das sei das Nichts, das in den Köpfen der

meisten Menschen vorherrsche. Die magnetische Kraft der De-
struktion stehe gefährlich und bedrohlich der konstruktiven
Kraft der Phantasie gegenüber. Die Geschichte war von Gustav
Meyrink. Ich konnte es kaum glauben. Mit Ihrer hoffnungslosen
Verurteilung der Menschen kann ich nicht konform gehen, Herr
Meyrink, dazu glaube ich zu stark an das gelebte, kreative Leben
und liebe es zu sehr, schoß es mir durch den Kopf.

Als ich in München durch das Hofinnere zu unserem Heim hinauf wollte, schoß eine Parterrebewohnerin mit einer Zeitung in
der Hand, auf mich zu. »Frau Sägebrecht«, wedelte sie mit einem
Blatt vor meiner Nase herum, »haben Sie schon gelesen, haben
Sie schon gelesen? Hier steht schwarz auf weiß: Alle Leute, die
so oft und so hoch fliegen wie Sie, sind radioaktiv verseucht. Das
hat man gerade jetzt herausgefunden.« Ihre Lippen wurden
schmal, die Augen funkelten.

»Dann würde ich aber jetzt an Ihrer Stelle ganz schnell zurück
in die Wohnung gehen.«

SOS. Das hatte gesessen. Sie machte eine Kehrtwendung und
verschwand in ihrer Behausung. Dieser Dame bin ich schon seit
Jahren ein Dorn im Auge, aber sonst zeichnet sich unser Wohnhaus durch ein lebensbejahendes, freundliches Miteinander aus.
Hier fühle ich mich, als schutzlose Person des öffentlichen Inter-
esses, geborgen und von den meisten Bewohnern angenommen.
Mit der kleinen Bagy im Arm war ich, der Pfadfinder, wieder in
das Basislager zurückgekehrt, um neu aufzutanken und Kräfte
zu sammeln, damit es bald wieder hinausgehen konnte, zu einem
neuen Abenteuer.

Wer
nichts
wagt,
der
nicht
verliert

September

In einem großen Topf, der über einer Feuerstelle erhitzt wird, brutzelt und brodelt es schon seit Stunden. Eine Gruppe Männer hat es sich um den Feuerplatz herum bequem gemacht. Alkohol fließt reichlich, direkt aus den Flaschen, die flugs wieder in braunen Tüten verschwinden. Wir befinden uns in einem sogenannten trockenen Land (Dry country), und doch hat Mister Alkohol die Fäden der Regie heute abend fest in den Händen. Lautes Lachen über einen obszönen Herrenwitz verschmilzt mit dem Klacken von Gewehrverschlüssen. Ja, die Waffen stehen alle brav bei Fuß und werden nur gelegentlich benützt, um die eigenen Ausführungen wild gestikulierend zu untermalen.

Plötzlich dringen aus dem Dickicht Gewehrschüsse durch die Nacht, und drei furchteinflößende Gestalten, deren Gesichter durch Masken von Naturgöttern verdeckt sind, treten hinter den Büschen hervor. In ihren blutverschmierten Händen halten sie tote Eichhörnchen, einer hat allein mindestens sieben Stück erbeutet, das heißt erjagt, und wird von den anderen gebührend gelobt, da es sehr schwierig ist, so einem nervösen kleinen Zappeltier einen Todesschuß zu versetzen. Während bei uns die Waidmänner geehrt werden, wenn der erlegte Hirsch mindestens vierzehn Enden zu seinem letzten Akt beisteuern kann, reichen hier schon sieben an Schnüren aufgereihte kleine Tierkörper, damit sich ein Schwall von Lobreden über den Jäger ergießt. Schnell ziehen die Wilderer den Tierchen das Fell über die Ohren und gesellen diese dann zu den anderen in eine gehaltvolle Brühe. Das letzte Stündlein schlägt sein Kreuz.

Zwei jugendliche Recken geben ihren Buschmessern den Auftrag, ihre Klingen zu wetzen, stellen ihre Hahnenkämme hoch und markieren mit vier Händen ihre Positionen.

Dann beginnen die anderen Männer, um einen Platz auf der Zuschauertribüne des Waldbodens zu buhlen. Träum' ich, oder wach' ich? Unter dem Getöse der betrunkenen Kumpane machen die Kontrahenten wirklich Ernst.

Wo bin ich?

Ja, in Arkansas, im Mittleren Westen der Vereinigten Staaten. It's a strange world. Durch einen spitzen Schrei der Angst, der sich über meine zitternden Lippen Bahn bricht, ziehen wir nun die Aufmerksamkeit der Meute auf uns. Meine Freundin Ruth, die als coach und Assistentin zu den Dreharbeiten von *Rosalie goes shopping* mit mir hierhergekommen ist, bekommt es mit der Angst zu tun. Zusammen hatten wir uns in dieser Nacht hinter einem Bretterzaun versteckt, um Zeuge eines Männerrituals zu werden, dessen Finale im Verzehr eines Eichhörnchen-Stews gipfeln sollte.

Nun aber befahlen uns die Männer, zu ihnen in die Mitte zu treten. Die Streithähne ließen erschrocken voneinander ab. Zwei unserer Techniker hatten sich in diese Runde eingeschmuggelt und legten gleich Fürbitte für uns ein. Die ersten Probebissen und -schlucke des zusammengebrauten Essens durften wir nun als eingedrungene Gäste vorkosten, dann schmatzten die Gesellen, was das Zeug hielt. Laut alten Überlieferungen stärkt dieses spezielle Mahl die männliche Libido, da die kleinen, edlen Tiere sich weitgehend nur von Nüssen und Vogeleiern ernähren. Machte das Sinn? Uns schien es, als wollte sich die Wirkung schnell einstellen, denn schon griffen die ersten Hände nach uns. Herrje, in was für eine bedenkliche Situation hatten wir uns da hineinmanövriert! Wir wollten dem Zeremoniell als Zaungäste nur heimlich beiwohnen, zumal es nur Männern erlaubt war,

239

daran teilzunehmen. Und nun saßen wir in der Falle wie die Schnecken im Salat, den wir uns selbst gezupft hatten. Das Blut unserer Haudegen schien zu kochen. Mein Handgelenk sah sich derb umklammert. Ein feuchter, alkoholgeschwängerter Vollbart stand vor meinem Gesicht wie die Eigernordwand. Ein wulstiges Lippenpaar schnaubte feucht vor meiner Nase auf und ab. Durch ein paar Stummelzähne zischelte es fordernd: »Give me a kiss.« Die Situation wurde immer bedrohlicher, und auch Ruth war gerade dabei, einem aufdringlichen Galan die Leviten zu lesen, als Rettung nahte. Mein Filmpartner Brad Davis hatte sich mit ein paar Kollegen sorgenvoll auf unsere Spur gesetzt und war zum Glück fündig geworden.

Betreten saß ich dann in seinem Auto, um mir seine Mahnung hinter die Ohren zu schreiben: »Hier ist nicht Kalifornien, Marianne. Bremse hier im Mittleren Westen dein Pfadfinder-naturell!«

Wie habe ich die Zeit und die Zusammenarbeit mit diesem wunderbaren, gefühlstiefen Menschen genossen, und wie dankbar war ich Percy Adlon, daß er gerade ihm diesen komödiantischen Part in seiner Story *Rosalie goes shopping* angeboten hatte.

Nach seinem Welterfolg in *Midnight Express (12 Uhr nachts),* wo Brad einen jungen Drogendealer spielte, der heimlich »Stoff« in die Türkei überführen will, jedoch erwischt, eingesperrt und grausam gefoltert wird, hatte er sich mit dieser großen, intensiven darstellerischen Leistung tief in meine Erinnerung eingegraben. Auch die wunderbare Rolle des Matrosen in Fassbinders letztem Film *Querelle* war ihm fast auf den Leib geschrieben.

In den darauffolgenden Jahren waren ihm immer wieder nur Extremcharaktere angeboten worden, wie Frauenmörder, Frauenvergewaltiger, Charaktere, die Amok laufen. Diese Angebote nannte Brad immer »Lunatic offers«. Sein Drogenproblem hatte er in den Griff bekommen. Er war Vegetarier geworden und trank auch keinen Alkohol mehr, aber es hatte keine Hauptrollen mehr für ihn gegeben.

Brad war die ersten Drehtage immer heiter und ausgelassen, so voller Ideen und ausgestattet mit einer großen Phantasie, und eine neue Seele hatte sich in mein Stammbuch der verwandten Brüder und Schwestern eingetragen. Saßen wir mit unseren sieben Kindern zu unseren Dreharbeiten um den Eßtisch herum – Percy hatte mir mit der Erschaffung der sieben Kinder einen Jugendtraum erfüllt –, schien die Realität Hausverbot bekommen zu haben. Das Gefühl, eine richtige Familie zu sein, mit einem richtigen Dach überm Kopf, ließ uns alle die gesamte Drehzeit nicht mehr los. Wir wuchsen über die fast zweieinhalb Monate förmlich zusammen, und dieses Band war wohl nur schwer wieder zu zerreißen.

Brads Tod traf mich deshalb wie ein Keulenschlag. 1992 wurde seine Nabelschnur, die direkt zum großen Mutterkuchen der gütigen Erdmutter führte, für immer durchtrennt. Ich sehe mich noch heute mit geweiteten Augen auf das Fax mit der unheilvollen Nachricht starren. In meinem Herzen brannte ein heftiger Schmerz. Brad hatte mit mir immer ganz offen und couragiert über seine Drogensucht und ihre Bewältigung gesprochen, mußte aber wohl schon damals, bei den Drcharbeiten, von seiner Immunschwäche gewußt haben.

Nach seinem Tod zog oft eine Szene, die sich während einer Autofahrt ereignet hatte, wie ein Film immer wieder vor meinen Augen auf. Brad fragte mich besorgt nach ein paar guten Freunden, mit denen zusammen er seinen Film *Querelle* gedreht hatte und denen er noch in tiefer Freundschaft verbunden war. Als der Name Mike aus Australien fiel, der damals der Freund von Dieter Schidor gewesen war und den wir alle so lieb gehabt hatten, mußte ich ihm mit zitternder Stimme berichten, daß er nicht mehr unter uns weilte. Mike war an der Immunschwäche verstorben. Ich brachte nur über meine Lippen: »Mike ist tot.« Warum konnte ich nicht mehr hinzufügen? Wie vom Blitz getroffen fiel Brad über das Lenkrad seines Autos und weinte so bitterlich, daß er nicht mehr weiterfahren konnte, und ich fühlte eine eiskalte Hand nach meinem Herzen greifen. Ein wenig später mußte ich Brads besorgte Frage nach Dieter Schidor mit einer Notlüge beantworten, denn Dieter hatte nach dem Tod von Mike das Alleinsein nicht mehr ertragen können und sich mit Tabletten vergiftet.

Brad lebte, wie ich erst später erfuhr, in der ständigen Angst, keine Arbeit mehr zu bekommen, wenn die Wahrheit seiner Infizierung auf dem Präsentierteller landen würde. Deshalb schwieg er, und nur seine Frau Susan wußte Bescheid. Unter welch großen Anspannungen mußte er gelitten haben! Er wünschte sich so sehr Aufgaben, um all die überschüssigen Energien abtragen zu können und seine Seelenkräfte und -bilder mit dem Publikum zu teilen. Es kommt mir so vor, als sei Brad einfach vertrocknet wie eine zarte grüne Pflanze.

Ein Sonnenstrahl in Brads Leben war seine kleine Tochter Alexandra. Sie ist ihm sehr ähnlich und hatte schon mit drei Jahren Taekwondo angefangen. In jungen Jahren lebte Brad seine Sexualität vorwiegend mit dem gleichen Geschlecht aus, hatte dann aber seine Jugendfreundin Susan geehelicht und sich ein sicheres Nest und eine Schutzzone mit seiner Familie aufgebaut, was sich in den letzten Monaten seines Lebens als gute Intuition erweisen sollte. Immer wenn er auf Angebote wartete, tat er dies zu Hause und verbrachte viel Zeit mit Alexandra und ihrem argentinischen Kindermädchen.

Als letztes lebendiges Stück Erinnerung ist mir unser »Dinner for three« geblieben. Alexandra stand wie ein frecher Straßenjunge vor mir, um mich zu ihrem Überraschungsessen, das sie zusammen mit ihrem Vater bereitet hatte, zu Tisch zu dirigieren: Tomaten mit Mozzarella und Basilikum. Brad steuerte Spaghetti à la carbonara bei.

Am Tag seiner Beerdigung verlas Susan seinen letzten Brief an all die Freunde, Arbeitskollegen und vor allem die Produzenten und Regisseure der großen Traumfabrik Hollywood, in dem er Klartext sprach über seine Krankheit, über sein Versteck-spielen-Müssen und seine dadurch entstandene unendliche Einsamkeit. In seinen Filmrollen wird er zwar für immer bei uns bleiben, doch der Gedanke, wieder nach Los Angeles zu reisen, ohne Brad zu treffen, macht mich tief traurig.

Immunschwäche! Wenn ich daran denke, scheint es mir, als sei Krieg ausgebrochen. Die Waffen werden biologisch eingesetzt. Eine ganze Armee von Soldaten wird auf den Schlachtfeldern der Liebe aufgerieben. Täglich ereilen mich Nachrichten über Verstorbene, von einzelnen, die angeblich dem Tod geweiht sind. Im Krieg muß es ähnlich gewesen sein, wenn wieder ein Soldat an der Front sein Leben für einen kollektiven Wahnsinn hatte lassen müssen.

Bevor sich bei den Dreharbeiten zu *Rosalie goes shopping* die Schatten der bedrohlichen Zukunft über Brads Haupt zusammenzogen, hatte er sich nichts anmerken lassen. Eines Abends trafen wir uns in einem chinesischen Restaurant, um über seine glühende Verehrerin Alexa, die unsere zweite Kostümassistentin war, zu reden. Auch sie war einmal so mollig gewesen wie ich, hatte sich aber nicht damit abfinden können und durch wiederholte Einnahme von Schlankheitspillen und -tropfen zwar an Gewicht, beinahe aber auch den Verstand verloren. Die Tabletten, die sie über so viele Jahre in großen Mengen geschluckt hatte, um ihre Figur in eine von den aufgestellten Normen der Gesellschaft vorgezeichnete Idealform zu zwingen, hatten den Körper in ein Suchtverhalten getrieben.

Manisch-obsessiv begehrte diese Frau Brad, der ja auf Menschen beiderlei Geschlechts eine große erotische Anziehung ausübte. Da er zu dieser Zeit schon von seiner Erkrankung wußte – wie sich ja später herausstellte –, seinen ganzen Lebensrhythmus umgestellt hatte und eine ganz neue Lebensqualität lebte, sog er Menschenliebe und Anerkennung auf wie ein durstiger Schwamm. Aber Alexas monströses Spinnengewebe war selbst ihm zuviel. Mit untrüglichem Instinkt hatte sie unsere zarten Seelen ausgeschnüffelt und versuchte nun mit allen Mitteln, unser Zusammensein zu stören. Ihr unter so großen Anstrengungen zusammengesetztes weibliches Weltbild war wie ein Kartenhaus zusammengefallen, weil für eine runde Frau ein Filmkonzept erstellt worden war. Sollten all ihre Opfer und Schmerzen umsonst gewesen sein? Ihr Himmel verdunkelte sich bei dieser Vorstellung!

Und nun durfte ich, diese runde Frau, Seite an Seite neben ihrem rückhaltlos besetzten Objekt der Begierde und unter einer Bettdecke mit ihm eine Liebesszene spielen. Alexa hatte sich extra zu diesem Ereignis als schwarze Witwe verkleidet – eine große Plastikspinne saß sprungbereit auf ihrem Handgelenk. Schon bei unserer Ankunft schien sie in ihrer mystifizierten Welt des letztabendlichen Drogenexzesses umherzuwandeln. Ein zweites Wesen, das ihr scheinbar beigestellt war, erledigte alle anfallenden Arbeiten prompt und fast automatisch. Während Brad und ich gerade versuchten, unserer delikaten Szene Leben einzuhauchen, was bekanntlich zum Schwersten eines Schauspielerlebens gehört, stand Alexa mit starren, dunklen Augen, meinen Bademantel mit weit ausgestreckten Armen vor sich herhaltend, fledermausgleich vor unserem Bett.

Schon wiederholte Male hatte ich Percy Adlon auf das bedrohliche, irrationale Verhalten von Alexa mir gegenüber und die schon fast existentielle Bedrohung hingewiesen. Unter dem Vorwand, ein Bild von Brad und mir zu benötigen, das auf meinem

Schreibtisch stand, war sie zuvor schon in mein Apartment eingedrungen und hatte heimlich Theaterblut in die Düsen meines
Jakusi-Bads geträufelt – ich fand mich plötzlich in einem Gebräu
von gestockten Blutstückchen, als ich mich nach einem schweren
Drehtag mit geschlossenen Augen den Liebkosungen des war-
men Wassers hingeben wollte. Mein Gefühl verklickerte mir im
ersten Moment, es hätten sich wohl delikate Substanzen aus dem
Fundus der Toilettengrube auf dem Weg in die Freiheit durch die
falschen Rohre gezwängt. Was sollte es sonst sein? Badewanne
und Toilettenschüssel teilten sich schwesterlich einen Raum. Er-
staunlicherweise machte ich mich mit diesem Schockgedanken
langsam vertraut, obwohl es sich ja auch um Exkremente von anderen Menschen handeln konnte, die aus der Tiefe heraufge-
drungen waren. War ich noch bei Sinnen? Ja, ich konnte den Gedanken ertragen und münzte ihn sogleich um in eine positive
Aussage: Das konnte nur ein gutes Omen für ein immenses
Glück in der Zukunft bedeuten, wenn ich an unsere Interpretation des Ausrutschens in Hundeexkrement denke. Ich fing an zu
lachen, weiß aber heute, daß ich einen ganz dünneisigen Moment getaumelt war, der fast in einen programmierten Nervenzusammenbruch geführt hätte.
Als mir später ein Mitglied des Teams berichtete, wer hinter diesem Attentat stand, kam ich in einen großen Gewissenskonflikt,
denn ich wußte, daß ich darauf drängen mußte, Alexa aus meinem Umfeld abzuziehen. Doch Percys Ohren schienen taub für
meine Angst.
Dies war jedoch nicht die einzige und letzte Attacke gewesen.
Alexa rief mich einmal zu sich und bat mich, meine Augen zu
schließen. Dann drückte sie eine Handvoll verpichten heißen
Kohlestaub in meine Hand, wobei sie irre lachte: »Hier, Asche
von Tausenden von Menschen, nimm nur, nimm, brennt's? Ja,
es soll dich verbrennen.«

An diesem Tag erfuhr ich von ihrer Kollegin, daß Alexas Familie jüdischer Abstammung war. Schlagartig mußte ich an meine Kindheit, an meinen Stiefvater denken, und mir war klar, daß sich eine ähnlich dunkle Wolke über mir zusammenbraute. Wieder sollte an mir Rache genommen werden wie damals, Rache für eine kollektive Tat, für die ich mich schäme, die aber niemand mehr ungeschehen machen kann und für die ich mich nicht schuldig fühlen kann, für die ich nur ein besseres, sozialeres, humaneres Leben gestalten kann. Da ich nicht als egoistische Diva dastehen wollte, war es mir bisher nur schwer möglich gewesen, nachhaltig darum zu bitten, Alexa aus meinem Arbeitsleben zu entfernen – seit der symbolischen Übergabe der heißen Menschenasche jedoch war meine letzte Kraft, Widerstand zu leisten, gebrochen. Schuld und Sühne.

Wie ein ungezogenes Kind hatte Alexa durch mich versucht, ihre Machtgrenzen auszuloten. Und sie hatte viel Raum bekommen. Aber heute war sie doch zu weit gegangen. Als der erste Durchgang unserer Liebesszene im Kasten war, schrie sie mit einer sich überschlagenden Stimme: »Marianne, raus aus dem Bett, raus, aber flugs.« Dunkel und bedrohlich hatte sie sich vor unserer Liegestatt aufgebaut, »I love Brad« prangte in großen Lettern auf ihrem selbstbesprühten T-Shirt. Nun platzte jedoch Brad der Kragen: »Alexa, raus, verschwinde, raus, und wage es nicht noch einmal, unsere Arbeit zu stören.« Alexa merkte, daß sie den Bogen überspannt hatte. Peng, zog's durch den Raum, als diese Saite riß. Auch Percy schien plötzlich wie aus einem langen Traum erwacht: Alexa wurde aus dem Intimbereich meiner Garderobe verbannt, und wie ein Stein fiel die vollgesogene Spinne von meiner Brust. Sie gab jedoch noch lange nicht auf, ihre Fäden zu weben.

Deshalb hatten wir uns an besagtem Abend zusammen mit meiner Freundin Ruth in dem chinesischen Restaurant zu einem

Überlebensessen getroffen, wie wir es nannten. Brad war sehr geknickt, und es tat ihm leid, mir in diesem Schlamassel nicht eher Hilfestellung gegeben zu haben. »Und doch habe ich durch die Situation mit Alexa in der letzten Zeit viel Neues über mich selbst gelernt und emotional neue Erfahrungen gemacht«, erklärte er.

»Erfahrung ist ein Bündel von Erinnerungen, die auf eine Herausforderung antworten. Die Erfahrung kann nur entsprechend ihrem Hintergrund antworten, und es obliegt unserem Geschick, sie klug zu deuten. Jede Erfahrung ist bereits erfahren worden, sonst würden wir sie nicht erkennen«, schreibt Jiddo Krifhadamuerti, dessen Buch ich mir als Medizin, wie so viele andere Bücher, mit auf diese Reise genommen hatte. Also entschloß ich mich, mich wieder ganz frei zu machen, die letzten Wochen nur noch hineinzutauchen in die Realität und der lebengebärenden Energie des Augenblicks Einlaß zu gewähren.

Diesen Entschluß malte ich mir des Nachts an die Decke meines Hotelapartments und schlief ein, um mir so auch von meiner Traumwelt den Stempel der Bekräftigung aufdrücken zu lassen. Im Traumland befand ich mich als Zwölfjährige in einer anderen kulturellen Epoche, der alten Maya-Kultur in Guatemala. Ein Menschenopfer sollte dargebracht werden, und ich befand mich mit vielen Kindern in einem Arenarund vor einem Tempel, der sich in Terrassen pyramidenförmig nach oben verjüngte. Zoomorpho, die Figur eines maskierten Tänzers, der sich in die Windungen eines Schlangenkörpers eingelassen hatte, turnte über unseren Köpfen.

»Vier, neun, dreizehn«, schrie die Stimme des Hohenpriesters, und vier Greise stießen sich große Stacheln eines Fisches durch Zunge, Lippen und Penis, um mit dem ausströmenden Blut seltsame Zahlenkombinationen und Buchstaben auf Papierrollen zu malen oder das Blut mit den Götterstatuen zu vermischen. Eine große Angst lähmte mich im Schlaf, dehnte mir den Herzmuskel, denn ich wußte, daß ich mit zwei anderen Kindern, die auch Bastarde oder Waisenkinder waren, zu Ehren des Regengottes geopfert werden sollte. Die vier alten Männer – in einem erkannte ich meinen Großvater mütterlicherseits – zerrten mich auf den Altar und hielten meine Arme und Beine. Trommelmusik und Pfeifentöne begleiteten die immer wiederkehrenden Sprechgesänge des Hohenpriesters, der an einem großen grünen Baum in der Mitte stand und Gebete in die vier Himmelsrichtungen schickte. Ein unheimlicher, eulenartiger Vogel schien mit halbgeschlossenen Augen die Szenerie zu beobachten. In einem Teich voller Wasserlilien döste lauernd ein riesiges Krokodil, und ich war mir bewußt, daß, abgesehen von meinem Herzen, meine irdischen Teile nach dem Tod in seinen Schlund zur letzten Ruhe gebettet werden würden. Wieder traten zwei Männer an den Altar. In der Hand des einen, der aussah wie ein Ritter in abenteuerlicher Kriegsmontur, sah ich von der Seite ein Messer blitzen. Er hatte die Aufgabe, mir das Herz aus der Brust zu schneiden und es dem Hohenpriester zu übergeben. Das geschah. Dieser Schmerz war unendlich und sollte noch Tage und Monate in meinem Körper verweilen. Ein Schamane, mit undefinierbaren Hieroglyphen bemalt, bekam mein zuckendes Herz zuerst überreicht. Er tanzte sich in Trance, stieß seltsame Laute einer mir fremden Sprache aus und hielt das Herz immer wieder in die Höhe. Ich spürte große, große Schmerzen, aber noch immer war Leben in mir. Da plötzlich bewegte sich ein Farbentornado in Rot, Gelb und Grün auf die Arenamitte zu, und Gelb und Weiß und Schwarz versuchten sich beizumengen. Ein großer Sturm kam auf. Die ersten Regentropfen klatschten unter dem Trommelwirbel der Musikanten auf die Erde, und ich mußte feststellen, daß sie aus den vielen Augen einer großen Menschenmenge, die sich nun angesammelt hatte, auf die Erde fielen. Der Hohepriester, der aussah wie Percy Adlon, bekam nun mein Herz als Opfergabe überreicht. Der Farbentornado drehte sich wild im Kreis, und jede Stelle, die er berührte, überdeckte er mit einer Farbkomponente, die jedesmal verschieden ausfiel. Bald würde er bei mir sein und mich in seinem großen Sog von hier wegnehmen und hinauf zu meinen kosmischen Seelenbrüdern tragen. Das Krokodil würde auf seine Ration verzichten müssen. Ein heftiges Schluchzen entrang sich meinem offenen Brustkorb – ich fühlte, es gibt keinen Schutz für mich. Ich bin ganz alleine hier auf dieser Erdenstation. Jetzt weine ich, ich weine. Meine Finger färben sich rot. Ich weine blutige Tränen.

Mein Kopfkissen war völlig durchnäßt, als ich am frühen Morgen gegen fünf Uhr vom Klingelzeichen meines Weckers aus diesem Traum befreit wurde. Ein Schüttelfrost, ein Schütteln wie nach stundenlangem Weinen durchrieselte periodisch meinen Körper. Die linke, die Herzseite schmerzte, der Arm ließ sich kaum bewegen. Die verquollenen Lider wollten sich nicht dem um Einlaß bittenden Tageslicht fügen.

Kaum war ich im Garderobenwagen, überfiel mich eine mir von Herzen zugetane Maskenbildnerin mit Eiswürfeln, die in ein Tuch gewickelt waren, das sie mir auf meine Augenpartie klatschte. »Don't worry, Marianne.« Ich war baß erstaunt. So starke mediale Fähigkeiten hatte ich ihr bei all unserer Herzensverbindung gar nicht zugetraut. Auf halbem Wege zum Set wurde mir die Eisbinde endlich abgenommen, und gerade als ich Atem holen wollte, um die Hintergründe dieser Aktion in Erfahrung zu bringen, trachteten zwei naßkalte Beutel Kamillentee danach, mir wieder die Sicht zu nehmen. »Don't move, Marianne, don't talk.«

Bei der Ankunft am Drehort wurde ich von zwei Assistentinnen mit sanfter Gewalt in Empfang genommen und zu einer Lagerstatt in einem Wohnwagen geführt. Die Teebeutel klebten immer noch auf meinem Gesicht. Ein paar Minuten überließ ich mich diesem unerklärlichen Ausgeliefertsein, um dann mein Leben wieder in die eigenen Hände zu nehmen, es zumindest zu versuchen. Beutel ab, Beine hoch, Augen auf. Ich konnte es kaum glauben: Drei Menschen starrten mich an wie das erste Weltwunder, und eben nahm auch noch ein herbeigerufener Arzt die Klinke in die Hand. Da barst mein Psychosalznäpfchen, ich mußte mich wirklich zwicken – es war kein Traum. Mit prüfendem Blick besah sich der Medizinmann mein Gesicht. Mittlerweile hatten sich auch noch Percy Adlon, seine Frau Eleonore, die Produzentin, und der Kameramann mit in den Trailer gepfercht und starrten hypnotisiert auf mein Gesicht wie auf ein leeres Notenblatt. Die Stimme des Arztes schwebte über mir. Meine Nerven hatten mir wohl heute den Dienst versagt. Hatte ich sie denn so schlecht behandelt? Dann zerquetschte mir dieser Mensch auch noch meine Lymphdrüsen zwischen den Fingern, zog das untere Augenlid weit nach oben, so daß mir die Tränensäcke überliefen. Tränen, Tränen, Tränen. »This is ridiculous«, höre ich den Arzt erzürnt sagen. »Wer hat mich angerufen? Seid ihr verrückt? Nichts ist geschwollen, alles in Ordnung.«

»Doch, sie ist geschwollen. Mariannes Gesicht ist geschwollen, alles an ihr ist geschwollen!« Diese sich nähernde, schrille Stimme kam mir plötzlich sehr bekannt vor. Mit wirrem Blick tauchte Alexas Gesicht im Türrahmen auf.

Sie hatte seit frühmorgens um sechs Uhr die ganze Produktion verrückt gemacht: Als allergische Reaktion auf ein chinesisches Essen mit Sago – natürlich handelte es sich um das Essen mit Brad – sei mein ganzes Gesicht eine verschwollene Maske und nur noch als Vollmond für Spezialaufgaben einsetzbar. Man hatte ihr geglaubt.

Das war heute nicht Percys Tag, denn für nur drei Drehtage hatte die Produktion den Schauspieler Judge Reinhold verpflichtet, um alle seine Szenen mit mir in den Kasten zu zaubern. Unser Budget war nicht groß und Reinholds Honorar zwar low, aber es schlug doch zu Buche.

Alexas Racheakt für mein chinesisches Essen mit Brad zeigte Wirkung und war nicht von schlechten Eltern. »Mama, Mama«, weinend flüchtete sie sich in meine Arme, als sie nun endgültig ihren Job verlor.

Noch am selben Tag, auf halbem Weg zum Drehort, übergab mir Percy einen Brief, den er, wie er mir erklärte, schon einige Zeit in seiner Jackentasche mit sich herumgetragen hatte. Der tschechische Regisseur Jiři Weiss hatte ihn als meinen Förderer und Entdecker vertrauensvoll gebeten, einen Kontakt zwischen ihm und mir herzustellen. Doch war ich so im Gebärprozeß mit Rosalie verhaftet, daß nichts anderes mehr Platz nehmen konnte, und auch Percy fiel es sichtlich schwer, mich in die Hände von Jiři Weiss gleiten zu lassen.

Ich war zu diesem Zeitpunkt eben in diesem schwangeren Zustand mit meinem neuen Charakter von Rosalie, die ich mehr und mehr liebgewonnen und verinnerlicht hatte. Wir hatten so vieles gemeinsam, Rosalie und ich, hatte ich mich doch schon beim Erschaffen der »Opera curiosa« einfach über alle gutgemeinten, aber ängstlich vorgebrachten Ratschläge hinweggesetzt, um die wahnwitzigen, lustvollen Revuebilder in meinem Kopf in Szene zu setzen! Auch Rosalie hatte erkannt, daß in unserer Gesellschaft mit zweierlei Maß gemessen wird. Wie es in unserem Film heißt: »Hast du 100 000 DM Schulden, ist es dein Problem. Hast du über eine Million, hat die Bank das Problem.« Ein Problem hatte mein Bankdirektor einmal mit mir, als sich nach den Dreharbeiten zu *Martha und ich* 20 000 DM auf meinem Girokonto befanden. Einfach so. Ein lieber Brief des Direktors machte mich auf die Möglichkeit aufmerksam, dieses frei im Raum schwebende Bündel Banknoten nutzbringend anzulegen, obwohl für mich schon klar war, daß dieser Sockelbetrag mein Notgroschen für die nächsten vier Monate sein würde. Das gab mir Ruhe und die Gewißheit, meine monatlichen Ausgaben abdecken zu können. Natürlich wollte mich der profilierte Bankmann in den Genuß von Zinsen kommen lassen, mir aber dafür mein Geld abnehmen. »Ist schon gut so«, erklärte ich ihm. »Lassen Sie das Geld nur liegen. In ein paar Monaten ist es sowieso aufgebraucht.«

»Aber, Frau Sägebrecht, Sie können doch nicht auf Ihre Zinsen verzichten!«

»Ist schon gut so. Ich will keine Zinsen«, entgegnete ich ihm an seinem offenstehenden Mund vorbei. »Außerdem, wenn dieser Betrag jetzt an die Kette gelegt wird, was passiert dann mit meinen laufenden Zahlungen?«

»Natürlich bekommen Sie sofort einen Überziehungskredit in der gleichen Höhe von uns.«

Damals hatte ich noch keinen »Überzieher«, wie ich meinen Überziehungskredit immer nenne. »Bitte rechnen wir mal nach«, argumentierte ich naseweis. »Für mein Geld erhalte ich auf Spareinlage etwa acht Prozent. Ist das richtig?«

»Ja, das ist richtig«, freute sich der Berater.

»Für meinen Überziehungskredit zahle ich dann etwa zwölf Prozent, was eine Minusdifferenz von, sagen wir einmal, vier Prozent ergibt.«

»Ja, sicherlich, Frau Sägebrecht, damit können Sie doch wieder arbeiten. Diese vier Prozent Minus können Sie doch wieder von Ihrer Steuer absetzen.«

»Ja, schon«, trotzte ich immer noch, »dann habe ich aber doch Schulden. Ich muß Ihnen dann ja den geliehenen Überziehungskredit zurückerstatten.«

»Sie können ja selbst Ihre Grenze für diesen Vorgang fließend gestalten.«

»Aber trotzdem muß ich es, wenn auch auf längere Zeit, wieder abtragen.«

»Ja, aber dafür bauen Sie sich kapitale Werte auf, als Sicherheit für Ihr weiteres Leben, vor allem für Ihr Alter.«

»Ich bin mir ja gar nicht sicher, ob ich diese Sicherheit überhaupt will, die schnell zu einem Krebsgeschwür wird. Ich muß Schulden machen, damit ich nicht zuviel Steuern zahlen muß, und dann muß ich immer mehr verdienen, damit ich für die Schuldobjekte die Zinsen und die Tilgung bezahlen kann. Ja und dann kann ich auch nicht mehr meine Arbeit auswählen und mein Herzblut mit hineingeben, und schlafen kann ich vielleicht auch nicht mehr so gut, weil ich immer Angst haben muß, daß keine Angebote hereinschneien im Sommer. Das Ganze muß dann verwaltet werden, die Wertpapiere müssen abgestaubt, die gekaufte Wohnung vermietet werden. Dann wachsen einem doch wieder Miethaiflossen, und verpflegen und streicheln muß man so eine Eigentumswohnung doch auch. Nein, Herr Bankdirektor, ich glaube, ich will keine Zinsen.« Als ich mich nach ihm umdrehte, hatte er seine Tribüne, wohl kopfschüttelnd, schon verlassen.

Als meine Frau Mama einige Tage später eine Kontenbewegung für mich tätigen wollte, übermittelte ihr eine Bankangestellte kumpanenhaft: »Sagn S' amal, Ihre Tochter ist schon ein merkwürdiges Kaliber. Will die jetzt wirklich das Geld auf dem Girokonto rumliegen lassen?« Meine Mutter zuckte nur lächelnd die Schultern. Sie hatte in unserer Lebensgemeinschaft erst gar nicht versucht, ihre vernünftigen Gedankengänge in mein Weltengetriebe hineinzuschalten. »Du wirst schon wissen, was du tust«, meinte sie immer lakonisch, abgeklärt.

Noch ein weiteres Mal machte die Kassiererin ihrem Unwillen Luft, als ich eine Woche später leibhaftig vor ihr auftauchte und den Scheck eines jungen Studenten, den man ihm zwei Tage vor Weihnachten nicht einlösen wollte, weil sein Konto ein schwerer

Husten beutelte, demonstrativ auf mein Konto nahm und ihm den Betrag direkt aushändigen wollte.

»Das ist aber jetzt Ihr Risiko, ganz allein Ihres. Sie werden schon sehen, was Sie davon haben. Wir haben Sie gewarnt. Sie sind eine merkwürdige Person – und Ihren Betrag wollen Sie noch immer nicht anlegen?«

»Nein«, sage ich frech, »diese Bank ist nicht solvent für mich und bekommt sicherlich keinen Kredit von mir.«

Ihre Lippen werden schmal. Da versteht Madame heute keinen Spaß.

»Es war für mich auch keineswegs spaßig, als die Banken über Jahre hinweg immer nur zu mir gesagt haben, ich sei nicht solvent, zum Beispiel, als ich nach meiner Scheidung ganze 200 Mark überziehen wollte. Bis dann wieder eine kleine monatliche Blutauffrischung gekommen ist. Ja, ich hatte immer zu wenig und vor allem nicht regelmäßig Geld«, versuchte ich sie in ein Gespräch zu verwickeln.

»Frohe Weihnachten«, komplimentierte sie mich hinaus.

Ich wünschte dem Studenten ein frohes Fest, der nun seine Zähne zu Weihnachten nicht in die nackte Tischkante beißen mußte. Übrigens: Sein Scheck war gedeckt!

Bei meiner neuen Bank ist die Atmosphäre Gott sei Dank milder, und ich interessiere mich inzwischen sogar für Zinspolitik. Zur Zeit sind es aber Verzugszinsen für einen Überziehungskredit. Mein noch ausstehendes Filmhonorar für die Dreharbeiten zu dem spanischen Film *La vida lactea (The milky life)* mit Mickey Rooney hatte sich auf einer Seite des 27seitigen Vertrages sehr wichtig gemacht, dann aber den Absprung von der Schriftenwand nie mehr geschafft. Ich entschied mich trotzdem, den Film fertig zu machen, weil ich zu lange – zwei Jahre – auf Einlösung dieses von mir so geliebten Themas gewartet hatte. Es gelang mir auch, die anderen Kollegen dahingehend zu motivieren, den Film im Sinne der Sache zu einem guten Ende zu bringen. Auf eine gerichtliche Abwicklung mußte ich in diesem Fall verzichten, weil die Organisation, die hinter dieser finanziellen Transaktion steckte, zu mächtig war und ich mir die Gerichts- und Anwaltskosten, die hätten vorgeschossen werden müssen, nicht hätte leisten können.

»Die Zeit wird kommen«, sagte ich während des Drehs zu dem zweiten Produzenten, »wo Sie mich suchen werden mit Ihrer Geldmappe unter dem Arm, aber ich werde Ihr Geld nicht mehr annehmen. Vielleicht werde ich mich im Regenwald verstecken, so daß Sie mich erst gar nicht finden. Und selbst wenn Sic mich finden, werde ich Ihr Geld nicht mehr annehmen!«

Er stutzte erst, versuchte, meine Gedankengänge nachzuvollziehen, und fing dann an wie verrückt zu lachen, zu lachen, zu lachen. Ich glaube, er hatte mich verstanden.

Mickey Rooney hat sein gesamtes Honorar bekommen, aber erst als er der Produktionsgruppe in Aussicht gestellt hatte, bei Nichtbezahlung persönlich Rache zu nehmen.

Noch vor ein paar Jahren war ich tapfer in das Arenarund getreten, um in einem ähnlichen Fall mein Recht einzuklagen.

Meine große Sehnsucht nach einem Kommunikationsforum oder eigenen Theater war wieder und wieder aufgeflammt. Eine Interessengruppe, bestehend aus einem Immobilienhändler, einem mit diesem befreundeten Rechtsanwalt und einem Tanzschulenbesitzer, hatten mir eine ganze Etage im Parterre einer Tanzschule vermittelt. Ich hatte mir einen Privatkredit erkämpft – was in der damaligen, nicht-solventen Zeit äußerst schwierig war –, bereits die ersten Programme erstellt und alle Stempel vom Kreisverwaltungsreferat erhalten, da kam der große Schock: Für diese Parterre-Etage war nie eine Konzession erteilt worden. Die Miete mit Kaution, die Immobilienvermittlungsgebühr hatten schon ihren Besitzer gewechselt, und ich witterte ein Komplott. Man bat mich zu relaxen. Mein Herz wollte seinen letzten Hüpfer tun, meine Stimme war nicht mehr vorhanden und hatte sich zu flüssigem Helium verflüchtigt, geisterte irgendwo im Weltall herum. »Schauen Sie bloß, daß Sie aus diesem Vertrag wieder herauskommen, Frau Sägebrecht«, beriet mich der inspizierende Beamte der Lokalbaukommission. »Das kostet Sie mindestens 100 000 Mark, da dieser Raum nur als Lagerraum genehmigt ist.«

Dieser Raum war mit den oberen Tanzschulräumen identisch, wurde natürlich die ganze Zeit voll genutzt und sollte nur in einen funktionsfähigen Theaterraum umgemünzt werden, mit dem Gedanken, anschließend, im Windschatten eines gebührlichen Nutzungsrechts, ein Café zu etablieren. Dieses Projekt war aber nicht genehmigt worden. Mit zynischem Lächeln bat mich nun der oberste Kopf der Immobilieninteressentengruppe, die Nerven zu behalten, und stellte mir seinen von langer Hand vorbereiteten Plan vor, der letztendlich darauf hinauslief, daß ich meinen Kopf für etwas hinhalten sollte, was ich gar nicht wollte. Man hatte mich mit dem Vertrag zur Behörde geschickt, dort hatte man das groß geschriebene Wort Parterre übersehen und mir eine Genehmigung erteilt, die sich nur auf den ersten Stock bezog. Dieser Fehler gewähre nun einen Schutz, um den Platz für drei Monate zu eröffnen. Nach dieser Zeit bezahle man die Strafbefehle von jeweils 20 000 Mark vierteljährlich an die Lokalbaukommission. Die Jahressumme in Höhe von 60 000 Mark wollte man sich 50/50 mit mir teilen.

In meinem Kopf raste es. Das war nie ausgemacht und entsprach keineswegs unserer Abmachung. Auf ein Stück Papier, das auf dem Schreibtisch lag, schrieb ich mit großen Lettern: »Nein, ich will das nicht – niemals!« Meine Partnerin, die mit mir in das Geschäft einsteigen wollte, schien Interesse an dem kriminellen Vorschlag zu finden, nur wäre eben ich der Konzessionshalter, und

H. Peter Irberseder,
»UNO-Versal-Befehls-
haber«, Öl auf Leinwand
1996, 140 x 80 cm
(aus dem Zyklus)
»Der Kleine Prinz«).

257

alle Strafen der Lokalbaukommission würden meinen Namen beschmutzen.

»Niemals«, schrieb ich wieder ganz verzweifelt, als wir uns im Büro dieser Geschäftsleute befanden.

»Ich bin ja auch noch nicht am Ende«, ignorierte der Kopf der Bande meine verzweifelten stummen Einwände. »Mit dieser Struktur, die wir Ihnen vorgeschlagen haben, haben Sie ein Jahr Zeit, sich mit Ihren Superprogrammen, die sich einen guten Namen in der Stadt und im Kulturreferat gemacht haben, unentbehrlich zu machen.« Eine Mappe mit allen Zeitungsausschnitten und Informationen über unsere kulturelle Arbeit und unsere Theaterarbeit lag vor ihm. »Ja, und dann, nach einem Jahr, bauen wir um. 100 000 Mark zu unseren Lasten, 100 000 zu Ihren Lasten, und den dritten Sockelbetrag muß dann die Stadt übernehmen.«

Wie kam ich denn dazu, ein solches Risiko einzugehen. Hilfe – Anwalt! Ich brauche einen guten Anwalt. Weit gefehlt. Ein Mitglied der Gemeinschaft war ja selbst Anwalt. Anwalt gegen Anwalt. Fehlanzeige.

Daß ich überhaupt einen fand, der auch noch den Dr. jur. hatte und am Gericht zugelassen war, war ein großes Glück. Mit einem Bein befand er sich zwar schon im sonnigen Kalifornien und war es müde zu kämpfen, doch für mich zog er seinen Harnisch nochmals an, und wir gewannen – trotz gekaufter Zeugen der anderen Seite und des moralischen Drucks, den man auf uns ausübte. Bei der Urteilsverkündung mußten wir feststellen, daß die Gegenpartei die anfallenden Gerichts- und Anwaltskosten nicht zahlen konnte.

Der Rolls-Royce war laut Papier Eigentum des Chauffeurs, das große Haus in Grünwald nannte die Gemahlin ihr eigen. Alle Güter waren fein säuberlich, juristisch protokollarisch, getrennt. Als einziges Hab und Gut thronte ein Schreibtisch mit Stuhl in der Mitte des Büros des Immobilienhändlers. Selbst das Telefon verweigerte die Pfändung, denn es war Staatseigentum.

Der feine Herr ging nun auch noch in die Berufung, um alles eine Etage höher zum Oberlandesgericht zu tragen. Großes Palaver, leere Phrasen der Angeklagten: Auch in zweiter Instanz hatte ich gewonnen: »Sie werden hiermit verurteilt, die gesamte Vermittlungssumme in Höhe von 10 400 D-Mark mit vier Prozent Verzugszinsen zurückzuzahlen.« Die gesamten Gerichtskosten gingen zu Lasten des Angeklagten. »Frau Sägebrecht, da der Angeklagte zur Zeit über kein Einkommen verfügt, müssen Sie die gesamten Gerichtskosten übernehmen, können sie dann aber auf den geschuldeten Betrag aufschlagen. Die Zinsen natürlich auch: Anwaltskosten plus Gerichtskosten.«

Ich habe jetzt dafür einen »Titel«, so nennt sich das Formular, mit einem Anspruch, der dreißig Jahre gültig bleibt. Von dieser gewieften »Gang« werde ich nie auch nur einen Pfennig erhalten – so ersparte ich mir ein Magengeschwür und hängte den Titel an die Wand über meinem Bett. Das war 1987.

Jungs, ihr habt mir damals eine Lehre erteilt. Ja, in Zukunft werde ich nur noch vor Gericht erscheinen, wenn ich als Zeuge aussagen muß oder selbst vor Gericht angeklagt bin und mich verteidigen muß. Ansonsten wird man mich vor einem Gericht nur noch am Jüngsten Tag finden – oder wenn ich täglich mit mir selbst ins Gericht gehen muß.

Ein
Film
sollte
gut
gewürzt
sein,
und
ich
bin
der
Knoblauch

October

Prag, in einer Novembernacht des Jahres 1989. Menschen-
massen stoßen, drängen sich. Es ist kein Vorwärtskommen
mehr möglich. Eingekeilt und geschoben tauchen um mich herum nur junge, entschlossene Gesichter auf. Fackeln brennen,
Hände klatschen rhythmisch. »Wir wollen unsere Freiheit. Nieder mit der Diktatur!« Meter für Meter wird die Innenstadt um
den Wenzelsplatz eingenommen. Im Kerzenlichterschein der
dunklen Nacht zeichnen sich die Umrisse der Häuserfronten ge-
spenstisch ab. Die kräftig und monoton fordernden Stimmen
werden immer lauter, das Händeklatschen immer heftiger. Ältere
Menschen, aber auch das Mittelalter, bleiben diesem Treiben
fern, haben sich ängstlich zurückgezogen, um das Schauspiel aus
der Distanz betrachten zu können. Zu schmerzhaft ist für sie
noch die Erinnerung, die eingefräste Angst, die seit dem unglück-
seligen Prager Frühling im Jahre 1968 von den rücksichtslos ein-
gesetzten Panzern zurückgeblieben ist.

Wo nur war Ondrej? Ondrej Vetchy, einer meiner tschechischen
Filmpartner, der sich schon längere Zeit dem aktiven Widerstand
angeschlossen hatte, um dem menschenverachtenden System
der eisigen, ergrauten, diktatorischen Politiker und amtierenden
Regierungsvertreter den Garaus zu machen. Durch eine Sonder-
regelung war es unserem Regisseur Jiři Weiss, der als tschechi-
scher Staatsbürger in die USA emigriert war, erlaubt worden, seinen autobiographischen Film *Martha und ich* in den Barrandov-
Studios seiner Geburtsstadt zu drehen, doch die Atmosphäre war
von Anfang an zum Zerreißen gespannt. »Der tut sich leicht,

kommt einfach hierher zurück mit seinem amerikanischen Paß, und wir mußten all die Jahre schuften und wurden unterdrückt«, so lauteten die Vorwürfe, die aber mit der Zeit nachließen. »Feind« hörte immer mit: »Vorsicht, Marianne, bei diesem Fahrer, er ist ein Spitzel!« – »Leider können wir dich nicht mit nach Hause nehmen, um dir unsere böhmische Küche aufzutischen, sonst werden wir verdächtigt, Spionage für den Westen zu betreiben.« – »Vorsicht, was du sagst, Marianne – Vorsicht, mit wem du sprichst – Vorsicht, in deinem Hotelzimmer sind Abhöranlagen – Vorsicht, tausch keine Devisen, es könnte eine Falle sein – Vorsicht, kauf keinen illegalen Kaviar …« Um Eintritt in ein Speiselokal zu erlangen, mußte man erst einmal fünfzig D-Mark in Scheinen unauffällig zücken, um die Schwelle überhaupt übertreten zu dürfen. Tat man das nicht, war das Lokal »voll besetzt«, auch wenn das Auge nur leere Stühle ausmachen konnte.

Meine Lebensqualität erlitt durch diese äußeren Umstände große Einbußen. Zum ersten Mal in meinem Leben war ich als Lego-Bausteinchen Gast eines kommunistisch-sozialistischen Systems geworden, in dem es für phantasievolle Ausflüge und kreative Alleingänge kaum Pflaster gab, und außerdem hatte ein Psycho-Hansaplast so manchen Mund zum Schweigen gebracht.

Ondrej hatte mutig beschlossen, sich heute die Kehle aus dem Leib zu schreien und so seinen Anteil zur Befreiung des Landes beizutragen.

»Bei uns wird es noch mindestens zehn Jahre dauern, bis man dieses eisenstarke Politbollwerk zu Fall bringen kann«, hatte Anne, unsere Dolmetscherin, bei einer unserer vielen Diskussionen gemeint.

»Schau, Polen hat's geschafft, Ungarn bekommt eine Demokratie, die Mauer in Deutschland ist am 9. November gefallen. Wir werden es auch schaffen«, ereiferte sich daraufhin Ondrej. »Wenn's sein muß, wieder mit Gewalt.«

»Ja«, meinte die Skriptfrau, »und komm darin um. Wir sind müde. Es wird doch nichts.«

»Erlaubt es euch doch nur im Kopf«, bettelte ich, »nur als Bild, als Ziel, sonst wird es nie passieren.«

Müde Gesichter, müde Hände winkten ab: »Laß uns nur das Quentchen Leben, das wir jetzt für uns ertrotzt haben.«

»Ja«, regte sich Ondrej auf, »das einzige, was ihr im Kopf habt, ist Fleisch und Bier. Damit gebe ich mich aber nicht zufrieden.«

Der Schiffsmann stürzte hinaus, um das Ruder herumzureißen. Aber wo war er jetzt? Auf unserer Suche nach Ondrej wurden wir mit den Demonstranten fortgetragen. Die Jugendlichen handelten nach dem Motto: gewaltfrei, aber bestimmt. »Wir wollen unsere Freiheit, nieder mit der Diktatur!« hallte es, von Echos untermauert, durch die Straßen und schwoll an zum Orkan.

Da plötzlich tauchten an strategischen Punkten die scharfgemachten Diener der Staatsräson auf, um den nach Freiheit dürstenden Kindern eine eiskalte Dusche zu verpassen. Minuziös wurde der Angriffsplan der Polizei ausgeführt. Autoritäre Marschbefehle, und schon sausten die Knüppel gnadenlos auf die jungen Köpfe und Körper herunter. Leiber wurden zu Boden gerissen, Blut verteilte sich auf dem Pflaster. Verletzte Jugendliche schrien. Wasserwerfer rissen ihnen die Worte »Nieder mit der Diktatur« aus dem Mund und spülten sie die Gehsteige hinunter.

Ondrej war mit einem Knäuel Menschenleiber zu Boden gedrückt worden. Schlagstöcke prasselten auch auf unsere Körper nieder. Man wollte dem jungen Blut im Staate eine Lektion erteilen. Niemals wieder sollte es den Mut haben, dem Schicksal die Stirn zu bieten.

Da war ein stechender Schmerz hinter meinem Ohr.

»Keinen Widerstand, bitte keinen Widerstand«, schrien aufgeregte Studenten in die Nacht hinein, um die Jugendlichen, von denen einige noch Kinder waren, in Schach zu halten. Manche sanken auf die Knie, die Hände wie zum Gebet erhoben, während die Polizei, als Peiniger, wie besessen auf sie eindrosch.

Eines dieser Fotos erschien in den nächsten Tagen in der internationalen Presse, und so konnte man die harte Linie nicht mehr weiterverfolgen. Keiner hatte zurückgeschlagen, und mir schien es, als würde Gandhis gütiges Antlitz über den Platz schweben. Die meisten Jugendlichen waren zwischen vierzehn und achtzehn Jahre alt. Täglich wurden die Demonstranten zahlreicher. Schon gesellten sich die ersten Überläufer dazu, die sich unter die nach Freiheit und um Leben ringenden jungen Herzen mengten. Das Unglaubliche wurde wahr: Die eisernen Fäuste der Generäle mußten der offenen Hand eines Václav Havel weichen. Die jungen Menschen des Landes hatten durch ihre Courage und ihre Sehnsucht nach Freiheit und Selbstbestimmung unblutig eine Wende in Prag herbeigeführt oder zumindest dazu angestachelt. Mein Herz hüpft bei diesem Gedanken, denn wie oft wurde schon meine optimistisch-zärtliche Prognose für die jungen Menschen milde belächelt, wenn ich sie ganz selbstverständlich vor Journalisten oder vor meinen Mitmenschen auf den Tisch geblättert hatte. »Du bist eine hoffnungslose Optimistin«, meinte da ein engagierter Weltpessimist, der sich sein selbstgebackenes Zukunftsbrot zu streichen pflegte. Ja, die Prager Jugendlichen hatten mich darin bestätigt, daß es richtig ist, immer einer positiven Entwicklung eine Chance zu geben.

»Marianne, drehfertig machen«, dröhnte es aus dem Lautsprecher der Garderobenräume des Barrandov-Studios.
Noch ein kurzer, prüfender Blick in den Spiegel. Mein Gesicht war wimpernlos, die Augenbrauen hatte die Maskenbildnerin tief nach unten gezogen. Make-up oder Puder gibt es für Martha nicht. Nicht mal ein Grund-Make-up. Die Zähne wirkten vermo-

dert. »Don't cry for me, San Francisco, about my naked face. It's a human concept (Es handelt sich um ein menschliches Konzept)«, habe ich bei meinen Ansprachen vor den Festivalstarts dem amerikanischen Publikum immer gesagt. Die Akzeptanz von Marthas Charakter basierte auf einer großen Liebesgeschichte, die sich mehr im dramatischen Bereich abwickelte und mit der sich das Publikum sehr anzufreunden begann. Überall auf der Welt.

Percy Adlon, der mir den Brief, der alles ins Rollen gebracht hat, seinerzeit übergab, hatte mich schweren Herzens ermuntert, mit Jiři Weiss zu arbeiten. Percy kannte Jiři Weiss von seinen Arbeiten aus den siebziger Jahren und verehrte ihn sehr. Darüber hinaus hatten wir uns nach Einlösung des letzten Teils unserer Trilogie *(Zuckerbaby, Out of Rosenheim, Rosalie goes shopping)* eine künstlerische Schaffenspause in Aussicht gestellt – doch Percy zauderte noch, weil er bereits die Idee für ein neues Projekt im Kopf hatte. Für mich war es ein großes Wagnis, meine Seele, meinen gesamten emotionalen Farbkasten nun einem neuen Herrn zu vermachen und für die Schaffensperiode der Geburt eines neuen Wesens den sicheren Hafen, in dem ich mit Percy und Eleonore vor Anker gegangen war, zu verlassen. Würde mich je wieder ein Mensch so schützen und akzeptieren?

Doch bereits beim Lesen des Drehbuchs von *Martha und ich* nahmen die Figuren bildhafte Formen in meiner Vorstellungswelt an. Dr. Ernst Fuchs durchschritt schon wie ein Hologramm den Raum, und ich fing an, mich nach ihm zu sehnen, ihn zu spüren. Und als ich Jiři Weiss und seine zärtliche Geste der Versöhnung in der Filmgeschichte sah, die im Raum wie eine Lichtwolke leuchtete, gab es für mich keine zögerliche Überlegung mehr. Nun hieß es, Anker lichten und mit einem neuen Kapitän hinaus aufs Meer. Der Abschied von Percy fiel mir zwar schwer, doch blieb eine tiefe Dankbarkeit zurück, und auch er wußte, was wir einander zu verdanken hatten – der Künstler und seine Apfel-Muse, was für eine Symbiose! Je reviens! Ich komme wieder.

Eine amerikanische Filmgroßproduktion hatte Gefallen an dem Stoff *Martha und ich* gefunden. Die Rolle des Dr. Fuchs sollte Ben Kingsley spielen, der wirklich Interesse zeigte. Was konnte schöner sein? Doch der Haken folgte auf dem Fuß und war einem Hakenkreuz nicht unähnlich: Jiři wurde aufgefordert, den gesamten Handlungsablauf, bei dem die Familienmitglieder, wie auch Dr. Fuchs, im Konzentrationslager umgekommen waren, nachzuschreiben. In seinem Konzept hatte er das bewußt ausgespart, weil er wollte, daß jeder Zuschauer allein seine in ihm gespeicherten Bilder und Informationen beim Sehen abrufe und nichts anderes. »Ich drehe einen Film über das Kain-und-Abel-Syndrom«, sagte er immer. »Da liegt die Wurzel allen Übels, da müssen wir ran.«

Aber: kein Holocaust – keine Gelder. Das Projekt blieb erst einmal auf der Strecke.

Ein deutscher Produzent, der den Namen einer Sektfirma zur Schau trägt, sah seine Felle in einem ganz anderen Flußbett schwimmen: »Die Sägebrecht soll das spielen?« meinte er entsetzt. »Die ist doch viel zu alt! Da muß eine junge, hübsche Magd her.« Marthas wirkliches Alter im Rahmen der Filmgeschichte lag zwischen vierzig und achtundvierzig Jahren. »Stellen Sie sich die nur vor bei der Szene im französischen Wäschegeschäft!« Er hatte wohl seiner Kandidatin schon das Bett gemacht. »Nehmen wir doch die Nastassja Kinski. Die ist ja auch schon älter, aber man kann sie noch gut für jünger verkaufen.«

»Ich habe aber nach jahrelangem Suchen jetzt meine Martha gefunden.« Jiři war stur.

»Das werden wir ja dann sehen«, entgegnete süffisant der Produzent, »denn schließlich werfe ich das Geld hinein.«

Jiři hielt zu mir und bemühte einen Anwalt, um die Rechte an seiner Geschichte diesem Zeitgenossen wieder abspenstig zu machen.

Auch meine Standfestigkeit wurde auf eine harte Probe gestellt. »Ich habe es schon vernommen«, begrüßte mich der engagierte Geschäftsführer und künstlerische Leiter der Firma, bei der ich kürzlich eine Serie abgelehnt hatte, beim Vorstellungsgespräch, »Sie sind nicht berechenbar, was die Kriterien der Auswahl Ihrer Arbeiten bestimmt.«

»Ja, ich muß in die angebotenen Bücher hineinriechen, fühlen, ob sie bereits in meinem großen Schicksalsdrehbuch angelegt sind. Ist das so, dann gibt es für mich nur Hineinspringen, Gestalten, ohne Netz und doppelten Boden.« Mit klopfendem Herzen überreiche ich ihm das Drehbuch von *Martha und ich.* Ich möchte es so gern mitrealisieren.

Einige Tage später schaut er mich verschmitzt an: »Wir haben uns entschlossen, diesen Film zu machen, Frau Sägebrecht.«

Wie eine Sprungfeder schnelle ich aus dem Sessel, um ihn gnadenlos zu umarmen, doch ein »Aber« setzt sich entschuldigend auf seine Sessellehne, und ich plumpse vorsichtshalber wieder auf meinen geräumigen Platz zurück.

»Der Regisseur und Autor, Herr Weiss, ist mit seinen zweiundsiebzig Jahren in unseren Augen zu alt, den Drehstreß durchzuhalten. Er wird als Autor sein Honorar und seine Tantiemen bekommen, aber um den reibungslosen Ablauf der Dreharbeiten zu gewährleisten, brauchen wir einen jüngeren, dynamischen Regisseur.«

»Und wie war das mit John Huston?« verteidige ich Jiři. »Der war achtzig Jahre alt und hat immer noch gedreht. Das ist Jiřis eigene Familientragödie, die muß er selbst drehen.« Ein tiefer Seufzer entringt sich mir, und meiner Tochter Daniela sorgenvoller Blick taucht vor mir auf. »Unter diesen Umständen kann ich leider nicht zur Verfügung stehen«, höre ich mich mit belegter Stimme antworten – ich hatte Jiři in Los Angeles mit meinem Herzblut unterschrieben, daß ich den Film nur mit ihm machen würde. Schulterzucken, Händeschütteln, Verabschiedung. Im Lift quält mich meine innere Stimme: Du traust dich was, keine Serie, keine Übereinkunft mit dem Martha-Projekt. Wovon willst du jetzt existieren? Die Zeiten werden auch nicht besser. Ein Heer von arbeitslosen Schauspielern … Dann eröffne ich eben wieder ein Theatercafé, oder ich arbeite in einem Labor, pflege Kranke in einem Krankenhaus. Es gab so vieles, was ich tun konnte. Meine Gallenblase mußte auch mitmischen und zwickte mich kräftig, der Magen war über meinen Sturkopf sauer, und das Herz hatte schon längst alle viere von sich gestreckt und lag mir wie ein Stein in der Brust. »Gut gemacht, zeig's ihnen nur, ich bin stolz auf dich, Kleine.« Erschrocken sah ich um mich. Jetzt hatte sich auch noch mein Kleinhirn persönlich zu Wort gemeldet.

Eine Woche später drang eine dunkle, kehlige Stimme durch das Überseekabel: Danny De Vito – *Schmeiß die Mama aus dem Zug* stand sofort bildhaft vor meinen Augen. »Wir möchten dich, Marianne.« Meine Knie wurden weich und weicher. »Du wirst Susan spielen, die Haushälterin in meinem neuen Film, *War of the Roses (Der Rosenkrieg)*. Bist du glücklich? Michael und Kathleen möchten dich auch unbedingt, wir sind uns alle einig.«
»Der Michael?« lachte ich geradeheraus.
»Michael Douglas, mein Freund, und Kathleen Turner, weißt du? Sie spielen die Hauptcharaktere in diesem Film.«
Jetzt bekam die eigene Courage Angst vor der Courage. Ich stotterte: »Ja, aber meine Gallenblase ist entzündet, ich befinde mich gerade in keiner guten gesundheitlichen Verfassung.« So, das saß bestimmt, denn wahrscheinlich hätte schon ein Schnupfen für Hollywood genügt, um die Versicherungs- und Produktionsgesellschaften zu nervösen Wracks umzufunktionieren.

»Wir lieben dich, Marianne, wir warten. Nimm dir Zeit. Es ist mein Film, und ich möchte dich für diesen Part.« Die große Energie dieses kleinen Mannes war ganz stark zu spüren. »Ich werde dich in einer Woche wieder anrufen.«

Bei diesem Gespräch wies ich Danny erneut auf eventuell vorhandene, Schmerz verursachende Gallensteine hin. Doch all meine Einwände verpufften ins Nichts: »Du kommst zu uns, hier gibt es die Möglichkeit einer Laserbehandlung. In ein paar Tagen bist du deine Steine los, und dann wird gedreht. Wir werden auf dich aufpassen, Marianne, und ich werde zu dir sein wie ein guter Vater.«

Jetzt mußte ich weinen. Dieser Part war einzulösen, das war mir nun klar: »Okay, ich komme!«

Ein großes Abenteuer nahm drei Monate meines Lebens in positiven Beschlag. »Learning by doing« war in den amerikanischen Filmstudios großgeschrieben, vor allem Professionalität, gute Kameradschaft und Motivation. Es wurde zwar diskutiert, aber viel mehr einfach ausprobiert. Und es war eine Freude, die Hingabe von Michael Douglas an die Anweisungen seines Freundes und Schauspielerkollegen Danny De Vito zu sehen. Es gab keine Machtkämpfe, nur konstruktive, harte Arbeit und Disziplin, und mehr und mehr mußte ich durch Erfahrung feststellen, daß Personen, die sich für das harte Leben und existentielle Überleben in der Domäne Film entschieden haben, sich durch ausgeprägte individuelle Eigenschaften auszeichnen, und zwar weltweit und ohne Unterschied. Ohne die große Motivation einer spezifischen Abenteurerseele könnte man diesen Streß und die permanente existentielle Unsicherheit gar nicht leben.

Ich hatte drei Monate sozusagen »on call« für meine Rolle zur Verfügung zu stehen. Die eigentlichen Drehtage beliefen sich auf insgesamt vielleicht neunzehn. Sooft ich konnte, teilte ich meine Freizeit auch mit dem Team, lernte durchzuschauen, wollte durch Beobachten reifen. Einmal hatte ich für die Crew an einem meiner drehfreien Tage in einer staubigen, großen Ecke des Studios, zusammen mit einer persischen Gärtnerin, ein Buffet als eßbares Kunstobjekt bauen lassen. Japanische Sushi, zu Schmetterlingen dekoriert, leuchteten in kunstvollen Blumenarrangements auf, bevor die einzelnen Puzzleteile genüßlich in hungrigen Mägen verschwanden. Eine Sonate von Bach eröffnete den Schmaus, und die Freude und die Überraschung waren groß. Augen und Gaumen verzehrten um die Wette, und die Ohren schwelgten in unbekannten Tönen, bis der Executive Producer alle aufforderte, ihre Plätze wieder einzunehmen. Untermauernd klatschte er dabei heftig in die Hände: »Time is money, you know, Marianne!« Und doch freute ich mich diebisch, daß mir und meiner Kreativgärtnerin diese schöne Überraschung gelungen war und wir dem Studiomoloch gemeinsam diesen Zeitsprung abgeluchst hatten.

Als wir mitten in den Aufräumarbeiten waren, erhielt ich ein Fax: »Wir haben uns entschlossen, Jiři Weiss die Regie selbst zu übertragen. Du hast gewonnen, Marianne. Sollte er dem Streß nicht gewachsen sein, wird mit seinem Einverständnis der Regisseur Jiři Menzel die Dreharbeiten zu Ende führen.«

Ich tanzte mit meiner persischen Freundin im Kreis und hob sie hoch vor Freude über diesen kleinen Sieg.

Arm in Arm stand ich fast ein Jahr später, die Pressemappe unter die Achsel geklemmt, mit Jiři Weiss nach der Uraufführung von *Martha und ich* auf der Bühne eines großen Filmtheaters in Venedig. Das Publikum hatte sich für Jiři und dessen Geschichte zu »standing ovations« erhoben. Ich wußte nicht, was tun, und weinte hemmungslos. Bei Jiři wollte ich mir Kraft holen, doch als ich meinen Kopf drehte, um mir von seiner Selbstbeherrschung ein paar Scheiben abzuschneiden, weinte Jiři selbst – das erste Mal in seinem vom Schicksal so schmerzhaft angelegten Lebenslauf. »Wir haben es geschafft, wir zwei Rentner«, sagte ich scherzhaft zu den Journalisten.

Bei den folgenden Pressekonferenzen waren wir etwas gefaßter, nachdem diese kleine Geschichte bereits die Runde gemacht hatte. Meine Standfestigkeit hatte Früchte getragen: Michel Piccoli und ich hatten den CIAK-Filmpreis von Venedig erhalten!

Michel Piccoli – bereits beim Lesen des Skripts war dieser große Schauspieler vor meinen Augen für die Rolle des Dr. Ernst Fuchs aufgetaucht. Während der Dreharbeiten schenkte er mir so viel Vertrauen, Respekt und Menschenliebe, daß das Mond-Kind leuchten und die neue Herausforderung bewältigt werden konnte. Wir spielten zusammen wie zwei Kinder im Sandkasten, und ich genoß seine große Ehrlichkeit und Integrität. Über viele Jahre hatte er große menschliche Charaktere über das Zelluloid zum Leben erweckt und gehörte seit langem zu meinen Lieblingsdarstellern. Als Martha dachte ich daran, ihm die Füße zu waschen und zu küssen – was später leider einige Emanzipastorinnen mißverstanden haben, zumal wir uns bei der Premiere in Frankreich für ebendieses Motiv als Poster entschieden hatten.

»Wenn ich einen Menschen liebe, dann küsse, massiere und wasche ich ihm auch die Füße. Es könnten auch die Füße meiner Mutter sein. Dabei verliere ich nichts«, erklärte ich den aufgebrachten Frauen in Paris, die mir einen Verrat an der Frauenbewegung unterstellen wollten.

Jiři Weiss hatte mir erlaubt, diese Szene der Fußwaschung in seinen Film mit einzubauen. »Jiři, ich hatte da eine Vision«, wie ich kreative Ideen zu bezeichnen pflegte, die mir unter den Nägeln brannten. »Nimm sie, wenn du sie als Maler für dein Gesamtgemälde gebrauchen kannst. In deinem Malkasten sind alle Farben vorrätig. Wenn du nur Grün oder Blau willst, soll mir das nur recht sein.«

Michel Piccoli gab sich auch ganz dieser Idee hin. Jetzt war es soweit. Ein neues Bild wollte sich vervollständigen. Der Fuß meines Filmehemanns begann meine ganze Aufmerksamkeit und Zuwendung in Anspruch zu nehmen, bekam ein eigenes Leben. Plötzlich, in einer Aufwallung der Gefühle, küßte ich seinen großen Zeh. Gleichzeitig wollte ich, obwohl stolze Dienende, ein Zeichen setzen, was meine neue weibliche Selbstbestimmung und Kraft markierte. Der Gedanke war noch nicht ganz zu Ende gedacht, als ich durch einen kräftigen Biß versuchte, ihm Nachdruck zu verleihen. Alles ereignete sich in Sekundenschnelle. Marianne biß Michel in den Zeh, Kamera lief, Michel beugte sich wie ein Pfeilgeschoß nach vorne und beantwortete meine in seinen Augen erotische Attacke gebührend mit einem Kuß, daß Martha das Hören und Marianne das Sehen verging. Aktion und Reaktion. Marianne hatte vor Aufregung den Text vergessen! Das Wasser, ich hatte das Wasser vergessen. Wie kam ich nur aus diesem Schlamassel wieder heraus? Der Erfahrene reagierte sofort wie ein Seismograph: noch ein Kuß, eine große Umarmung. Mein Herz raste wie verrückt. Die Kamera lief noch immer. Die ganze Crew verfolgte atemlos den Ausgang dieser kleinen Liebesreise. »Stop!« hörte ich da Jiřis Stimme von weither. Die Mitglieder der Crew klatschten. »Gekauft«, sagte Jiři, »ich lasse das alles so, wie es sich gestaltet hat, so ist es geschehen.« Diese feinstofflichen Momente von tantrischer Liebe nahmen beim Drehen oft ihren Platz ein, und oft wurde ich von Journalisten oder Zuschauern direkt gefragt, ob es zwischen Michel Piccoli und mir eine sogenannte Affäre gegeben habe. Bereitwillig erklärte ich dann immer, daß auch Michels Ehefrau Ludowina, die mit zu den Dreharbeiten nach Prag gekommen war, ein Teil dieser Liebesgeschichte sei, und man lächelte wissend und traf den Nagel nicht einmal auf den großen Zeh. Und doch gab es viele, die mich verstanden haben, wenn ich von Menschenliebe und Seelenverwandtschaft sprach.

Der Kontakt zu Michel ist nie abgerissen. Noch immer ist bei Besuchen in Paris das Elixier der Wiedersehensfreude einmalig. Oft ruft er mich an und sorgt sich um mich wie ein liebevoller Bruder. Eine Aussage von Michel, die er am Anfang unserer Dreharbeiten in den Raum gestellt hatte, hat sich ganz stark in meine Seele geschrieben. Jiři Weiss wollte uns damals immer wieder ein bißchen vom Zuckerbrot seines Regiestils knabbern lassen. Er war ein Überbleibsel aus der Zeit der großen Herausforderer und von früher her gewohnt, bei seiner Arbeit keinen Widerspruch zu dulden. Eines Tages hatte er versucht, das Potential unserer Eitelkeit zu überprüfen. »Also, ihr sollt wissen«, meinte er so nebenbei, »daß es ein persönlicher Wesenszug meiner Arbeit als Regisseur ist, Naheinstellungen nicht zu viel Raum zu geben. Wie schön ist es, einmal einen Körper von hinten oder von der Seite auf den Film zu bringen, wie schön kann es doch sein, von einem weinenden Menschen auch die Schulter mit hereinzunehmen.« Ja, da konnte ich nur beipflichten, und Jiři war angesichts meiner Reaktion wirklich konsterniert.

»Jiři«, warf Michel nun ein, »ich habe so viele Filme in meinem Leben gedreht und bin der Meinung, daß wir hier zusammengefunden haben, um eine gute Arbeit zu leisten. Wir geben dir alles, Marianne und ich, und du nimmst dir, was du brauchst, auch wenn es nur die Schuhspitzen meiner Schuhe sind.«

An diesem Tag war eine ganz neue, respektvolle Arbeitsatmosphäre entstanden.

Mit Händen und Füßen gestikulierend, befand ich mich mit Jiři und Michel Wochen später in einem alten Café in der Prager Innenstadt. Irgendwie waren wir auf das Thema Mörder gekommen, weil man während unserer Außendreharbeiten versucht hatte, ein paar Straßen weiter ein blondes Mädchen zu ermorden. Die Täter konnten fliehen. Diese Geschichte hatte ein paar Tage unsere Stimmung melancholisch beeinflußt.

Jiři war der festen Überzeugung, daß nur die Todesstrafe einer solchen Verirrung der Verhaltensstruktur, die nie mehr reparabel sein würde, Einhalt gebieten könne.

Mein großer Respekt wurde jäh erschüttert. »Ich glaube nicht an die abschreckende Wirkung der Todesstrafe, weil sich eine dunkle Macht an keine Gesetze hält. Sie trachtet allein danach zu vollstrecken und kann als bewußter Anteil der Persönlichkeit niemals überführt werden.«

Doch unser strenger Vater war nicht von seiner Meinung abzubringen: »Der Täter ist schuldig und muß bestraft werden, auch mit dem Tod.«

»Das Wort Schuld habe ich seit Jahren aus meinem Vokabular gestrichen. Ja, mit Schuld läßt sich's operieren, das weiß auch die katholische Kirche nur zu gut. Dann müßtest du auch nach den Schuldigen suchen, die die Seele des Täters schwer verletzt oder schon gar getötet haben – Ursache und Wirkung!«

»Man weiß aus Statistiken, daß die Veranlagung eines Mörders sich schon im genetischen Code des Menschen als ein Doppelchromosom XXY anstatt XY ankündigt«, sagte Jiři.

»Sehr logisch und unsachlich, diese Hochrechnung«, konterte ich, »denn man hat ja nur Mörder untersucht und nicht alle Menschen. Vielleicht haben Menschen mit dieser Doppel-X-Ausgangsposition vom Schöpfer nur einen Schöpflöffel mehr Energie und Aktionspotential in die Wiege gelegt bekommen. Wahrscheinlich sind sie gezwungen zu handeln, nach vorne zu gehen. Werden sie gebremst, attackiert oder verletzt, wird eine direkte polare Reaktion nicht zu umgehen sein. Kontrolle und Umsicht wird es bei diesen Geschöpfen nicht geben, Grenzüberschreitungen sind wahrscheinlich vorprogrammiert, um die Evolution voranzutreiben, wenn auch Mephisto oft dabei ein Wörtchen mitzureden hat. Wird man mit dieser Chromosomen-Doppelveranlagung in sozial schwache Strukturen oder in verhärtete bürgerliche Schichten hineingeboren und läßt sie sich nicht in ein konstruktiv-kreatives Leben umwandeln, kippt die Lebensbahn wahrscheinlich in die kriminelle Dimension. Die zweite Kategorie darf fliegen, kreieren, manipulieren – staatlich, gesellschaftlich, künstlerisch anerkannt. Wer weiß, wie viele Dirigenten, Regisseure, wilde Maler, Politiker dieses mögliche Mörder-Doppelchromosom tragen – vielleicht ja auch ich mit meinem exzessiven, energetisch-phantasiebeladenen Leben. Außerdem besteht zwischen Opfer und Täter oft eine geheimnisvolle polare Verbindung«, schloß ich bedeutungsvoll meine kleine Rede.

Michel lachte auf, hielt seinen Daumen anerkennend hoch.

Jiři hatte es schon lange aufgegeben, mir zu widersprechen. »Das war ein gutes Stichwort«, meinte er. »Jetzt wirst du von mir wieder in die Pflicht genommen. Marthas Selbstmordszene wird heute nachmittag gedreht.«

Der jüdische Arzt Dr. Ernst Fuchs hat die Deutsche Martha gegen den Widerstand beider Familien und trotz der Verachtung der Gesellschaft zur Frau genommen. Als die politischen Umstände immer gefährlicher werden, bittet er seine Frau um die Scheidung. Sie weigert sich und heftet sich demonstrativ den Judenstern an den Mantel. Den Kontakt zu ihrer Familie, vor allem zu den Eltern, hat sie abgebrochen, weil sie sehr nationalistisch waren. Um Marthas Leben zu retten, beschließt ihr Mann, sie zu ihrer Familie zurückbringen zu lassen. Das geschieht unter schrecklichen Umständen und mit großer Gewalt. Martha will nicht und wird durch diesen Übergriff von außen stumm, ihr Haar ergraut in einer Nacht, ihr Herz bricht. Fuchs wird kurz darauf mit seiner gesamten Familie ins Konzentrationslager verschleppt, wo er eineinhalb Jahre später in der Gaskammer stirbt. Martha geht in diesen eineinhalb Jahren täglich zum Bahnhof auf eine Brücke, um auf ihren Mann zu warten oder wenigstens in Gedanken bei ihm sein zu können. Da steht sie bei Regen und bei Schnee, und nur zum Schlafen führt man sie gelegentlich auch mit Gewalt nach Hause. Zum Zeitpunkt seines Todes wählt auch Martha den Freitod und zwingt als liebende Dienende so dem Schicksal zum ersten Mal ihren freien Willen auf.

Ich stehe auf der Brücke. Martha ist in mir. Schon seit wir die Szene der gewaltsamen Entführung gedreht haben, fiebert mein Körper, meine Seele weint. Ich kann die Realität nicht mehr von der Filmgeschichte trennen. Gleich werde ich mich fallen lassen. Ich höre die Lokomotive kommen. Jiři schreit: »Marianne, bist du in Ordnung?« Martha hört ihn nicht mehr. Jiři hat Skrupel: »Marianne, action.« Martha hört nur auf das Fauchen und Stampfen der immer näher kommenden Lokomotive. Ich falle. Eine große Rauchwolke schlägt über mir zusammen. Der Körper von Marianne fällt stuntmäßig nur ein paar Meter tief, um dann aufgefangen zu werden. Martha fällt tiefer und tiefer. Mir schwinden die Sinne. Es hat noch Monate gedauert, bis ich aus diesem Todesschlaf der Seele wieder auftauchen konnte.

»Wer hat es gewagt, den Part von Dr. Fuchs zu spielen?« ereiferte sich Ben Kingsley. »Das war meine Rolle.« Heiter, ironisch, shakespearehaft dramatisch stellte der begnadete Mime die Frage in den Raum, als ich ihm bei den Filmfestspielen in Berlin begegnete. Kleinlaut mußte ich ihm anvertrauen, daß Michel Piccoli dieser Figur schon Patina gegeben hatte. Ben Kingsleys Gesicht wurde weich, als Michels Name fiel. »Genehmigt«, lachte er. »Aber diesem Charakter hätte ich zu gerne Farbe gegeben, denn dieses Skript, *Martha und ich,* hatte mein Herz berührt.«

Der Grund meines Auftauchens in Berlin war ein sehr erfreulicher: Die deutsche Vertretung der Twentieth-Century-Fox-Filmproduktion hatte mich, zusammen mit Michael Douglas, Danny De Vito und dem Autor des Films, Michael Leasen, eingeladen, um für die Premiere von *Der Rosenkrieg* die Pressearbeit mitzugestalten. Die euphorische Akzeptanz des gestrigen Berliner Festivalpublikums machte alle Beteiligten überglücklich.

Die Pressekonferenz im zu kleinen Raum konnte einem den Angstschweiß auf die Stirn treiben. Ein Blitzlichtgewitter zuckte und prasselte auf uns herab. Die Luft konnte nur noch scheibchenweise verkauft werden. Michael Douglas und Danny De Vito, die auch privat die besten Freunde waren, erledigten ihre Hausaufgaben souverän und humorvoll, und wieder einmal wunderte ich mich, wie radikal ehrlich Michael Douglas über seine Privatsphäre sprach.

In dem hoffnungslos überfüllten Raum entstand großer Sauerstoffmangel, weil die Verleihfirma beschlossen hatte, keine Journalisten auszugrenzen. Späterer Kommentar eines jungen, engagierten Journalisten: »Da marschierten sie ein, die Stars aus Hollywood, in den vollgepferchten Saal und ließen sich von einer Horde Fotografen flankieren.« Es war dem »spitzen Füllfederhalter« gar nicht bewußt geworden, daß er ja nicht nur mit seinem scharfen, zündelnden Geist, sondern auch mit seinem Körper als Teil des Ganzen seine Portion Raum und Sauerstoff für sich in Anspruch genommen hatte. Hauptsache: kritisch sein. Immer eins drauf auf die Fontanelle, und wenn's nur prophylaktisch ist. Dabei zeichnen sich gerade die großen Kollegen der amerikanischen Filmmetropole, nach meiner Erfahrung, durch einfühlsame Menschlichkeit und Bescheidenheit aus. Vor allem Disziplin wird immer großgeschrieben. Es ist in den USA kein Manko, wenn ein Schauspieler als Kellner oder Taxifahrer seinen Lebensunterhalt verdient, bis ihn eine neue Aufgabe vor die Kamera ruft.

Hier bei uns in Deutschland wird mit anderer Elle gemessen. Jobben sei nicht drin, damit man das »Gesicht« nicht verliere, erklären mir junge, ehrgeizige Mimen immer wieder. Sonst stehe sofort das Aus über ihren Häuptern.

»Ja, aber gerade dieses Quentchen Freiheit müßt ihr euch nehmen, um diese Dogmen zu unterminieren. Hätte ich nicht mit meinem Urvertrauen mein Leben einfach selbst in die Hand genommen und alle damit verbundenen Risiken, um an die richtigen Menschen zu gelangen, dann hätte sich gerade diese Straße, auf der ich mich jetzt durch meine Arbeit befinde, nicht aufgetan. So habe ich als erste Keimzelle die ›Opera curiosa‹ auf eigenes Risiko ins Leben gerufen«, erklärte ich einer aufstrebenden Schauspielerin, die mich frustriert interviewen wollte, wieso bei mir, einer runden Elefantenmutter über vierzig, immer wieder Angebote aus der ganzen Welt hereinflattern.

»Ja, du bist eben ein Glückskind«, sagte sie. »Wer hat schon das Glück, daß ein Regisseur für einen speziell etwas schreibt.«

Da mußte ich ihr schon recht geben, allerdings mit einem kleinen Gedankenschlenker versehen, denn es kommt immer darauf an, ob eine Zusammenarbeit fruchtbar war, damit aus den eingepflanzten Samenkörnern später ein ganzes Kornfeld wird, das sich im Winde biegen kann. »Ja, und was meine Aufgabe in der filmischen Darstellung ist«, erklärte ich meiner temperamentvollen Paprikaschote, »ich bin der Knoblauch, der die einzelnen Gewürze ermuntert, sich hingebungsvoll zu verströmen und sich mutig miteinander zu verbinden. Knoblauch stärkt das Herz, man mag ihn, oder man mag ihn nicht.«

Gott sei Dank, Percy Adlon liebt Knoblauch.

Und ich liebe die Menschen in ihrer individuellen Vielfalt – meine Familie, meine Freunde, meine dienstbaren Geister und meine kleine Enkeltochter Alina. Dieses Wesen eröffnet mir eine neue Dimension des Lernens und Staunens.

Frisch
von
der
Leber
weg

November

»EINE FEMME BANALE«
Ein *Gespräch* mit Viola Roggenkamp

Kurz nach der Prämierung für *Out of Rosenheim* in Berlin
mit'n Bundesfilmpreis stakste eine Reporterin auf die Bühne, stakste auf mich zu, und das erste, was sie g'sagt hat: …«
Marianne Sägebrecht zieht die Schultern zurück und sitzt, mit
dem Rücken zu ihrem Schreibtisch, kerzengerade auf einem höl-
zernen Drehstuhl. Ihre hell leuchtenden Augen gefrieren zu Ei-
seskälte. Die Lippen straffen sich zu einem sparsamen Mund,
und im Tonfall wird sie durch und durch preußisch: »Gratuliere,
Frau Sägebrecht. Eine Frage. Wenn jetzt ein Regisseur käme, und
Sie müßten zwanzig Kilogramm weniger wiegen?'«
Sie beugt sich vor: »Das war das erste, was sie … Also, das muß
man sich vorstellen.« Ihre Hände fliegen hoch, ballen sich zu zwei
kräftigen Fäusten und schlagen auf ihre Schenkel herunter: »Eine
solche Frechheit!«
Doch die Geschichte ist noch nicht zu Ende. Marianne Säge-
brechts Geschichten enden anders: Sie bleibt nicht hilflos zurück.
Zwar sehr wohl getroffen, auch verletzt, voll Scham über die Zu-
dringlichkeit ihres Gegenübers. Aber doch niemals ohne ein letztes selbstbewußtes Wort.
REPORTERIN: »Zwanzig Kilogramm weniger, Frau Sägebrecht!
Was würden Sie dann machen?«
FRAU SÄGEBRECHT: »Also, als erstes möchte ich doch sagen –

war das jetzt ein Preis für ...? Wo sin mer jetz? Sin mer jetz am Rindermarkt g'wesn? War das jetzt ein Preis fürs Gewicht? Oder war das jetzt ein Preis für die Leistung? Wenn Sie mich weiter so blöd fragen ...«

REPORTERIN: »Wieviel wiegen Sie?«

FRAU SÄGEBRECHT: »87 Kilo, und jetzt, nach Ihrem Gespräch, schon 86,5!«

Sie zieht die Augenbrauen hoch und greift sich an die Stirn. Dann senkt sie den Kopf und kichert in sich hinein. Endlich legt sie die Hände in den Nacken, lacht frei heraus, streckt die Füße weit von sich und wippt vor und zurück.

»Marianne«, sage ich in die eintretende kleine Pause hinein, »laß uns das Gespräch zu Beginn etwas strukturieren.«

»Das ist eine gute Idee«, erwidert sie und springt auf: »Magst an Sekt?« – Auch eine gute Idee. Sie läuft nach nebenan, in die Küche, in der Mutter Agnes am Tisch sitzt und bügelt. »Mutti«, sagt die Tochter, »du sollst doch nicht bügeln.« Und während Mutter Agnes gewohnheitsmäßig irgend etwas Beschwichtigendes vor sich hinbrummelt, rennt Marianne zurück in ihr Zimmer, holt aus ihrem Kleiderschrank ein total zerknittertes Stoffbündel und läuft damit wieder zur bügelnden Mutter.

In dieser Wohnung leben drei Frauen miteinander: Agnes, siebzig Jahre alt und Mutter von Marianne Sägebrecht, Marianne, die im August dreiundvierzig Jahre alt geworden ist, sowie deren Tochter Daniela, zwanzig Jahre alt. Im Zentrum der Münchner Altbauwohnung liegt eine geräumige, helle Wohnküche, um die herum sich die Zimmer der drei Frauen gruppieren. Danielas Zimmer wirkt in den Farben so leicht und schwebend wie eine kleine weiße Wolke an einem hellblauen Sommerhimmel. Agnes nennt ein geräumiges Wohnzimmer ihr eigen, mit Schrankwand, Sitzgruppe und Fernseher, wie sich's g'hört.

»Meine Mutter«, sagt Marianne Sägebrecht, »ist die Chefin, es ist ihre Wohnung.« Eine zierlich wie zäh wirkende Chefin, in deren Gesichtszügen Humor und Wachheit zuerst auffallen. »Normalerweise kann das auch schwierig sein, aber wir leben hier mit sehr viel Toleranz«, erzählt Marianne und stellt nebenbei die Katzen vor; zur Zeit sind es vier: ein mächtiger Kater, Typ pensionierter Geheimrat, schläft in einem bequemen Korb in der Küche; zwei voluminöse Katzendamen, zweifellos Operndiven aus dem Charakterfach, haben sich den Rest der Wohnung geteilt; eine kleinere Katze ist gerade dabei, sich durchzusetzen und niederzulassen.

»Es gibt nicht diese Tagesabläufe in unserer Familie: um zwölf Uhr wird gekocht, um sechs Uhr wird gekocht, daß die Frau den ganzen Tag in der Küche ist. Wir frühstücken miteinander, und dann macht jede, was sie will. Zweimal in der Woche, wenn ich's einrichten kann, mach' ich was zu essen, meistens was Pfiffiges, was sie noch nicht kennen. Und einmal macht meine Mutter. Aber wir alle drei sind frei von den Familienzwängen, nach denen man rund um die Uhr zu funktionieren hat.«

Das bescheidenste Zimmer ist Mariannes Domizil, ein sehr schlichtes Arbeitszimmer, fast das Zimmer eines jungen Mädchens, doch dafür ist zuwenig geliebter Ballast darin. Nur ein Schreibtisch, ein Schrank, Bücherborde, ein bequemer Sessel. Sie ist draußen zu Hause, in der Stadt, in Münchens urigen Kneipen, in kleinen Restaurants mit ausgezeichneter Küche (versteht sich) und im Englischen Garten um die Ecke, draußen unter Menschen, mit Freundinnen und Freunden, und weit über München hinaus, neuerdings bis nach Newberry Springs, California, und schon immer bis nach Surinam. »Momentan will ich nur raus, raus, raus. Ich bin eine globale Person. Laßt mich ruhig wandern.«

Ja, und ein Sofa steht in ihrem Zimmer, neben dem auf einem Wandbrett griffbereit und sehr benutzt ein dickes Wörterbuch

liegt, Deutsch-Englisch/Englisch-Deutsch: Jasmin Münchgstettner aus Rosenheim hat neue Freunde gewonnen in der kalifornischen Wüste zwischen Disney-Land und Las Vegas, und
Marianne Sägebrecht ist treu. – Bekannt über Bayern hinaus bis
nach New York ist Marianne durch zwei Filme geworden, die beide der Münchner Regisseur und Autor Percy Adlon (53) für sie
geschrieben und mit ihr gedreht hat:

Zuckerbaby (1985) und *Out of Rosenheim* (1987). In *Zuckerbaby* spielt
die Sägebrecht eine dicke Frau Ende Dreißig, »allein lebend in
ungewollter Einsamkeit, die entsteht, wenn ein Mensch zum
Tabu erklärt wird« (Percy Adlon). Die Verachtung, die Nicht-Be-
achtung hat sie grau und scheinbar dumpf werden lassen. In einem Bestattungsinstitut arbeitet sie als Leichenwäscherin. Die
Totenarbeit erledigt sie mit Respekt und Wärme. (»Zu Beginn
und zum Ende eines Lebens braucht es eine Hebamme.«) An den
Wochenenden liegt sie aufgebahrt auf ihrer schmalen Bettcouch,
sieht fern und ißt. Es gibt in dieser Vereinsamung nur den stummen Dialog mit der toten Mutter: Ein kleines antikes Tischchen,
einst gemeinsames Symbol für nie genossenen Reichtum und Fe-
tisch grenzenloser Träume, ist jetzt Altar.

»Daß ich als Dicke – was ja in unserer Zeit schon eine ästhetische
Provokation darstellt – auch noch Leichen wasche, macht diese
Person noch mehr zur Außenseiterin.« Dieses Mehr an Provokation war ihre Idee, die der Freund und Kollege Adlon gern auf-
nahm.

In ihre tägliche Tristesse dringt allmählich die Stimme eines U-
Bahn-Fahrers, in die sie sich verliebt: »Nächster Halt: Sendlinger
Tor.« – »Zurückbleiben, bitte.« Sie nimmt Urlaub, spioniert den
Dienstplan und das Leben des jungen, schlanken Mannes aus
(Eisi Gulp), schleppt eine riesige Doppelmatratze nach Hause,
kauft sich große Hüte und tiefdekolletierte Kleider, zeigt, was sie
hat, und macht sich auf die Jagd: »Sssso! Zzzukkerbäbi!«

285

Aus ihrer kleinen Wohnung wird mit ihm der siebte Himmel. An dem Abend, an dem die beiden zum erstenmal ihr Versteck verlassen und unter Menschen in einer Discothek verliebt und ausgelassen Rock 'n' Roll tanzen (Marianne auf höchsten Pumps und in höchster Fahrt, sie war schließlich Rock-'n'-Roll-Meisterin), wird sie von seiner Ehefrau auf der Tanzfläche zu Boden geschlagen. Aber das ist auch im Film nicht ihr Ende …

Hier war *Zuckerbaby* ein Insider-Tip, die großen Kinos in der Bundesrepublik nahmen den Film nicht zur Kenntnis. In den Staaten jedoch wurde er ein Renner, ein Hit. Marianne Sägebrecht erhielt für ihre Darstellung den Ernst-Lubitsch-Preis.

Der große Publikumserfolg ihres neuen Films *Out of Rosenheim* ließ sie zur begehrtesten Interview-Partnerin in den vergangenen Monaten werden. Talk-Show-Master, TV-Kultur-Päpste, Journalistinnen, Fotografinnen und Drehbuch-Autoren sind ihr auf den Fersen. Die gestylte Plastikwelt zwischen Talk und Traumdiät kann noch immer nicht fassen, was Percy Adlon vor zehn Jahren, am Beginn ihrer Freundschaft, erkannt hatte: »Ein runder Mensch, der gleichzeitig ganz leicht ist. Eine Künstlerin, die mit weiblicher Intuition« und gelebter Authentizität arbeitet.

In *Out of Rosenheim* steht – nach einem handfesten Krach mit ihrem Mann – Jasmin Münchgstettner, Geschäftsfrau in Hut und Lodenkostüm aus Rosenheim, unvermittelt, aber entschlossen, allein zu bleiben, in der Wüste Kaliforniens. In einem heruntergekommenen Motel mit Tankstelle und Imbiß quartiert sie sich ein. Hier herrscht Brenda (C. C. H. Pounder), eine Schwarze, die gerade ihren Ehemann vor die Tür gesetzt hat. Sie begegnet der seltsamen Fremden, die da am Horizont in bayerischer Lodentracht auftaucht, mit großem Mißtrauen.

In Brendas »Bagdad Gas & Oil Café« finden sich Lastwagenfahrer, ihr Sohn Sal, der ständig Bach auf dem Klavier übt, ihre junge Tochter, außerdem eine schweigsame Tätowiererin und Rudi

Cox, ausgedienter Kulissen-Maler aus Hollywood. Langsam beginnt Jasmin, den abgewirtschafteten Laden wieder aufzumöbeln. Sie fängt an mit dem Scheuerlappen – und arbeitet weiter mit »Magic«: Sie beginnt Zaubertricks vorzuführen; als erstes zaubert sie für Brenda eine rote Rose aus dem Nichts herbei. (Die Magie des kleinen Wunders war wiederum Marianne Sägebrechts Idee, und sie hat selbstredend jedes Zauberkunststück gelernt; gleich zu Anfang das schwerste: der tanzende Spazierstock. Tricksen mit Hilfe der Kamera vor einem »Bagdad Café« voller Komparsen hätte sie sich nie erlaubt.) Die schwarz/weißen Ladies werden zum Geheimtip der Highways. Glamour zieht in Bagdad ein. Jasmin und Brenda sind Freundinnen geworden. Selbst Jasmins abgelaufenes Visum kann die beiden nur für kurze Zeit trennen.

»Bavarians are the last Indians in Germany«, hat Marianne Sägebrecht in einem Interview mit der New Yorker Szene-Wochenzeitung »Village Voice« gesagt. »Wenn die Jasmin in ihrem Lodenkostüm mit Hut und Feder am Kopf – da geht ma schon ganz anders! – durch die amerikanische Wüste zieht, fühlt sie sich ebensowenig deplaziert wie ein Indianer in München. Was sie trägt, ist schön, das tut ihrem Körper gut. – Das Fossil! Natürlich ist sie komisch, diese gepanzerte Rosenheimer Person. Aber das ist eine ganz schmale Gratwanderung gewesen, wegen der Unschuld. – Meine Urgroßmutter Theresia stand neben mir und hat mir ins Ohr gesagt: ›Gell, bin fei auch aus'm Chiemgau, gell.‹ – Und wie sie das später dann weglegen darf – welche Freude! «

Der Kulissenmaler Rudi Cox (Jack Palance) will Jasmin aufs Papier bringen. Sie willigt ein. Erst im Lodenschmuck, dann ohne Jacke. Als er ihr für eine neue Öl-Konzeption am Blusenkragen nestelt, korrigiert sie den kleinen Zugriff und – führt ihn selbst aus. Sie übernimmt die Regie, sitzt in geschnürtem Mieder und

Strümpfen da. »Und dann kommt dieser Augenblick: Ganz nackt der Busen. Mein Gott. Mit all meinen Ängsten. Da ist der Jack Palance, ein großer Schauspieler und Patriarch, da ist der Kameramann, da ist der Percy, da sind schon sechs, sieben Menschen, vor denen ich das machen muß. Da brauche ich die Sicherheit, daß da keine Verachtung aufkommt, und muß es auch in der Hand haben, denn ich öffne mich denen und auch denen da hinten, dem Publikum, das noch nicht da ist. Die muß ich spüren. Dieser wahnsinnige Moment, wo sie selber den kleinen Schritt macht, die Führung übernimmt, wo man sterben kann vor Angst. Diesen kleinen, verwundeten Punkt da zu zeigen, ganz vorsichtig, den Busen – nackt.«

Ob in Seattle, in Paris, in Berlin, Frankfurt oder Segeberg: »Es war überall still in den Kinos. Mein Gott. Und was da alles noch mitläuft, alles, was uns angst macht, das ganze ästhetische Diktat: Eine Frau muß so und so aussehen, erst dann darf sie sich ausziehen.«

Rudi Cox macht Jasmin am Ende des Films einen Heiratsantrag. Da er selbst bescheiden ist, begründet er ihn mit der Möglichkeit für Jasmin, immer in den USA bei Brenda bleiben zu können, aber er ist auch Mann genug, die attraktive Zauberin haben zu wollen. So war denn in Kritiken von männlichen Journalisten stets im Ton amüsierter Zustimmung vom »Happy-End« die Rede: Jasmin kriegt einen ab.

Dazu Marianne Sägebrecht: »Sie muß es mit Brenda besprechen! Das ist ihre Antwort. Da, am Highway, in der Wüste sind vierundzwanzig Stunden vierundzwanzig Stunden, da können die Menschen bei sechzig Grad im Sommer vor Hitze nicht aufrecht gehen. Wenn da 'ne Frau freiwillig hingeht, wenn das nur wegen der Romantik mit einem Mann sein soll, also, dann weiß i nimmer. Klar, daß die Frauen da zusammenhalten müssen. Das ist der alte Matriarchatsgedanke, den ich sehr schön finde.«

Zu Hause, im Münchner Matriarchat, haben alle drei Frauen mehrere Rollen übernommen, Marianne zumindest diese fünf: Sie ist die Tochter, aber auch die Freundin ihrer Mutter, sie ist der Mann, der von draußen die Welt mit hereinbringt, und sie ist die Schwester ihrer Tochter, deren Mutter sie ist.

»Ich bin ja keine Mamma in dem Sinn. Das ist ja der Trugschluß. Die Form wirkt mütterlich. Aber ich muß frei sein, ich brauche Platz, ich muß fliegen dürfen.« Agnes Pellkofer und Daniela Sägebrecht lassen sie.

Hausfrau und Mutter in dieser Ausschließlichkeit ist sie nach eigener Angabe nur ein Jahr lang gewesen, von 1968 bis 1969, nach der Geburt ihrer Tochter. »Meine Seele wurde immer kränker.« Sie begann sich zu fragen, ob das alles so sein müsse. »Man hat als Frau mit Kind halt zwei Kinder, der Mann ist ja auch eines, und mit dem zweiten Kind kann ich nicht noch mal fünf Kinder haben, das geht ja gar nicht.« Seit ihrer Scheidung 1975, nach elf Ehejahren, hat sie ihre »schwangere Form« wieder.

»Die Idee vom Körper wird innen geschaffen, aber auch gleichzeitig von außen bestimmt. Dadurch kriegt der Körper seine Form und kann seine Spannung halten. Meine Form ist ein Ausdruck, der sagt: Ich muß mich nach innen konzentrieren, auf mich, ich hab' was zu produzieren, ich brauche meine Ruhe.« Sie sitzt die ganze Zeit auf dem Drehstuhl vor ihrem Schreibtisch, und doch ist das Zimmer von ihr erfüllt, als würde sie pausenlos auf- und abrennen. Die Worte und Bilder überstürzen sich jetzt, denn nun geht es darum, womit die Gesellschaft die Frauen am Schlafittchen hält (ein Wort aus der Umgangssprache, das »Schwungfeder des Flügels« bedeutet): das gnadenlose Diktat über den weiblichen Körper.

Daß Marianne Sägebrecht es gewagt hat, mit ihren 87 Kilo in München, Berlin, Hamburg öffentlich anzutreten, war schon ungeheuerlich für alle, die zu Größe achtunddreißig beten. Doch immerhin geschah dies ja im Rahmen ihrer »Opera curiosa«, einer künstlerisch lustvollen Institution Sägebrechtscher Prägung. Ein kabarettistisches Revuetheater, arrangiert und organisiert von ihr, in dem viele das von sich zeigen durften, was sie bislang zu verbergen hatten: eine deklamierende Stripperin, ein Tänzer als klassische Primaballerina, eine Primaballerina, die zum Kraftmenschen wurde, insgesamt 180 Mitwirkende aus ganz Europa in sieben Produktionen.

In dieser »Rainbow Family« kam ihr Talent zum Zuge, Menschen, Charaktere zusammenzubringen. »Und da entsteht was. Da bin ich eine alte Alchimistin«, sagt die ehemalige Laborantin und medizinisch-technische Assistentin, die am Ende ihrer bürgerlichen Berufslaufbahn einem Psychiater assistierte. »Gut, manche können nicht miteinander, es blitzt, und da entweicht ein Schwefeldioxid. Aber ich habe keine Angst vor den Elementen.« Gab es allerdings unfruchtbares Gemetzel hinter den Kulissen, konnte Marianne auch schon mal in Tränen ausbrechen vor Enttäuschung. »Wir waren alle ineinander verliebt. Dreizehn Tage und nicht mehr.« Dann trennt sie sich in ihrer mütterlichen Form von ihren Geschöpfen. »Nur so bleibt Qualität zurück. Sonst wird's banal.«

In diesem phantastischen Biotop hatte die Sägebrecht nicht nur die Aufgabe der Regisseurin (»Ich nehm' schon fertige Charaktere und geb' denen ganz andere Formen, wegen der Rollenbrüche«). Sie trat auch selbst auf: als Miß Piggy, als Biene Maja, als Müll-Lady mit Tee-Ei am Ohr, tiefschwarzem Gesicht, rotem Haar und im Abfallbeutel steckend.

Der Mut zur sogenannten Häßlichkeit, mit dem sie sich selbst und ihre ZuschauerInnen herausforderte – dazu ihr Charisma und die Kunst der Alchimistin Marianne –, verliehen der Müll-Lady Attraktivität und Macht, dem Schwein Miß Piggy pompöse Autorität und der runden Biene Maja Komik und unbeschwerten Charme. Wenn's einen nicht angerührt erschauern ließ, hielt man sich den Bauch vor Lachen. Die Rainbow-Familie machte in vielen Variationen Karriere, Marianne Sägebrecht wurde 1982 der Schwabinger Kunstpreis verliehen.

Daß sie als Oberhaupt einer riesigen Gauklerfamilie, als Dicke unter Transvestiten, Schwulen, Lesben, Transsexuellen, schüchternen Exhibitionisten, Mischlingen, Ausländern, gemeinsam mit ihnen gefeiert und umjubelt wurde, mochte noch angehen – eben als Außenseiterin unter Außenseitern.

Daß sie sich aber nun als eine Frau wie viele andere – und welche entspricht schon dem weiblichen Hunger-Ideal der Männer-Gesellschaft – als Zuckerbaby und Jasmin Münchgstettner in die Welt aufmacht und daß von New York über Paris bis Bad Aibling das Kino-Publikum hocherotisiert von dieser Frau spricht, das sprengt offenbar das Diktat der Männer-Medien. Vor allem hierzulande fehlen den Journalisten die Worte, und sie verschlucken sich an ihren Klischees.

Süddeutsche Zeitung – »dralles, pummeliges Riesenbaby in debiler Negerfamilie«, Der Spiegel – »häßlich und fett« (Zuckerbaby), »herzhafte Schwergewichtlerin« (Jasmin), Die Welt – »bayerisches Kraftwerk«, Evangelischer Presse-Dienst – »eine vollschlanke, ledige Dame«, Münchner Abendzeitung – »nicht mehr ganz junge, korpulente Frau«, und schließlich Brigitte fassungslos: »An eine Diät hat sie noch nie gedacht.« Cosmopolitan dagegen, die gelackten Krallen immer am Ball, titelte jüngst, inspiriert vom Sägebrechtschen Fluidum: »Dick im Geschäft« und gab den von ihr gemarterten Karriere-Frauen gnadenlos den Rest: »Nicht mehr glatte Schönheit, gefragt sind unverwechselbare Typen.« Nicht mehr »die Bohnenstange«, sondern »das üppige Weib«.

Marianne Sägebrechts Antwort auf das irritierte Presse-Gestammel: »Für mich ist jede Form, die aus der Form geht, ein kreativer

Ausdruck. Sin mer bloß froh. Ganz egal, auch wenn man noch so dick oder ganz dünn is, oder ein Zwerg is. Schütz mer doch um Gottes willen unsere Formen. Also, ich laß mich überhaupt nicht als Anführerin der Dicken der Welt jetzt … Da bin ich nicht zuständig? Also, da krieg ich Zustände! Damit werden die in ein Behinderten-Ghetto gedrängt! Wozu denn?«

Die Sätze sprudeln aus ihr heraus. Der Redefluß sei erheblich abgebaut im Vergleich zu früher, versichert sie. (Das Tonband jedenfalls hält Schritt.) Die Argumente kommen Schlag auf Schlag. Sie pulsiert. »Der eine ist wirklich krank und ißt zuviel. Der andere hat seine Schutz-Geschichte. Ich hab meine schwangere Form, wo ich den Männern zeig, ich bin jetzt nicht bereit zur … zur Begattung. Und nix anderes. Und damit hat man automatisch Ruh. Das funktioniert ja. Das hab ich für mich gefunden, und so muß man ganz ehrlich mit sich sein. Das ist mein Schutz, und das ist meine Freiheit. Ich bin ja in ganz anderen Dingen drin. Ich bin ja schwanger mit meinen künstlerischen Gedanken und Produktionen. Das ist ein hocherotisches Leben, das ich führ.«

Und noch dies zu Brigittes Ideal-Diät: »I werd mi hütn.« Wir gehen essen. Bagdad, die hingebungsvolle Mischlingshündin aus Newberry Springs (Marianne stolz: »Ihre Mutter ist Kojotin, die hat die Jungen dem Alten vor die Hundehütte gelegt.«), bleibt unterm Schreibtisch zurück. Schon die Atmosphäre in dem kleinen Restaurant ist sehr gut, das Essen nicht minder. Marianne empfiehlt als Vorspeise Carpaccio und dann Fisch. Die Kellnerin kommt. Ich bestelle. Etwas hängt überm Tisch. Eine gewisse kleine Unruhe, die aus Mariannes Augen kommt. Oder täusche ich mich? »Ja, zunächst also Carpaccio«, sage ich, und da kreist es in meinem Kopf:

Frauen, vor allem eben Frauen, machen immer wieder den Fehler, köstliche Vorspeisen miteinander zu teilen, nur halb zu genießen, weil ja noch das Hauptgericht kommt und damit es ja nicht zuviel wird. »Als Vorspeise also Carpaccio, zweimal bitte«, sage ich und sehe von der Speisekarte auf in Mariannes Augen. Der Mund zeigt ein ganz kleines Lächeln – kaum, daß man's sieht: Ich habe bestanden.

Marianne Sägebrecht ist in Bachhausen in Oberbayern aufgewachsen, ganz in der Nähe vom Starnberger See, und da für sie auch Zufälle nie ohne tiefere Bedeutung sind, hat der Bach in Bachhausen, das strömende Wasser, etwas mit ihrer Psyche zu tun. Wasser trägt: mit ausgebreiteten Armen und gestreckten Beinen auf der Wasseroberfläche liegen und sich wiegen lassen. »Wir waren das letzte Haus im Dorf, was prägend ist.« Vielleicht war sie darum als Kind »so stichelhaarig«? Mit einem gewissen Abstand zu den anderen wohnten sie am Dorfrand, und nach ihnen kamen die Zigeunerfamilien. Rechts und links eine Zigeunerfreundin im Arm, so ist sie durchs Dorf gezogen. »Kommt's nur raus! « Sie kamen nie raus.

Marianne ist kein Bürgerkind. Sie ist nicht bürgerlich aufgewachsen. Ihre Mutter Agnes hat alleinstehend mit zwei kleinen Töchtern zu spüren bekommen, was Doppelmoral und Scheinheiligkeit in einer dörflichen Gemeinschaft bedeuten können. Sie hat mit Näh- und Hausarbeiten ihre kleine Familie durchgebracht und hat ihre Töchter zur Selbstachtung erzogen. Was es heißt, am Rande zu stehen, hat Marianne als Kind erfahren und sich darüber hinwegzusetzen gelernt: »Ich habe keine Angst, vor niemand.«

Mit den Kindern des Dorfes probte sie eigene Theaterstücke in der Kiesgrube. Sie war die Anführerin, sie war auch als Kind zumindest nicht dürr und dadurch stärker als mancher Junge. Marianne aus dem letzten Haus besuchte die Realschule und machte ihren Abschluß.

Kam es mal ganz hart zwischen dem letzten Haus und dem

großen Rest des Dorfes, gab es immer noch und immer schon diese Sicherheit: »Und überhaupt, ich komme aus Surinam.« Denn: Mit dem Bach von dort zum Fluß, zum großen Strom und dann zum Meer »komme ich nach Surinam zurück«, wo immer das liegen mag.

Ihr Vater ist vier Wochen vor Kriegsende gefallen, im April 1945. Ihre Mutter war mit ihr schwanger, Agnes hatte auf eine Fern-trauung verzichtet. Schon Urgroßmutter Theresia aus dem Chiemgau hatte eine nicht-eheliche Tochter zur Welt gebracht. »Der Herr Pfarrer hatte es von der Kanzel heruntergepredigt«, sie sollte das Kind dem Kloster schenken, was sie nicht tat und vom Vater darum verstoßen wurde. »Ein armer Flickschuster hat sie noch genommen, weil sie so schön war.«

Agnes mußte schon als Neunjährige ihre Geschwister und den Vater versorgen, denn ihre Mutter war mit sechsundvierzig Jah-ren gestorben. »Sie konnte ihren despotischen Mann nimmer verkraften«, sagt die Enkelin Marianne.

Alles Frauen, die aus unterschiedlichen Konfrontationen Konse-quenzen gezogen haben. Auch Marianne: »Ich kann so Patriar-chen, so starke Männer, die nix gelten lassen, nix wachsen lassen, nicht ab. So'n Mann, der würd mich nicht sein lassen, wie ich bin. Einen so großen Geist zu finden, mit viel Weite und viel Nähe gleichzeitig«, sagt sie, »ach, das ist schwierig.«

Es hat sich da bei ihr etwas eingependelt, »eine Art lustvolle Ge-samtheit, die sich auf viele Menschen erstreckt, wo ich viel zu-rückkriege. Das läuft über sehr viel Zärtlichkeit und Sinnlich-keit.« Der Fluß, das Wasser, »so ist meine Psyche«, empfindet sie. »Wenn man mich hindert am Fließen, dann muß ich unheimlich atmen, fang ich an irrsinnig aufzutürmen, dann stürzt es fürch-terlich runter, und das Wasser läuft wieder weiter. Ich muß fließen dürfen, dann dürfen viele Menschen in diesem Wasser baden.«

Und Frauen? »Ich mag Frauen sehr gern, schon grundsätzlich, und ich glaube, das spüren Frauen. Meine Freundinnen sind alle sehr starke Frauen, klar. Es sind wenige verheiratet. So diese reinen Ehefrauen, die ihr ganzes Leben ausrichten auf den Mann, dem zu dienen, zu gefallen, sich äußerlich in bestimmte Formen zu zwingen, die bringen große Opfer.« Und Mariannes Tochter? »Die Dani, die hat ja auch damit Probleme gehabt bei ihren Freundinnen. Sie hat nie erlebt, wie das ist, wenn man den Alten umschnurrt, um einen Pelzmantel rauszukitzeln. Aber sie ist auch verletzt. Sie hätt gern eine Familie gehabt mit fünf, sechs Geschwistern. Aber das wird dann sein, daß sie sich das vielleicht mal selber schafft.«

Für Marianne Sägebrecht gab es 1964, als Neunzehnjährige, nach ihrer Ausbildung zur Laborantin und medizinisch-technischen Assistentin zunächst nichts Näherliegenderes als zu heiraten. Fünf Jahre später – Tochter Daniela war inzwischen geboren (1967) – brach sie aus dem Hausfrauendasein aus und assistierte einem Psychiater. Was sie auf ihren »interessanten Studienreisen durch medizinische und soziale Institutionen« über Menschen erfahren hatte, wollte sie endlich auf ihre Weise praktizieren: Gemeinsam mit Ehemann Fritz eröffnete sie das Kleinkunstlokal »Spinnradl« in Starnberg. Jetzt war sie Gastgeberin und tischte auf, Lukullisches und Künstlerisches.

1975 ließ sie sich scheiden. Diese Ehe hatte sie am Fließen gehindert, sie hatte sich irrsinnig auftürmen müssen und diesen Durchlaß gefunden, um fortan in breitem Strom weiterzufließen: 1976 – Geschäftsführerin des Münchner Künstlerlokals »Mutti Bräu«. Gäste von nah und fern kamen, auch Punks, auch KünstlerInnen, auch Penner, auch das Roncalli-Ensemble. Autor Martin Sperr wurde Stammgast und engagierte Marianne Sägebrecht als Hure Bella für sein Bühnenschauspiel *Adele Spitzeder*. Die Titelrolle der großartigen (übrigens lesbischen) Geldverleiherin

spielte er selbst. Marianne hatte schon bei dieser ersten schau-
spielerischen Arbeit um die Interpretation ihrer Rolle gekämpft:
»Bella ist ganz scheu und zart und mädchenhaft – und keine be-
trunkene Nutte.« Das war 1979, und Percy Adlon saß im Publikum.

Trotz ihrer großen Erfolge hat Marianne Sägebrecht keine Reich-
tümer gescheffelt, weder durch ihre Künstlerlokale, deren phan-
tastische Umsätze die Besitzer einstrichen, noch mit ihren Re-
vuetheater-Tourneen. Im Gegenteil. Sie hat noch immer Schulden aus ihren Unternehmungen. »Ich habe keinen Preis. Jetzt,
bei der Filmproduktion, macht der Percy den Preis. Ich kann
mich nicht als Marktfaktor einbringen. Das wird mir als
Schwachpunkt ausgelegt. Aber mir ist klar, daß mein Verhalten
auch dieses System schwächt.«

Das System der Beziehungen, beim Geld wie in der Liebe. »Was
ich nicht steh'«, sagt sie im Ton mütterlicher Abgründigkeit, und
ihr Haar knistert, »sind diese sexuellen Wisch-und-weg-Ge-
schichten, weil das einfach nur schmerzt. Ganz viele Menschen
wissen das auch und spielen dies Spiel trotzdem und haben nur
Frust.« Um diesen Frust des Betruges wegzukriegen, »holt man
sich selbst ein Opfer und fühlt sich dann erleichtert«, privat wie
geschäftlich.

Rosalie aus Oberbayern – die Dritte im Bunde mit Zuckerbaby
und Jasmin – wird sich (im Gegensatz zu ihren beiden Film-Vor-
gängerinnen) dem Geld-System widmen, und sie wird es auf ihre
Weise schwächen, als riesenhafter, nicht zu ignorierender Marktfaktor, drüben, in den USA. *Rosalie goes shopping* (Drehbuch und
Regie Percy Adlon) soll im November 1989 in die Kinos kommen: Mit ihrem vor zwanzig Jahren in Oberbayern angetrauten
GI und den fünf Kindern muß sie in die amerikanische Provinz,
sein Zuhause. Sie tröstet sich mit Konsumverhalten, und zwar in
ganz großem Stil, denn sie hat »getschekkt«, daß »ma mit denen

ihre Kreditkartl« nicht nur tausend oder hunderttausend, sondern auch eine Million Dollar Schulden machen kann. Hinter solchen Tricks kann kein armer Schlucker stecken, sondern nur ein g'standenes Weibsbild.

»Hast du in Berlin, nach der Preisverleihung für *Out of Rosenheim,* etwas sagen müssen?« fällt mir noch ein. Es ist jetzt ein Uhr nachts, und Marianne verströmt sich konzentriert und hellwach seit heute mittag um drei, seit zehn Stunden.

»Ich hab's erst währenddessen gemerkt, daß jeder was g'sagt hat«, erinnert sie sich. »Ich denk: ogottogott. Aber das geht dann bei mir sehr schnell. Und da saßen sie alle da unten im Publikum, so ganz schöne Frauen, alles Gazellen.« Und dann hat Marianne Sägebrecht gesagt:

»Ihr braucht keine Angst zu haben. Ich nehm euch nix weg – eure Rollen, die könnt ihr alle selber spielen. Wenn überhaupt, dann werd ich g'standenen Weibsbildern Leben geben. Eine Femme fatale werd ich sowieso nie. Ich bin eine Femme banale.«

»DER REINHOLD MESSNER GEHT RAUF AUF DIE BERGE; ICH GEHE INS FLACHE LAND HINAUS«
Ein Gespräch mit Gabriele Presber

Vorbilder hat sie keine. Ideale findet Marianne Sägebrecht gefährlich, »da die etwas formen, was vom wirklichen Leben nicht mehr einzulösen ist«. Über Preise freut sie sich, hat sie doch inzwischen eine beachtliche Sammlung davon: 1982 Schwabinger Kunstpreis für die »Opera curiosa«, 1986 Ernst-Lubitsch-Preis für *Zuckerbaby,* Filmband in Gold für *Out of Rosenheim,* 1989 den Bambi für ihre schauspielerische Leistung in *Zuckerbaby, Out of Rosenheim, Rosalie goes shopping* und – last, not least – den CIAK (Filmfestspiele Venedig) für ihre schauspielerische Leistung in *Martha und ich.*

Obwohl Marianne als rundliche Protagonistin hierzulande noch als Geheimtip gilt – sie präsentiert nicht die Norm unserer Gesellschaft – und ihr mitunter in den Medien mit Vorurteilen und Klischees begegnet wird, zählt sie heute zu den wenigen deutschen Schauspielerinnen, die den internationalen Durchbruch geschafft haben. In Hollywood ist sie spätestens seit *Bagdad Café (Out of Rosenheim)* ein Star. Die amerikanische Filmindustrie verwöhnt sie mit Rollenangeboten.

Trotz Ruhm und Anerkennung ist Marianne Sägebrecht eine Frau ohne Starallüren geblieben.

PRESBER: Das Publikum liebt dich rund um den Erdball. Was, glaubst du, macht deinen Erfolg aus?

SÄGEBRECHT: Wenn ich jetzt anfange, meinen Erfolg zu analysieren, wird das gefährlich. Ich möchte meine natürliche Haltung nicht verlieren.

PRESBER: In erster Linie wirst du von der Jugend getragen.

SÄGEBRECHT: Die Jugend liebt mich. Die sagen immer: »Marianne, wir glauben dir, wir haben nie das Gefühl, daß du spielst.« Oder: »Endlich mal ein Mensch im Film, der an die Zukunft glaubt und uns nicht alles madig macht.«

PRESBER: Du stürzt dich voller Ambitionen in verschiedene Charaktere. Inwieweit haben die Rollen etwas mit dir zu tun?

SÄGEBRECHT: Ich glaube, daß die Geschichten mit meiner Person verknüpft sind, gleichzeitig mit einer fiktiven Aussage für die Zukunft. Es gab Momente, wo ich mich zuerst gesträubt habe. Zum Beispiel *Zuckerbaby,* diese einsame Frau, die niemand anlangen mag. Ich kann nicht sagen, ich war nie einsam, natürlich bin ich einsam. Die Einsamkeit ist doch die Ausgangsposition, wenn das Ego kein Echo findet oder du dich nicht in dir spiegeln kannst. Die Jasmin in *Out of Rosenheim,* diese Spießigkeit ist genauso ein Teil von mir, waren doch meine Vorfahren irgendwie spießig. Oder Rosalies Größenwahn in *Rosalie goes shopping;* hier werden Parallelen zur »Opera« sichtbar. Mit der Realisierung der »Opera« hatte ich mich in einen enormen Schuldenberg gestürzt.

PRESBER: In deinen Rollen gelingt es dir, eine menschliche Qualität herzustellen, ein Gefühl zu entwickeln, das Menschen verbindet. Wie erarbeitest du dir deine Rollen?

SÄGEBRECHT: Ich versuche jedesmal, einen Teil von mir dieser Person zu geben. Von daher ist es auch nicht wichtig, ob es sich um eine fiktive oder realexistierende Person handelt, die ich darstelle. Für *Zuckerbaby* habe ich direkt vor Ort recherchiert. Die Zaubertricks in *Out of Rosenheim* waren meine Idee, sie kosteten mich sieben Monate Probenarbeit mit vielen Tränen. Sehr schwer war für mich die Rolle der Magd in *Martha und ich.* Eine Magd, die im Jahr 1934 nichts galt, die devot sein mußte. Mein lieber Schwan, das war heikel, aber ich denke, man geht automatisch in dieses andere Bewußtsein hinein.

PRESBER: Du bist Autodidakt. Wie leicht ist es für dich, diesen Charakter wieder zu verlassen?

SÄGEBRECHT: Das ist unterschiedlich. Ich brauche natürlich jedesmal Zeit, wieder auf die Erde zurückzukommen. Trotzdem, ich bin sehr schnell im Regenerieren, daher ist es nicht so dramatisch. Beim Drehen wird es dramatisch, aber nicht hinterher.

PRESBER: Wie wählst du deine internationalen Rollenangebote aus?

SÄGEBRECHT: In erster Linie ist es eine Frage von Kraft und Zeit. Ich lehne oft Rollen ab, mit denen ich mich nicht identifizieren kann. Die Produzenten und Regisseure verstehen das oft nicht und sagen: »Die Marianne ist eingebildet geworden.« Dabei versuche ich ihnen nur zu helfen, damit man mich und sie nicht verscherbelt. Man muß ja auch das Publikum schonen und nicht jeden Tag auf dem Suppenteller liegen. Dann kommt es darauf an, auf welche Weise man an mich herantritt. Ich habe eine Rolle mit Robert De Niro abgelehnt – und das, obwohl ich gerne mit ihm gearbeitet hätte. Mein amerikanischer Agent ist fast vom Stuhl gefallen, aber ich konnte mit der Regisseurin nicht. Danny De Vito dagegen ist ganz anders an mich herangetreten. Er hat persönlich mit mir gesprochen, außerdem hat mir die Geschichte von *Der Rosenkrieg* gefallen, sehr radikal und sozialkritisch. Die Zusammenarbeit mit Kathleen Turner, Michael Douglas und Danny De Vito war sehr spannend für mich.

PRESBER: Was ist dir wichtig in deinem Beruf?

SÄGEBRECHT: Ich sehe das nicht als Beruf, sondern als einen momentanen Ausdruck. Von daher bin ich mir auch nicht sicher, ob das mein letzter Ausdruck bleibt. Es hat sich so ergeben, und sollte es dabei bleiben, finde ich es gefährlich. Für mich ist die Schauspielerei eine Reise, die irgendwohin führt. Ich hoffe, da wird noch einiges passieren. Mir ist wichtig, daß ich mich nicht von dieser Arbeit distanziere.

301

PRESBER: Was gefällt dir an diesem Beruf?

SÄGEBRECHT: Daß man mit den unterschiedlichsten Menschen aus den unterschiedlichsten Nationen zusammenkommt. Ausschlaggebend ist auch das Leben, welches in der Gruppe entsteht. Der Nachteil dabei: Kaum hat man sich angefreundet, ist die Produktion auch schon zu Ende. Dieses Verlassen der Gruppe tut weh, gleichzeitig ergibt es eine gute Lebensqualität, man ist gezwungen, wieder neu anzufangen. Da kommen viele Aspekte zusammen: Mein Bewegungsdrang und mein Wunsch, Leben zu gestalten, werden voll befriedigt.

PRESBER: Du wirkst sehr kontaktfreudig. Gehst du sofort auf Menschen zu?

SÄGEBRECHT: Nein, zuerst bin ich schüchtern, respektvoll, möchte erschnüffeln und Verhaltensweisen studieren. Ich habe gelernt zu reagieren. Ich glaube sehr stark an die Gunst der Stunde.

PRESBER: Du hast einmal gesagt, deine Karriere ist eher aus Zufall passiert.

SÄGEBRECHT: Das war eine Verkettung von Zufällen. Daß es jetzt so weitergeht, ist letztendlich nicht davon abhängig, daß man etwas macht, sondern daß man es gut macht. Ich kann nicht einfach nach Amerika gehen und mir einbilden, ich mache jetzt einen Film mit Danny De Vito. Das kann ein Desaster werden. Ich muß die an mich gestellten Erwartungen auch einlösen. Ich denke, bei mir hat es sich so entwickelt, daß aus einer Zelle sich die nächste herauskristallisierte.

PRESBER: Brauchst du die Autorität eines Regisseurs?

SÄGEBRECHT: Für mich ist Autorität gefährlich, wenn sie nicht untermauert ist. Das schrecklichste ist, wenn jemand versucht, diktatorisch aufzutreten, einfach um seine nicht fundierte Macht zu demonstrieren. Wenn ein Regisseur eine starke Persönlichkeit ist und ich seinen Willen spüre, bin ich der Meinung, daß ich seine Figur zum Leben erwecke und nicht die meine. Natürlich kann ich ihm Vorschläge anbieten – nimmt er die an, ist das eine andere Sache. Wenn der Regisseur Fehler, die er macht, nicht zugibt, wenn er versucht, diese Fehler auf andere zu übertragen, oder wenn er wie so viele seiner Kollegen behauptet: »Schauspieler sind alle dumm, die benutzt man nur«, da gibt es die schrecklichsten Aussagen, sollte das zutreffen, dann kann ich mich einem Regisseur nicht hingeben.

PRESBER: Ich denke, das Vertrauen in den Regisseur und die Akzeptanz einem Schauspieler gegenüber ist ausschlaggebend für eine gelungene Zusammenarbeit.

SÄGEBRECHT: Das Vertrauen in einen Regisseur ist sehr wichtig für mich, nur dann kann ich mich ihm total ausliefern. Ich bin sozusagen der Farbtopf, und er kann aus mir herausholen, was er braucht.

PRESBER: Du hast Begeisterung und Ablehnung erfahren. Ärgert dich das, was die Kritiker über dich schreiben?

SÄGEBRECHT: Lächerlich. Ich habe schon 1977 mit der »Opera« bewußt provoziert als Schwein Piggy auf der Bühne. Ich will ja etwas bewirken, gegen die Norm kämpfen, ohne daß man die Menschen auf eine puppige Form bringt und sie nicht mehr in ihrer ganzen Schönheit und Individualität leben läßt. Wenn ich weiß, ich habe etwas Lebendiges geschaffen, bin ich sehr sicher.

PRESBER: Dein Selbstwertgefühl ist durch diese pauschale Diskreditierung nicht angeknackst?

SÄGEBRECHT: Natürlich nicht. Es ist doch völlig egal, wie jemand aussieht. Es geht ja irgendwann mal gegen die Dünnen. Wenn eine Person sehr dünn ist, dann kommt bei einigen sofort der Verdacht auf: Hat der jetzt Aids, oder leidet der unter Bulimie? Ich weiß, ich bin eine ästhetische Provokation. Ich persönlich finde das ganz in Ordnung. Es hat ja nichts damit zu tun, daß ich sehr stark in mir selbst ruhe. Ich sehe das jetzt nicht speziell auf mich bezogen, sondern diese Frauendiskriminierung ist

303

ein gesellschaftliches Syndrom. Keine Frau über vierzig muß denken, es betreffe sie nicht – im Gegenteil. Im Grunde ist das eine destruktive Einstellung zur Mutter, zur Frau schlechthin, damit muß der Kritiker leben.

PRESBER: Unter Rückbezug auf deine Filme: Hat dich die ausländische Presse durchgehend fair und objektiv beurteilt?

SÄGEBRECHT: Dadurch, daß ich diese Schützenhilfe aus dem Ausland habe, ist mir der Rücken frei. Daher tut es nicht weh, was hier über mich geschrieben wird. Wenn man sich diesen wenigen Journalisten beugt, ist man verloren. Das Publikum zählt für mich – sollte ich von denen kein Feedback mehr bekommen, dann höre ich auf.

PRESBER: Unsere profiliertesten Regisseure und Schauspieler(innen) haben u. a. wegen der ständigen Angriffe durch die Presse Deutschland verlassen. Käme für dich eine Emigration in Frage?

SÄGEBRECHT: Ich finde es falsch, daß man seinen Hut nimmt und geht. Das ist nicht die Lösung. Andererseits ist niemand Masochist genug, um alles zu ertragen, hinzunehmen. Wenn die Ablehnung vom Publikum kommt, dann würde ich es wahrscheinlich auch nicht packen. Auf lange Sicht wird sich das herausstellen.

PRESBER: Du bist zur Symbolfigur für »mollige Frauen« hochstilisiert worden. Freut dich das?

SÄGEBRECHT: Nein. Ich habe mich immer dagegen gewehrt, in den Talk-Shows als »glückliche Dicke«, als »Idol aller Dicken« vorgeführt zu werden. Das finde ich erbärmlich, es stimmt ja nicht. Ich habe genauso meine melancholischen Momente. Trotzdem: Laßt mich in meiner Einheit. Es ist wichtig, daß man die Form schlechthin schützt.

PRESBER: Man weiß, daß der Erfolg bei Menschen etwas bewirkt. Welche Auswirkungen hat er auf dich?

31 »Gefährliche Leidenschaften«, Filmprojekt mit David Meenan: Foto-Session mit
Ciro Zizzo

32 Mit meinem Film-Entdecker, dem Regisseur Percy Adlon

33 Zweimal Percy Adlons »Zuckerbaby«, 1984: Amour fou ...

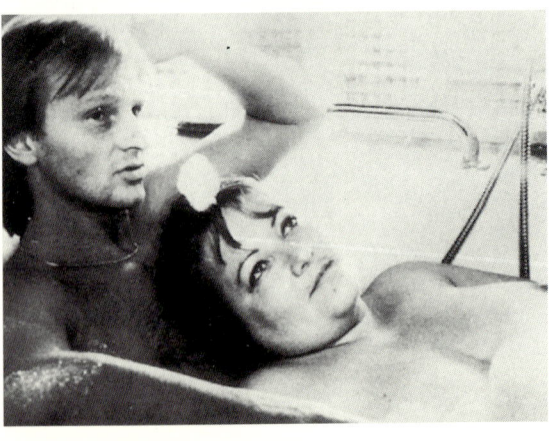

34 ... mit Partner Eisi Gulp

35–38 Viermal Percy Adlons »Out of
Rosenheim«, 1987 (v.o.n.u.): »Ich
komme aus Tinseltown« – mit Jack
Palance; der bayerische Shiva-
Watschentanz mit Monica Calhoun;
als Modell; unsere Bagy aus der
Mohave-Wüste

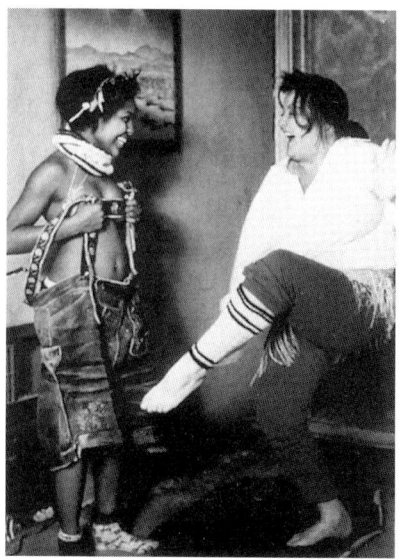

39 Pressekonferenz zum Start von »Out of Rosenheim« in Rosenheim, November 1987: Mit Jack Palance und Percy Adlon

40 »Ich bin keine Femme fatale, ich bin eine Femme banale«: Im Berliner Theater des Westens wird mir im Juni 1988 der Bundesfilmpreis für meine Gestaltung der Rolle der Jasmin Münchgstettner in »Out of Rosenheim« verliehen.

41 Dreimal Percy Adlons »Rosalie goes shopping«, 1988: Mit »Liebling« Ray, meinem inzwischen leider verstorbenen Partner Brad Davis …

42 … mit seiner Tochter Alexandra in Hollywood (Privatbild) …

43 … und hier mein Lieblings-Pausenfoto

44 PR-Welttournee für »Out of Rosenheim«, 1988: Mit jungen Fans in Taiwan

45 Unten: In Friederike Pezolds Film »Eines Tages«, 1986

46 Meine erste Rolle in einem amerikanischen Film übertrug mir 1987 Paul Mazursky in »Mond über Parador«

47 Lesung und Aktion mit Rosa von Praunheim im Münchner Loft, 1980

48 Mit Freund Michael Heininger, dem Cartoonisten und Illustrator der zwölf Kapitel dieses Buches

49 »Brautkleid bleibt Brautklaut«: DADA-Foto-Session 1992 mit Ciro Zizzo

SÄGEBRECHT: Ich finde, Erfolg ist schwerer auszuhalten als Mißerfolg. Mißerfolg ist spannend, da kann man sich selbst bemitleiden. Erfolgreich sein heißt doch, ein Echo zu bekommen. Wenn ich etwas mache, dann wünsche ich mir, daß ich damit zu den Menschen gehe und daß die Menschen mich annehmen. Man darf natürlich keine Angst davor haben, daß die Menschen plötzlich auf einen zukommen und unter Umständen etwas von einem wollen. Was mich ängstigt, ist, daß die Privatsphäre verlorengeht. Daß man benutzt wird für Beleidigungen. Daß sich ehemalige Freunde und Bekannte auf der Straße abwenden und mit falschen und neidvollen Unterstellungen kommen. Ich muß mich beschimpfen lassen dafür, daß ich ihre Träume nicht erfülle. Wenn ich so lebe, wie ich lebe, werde ich angegriffen, würde ich im Luxus schwelgen, paßt es ihnen auch nicht. Was mich glücklich macht, ist, daß die echten Freunde geblieben sind.

PRESBER: Bist du glücklich?

SÄGEBRECHT: Ich glaube, daß ich eine Intensität erleben darf, die ich mir immer ersehnt habe. Ich wünsche mir, daß ich das Interesse, die Liebe zu den Menschen nicht verliere, auch wenn die manchmal grob und ungerecht zu mir sind.

PRESBER: Woher schöpfst du deine physische und psychische Kraft?

SÄGEBRECHT: Wenn ich im Streß bin, versuche ich, wenigstens zwei Stunden am Tag mich ganz leer zu machen. Dann lasse ich schöne Bilder in mich hineinfließen. Außerdem denke ich über meine wunderbare Situation nach und welche Privilegien ich als Mensch habe.

PRESBER: Hast du konkrete Vorstellungen davon, wie du dein Leben in der Zukunft gestalten wirst?

SÄGEBRECHT: Da ich nicht weiß, ob es mit dem Medium Film weitergeht, und ich jemand bin, der an sein Schicksal glaubt, denke ich, daß noch diverse Aufgaben auf mich zukommen. Sollte es für mich im Guten weitergehen, daß ich mehr Geld verdiene, um anderen damit zu helfen, das wäre wunderbar.

PRESBER: Wo würdest du ansetzen?

SÄGEBRECHT: Mit der Realisierung eines Gemeindehauses, wo nicht abgezockt wird, sondern wo man sich unterhalten kann. Im kleinen habe ich es ja schon öfters versucht, aber leider mit den falschen Partnern – Geschäftsleute, die das kommerziell ausgenutzt haben. Das waren für mich Dealer, aber keine Geschäftsleute. Mir schwebt ein Haus vor, wo Rechtsanwälte freie Rechtsberatungen für sozial Schwache durchführen können. Wo man sich um schwangere Mädchen kümmert, die sonst keine Hilfe bekommen. Ich möchte mich nicht plötzlich ins Elend stürzen und unter den Armen leben, das bin ich nicht. Ich möchte nur da helfen, wo geholfen werden muß.

PRESBER: Von der Urmutter der Subkultur über Zuckerbaby zur Kultfigur. Wer ist Marianne Sägebrecht wirklich, wie würdest du dich charakterisieren?

SÄGEBRECHT: Ich nenne mich eine Aktionärin, mit einer großen Liebe zu den Menschen. Obwohl, das Beste ist, wenn die Reaktionen, die Aktionen von außen kommen. Denn sobald man anfängt, sich selbst zu charakterisieren, ist man nicht mehr unschuldig, fängt an, gezwungen und kalkuliert zu reagieren.

PRESBER: Welche Eigenschaften magst du an dir und welche nicht?

SÄGEBRECHT: Ich glaube, daß ich unvoreingenommen bin und keinerlei Vorurteile habe gegen Andersdenkende, Andersgläubige, auch wenn sie von der extremen Seite kommen. Dagegen die unangenehmen Eigenschaften bewegen etwas in mir: daß ich manchmal zuviel rede, zu sensibel, zu emotional reagiere, zu großzügig mit Geld umgehe. Auf der anderen Seite, hätte ich diese Risikobereitschaft in punkto Geld nicht, wäre die »Opera curiosa« nicht entstanden.

PRESBER: Glaubst du an das Böse im Menschen?

SÄGEBRECHT: Die Gesellschaft versucht, dem Menschen aufzuzwingen, daß er nach Möglichkeit nur gut zu sein hat. Das finde ich gefährlich, denn ohne die Bösen könnten sich die Guten doch gar nicht abzeichnen.

PRESBER: Was hast du für Ängste, und wie gehst du mit ihnen um?

SÄGEBRECHT: Lebensangst, Angst vor dem Tod kenne ich nicht. Gewalt ängstigt mich. Ich habe gelernt, daß Gewalt oft dort einsetzt, wo Dinge verhärtet sind. Von daher erscheint sie auch differenzierter, und man läuft Gefahr, selbst mit hineingezogen zu werden. Angst habe ich auch vor den Menschen, die, um ihr eigenes Ego zu retten, auf anderen herumtrampeln oder Menschen verleumden. Hinzu kommt meine Angst vor dem Krieg, das hängt damit zusammen, daß mein Vater im Krieg gefallen ist.

PRESBER: Dein Vater ist kurz vor Kriegsende, vier Monate vor deiner Geburt, gefallen. Belastet es dich, daß du ihn nicht mehr erleben durftest?

SÄGEBRECHT: Ja, schon. Ich bin auf seinen Spuren gewandelt und habe Nachforschungen über ihn angestellt. Er war, wie mein Großvater mütterlicherseits, Gärtner und das fünfte, sensibelste und jüngste Kind einer Bauernfamilie. Entsetzlich, daß er sechs Jahre in den Krieg mußte. Da gibt es Briefe von ihm an meine Mutter, in denen er schwört, wie sehr er unter dem Krieg leidet.

PRESBER: Warum hat deine Mutter auf eine Ferntrauung verzichtet?

SÄGEBRECHT: Seltsam, sie hat wohl bis zum Schluß an seine Rückkehr geglaubt, nachdem er so viele Jahre im Krieg war.

PRESBER: Wie hat deine Mutter die Familie durchgebracht?

SÄGEBRECHT: Nachdem ich die ersten Jahre mit meiner Mutter alleine war, habe ich noch eine Schwester bekommen. Als ledige Mutter mit zwei kleinen Kindern wurde ihr von der eigenen Familie nahegelegt, die Kinder in ein Heim zu geben, was sie ablehnte. Mit einem Kind hätte ihr Vater sie aufgenommen, mit zwei Kindern mußte sie gehen. Ich erinnere mich, als ich zwei Jahre alt war, da hat sie tagelang für uns ein Quartier gesucht, bis sie schließlich bei einem Adeligen gegen Näh- und Hausarbeiten Unterschlupf fand. Das Schicksal meiner Mutter ist ein wichtiger Bestandteil meiner heutigen Kraft, meines Mutes.

PRESBER: Deine Mutter hat dann einen Mann geheiratet, der dich ablehnte. Warum?

SÄGEBRECHT: Mein Stiefvater war Halbjude. Die Nazis hatten ihn zwangssterilisiert. Mit meinen blauen Augen und dem blonden Haar war ich für ihn das Sinnbild eines »germanischen Mädchens«. Das löste bei ihm Aggressionen aus. In seinen paranoiden Phasen ließ er mich seine Rache spüren.

PRESBER: Wie hat sich das geäußert?

SÄGEBRECHT: Indem er in seinen Wahnvorstellungen mir für alles die Schuld gab. Wenn etwas kaputtging oder nicht funktionierte, dann war es für ihn die »germanische Hexe«.

PRESBER: Wie hat deine Mutter das ertragen?

SÄGEBRECHT: Sie hat sich aus diesem Grund von ihm getrennt.

PRESBER: Was warst du für ein Kind?

SÄGEBRECHT: Bis zu meinem zehnten Lebensjahr sehr offen, voller Vertrauen und wild, körperlich wild. Mit Vorliebe habe ich mich alleine im Wald aufgehalten und bin auf Bäume geklettert. Das, was sie meiner Mutter angetan haben, hat sich tief in mir eingeprägt. Als Reaktion auf diese Ungerechtigkeit war ich ein waches Kind, das seine Mitmenschen genau beobachtete und Scheinheiligkeit sofort durchschaute. Erst das paranoide Verhalten meines Stiefvaters hat mich vorsichtiger, ängstlicher werden lassen.

PRESBER: Du hast einmal gesagt, die einzigen Freunde in deiner Kindheit waren deine Mutter und König Ludwig II. von Bayern.

SÄGEBRECHT: Das stimmt. Ich bin dort aufgewachsen, wo der Ludwig ertrunken ist. Für mich war er ein Pazifist, der, als Opfer von Intrigen, letztendlich geopfert wurde. Ich bewunderte ihn für seine Phantasie. Da auch ich eine lebhafte Phantasie besaß und Farben in mir trug, manifestierte sich etwas in mir, so daß ich als Kind immer dachte: O Gott, wenn jetzt die lokalpatriotischen Bayern diese Seite in mir entdecken, dann werden sie mich vielleicht auch ertränken. Andererseits wußte ich, meine Mutter paßt auf diese einzigartige Pflanze auf, die sie in ihrem Garten hat.

PRESBER: Was hast du für eine Beziehung zu deiner Heimat, zu den Menschen?

SÄGEBRECHT: Ich liebe das Bayernland und seine Bayern. Da gibt es so herrliche Originale, wie zum Beispiel Karl Valentin, Martin Sperr, den Weiß Ferdl. Sobald der Bayer in den südlichen Bereich hineingeht, vielleicht sogar genetisch gemischt ist und, wie ich immer sage, den astrologischen Sprung in der Schüssel hat, dann sind das für mich wunderbare Menschen. Schrecklich wird es, sobald lokalpatriotische Tendenzen sichtbar werden.

PRESBER: Du bist geschieden und hast eine sechsundzwanzigjährige Tochter.

SÄGEBRECHT: Gott sei Dank habe auch ich so eine wunderbare Pflanze in meinem Garten. Wenn ich die Dani nicht hätte, wäre ich sehr unglücklich.

PRESBER: Du hast nie die typische Mutterrolle übernommen. Liegt dir das nicht?

SÄGEBRECHT: Bei uns war es eher umgekehrt: Die Dani beriet mich. Wenn man diese Situation akzeptiert, dann kann das unglaublich schön sein. Je älter sie wird, um so schwesterlicher wird unser Verhältnis. Ich glaube, es ist nicht unbedingt einfach für eine Tochter, mit der Marianne als Mutter zu leben. Für mich war wichtig zu akzeptieren, daß da ein zweites Leben mit völlig anderen Interessen ein Teil von mir ist. Ich erlaube, daß sie mir Kritik entgegenbringt und sagt: »Marianne baut wieder Luftschlösser.« Meine Antwort darauf: »Wir müssen sie bauen, damit ihr später darin wohnen könnt.« Phantastisch finde ich, daß sie mich niemals in meinen Aktivitäten eingeschränkt hat und mir mein außergewöhnliches Leben erlaubt hat. Sie mußte mich immer mit anderen jungen Menschen teilen.

PRESBER: Hat die Geburt von Alina Sophie die Beziehung zu deiner Tochter verändert?

SÄGEBRECHT: Sie hat sich intensiviert. Dadurch, daß die Dani während ihrer Schwangerschaft den mütterlichen Schutz gebraucht hat, ist sie mir sehr nahegekommen. Die Geburt war ein Kaiserschnitt in letzter Minute. Ich werde niemals den Moment vergessen, als ich in das Krankenhaus gerufen wurde und das Neugeborene auf dem Arm des Vaters sah. Ein Schockerlebnis, denn für einen Moment habe ich geglaubt, die Dani ist von mir gegangen. Zu diesem Zeitpunkt war sie noch im Operationssaal, und so wurde ich nach dem Vater die zweite Bezugsperson für das Kind. Von daher, bilde ich mir ein, haben Alina Sophie und ich eine starke seelische Verbindung. Es ist sehr schön zu beobachten, wie sich meine Tochter zu einer verantwortungsbewußten und toleranten Mutter entwickelt hat.

PRESBER: Wie lebst du?

SÄGEBRECHT: Der Hauptaspekt ist die körperliche und geistige Bewegung. Mein kleines Zimmer in München ist meine Basis, von dort starte ich all meine Expeditionen. Der Reinhold Messner geht rauf auf die Berge, ich gehe ins flache Land hinaus.

PRESBER: Du bist geschieden. Welche Eigenschaften muß der Mann besitzen, den du heiraten würdest?

SÄGEBRECHT: Das müßte ein außergewöhnlicher Mann sein, der wie ich seinen Freiraum braucht. Einer, der mit mir meine Wanderungen unternimmt, der mich in meinem gesunden Wahnsinn versteht und annimmt. Das ist schwer, wenn man bedenkt: Da kommt ein »runder« Mensch daher, erscheint unkompliziert, und plötzlich zeigt sich, das ist ja ein Wesen mit komplizierten Gedanken. Daß da ein Mann nicht aufschreit und davonläuft, ist selten. Hinzu kommt, ein Mann mit vierzig heiratet in der Regel eine wesentlich jüngere Frau. Trotzdem, sollte dieser Mann plötzlich am Wegrand stehen, dann gibt es für mich nichts mehr zu überlegen. Bloß verheiratet zu sein, um der Gesellschaft zu zeigen, ich bin geschützt, das brauche ich nicht. Ich lebe seit neunzehn Jahren allein, bin geschützt in wunderbaren Freundschaften, und es geht mir gut.

PRESBER: Was wünschst du dir für die Zukunft?

SÄGEBRECHT: Ein besseres Miteinander, weniger Falschheit. Ich wünsche mir weniger Egoismus, weniger Rivalität, weniger Lügen unter den Frauen. Ich leide, wenn die Menschen süffisant-listig werden und hinter dem Rücken jemand austricksen. Ich bin viel offener, lebendiger, das darf dann ruhig anarchisch, gefährlich, gewaltig sein. Wenn ich Freunde finde, die mir das wiedergeben, was ich selbst fühle, dann bin ich sehr glücklich. Ich glaube an die Zukunft, ich gehe gerne in das Jahr 2000 hinein.

Ich trau' der Zukunft

December

DAS URTEIL ODER TOD ZWEITER KLASSE
Stundenprotokoll von Horst Th., Hamburg
13. August 1987

Es ist gleich dreizehn Uhr. Ich sitze in einem kleinen, schäbigen Krankenhauszimmer im Bett und warte ... warte auf die Visite heute mit Chefarzt Dr. Habele, den ich nach zwei Wochen Krankenhausaufenthalt nun endlich kennenlernen werde.

Ich habe Angst! Angst jedoch nicht vor diesem kurzen Auftritt der paar Halbgötter in Weiß, sondern vor dem Anruf. Die Zeit vergeht so langsam, und jede Sekunde bohrt sich in meinen Körper, besonders in die Innenseite meiner Ellbogen, wie tausend kleine Nadelstiche.

Um 15.30 Uhr wird es soweit sein, da werde ich anrufen. Ich erwarte das Urteil über mich und mein Leben unter dem Kennwort »Honda«. Ich atme zu tief, und mein Herz schlägt bis zum Hals. Ich bin verzweifelt und habe doch Hoffnung. Unglaublich eigentlich, daß ich es bin, der hier liegt, daß ich es bin, der vor sechs Wochen mit einer schweren Darminfektion aus heiterem Himmel aus dem Alltag gerissen wurde. Gerade jetzt, wo sich für mein Leben ein gewisser Grundstock abzeichnet, von dem aus ich ja eigentlich nun erst »zu leben« anfangen würde. *MEIN LEBEN!* – War es das bereits? Um 15.30 Uhr weiß ich es. Dann nämlich werde ich das Testergebnis vom Gesundheitsamt abrufen.

Dafür, daß ich diese Zeilen jetzt schreibe, gibt es einen Grund: Vielleicht ist das Ganze eine Art Probe für mich und meinen Beruf. In meinem ganzen

Leben habe ich sicherlich schon manche Prüfungsängste durchlaufen, aber noch nie so arg! Sollte ich aus dieser Situation ungeschoren herauskommen, so weiß ich zwar jetzt im Moment, wie ich mich fühle und daß ich daraus für mein Leben eine Erfahrung ziehen kann. Aber wie sieht es dann in zwei Monaten aus oder in zwei Jahren, vielleicht in zwanzig Jahren?

Vielleicht schaffe ich mit diesem Schreiben etwas für mich, etwas, das mir helfen wird, diese Stimmung, diese Perspektive, aus der man das Leben viel zu selten sieht, zurück in mein Gedächtnis zu holen.

Wenn ich mir nun aber die zweite Möglichkeit vorstelle, in eineinhalb Stunden zu erfahren, daß ich zu diesen armen Menschen gehöre, die im Angesicht des Todes sich dessen in unserer Gesellschaft auch noch schämen müssen, Menschen, die an der Seuche Aids erkrankt sind – wenn ich mir das also vorstelle, habe ich das Gefühl, meine Angst tut weh! Grausame Schmerzen, vor allem in der Brust.

Was wird dann?

So tun, als wäre nichts, und, solange es geht, so weiter wie bisher? Selber nachhelfen, damit's schneller geht? Dies kann ich mir zwar jetzt genau vorstellen, aber habe ich, wenn's dann wirklich soweit ist, den Mut auch bis zum letzten Moment? – Ist das rücksichtslos, wie ich jetzt denke? Oder vielleicht sogar rücksichtsvoll? Ende mit Schrecken, Schrecken ohne Ende – was ist da besser für alle Beteiligten?

Mut auch bis zum letzten Moment – oder ist das eher feige, schwach, oberflächlich und sogar sündhaft? Das soll mir jetzt verdammt noch mal meine innere Stimme beantworten. Ich horche ... nichts, nur mein Herz klopft so laut. Blick zum Telefon, zur Uhr, kalte Schauer jagen über meinen Körper. Und was ist mit denen, die hinter mir stehen, die meine Ungewißheit mit mir teilen, Monika, Erwin und Uli? Sie versuchen mich zu beruhigen, fangen aber selbst an zu zweifeln: Wozu das alles, was für einen Sinn hätte denn bisher alles gehabt?

Vielleicht widersprüchlich in sich, aber: Gibt es diese Situationen nicht gerade dafür, um uns zum Nachdenken zu treiben, uns aufwachen zu lassen? Ist das nicht auch schon Sinn?

Meine nächste Frage. Bin ich verantwortungslos mit mir, meinen Mitmenschen umgegangen? Ich hätte zumindest Erwin gegenüber verantwortlicher handeln und auf Nummer Sicher gehen sollen. Was, wenn er jetzt auch HIV-positiv ist?
Oh, noch sind das Spukbilder – hoffentlich bleiben sie das auch bis 15.30 Uhr!
Positiv denken: Also, um mich an irgendwas festzuhalten, zähle ich die Zahl der Blüten des Rosenstraußes vor mir ab. Ja – nein – ja – ach, so ein Quatsch!
Zwar nicht viel besser, aber hier mein Tageshoroskop:

Krebs 22.6.–22.7.

Wenn Sie nicht so viele Bedenken anmelden würden, wäre man schon ein gutes Stück weiter. Lassen Sie sich einfach überraschen. Am Freitag gefällt Ihnen das Ergebnis.

»Ergebnis« – manchmal stimmt's ja doch! Daß hier ausgerechnet das Wort auftaucht, ist doch wirklich eigenartig. Ein Ergebnis erwartet man auf einen Test. Na also! – Nun, heute ist ja der 13. August – aber Donnerstag!
Ich glaube, das mit dem Aberglauben hilft mir auch nicht weiter. Sollte ich vielleicht jetzt mal wieder auf den Glauben zurückgreifen?
Herr, wenn Du willst, laß diesen Kelch an mir vorübergehen, denn ich glaube, ich bin nicht so stark, ein anderes Schicksal jetzt zu ertragen. Wenn ich in dieser Situation zu Gott spreche, heuchle ich dann? – Nun, ich spreche ja nicht nur mit ihm, wenn's mir schlechtgeht!
Uli hat gerade angerufen, er ist sehr verständnisvoll und kann sich gut einfühlen. Er glaubt auf keinen Fall, daß es Aids ist, und selbst wenn HIV-positiv, meinte er einschränkend, dann ist ja noch nicht raus, ob meine Darminfektion mit Chlamydia trachomatis wirklich eine opportunistische Erkrankung ist und damit den Ausbruch von Aids darstellt! (Er meinte, man könnte Läus' und Flöh' haben.)

Aber, ob mir das in eineinhalb Stunden genug Trost sein wird, im Falle, daß der Test positiv ausfällt? Dann werden auch die Sätze kommen: »Aber Horst, jetzt wart erst mal den zweiten Test ab, dieser kann ja falsch positiv gewesen sein!« Hoffnung... Hoffn... Hoff... Ho... H... Dann ist's doch besser, sich damit abzufinden und vielleicht Konsequenzen zu ziehen. Oder wird man dann krankhaft nach Hoffnung suchen?

ICH HALT'S NICHT MEHR AUS!

Auch wenn meine engsten Freunde, Uli und Monika, sowie mein Lebenspartner Erwin mir sehr, sehr lieb zur Seite stehen, ich fühle mich sehr alleine. Da kann niemand in meine Haut kriechen und mir was abnehmen. Erwin sagt in diesem Fall: »Augen zu! Und durch!« Augen zu, und dann? Dann verpaßt du auch noch die letzten Momente, da es kein »Durch«, also kein Tunnel, sondern ein »Hinein« – der Tod ist.

14.01 Uhr. Ich geh' mal eine rauchen! (Die Visite ist immer noch nicht da.)
14.28 Uhr. Die Zeit vergeht sehr langsam. Ich habe jetzt vier Zigaretten hintereinander geraucht und dazu einen Pikkolo getrunken. – Ich kann mich nicht beruhigen! Die Überlegungen, woher ich es haben könnte (von der Blutabnahme bei einem Patienten bis hin zu dem Kontakt mit einem HIV-Positiven vor einem Jahr), kreisen wirr durcheinander, vermischt mit den Gedanken, wie mich die Ärzte hier behandeln.

Hoffentlich werde ich – wenn ich noch die Gelegenheit dazu bekomme – ein besserer Arzt. Sicherlich projiziere ich meine ganzen Ängste jetzt auf die behandelnden Ärzte, und mein Urteil mag ungerecht sein. Denn dafür, daß – beziehungsweise wenn – ich krank bin, können die ja nichts. Jedoch denke ich daran, wie der Stationsarzt Dr. Schocke am Dienstag nachmittag mit den Ergebnissen der Coloskopie (vom Freitag) zu mir kam.

Nachdem mir der bis dahin sympathisch scheinende Arzt mitgeteilt hatte, es handle sich bei meiner sechswöchigen Durchfallerkrankung um eine Infektion mit dem sehr seltenen Erreger »Chlamydia trachomatis«, schloß er eiskalt und für mich schockierend die Fragen an: »Üben Sie homosexuelle Praktiken aus? Haben Sie schon mal an Aids gedacht?- Denn diesen opportunistischen Erreger bekommt man nur bei einer Immunschwäche!«

Womm! Ich glaube, alle sechs Liter Blut, die ich in mir beherberge, schossen in meinen Kopf. Ob er was merkt?

»Nein«, sage ich.

Ob ich mich irgendwo hätte infizieren können? Denn der Aids-Verdacht liegt jetzt sehr nahe.

Ich: »Aber kann ich nicht eine andere Immunschwäche haben, welche gibt's denn noch gleich?«

»Nein, kaum! Die Elektrophorese ist in Ordnung, damit ist das ziemlich ausgeschlossen. Haben Sie sich schon mal testen lassen?«

Da log ich, denn bereits der Verdacht, so, auf diese kalte Art und Weise ausgesprochen, fast aburteilend wirkend, bewirkte, daß ich mich meiner ganzen Situation schämte! Jetzt muß ich auch noch ein schlechtes Gewissen haben, wenn ich krank bin! »Ja, vor circa zwei Monaten!« *log ich weiter.* »Negativ!«

Er: »Warum haben Sie diesen Test machen lassen?«

Ich: »Wegen meines Berufsanfangs hier in Hamburg, um vor Überraschungen sicher zu sein. «

Er: »Nun gut, dann würde ich vorschlagen, diesen Test noch einmal zu machen. Sie sind doch einverstanden?«

Ich: »Der Test muß zwar gemacht werden, aber ich weigere mich, ihn hier im Krankenhaus machen zu lassen. Ich werde unter Wahrung der Anonymität diesen Test im Gesundheitsamt machen lassen.«

Er: »Wir haben zwar die ärztliche Schweigepflicht, aber ich verstehe, daß Sie Angst haben, daß das Ergebnis überall schriftlich fixiert wird.«

Ja, das war's.

Er ging, und mir sank der Boden unter den Füßen weg. Für Minuten war ich total zugrunde gerichtet. Ein bißchen Rest-Mut schöpfte ich erst wieder nach einem kurzen Telefonat mit Monika. Ab jetzt war das, was da vermutet wurde und was mein Ende bedeuten würde, unser beider Geheimnis, und keiner sollte es bis zur Gewißheit erfahren. Auch Erwin nicht. Das war der Schlachtplan.

Meine Mutter, der unter Tränen ein Stein vom Herzen fiel, anzulügen, irgend etwas Harmloses zu erfinden, war ein leichtes. Nur, es tat so weh. Je mehr sie sich freute und je euphorischer sie wurde, um so trauriger wurde ich (denn bis zu diesem Ergebnis hat man ja auch etwas Schlimmes, aber wenigstens »Ehrbares« vermutet: malignes Lymphom Colitis ulcerosa, Morbus Crohn). Sie übernahm den größten Teil der Lüge, indem sie, ohne es zu wissen, allen Verwandten, meinem Vater, meinen Brüdern, das harmlose Ergebnis mitteilte.

Nun hatte ich unheimlich Angst, ob ich Erwin, wenn er heute abend käme, auch so gut anlügen könnte. Doch vergebens, nach zwei Sekunden kam: »Was ist denn los? Hast du was?« Verdammt, ich wollte ihn doch nicht auch noch mit dieser Verdachtsdiagnose meiner Ärzte belasten, solange es noch nicht sprechreif war. Nach fünf Sekunden: »Gell, du hast mich angeschwindelt, sag die Wahrheit!«

So, und dann war es raus, und ich merkte, wie sehr ich ihn liebe. Er reagierte sehr gelassen und lieb.

Nun bin ich von meinen Ärzten weit weggekommen. Sicher hätte sich Dr. Schocke nicht an meinen Bettrand setzen müssen und Händchen halten, und ich kann sehr schwer ausdrücken, was ich hier kritisiere, was mir hier fehlte: die Wärme, das Vertrauen-Ausstrahlende, das Mich-nicht-meinem-Schicksal-Überlassende.

Gott sei Dank fiel mir Frau Dr. Ruhe ein, die Ärztin, die mich eingewiesen hatte, und am Telefon fand ich bei ihr das, was ich mir von einem richtigen Arzt einfach erwarte. Inhaltlich sagte sie fast das gleiche, daß Aids mal ausgeschlossen werden muß, aber die Form war gütig, und sie fing mich in meinem tiefen Fall auf.

Nun sitze ich hier, 15.15 Uhr, und warte, auf alles gefaßt. Studienkollegen wollten mich besuchen kommen, ich sagte ab, mir gehe es nicht gut! – Ich habe es satt, aus dieser Ungewißheit lügen zu müssen! – Meine Mutter rief auch noch mal an, erzählte mir von ihrem Arztbesuch und ihren Kreuzschmerzen, ich konnte ihr kaum zuhören. Nun, ich habe sie fast ein bißchen patzig abgeblockt. Tut mir leid; aber ich kann nicht mehr!

15.18 Uhr. Jetzt rauche ich noch eine, und dann ruf ich an!

*16.00 Uhr. **Bin negativ!** Habe Erwin, Monika und Uli informiert. Brach auch in Tränen aus, ich kann die Stimmung in mir nicht beschreiben!*
18.00 Uhr. Die Wogen haben sich geglättet, und ich fühle, wie alles von mir weicht!
Wenn ich jetzt die Zeilen durchlese, bereits jetzt könnte ich sie nicht mehr so nachempfinden und schreiben. Ich habe mich leergeschrieben.
Vivat!

»Hoffnung«, Fotostudie von Michael McDermitt

Die Diagnose des obengenannten Patienten:

Infektiöse Enterocolitis durch Chlamydia trachomatis

Auszug aus dem abschließenden Arztbericht:

»...unter einer Diät allein kamen die Durchfälle nicht zum Stehen.

Nach Vorliegen des Chlamydienbefundes begannen wir die Behandlung daher mit Vibramycin. Bis zum Ende des stationären Aufenthaltes gewannen die Stühle damit an Konsistenz. Therapievorschlag: Vibramycin für insgesamt vierzehn Tage, langsamer Kostaufbau, Kontrolle der Leukozyten.«

Vivat! Das Leben konnte für diesen Freund, der mir so vertrauensvoll sein Stundenprotokoll des Wartens auf das Urteil zum Abdruck überlassen hat, weitergehen. Die schon lauernde Verurteilung konnte bei ihm jetzt nicht mehr greifen, sie hätte ihn vielleicht für den Rest des Lebens mit dem Stigma der sozialen Ausgrenzung und wahrscheinlich auch in seelischer Vereinsamung zurückgelassen. Vor allem blieb ihm die mittlerweile stark umstrittene medikamentöse Zwangsbehandlung mit AZT (Retrovir), ddI, ddC und Proteinasehemmer erspart, die ja in den letzten Jahren, kombiniert mit Interferon-Hormonen und hochdosierten Antibiotikagaben, radikal in fast allen Fällen durchgeführt worden ist. Auch wenn nur das Testergebnis »HIV-positiv« aufleuchtete und noch überhaupt keine sich durch Symptome anzeigende Erkrankung in Sichtweite war, gab man häufig prophylaktisch sofort das Medikament AZT.

Die ersten Testpatienten mußten sich noch täglich 1500 Milligramm davon in den Körper jagen lassen. Von meinem Freund Paul weiß ich, daß er sich den Wecker alle vier Stunden stellen mußte, um einen Testterminplan einhalten zu können. Das war vor zwei Jahren. Paul ist nach eineinhalb Jahren Behandlung, fast genau nach Voraussage, von uns gegangen.

Später wurde die Dosis auf 1000 Milligramm gesenkt, heute verabreicht man eine Tagesdosis von 500 Milligramm. Das war auch die Ration, der mein erkrankter Freund David bis zu dem Tag die Treue halten mußte, an dem seine T4-Helferzellen (Normalwert etwa 1000 bis 1100) auf »Zero« gefallen waren. »Jetzt bin ich mit meinem Latein am Ende«, war die lakonische Bemerkung des behandelnden Arztes.

»Ich komme mir vor wie ein Zombie«, so ein Kommentar Davids in den letzten drei Monaten, in denen man ihm zig Medikamente gleichzeitig in den geschwächten Organismus gepumpt hatte.

»Jetzt können Sie auch wieder rauchen«, meinte sein Arzt, für den der Gevatter Tod schon sicher vor der Tür stand, um David bald zu holen. »Es ist nur noch eine Frage der Zeit.«

Ja, das Zeitband und die vierwöchige Beobachtung der radikalen T4-Zellen-Minderung spielen eine große Rolle, wie in einem scheinbar schon zu Ende geschriebenen Drama. Die Perlenkette wird mit Annahme des Todesurteils durch den Test – täglich und Perle für Perle, Träne für Träne – kürzer: Das sichere Ende ist ja schon von Wissenschaftlern, Ärzten und Medien vorausgesagt worden. »Durch die Einnahme von AZT verlängern wir das Leben des Aids-Patienten zur Zeit um zwölf bis achtzehn Monate«, meinte in einer Fernseh-Talk-Show eine ältere Dame selbstherrlich, die in einer Sterbeklinik in San Francisco Todgeweihte pflegt. Das war 1995.

»Wer ist wir?« fragte ich.

Mit »wir« meinte sie seine päpstliche Hoheit Professor Dr. Gallo, zu dessen in letzter Zeit mehr und mehr umstrittenen Theorien und Behandlungsmethoden sie sich radikal als Hohepriesterin bekannte.

»An welchem Tag des Lebens eines Patienten setzen Sie eigentlich Ihre Verlängerungsschnur an?« fragte ich sie. »Es kommt ja eigentlich nur der Tag des Tests in Frage, der in den meisten Fällen unmittelbar in die medikamentöse Zwangsbehandlungszeremonie mündet.«

Der Patient, und das habe ich am Krankheitsverlauf meines Freundes David genau beobachtet, wird mit einem Ansteigen seiner T4-Zellen nach der ersten hohen AZT-Dosis freudig überrascht. Dieses Medikament schaltet ja, auf der Suche nach dem HI-Virus – der sich im HIV-positiven Blut, das mit Antikörpern angereichert ist, ganz selten ausfindig machen läßt, nicht einmal beim Vollbild der Erkrankung, wie mir ein Professor der Labormedizin aus seiner Erfahrung berichtete –, auch andere Viren und Bakterien des Gesamtimmunsystems aus. Es stülpt sich mit einer Membran über eine Zelle und macht sie unwirksam. Pro Dosis, so mein Laborwissenschaftler, würden auf diese Weise ein paar tausend lahmgelegt, was auf die Dauer die natürliche Balance des Immunsystems extrem ins Schwanken bringt.

Die vermeintlichen HI-Retro-Viren sollen durch AZT daran gehindert werden, sich weiter zu vermehren, denn die okkupierte Zelle vermag sich nun nicht mehr zu teilen. – Ironie eines Menschenschicksals: KEINE ZELLTEILUNG – KEINE ZELLVERMEHRUNG! Also auch keine *Regeneration* dieser Körperzellen mehr.

Epithelien der Darmschleimhaut werden genauso radikal abgebaut wie Zellen des Knochenmarks sowie weiße und rote Blutkörperchen. Nach längstens 22 bis 24 Monaten dieser radikalen Chemotherapie bringt der knöcherne Finger des gefürchteten Sensenmanns durch einen letzten Dip die Dominobausteine des Lebens in einer großen Kettenreaktion zum Umfallen. Die pharmazeutischen Machthaber warteten anfänglich mit der Erklärung auf, das angreifende Zellgift würde nur Zellen orten, die das gefährliche HI-Virus beherbergen, um die jeweilige Zelle dann

323

zu eliminieren. Nun, nach rund zwölf Jahren Anwendungspraxis, stellt sich bei einigen interessanten internationalen Studien, beispielsweise die Concord-Studie, heraus, daß sich das virale Medikament AZT zuerst auf die vitalsten Zellen, in denen die intensivsten Stoffwechselvorgänge ablaufen, stürzt. Der antivirale Hoffnungsträger »AZT hat über die Jahre nicht geholfen, aber auch nicht geschadet«, heißt es zynisch in einer Veröffentlichung der Herstellerfirma Wellcome (seit einiger Zeit fusioniert mit dem amerikanischen Pharma-Großkonzern Glaxo) auf dem internationalen Aids-Kongreß in Amsterdam 1994. Diese Aids-Kongresse – der letzte fand 1996 in Vancouver statt – tragen die pharmazeutischen Großkonzerne untereinander aus. Wissenschaftler, Mediziner, Naturheilpraktiker und Journalisten, die sich nun nach zwölf Jahren der wirtschaftlich monopolisierten Aids-Mafia gegenüber kritisch und warnend über die von der Weltgesundheitsorganisation und von den Gesundheitsministerien der Länder abgesegnete überdosierte, überteuerte Zwangsbehandlung äußern, werden zu diesen Kongressen erst gar nicht zugelassen. Ihre Artikel, Studien, Filmbeiträge usw. werden ignoriert, negiert und in den wichtigsten medizinischen Fachzeitschriften und in den Tageszeitungen einfach nicht publiziert. – Nachtigall, sing in *media control*!

Obwohl die T4-Zellen-Werte am Anfang einer Chemotherapie mit AZT, ddI und ddC wieder ansteigen, ist dieser Erfolg aber immer nur als einmalige Reaktion ans Firmament geschrieben – das könne man bei fast jedem dieser Krankheitsbilder nachvollziehen, so die Aussage eines Professors der Labormedizin. Dann aber wird der Patient, so auch mein Freund David, in vierwöchigem Turnus zur Zählmaschine degradiert, und seine T4-Zellen fallen rapide ab. Sie steigen vielleicht zwischendurch noch einmal kurz an, stürzen dann aber im Laufe der Behandlung in fast jedem Fall rigoros dem Nullpunkt zu. Wie mir David berichtete, nahmen in dieser Zeit, in der sich die T4-Zellen aus dem Staub zu machen schienen, ausschließlich die Ergebnisse der Zählungen sein Sinnen und Trachten in Anspruch. Und erst jetzt, beim Nullstand der T4-Zellen, wurde er aus dem Zahlenspinnennetz des Computers entlassen. Nach eineinhalb Jahren konnte er sich jetzt anderen Heilmethoden zuwenden, denn sein Arzt hatte ihn aufgegeben.

Hoffentlich ist es nicht schon zu spät, kreisen meine Gedanken angstvoll um dieses Thema. Psychologische Hilfe für David war von seinem Arzt nie in Erwägung gezogen und ihm auch nie angeraten worden. In diesen eineinhalb Jahren seiner Erkrankung habe ich oft auf Knien gebettelt: »Laß dich auch von anderen Ärzten beraten! Versuch doch, dieses Goliath-Syndroms mit einer anderen Therapie oder mit homöopathischen Heilmethoden Herr zu werden.« Auch Adressen und Telefonnummern von Leidensgefährten, denen durch eine andere Therapie geholfen worden war und die nun schon seit zehn Jahren ihr Krankheitsbild stabilisiert haben – sich aber nicht mehr der Öffentlichkeit stellen wollen, um nicht noch einmal mit dem Stigma der Erkrankung belastet zu werden –, wollte er nicht wahrnehmen.

David schien innerlich weit weg getreten zu sein, mich nicht mehr zu hören. »Laß mich doch in Ruhe«, sagte er in tiefer Resignation zu mir. »Ihr macht uns ja alle ganz verrückt. Jeder kommt mit diffusen Theorien, die Wahrheit kennt man nach so vielen Jahren ja immer noch nicht. Fest steht nur, daß WIR sterben müssen. Ich habe mich für einen Arzt entschieden und werde mit ihm den Weg zu Ende gehen.« Da fühlte ich mich auf einmal ganz elend und reuevoll. Vielleicht war es doch falsch, von außen zu stark zu insistieren und zu analysieren. David hatte ja die ganze Wucht seiner »Todesstrafe«, die mit zeitlich befristeten Begnadigungen immer wieder einen kleinen Aufschub ertrotzte, seelisch, körperlich und sozial ganz alleine zuverkraften.

»Marianne, Davids Mutter konnte nie Gefühle zeigen. Vielleicht waren deine Sorge, deine einfühlenden Augen, deine Besuche und Telefonanrufe, dein Betteln, es mit einer anderen Therapie zu versuchen, deine Tränen, deine Umarmungen, und das seit eineinhalb Jahren, für David viel wichtiger und qualitativ lebensbejahender als ein paar homöopathische Medikamente«, meinte ein guter Freund Davids bei meinem letzten Besuch.
David konnte nur stumm nicken.

Die Diagnose »HIV-positiv« zieht unweigerlich den Tod als Folgeerscheinung nach sich. Diese unerbittliche Konsequenz hat sich durch seit Jahren immer wieder untermauerte Erklärungen tief in das Unterbewußtsein der Menschen eingegraben.
»Ja, wenn ich positiv bin, muß ich sterben, das ist doch klar«, meint Sigi, ein kraftstrotzender Sportstudent von neunzehn Jahren.
»Merkst du denn nicht, Sigi«, sage ich, »daß du schon das liebenswerte Wort ›positiv‹ mit der Ausschließlichkeit des Sterbens belegst, weil du es in deinem Kopf negativ besetzt hast?«
Er schaut verdutzt.
»Den Begriff HIV oder Aids hast du gar nicht mehr gebraucht – ist dir das aufgefallen?« Ich lasse nicht locker. »So weit hat die tägliche Gehirnwäsche der alles verätzenden Meinungsmacher dein Bewußtsein schon ausgespült. Da trauen sich doch so ehrwürdige Begriffe wie ›positives Denken‹ oder ›positives Leben‹ gar nicht mehr in dein Bewußtsein. Woher hast du denn deine Informationen?«
»Das weiß man halt, und das mein’ ich halt«, sagt er. »DIE müssen alle sterben.«
»Wir sind auch nicht unsterblich, Sigi. Wir alle müssen nur dem Tod wieder ins Auge schauen können und versuchen, mit ihm konstruktiv und philosophisch umzugehen.«

Sigi blickt ängstlich auf seine strotzenden Muskeln, offenbar um zu prüfen, ob sie sich noch vor Ort befinden. Er wirft sich in die Brust, nimmt einen kräftigen Schluck von seiner Piña Colada und meint achselzuckend: »Weißt du, das ist mir alles zu negativ«, und geht einem unbekannten kichernden Nachbargirl ans Bodysuit.

Mit wieherndem Aufschrei wirft sich die im Haar-und-Body-Salon auf Form Getrimmte an die schwellende Männerbrust. »Bist heut wieder ein kleiner Destrukti«, und, rrr, beißt sie ihm ins ringleingeschmückte Ohrläppchen. »Autsch!« Ein roter Tropfen fällt unentdeckt auf Sigis weißes T-Shirt. »Power to the people« prangt da in stolzen Lettern.

Diese erotische Attacke ist nicht geeignet, Sigis Laune wieder aufzurichten. Man kann ihm ansehen, daß der Gedanke an seine Sterblichkeit ihm großes Unbehagen bereitet.

»Dich werd' ich heut nacht schon wieder auf Vordermann bringen«, gurrt ihm das Girl ins Ohr, packt seine unentschlossenen Hände auf ihr Dekolleté und beginnt mit ihrer Reptilienzunge seinen zaudernden Mund zu erforschen.

»Good-bye, Sigi, auf Wiedersehen«, verabschiede ich mich.

Sigis Augen signalisieren mir: Dieses Gespräch werden wir fortsetzen müssen!

»Seien Sie bitte sehr vorsichtig, Frau Sägebrecht, wenn Sie über das Aids-Syndrom recherchieren«, meint fürsorglich mein Gegenüber, »denn dieses Thema hat größte wissenschaftliche Komplexität und eine noch größere wirtschaftliche und politische Brisanz.«

Auf Anraten eines guten Freundes war ich mit Freunden zu dieser wissenschaftlichen Kapazität hierher nach Hamburg gekommen, um von ihm neue Erkenntnisse über seine Ergebnisse in der wissenschaftlichen Betrachtungsweise des Aids-Syndroms und vor allem über seine unkonventionellen Behandlungsmethoden, die er aber in den letzten Monaten aus Frustration eingestellt hatte, in Erfahrung zu bringen.

»Der seit zwölf Jahren eingeschlagene Weg, diese Krankheit zu bekämpfen, erweist sich mit immer größerer Wahrscheinlichkeit als nicht richtig. Doch man hat sich schon zu weit verstrickt, und die multinationalen Konzerne der Pharmaindustrie werden sich ihre Gewinne durch Medikamente und Testuntersuchungen nicht mehr abknöpfen lassen«, argumentiert der Professor.

Hier ergeben sich selbst in Zeiten wirtschaftlicher Regression ungeahnte Gewinnmöglichkeiten: durch staatliche wissenschaftliche Fördergelder, durch den weltweit monopolisierten Verkauf der Aids-Tests und der überteuerten Medikamente, durch den von der Aids-Politik heraufbeschworenen Boom der Kondomhersteller und der Porno-Industrie.

»Ja, Kondome«, sage ich. »Ich kann mich einfach nicht an den Gedanken gewöhnen, daß das Kondom, obwohl in diesen Zeiten bestimmt in so manchen Fällen lebensrettend, auf lange Sicht nicht mehr aus unserer Welt wegzudenken ist. Ja, die Gummimilch muß zur Herstellung von Kondomen tropfen – der Regenwald und die Gummibäume weinen, weil das lebenspendende Sperma nicht mehr fließen darf.«

Der Professor nickt.

Ich fabuliere weiter: »In Hunderttausenden Präservativen landet das Sperma in Mülleimern auf Hinterhöfen, wird durch Toiletten in die Kanäle der Unterwasserregionen gespült. Schon ist die abgeschmetterte Spermenriege dabei, sich gesellschaftlich zu formieren, sich gewerkschaftlich zu organisieren, und sucht nach Mitteln und Wegen, um zu dem verschlossenen Paradies der Gebärmutterpforten wieder vorzudringen. Und der Gedanke macht mir angst, daß der Gummifilm des Kondoms durch das ungelöste Geheimnis des Aids-Syndroms dramaturgisch überhaupt nicht mehr von der sexuellen Vereinigung wegzudenken ist. Denn Vereinigung bedeutet doch auch den vitriolischen Austausch von Körpersäften, die Verschmelzung von bakteriellen Kulturen, also auch eine multikulturelle Bakterienflora im positiven Sinne.«

Der Professor kehrt mit ein paar ausgestrichenen Blutbildern zurück.

Meine Freunde haben mir inzwischen durch ein Zeichen signalisiert, wieder auf die sachliche Ebene unseres Gesprächs zurückzukehren, was mich aber nur zu weiteren visionären Exkursen antreibt. »Ziehen wir der Welt ein Kondom über den Kopf«, fahre ich fort, »und der Organismus erstickt am Überzieher. Bezeichnenderweise nennt man Kondome ja auch oft Regenmäntel – also keine Feuchtigkeit mehr auf der Erde, und die Vegetation vertrocknet.«

»Wir müssen vorsichtig sein bei der Vorstellung«, meint der Professor, der wieder an seinem Schreibtisch Platz genommen hat, »durch die Anwendung eines Kondoms seien wir auch schon vor der Immunschwäche geschützt. In fast allen mir bekannten Fällen des Aids-Syndroms fand ich eine vorherige Immunsuppression des Patienten, entweder durch die Einnahme von harten Drogen, auf Grund von Langzeitbehandlungen mit Chemotherapeutika und Antibiotika oder auch nach Infektionen sowie Erkrankungen nach großen seelischen Erschütterungen, unter anderem als Folgeerscheinung einer extremen Instabilität in der Kindheit. Ein gelebtes Leben, das dem natürlichen Lebensrhythmus seine Anwendung verweigert und gnadenlosem Streß das Dirigat überläßt, excessiv ausgelebte Sexualität, die promiskuitiv um ihrer selbst willen exerziert wird und in immer radikalere Machtrituale mündet – das alles öffnet schweren Infektionskrankheiten, unter anderem auch der Virus-Hepatitis und der Syphilis, Tür und Tor, und diese treiben dann im Organismus ihr Unwesen, was ja eine neuerliche Immunblessur nach sich ziehen muß.

Schaut, hier habe ich ein durch Malaria reinfiziertes Blutbild, bei dem im offiziellen Aids-Test des Gesundheitsamtes HIV-Antikörper nachgewiesen werden konnten. Wird eine Malaria ausgeheilt, verschwindet dieses Phänomen oft von ganz allein. Was sagen Sie jetzt, meine Herrschaften?«

Wir starren ihn schweigend an. Wie froh bin ich, diesem Mann, der in diesem Moment leicht resigniert wirkt, gegenüberzusitzen. Die Ader der früheren medizinisch-technischen Assistentin pulsiert aufgeregt in mir, denn hinter dem Rücken meines Freundes David suche ich verzweifelt weiter nach einem Quentchen Hoffnung. Ich will und kann nicht tatenlos hinnehmen, daß er nach den derzeitigen Prognosen der Wissenschaft und den Fakten seiner Laborbefunde schon bald von uns gehen soll.

»Und hier habe ich«, fährt der Professor fort, »Blutbilder eines etwa siebzigjährigen Ehepaares. Beide waren über Jahrzehnte an schwerem Gelenkrheuma erkrankt und bekamen hohe Dosen Cortison injiziert. Auch hier hatten die Aids-Tests positiv zugeschlagen.

Diesen positiven Testausschlag habe ich auch bei schweren Formen von chronischem Alkoholismus im letzten Stadium, bei multipler Sklerose im Spätstadium und bei einer Hauttuberkulose gefunden: HIV-positiv, dieses so gefürchtete Testresultat tritt nach neuen Erkenntnissen und nach langjährigen Studien einer großen Wissenschaftlerin und außergewöhnlichen Kollegin, Dr. Elena Papadopoulos, am häufigsten bei infektiös und toxisch am stärksten belasteten gruppenspezifischen Menschen auf. Ein solches ›positives‹ Testergebnis bedeutet zuerst einmal nichts anderes als einen erhöhten Mix von kreuzreagierenden Antikörpern mit einer daraus resultierenden Autoimmunreaktion auf Fremdeiweiße, die über einen willkürlich gesetzten Grenzwert hinausgeht. Das HI-Virus wird bei dieser Testbestimmung nicht direkt nachgewiesen. Bis heute ist es nach Aussage von vielen Wissenschaftlern und berühmten Kollegen, wie Professor Karl Mullit, Nobelpreisträger aus England, noch nie gelungen, ein eindeutig spezifisches HI-Retro-Virus zu isolieren und dessen Existenz so nachzuweisen. Elena Papadopoulos hat mit vielen Kollegen immer wieder auf die Unseriosität der gängigen HIV-Testverfahren wie ELISA und Western-Blot hingewiesen.« Die Hände des Professors zittern, als er einen neuen Glasträger in das Mikroskop einlegt.

»Trotzdem werden diese ›positiven‹ Testergebnisse von den meisten Ärzten und Wissenschaftlern, aber auch in den gängigen Medien, noch immer gnadenlos als auf Vollstreckung ausgerichtete Todesurteile bewertet. Ein Mensch, der unter diesem erstarrten Todesdogma leiden muß, entwickelt ja schon allein durch die Verinnerlichung dieser Todesangst einen seelischen Dauerstreß, was eine vermehrte Ausschüttung von körpereigenen Streßhormonen, eine Abwanderung der weißen Blutkörperchen und damit verbunden eine permanente Verschlechterung der zellulären Immunität zur Folge hat.«

»Die Herstellerfirma des Eliza-Tests weist im Beipackzettel, den üblicherweise ja nur die Mitarbeiter des Laborbetriebs zu Gesicht bekommen, darauf hin, daß dieser Test keine Grundlage zur Diagnose des Aids-Syndroms darstelle und daß eventuelle Kreuzreaktionen wie zum Beispiel bei Malaria nicht auszuschließen seien«, der Professor ist sichtlich erregt.

»Mit einigen befreundeten Forschern zusammen überlegen wir sogar die These, daß es sich in den meisten Fällen des Aids-Syndroms um eine nicht wirklich ausgeheilte Syphilis im Spätstadium handeln könnte. Wissen Sie, daß die Syphilis – eine Spirochäte – Treponema palladium heißt? Wie wir feststellen konnten, ist dieses Bakterium in der Lage, sich bei extrem großen

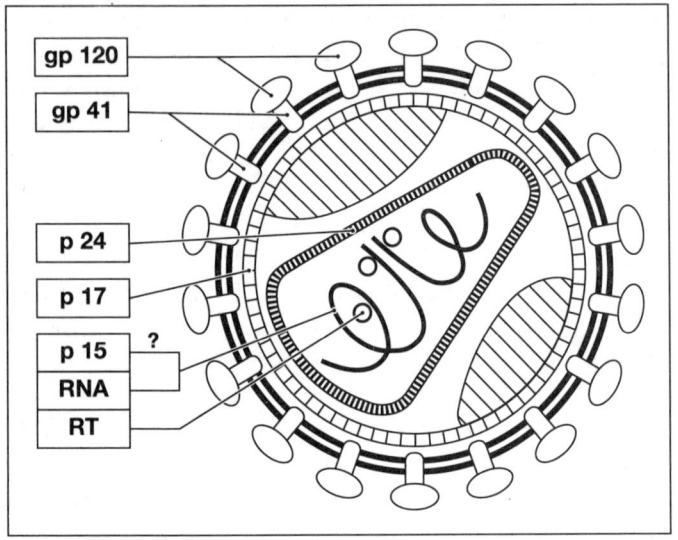

Das von Gelderblom et al entwickelte HIV-Modell, das weltweit immer wieder publiziert und in allen Farben grafisch dargestellt wird, hat den Nachteil, daß die typischen »Köpfe« an der Außenseite »sehr selten an unreifen (knospenden) Partikeln und einzig an metabolisch beschränkten Zellen« beobachtet werden, also an Zellen, deren Stoffwechsel bereits gestört ist. Mit anderen Worten: HIV ist bestenfalls die Folge, niemals aber die Ursache geschwächter Zellen.
Quelle: Raum und Zeit, 68/1994.

Bedrohungen zu verstecken und scheinbar untätig und besiegt im Körper des Menschen zu verbleiben – ein Testnachweis fällt dann, vor allem auch bei einer Reinfektion, negativ aus. Es hält sich bei diesem todesähnlichen Schlaf oft im Rückenmark des Patienten auf und schwächt den Organismus schleichend. Bei extremer Immunschwäche des Patienten sieht es seine Zeit gekommen und greift wieder verheerend in das biologische Kriegsgeschehen ein, was mit einer heftigen fiebrigen Aktion einhergeht. Es ist mir durch eine spezielle Labortechnik gelungen, dieses Bakterium schon vor dieser Erkrankung aufzustöbern und öffentlich zu machen. Dieses Syphiliskrankheitsbild muß vorrangig behandelt und damit gleichzeitig der Immunhaushalt stabilisiert werden, erst dann kann man an weitere Symptome herangehen. Diese ›versteckte Syphiliserkrankung‹ könnte aber – so eine weitere These – auch genetisch durch Vererbung auf den Patienten übertragen worden sein und hätte so schon früh den Lebenstrieb, die Libido, des einzelnen merklich geschwächt.«

Der Professor ist immer noch erregt, als er berichtet, schlaflose Nächte habe ihm die Entdeckung bereitet, daß der vermeintliche Erreger dieser Krankheit, das sogenannte Aids-Virus, kaum dingfest zu machen ist, weil es ständig und kurzfristig seine antigenetische Informationsgrundlage zu ändern scheint und deshalb mit den isolierten Antikörpern nie zu fassen ist: »Man hat bisher viele stark unterschiedlich reagierende vermeintliche HI-Virusstämme gefunden, an denen alle Impfseren vergeblich ausprobiert wurden. Die Aids-Immunologen der Forschung behaupten jedoch starrsinnig, Antikörper würden von Aids-Viren hervorgerufen, obwohl in den meisten Fällen diese Verursacher-Viren selbst im Vollkrankheitsbild nicht zu finden waren.« Mit einem tiefen Seufzer lehnt er sich in seinem Stuhl zurück.

»Wir kennen dieses Virus ja nur von graphischen Darstellungen. Es ist innen hohl und besteht offenbar nur aus einem Virusmantel, dessen Fläche ständig mutiert«, protze ich mit meinem Wissen. »Sogar Professor Gallo hat doch einmal in einem Interview von der Umkehrung des Prinzips vom Trojanischen Pferd gesprochen.« Ich versuche dem hohen Gegner schon wieder eine selbstgestrickte Schlußfolgerung um das sorgenvolle Haupt zu winden.

Er scheint mich gar nicht gehört zu haben und starrt gebannt in sein Mikroskop, in dem er gerade – wie er durch eine Bemerkung zu erkennen gibt – ein Syphilis-Bakterium im mikroskopischen Dunkelfeld dingfest gemacht hat.

»Vielleicht ist dieses Virus gar kein Virus, sondern ein Mutant, der sich nur als Virus ausgibt, um so die Immunabwehr zu bluffen«, werfe ich ihm jetzt auf den Tisch. Jetzt war's heraus, diesen Gedanken hatte ich schon seit langem mit mir herumgetragen. »Auch die monatliche Pille, die den Eisprung verhindert, greift ungeheuerlich in den Hormonhaushalt ein. Es könnte doch der Trick eines extrem geschwächten Abwehrsystems sein, sich ab einem bestimmten niederen Immunstatus noch schneller aufzulösen, um die Bausteine seines Organismus dem kosmischen Meister zurückzugeben.«

Jetzt richtet der Herr Professor seinen forschenden Blick auf mein überschwappendes Mundwerk. »Sagen Sie mir bloß, wie kommen Sie als medizinischer Laie zu solchen – eigentlich nicht uninteressanten – Schlußfolgerungen?«

»Ich erlaube mir halt, als ehemalige Laborantin und selbsternannte Humananarchistin, ein paar intuitive Ausflüge ins kosmische All. Das tut Ihnen doch nicht weh, Herr Professor, oder?« Meine Stimme zittert durch das Labor.

»Vielleicht müssen wir dieses vermeintliche Virus wirklich einmal aus dem Bereich der Virologie herausnehmen«, murmelt er vor sich hin.

»Auch schon der Entdecker dieses vermeintlichen Virus, Ihr Kollege Montagnier, hat seine bisherige Aussage dahingehend korrigiert, daß das gefundene HI-Virus allein Zellen des menschlichen Immunsystems nicht schädigen oder abtöten würde und daß erst verschiedene Symptomerkrankungen zusammenfallen müssen, um zum Ausbruch des letzten Aids-Krankheitsbildes zu führen, das meistens zum Tode führt«, stelle ich in den Raum.

»Professor Duesberg aus Berkeley glaubt ebenfalls nicht an die Virus-Theorie und nennt diese ein Kunstprodukt der Wissenschaft«, greift er meine Darstellung weiterführend auf.

Der Professor fährt fort: »Duesberg gelang es trotz seiner mutigen wissenschaftlichen Gegenposition zu seinem Studienkollegen Gallo auf lange Sicht nicht, seine glaubhaften Theorien über die Jahre durch Studien zu untermauern. Wahrscheinlich aus Angst vor Repressalien verlor er immer mehr an Kampfgeist. Seine publizierten Aussagen über das Aids-Syndrom sahen vielleicht zu einseitig die Ursache dafür in schuldhaftem Verhalten seitens der Betroffenen (zum Beispiel Promiskuität, exzessiver Drogenkonsum usw.), was ja durchaus mitspielen mag, in meinen Augen bestimmt auch einen großen Anteil dazu beträgt, ich sehe aber – wie viele meiner Kollegen und Freunde auch – das ganze Ausmaß der medizinischen Betrachtungsweise noch viel komplexer, und wir ziehen auch soziale, psychologische und philosophische Komponenten mit in Betracht.

Duesberg wurde sehr oft von der feindlichen Seite unterlaufen. Homophobe Äußerungen wurden ihm publizistisch untergeschoben, was nie und nimmer stimmt, denn ich kenne ihn persönlich. Schon versucht man seine Lesungen und Vorträge zu unterlaufen, wozu beispielsweise der Berliner ASTA aufgerufen hat. Professor Duesberg hat man vor allem in der Betroffenengruppe der Homosexuellen denunziert und zum Boykott seiner freien wissenschaftlichen Meinung aufgerufen. Das ist sehr traurig; denn sollte sich das Blatt in dieser einseitig marktpolitisch orientierten Aids-Politik mit den Hunderttausenden von Menschenopfern eines Tages zum Wahren wenden, bleibt Professor Duesberg trotz so mancher Kritikpunkte ein Vorreiter, einer der ersten Kritiker der eingeschlagenen polemischen ›HIV-ist-gleich-Aids-ist-gleich-TOD‹-Schiene und vor allem der damit einhergehenden HI-Virus-Therapie mitsamt den im Begleitschutz daherkommenden antiviralen lebensbedrohenden Medikationen, den massiven Langzeit-Antibiotika-Prophylaxen, Immunglobulinen, Mäuse-Serum-Impfritualen, Bluttransfusionen und und und ...« Der Professor muß eine Atempause machen.

»Alle kritischen Meinungen, die sich gegen das Todesurteil bei einer Aids-Erkrankung richten, sind dem seit zehn Jahren eingeschlagenen offiziellen Konzept der Bekämpfung mit den vielen Todesopfern abträglich. Eine Umkehr ist jetzt für die Wissenschaft und Wirtschaft nicht mehr möglich, vor allem nicht für die mit Milliarden von Dollar subventionierte Aids-Forschung.«

»Damit sieht es ja in Deutschland sowieso nicht rosig aus«, meine ich. »Und wir hängen ja eh, was die Herstellung von Medikamenten und die verordneten Aids-Labortests betrifft, mit am multinationalen Schlauch, der wohl hauptsächlich in den Vereinigten Staaten sein wirtschaftliches Dollar-Sauerstoffzelt hat. Aber Ihre Resultate, Herr Professor, Ihre Theorien müssen doch einmal veröffentlicht werden.

Jedem Lichtstrahl, jedem Hoffnungsschimmer muß man nachgehen. Dafür müssen wir sorgen, dafür müssen wir kämpfen!« Der Wissenschaftler zuckt müde mit den Schultern. Jetzt ist seine große Traurigkeit und Bitterkeit endgültig nicht mehr zu übersehen. »Seit Jahren versuche ich, meine Erkenntnisse, denen ich durch einen Zufall vor zehn Jahren auf die Spur gekommen bin, zu publizieren, und ich habe immer wieder versucht, diese mit meinen Kollegen zu diskutieren. Man hat sich aber offiziell für eine Theorie entschieden, die von den großen staatlichen Universitäten abgestützt ist. Das ist wie biologische Kriegsführung, wie bei einem Wettrüsten der Nationen.«

»Ja, aber so viele Menschen sterben und sind bereits von uns gegangen. Das kann man doch nicht mehr ertragen, das ist doch bereits ein Verbrechen.«

»Das ist Krieg«, entgegnet er sarkastisch. »Schauen Sie sich die

Welt an – Kriegshandlungen, wohin Sie blicken, Tote, wohin Sie treten. Und dieser Krieg mit biologischen Waffen ermöglicht auch noch die Kontrolle über das sexuelle Verhalten der Menschen. Das führt zu Triebunterdrückung durch Angst vor dem Tod, zur Rückgewinnung von Macht durch Verteufelung der Sexualität schlechthin.«

»Sie sind ein Zyniker!« Ich zittere vor Aufregung. »Sie müssen noch mehr kämpfen. Kommen Sie mit in Talk-Shows, lassen Sie uns Lesungen machen.«

Der Professor winkt ab. »Ich bin müde, meine Existenz ist fast vernichtet. Eine pharmazeutische Firma wollte mein komplettes Labor mit allen bisherigen Arbeitsresultaten aufkaufen – mit der Auflage, nicht mehr weiterzuforschen, was ich abgelehnt habe. Meine Ausführungen werden von Kommissionen abgeschmettert. Meine Frau konnte mein manisches Sendungsbewußtsein und meine Verbitterung nicht mehr ertragen und hat mich mitsamt den Kindern verlassen. Menschen, denen ich helfen konnte, ihren Gesundheitszustand zu stabilisieren und das Problem offensichtlich in den Griff zu bekommen, haben sich später als sehr undankbar erwiesen. Durch Wiederaufnahme ihrer exzessiven Lebensweise und eine oft neuerliche Reinfektion haben sie es dahin gebracht, daß meine ganze Arbeit für die Katz war. Ich werde mich jetzt nur noch in meinem Laboratorium verkriechen, weiterforschen und alles akribisch niederschreiben, sozusagen als Begleitreport für die Zukunft.« Er zuckt die Achseln: »Ich für meinen Teil habe die Entscheidung getroffen aufzugeben!«

»Eines möchte ich aber bitte noch bemerken«, füge ich an, »das Wort ›Syndrom‹ regt mich auf. Ist es Ihnen eigentlich schon aufgefallen, Herr Professor, daß dieses ratifizierte Aids-Virus gar keinen Namen hat?« Ich versuche ihn wieder zu einem Gespräch anzustacheln. »Das Wort Aids steht ja für Acquired Immune Deficiency Syndrome. In den Augen von Anthroposophen muß jedes Ding einen Namen bekommen, damit es seinen Platz im Makrokosmos einnehmen und im Sinne der Kabbala im Mikrokosmos eine Wirkung auf das kosmische Ganze ausüben kann.«

Diese These hatte ich noch in Erinnerung von meinem verehrten ersten Lehrmeister, dem Internisten und Heilkundigen, der mir die frühen Jahre meines damals noch so jungen Lebens mit seinen philosophischen Gedanken gewürzt hatte. Wie gerne hätte ich mit ihm alle Erkenntnisse und Hoffnungen über das ungelöste Rätsel Aids ausgetauscht – aber er ist tot, schmerzlich wurde es mir wieder bewußt.

Meine Gedanken zur Namenlosigkeit des Aids-Virus – ich nenne es Goliath oder Mutantalus – und meine versuchte Interpretation waren am Professor vorbeigerauscht. Er war schon wieder in ganz andere Gefilde abgetaucht. Als er uns verabschiedet hatte und in einer seiner geheimnisvollen Forschungslaborkammern verschwunden war, drang nur noch leise die Bemerkung: »Ein Mutant, nicht uninteressant«, an mein Ohr.

Wir machten uns auf den langen Heimweg nach München. Der Gedanke an den eventuellen Mutanten ließ in mir eine atemberaubende Traumsequenz ablaufen, als ich durch die lange Autofahrt in einen schweren Schlaf geschaukelt wurde.

Ein Mutant auf Abwegen

Ein vermeintliches Aids-Virus lag als Virusmantel wie ein Ufo-ähnliches Gebilde aus einer anderen Welt auf einer Lichtung, die Hülle in kaleidoskopisch schillerndem Farben- und Formenspiel metamorphisierend. Die Mitte war hohl, einsehbar.

Die Abwehrspezialisten eines körperlich schwer geschwächten Abwehrsystems waren nicht gerade in bester Verfassung. Dr. Pfropf, schwerer Alkoholiker, schwankte, sah doppelt. Dr. Desolatius hatte sich noch gestern einer Rauchwolkenbrunst von Marihuanazigaretten ausgesetzt und fand seinen Heimweg nicht mehr. Seine bleiernen Beine verweigerten ihm den Dienst, als sie ihn zu dem zu identifizierenden Objekt tragen sollten, aber in Gedanken machte er sich auf den Weg. Und Frau Dr. Depressa hatte sich in den letzten Nächten beträchtliche Psychopharmakadosen injizieren lassen. Sie hatte gerade in den letzten Wochen einem schweren antibiotischen Bombenhagel die Stirn geboten und dabei Arme und Beine verloren. So war es auch für sie derzeit unmöglich, sich zum Ort des Geschehens zu begeben, überdies machte permanenter Schwindel es ihr schwer, Gedanken in Worte zu fassen.

So oblag nun dem kleinen Assistenten Vitalo allein die Aufgabe, das feindliche Modell abzulichten und die Aufnahme unverzüglich in die Archive der Computerabteilung »Virologie« – wie es beschriftet war – zu bringen, um es dort identifizieren zu lassen. Aber die Antwort, die mit einem Verteidigungsplan gekoppelt sein sollte, ließ auf sich warten.

Unsere drei angeschlagenen Spezialisten lagen sowieso darnieder, sie waren froh, daß sie Stunden und Tage nicht zum Einsatz mußten, und siechten dahin. Nur Vitalo war etwas ungeduldig. »Laßt uns weitersuchen«, rief er durch die Öffnung des Virenmantels, die er wie ein Sprachrohr benutzte, nach oben. »Wir wollen im nächsten Archiv in der Abteilung Bakteriologie nachschauen.«

Dr. Desolatius hob kurz den Kopf, der Vitalo plötzlich mit offenen Augen vor die Füße rollte. Dr. Pfropfs Zunge schlängelte sich nach außen zu lallenden Lauten und war nicht mehr zu bewegen, in ihre Höhle zurückzukehren. Frau Dr. Depressa hatte schon den Geist aufgegeben.

Aber Vitalo war es, als Assistent, nicht erlaubt, ohne die Absegnung durch seine Vorgesetzten einen neuen Schritt zu tun. Handlungsunfähig saß er traurig an der Zellwand – ein Abwehrplan war nicht in Sicht. Eine komplette Blockade scheint den Computer erfaßt zu haben, resümierte er, und siehe da, schon schlich sich ein Staphylokokkus-Erreger, gefolgt von seiner ganzen Sippe, um die Ecke, um alsbald den Rückweg, beladen mit großen Mengen Amino-Eiweiß-Bausteinen, anzutreten.

»Räuber, Hilfe!« Vitalo konnte sich allein nicht helfen.

»Ich komme schon«, versprach Dr. Pfropf und rollte sich zur Seite, um nur weiter seinen Rausch auszuschlafen.

»Die Luft ist rein«, zischelte es aus einer anderen Ecke. Nun hatte sich eine lange Reihe von Influenza-Erregern auf Raubzug begeben und stürmte gerade die Vitamin-B$_{12}$-Lager und Calcium-Hallen.

»Uns laßt ihr das Magnesium- und die Natrium-Bi-Carbonat-Fässer«, drohte das Großmaul, der Tuberkulose-Erreger, »sonst gibt's Ärger.«

»Raubbau, zu Hilfe!« Vitalos Hilfeschreie gingen an seinen ausgeknockten Kollegen vorbei, Erreger des Hepatitis-A-Virus kämpften gegen ein Bataillon der Abteilung B um eine ganze Schiffsladung von Leberzellen. Abteilung A blieb Sieger. Die Gruppe B zog sich unter schweren Verlusten zurück.

Vitalo wuchs über sich selbst hinaus und brachte, obwohl er keine offizielle Kompetenz besaß, ein neuerliches Bild des im starren Glanz prunkenden Eindringlings zur Abteilung Bakteriologie.

Die Antwort aus dem ersten Archiv stand immer noch aus. Das Computersystem schien nach wie vor blockiert zu sein, als eine Horde von Syphilis-Bakterien sich auf den Weg machte, um das Mark des Rückens unter sich aufzuteilen.

Aus dem angepeilten bakteriologischen Archiv erfolgte keine Antwort. Da ereilte Vitalo ein Gedankenblitz: Wie, wenn es sich um einen Mutanten handelte? Dann müßte ich ja ein neues Archiv anlegen. Aber wer gibt mir die Kompetenz?

Von seinen Kollegen konnte er nichts erwarten. So ernannte er sich im Schnellverfahren zum Contrafessor.

Er nannte den Eindringling Mutantalus I. und erschuf in Blitzeseile ein neues Archiv im Computer.

Die Zeit drängte immer erbarmungsloser, denn plötzlich fädelten sich ganze Heerscharen von Candida-Pilzen, sich spreizend und gabelnd, in die Gänge, stahlen wie die Raben, fraßen, als hätten sie schon seit Jahren nichts mehr in den Rachen bekommen. Traubenzuckerhalden wurden weggeputzt, Säcke mit Stärkepulver waren mir nichts, dir nichts aufgezehrt. Ehe man sich's versah, waren alle Aminosäure-Fässer ausgetrunken. Die Pilze wollten auf keinen Fall den Rückzug antreten und blieben gleich an Ort und Stelle kleben, plusterten sich auf und vermehrten sich gar schrecklich, auf dem Rücken liegend, um sich Milch und Honig direkt in die offenen Mäuler laufen zu lassen.

Doch Vitalos Konzept schien aufzugehen. Der große Computer erwachte aus seiner Erstarrung, die Blockade war aufgehoben. Dr. Pfropf erhob sich, zwar noch leise schwankend, um dem kleinen Vitalo beizustehen, und auch Dr. Desolatius war nicht mehr kopflos – begeistert klopfte er Vitalo auf die Schultern. Für Frau Dr. Depressa mußte man unverzüglich um Ersatz bitten, sie wurde zusammen mit dem Mutantalus zur Obduktion gebracht.

Während die Pilz-Kolonianer mit Bitterstoffen aus Pflanzenschalen zur Aufgabe gezwungen wurden, waren die meisten räuberischen Viren- und Bakterien-Existenzen mit kräftigem Handstreich bereits auf ihre angestammten Plätze verwiesen.

Unter der Oberaufsicht der basophilen granulozytischen Blauhelme, welche die interzelluläre Friedenssicherung darstellten, zog die schwergepanzerte Artillerie der B-Lymphozyten-Regimenter am Ort des Geschehens auf, um dem Feind mit ihren Antikörperraketen den Garaus zu machen.

Der phagozytierend über das freigekämpfte Schlachtfeld ziehenden Infanterie von T-Lymphozyten oblagen die Restkämpfe und Aufräumarbeiten.

Die Nachbestellung der geraubten Elixiere wurde gerade getätigt, als endlich auch Cauda, die entschlummerte Lebensschlange am Eingang des Rückenmarks, erwachte, sich auf ihre Aufgabe besann und sich mit schlechtem Gewissen anschickte, den ihr zugeteilten Lebenskanal wieder zu bewachen. Tetrazykline boten ihre Hilfe an, Penicilline machten ihre

Aufwartung, Cortisone versuchten ihren Teil beizutragen, Eisen wurde angeliefert, Glukose abgeladen, Aminosäure schüttete sich in die Kanäle, Vitamine und Mineralien aller Sparten fingen an zu streiten, wer am meisten vonnöten sei.

Vitalo, seine Kollegen und die neu zugeteilte Frau Dr. Regeneratia hatten große Arbeit zu leisten, doch sie machte sich bezahlt.

Der so aufregend konstruierte Mutantalus mitsamt seinen immer wieder mal auftauchenden Artgenossen wurde ins Spezialarchiv gebracht und konnte dort, im immunologischen Gedächtnis abgespeichert, das erprobte Abwehrsystem nicht mehr aus der Bahn werfen. Für ihn und seine Spezies wurde ein Spezialaquarium eingerichtet, wo man diese geniale Umkehrung der Idee des Pferdes von Troja staunend auf Jahre hin bewundern konnte. So war auch er in seiner gewohnten Eitelkeit geschmeichelt und in seiner Ehre nicht mehr gekränkt.

Contrafessor Dr. Vitalo erhielt den Nobelpreis des Jahres 2000. Ich durfte ihm ganz stolz die Urkunde und den Preis übergeben und wäre beinahe von der großen Bühne gestürzt ...

... wenn nicht unser Auto durch eine Notbremsung vor einer Ampel gerade noch zum Stehen gekommen wäre. Denn dadurch wachte ich auf und registrierte, daß wir gerade durch das imposante Münchner Siegestor hindurch – Pardon, natürlich um das imposante Münchner Siegestor herum – fuhren, um in meine geliebte Kaulbachstraße einzubiegen.

Zu Hause angekommen, begann ich, diesen merkwürdigen Traum, der sich als Folge unserer Gespräche mit dem Hamburger Professor in meinem Unterbewußtsein niedergeschlagen hatte, sofort aufzuschreiben. Diese Sequenz wollte ich in die Gesamt-Choreographie meines *Paradies kaputt?*-Projektes mit einbauen, als ernstes, bildhaft gewordenes Fragezeichen.

Für meinen Freund David zeichnete ich den in meiner Phantasiewelt verankerten Mutantalus als Mantra und bat ihn, das vermeintliche Virus in seinem Blut zu orten, zu überführen und ihm
selbst einen Namen zu geben – AM ANFANG WAR DAS
WORT. Auf einer Seite fixierte ich durch kleine Punkte den
Platz, an den David seine Namenskreation setzen sollte, um ihn
dann in seinem neuen Archiv meditativ abzulegen.

»Weißt Du, David, die Dinge müssen im Kosmos einen Namen
haben«, schrieb ich meinem lieben Freund noch spät in der
Nacht. »Ein Glas ist ein Glas. Ein Künstler sagt vielleicht, dieses
Glas ist ein Stuhl. Das macht nichts. Hauptsache, das vermeintliche Glas oder der Stuhl kann jetzt am großen Drama des Kosmos teilnehmen. Benenne Deinen Quälgeist, der seit einem Jahr
Dein Leben so diktatorisch bestimmt, denn von wissenschaftlicher Seite her scheint er namenlos zu sein. Meditiere jeden Tag
eine halbe Stunde mit diesem Mantra!«

Meine Augen füllten sich mit Tränen, vermischten sich mit den
Farben meines gemalten Mutantalus zu einer kleinen trüben
Pfütze. Was wollte ich ihm denn jetzt schon wieder aufbürden?

In meiner Post finde ich einen ausführlichen lieben Brief eines
Professors aus Schwaben, der mir mit außergewöhnlich guten
Resultaten seiner spezifischen Behandlung der HIV-Immun-
schwäche in der eigenen Klinik Hoffnung machen kann. Vom
Wiederaufbau der oft von aggressiven Antibiotika zerstörten
Darmflora bis zu erfolgreichen Kämpfen gegen hartnäckigen
Pilzbefall, von spezifischen Kräutern zur Stärkung des Immun-
systems bis zu einer Diät, um die alkalische Balance des Orga-
nismus wieder auszugleichen, gehen seine Kampfmaßnahmen.
Und weiter schreibt er: »Die wichtigste Hilfe sehe ich unter natürlich vorsichtigem Einsatz von Medikamenten der Schulmedi-
zin – aber bitte keine Anwendung von antiviralen Medikamen-

ten wie zum Beispiel AZT, keine Immunglobuline oder eine Antibiotika-Prophylaxe – und homöopathischen Mitteln, in psychologischer Behandlung und einem großen sozialen Engagement der Partner, Verwandten, Freunde und Mitmenschen. Vor allem besteht die soziale Verantwortung, diese Menschen, wenn sie noch nicht erkrankt sind – aber auch, wenn die Krankheit ausgebrochen ist –, nicht aus dem kreativen und konstruktiven Prozeß eines selbstbestimmten, menschenwürdigen Berufslebens auszuschließen. Sie müssen unbedingt weiter daran teilnehmen, und dieser Prozeß sollte durch spezielle, auf sie zugeschnittene Programme und verantwortliches, menschliches Verhalten und Handeln gefördert werden.« Er schrieb offensichtlich aus seiner Erfahrung heraus – und er sprach mir aus dem Herzen.

Viel Mut machte mir damals die Aussage jener Dame, die seit Jahren in einer Sterbeklinik arbeitet und nun mit mir in einer Talk-Show auftrat: »Trotz jahrelanger, intensiver Kontakte und direkter Berührung mit den erkrankten Patienten bin ich HIV-negativ, und ich habe keine Angst, daß sich das je ändern wird.« Ich persönlich wünsche mir so sehr, daß die Menschen von einer weiteren Panikmache, was die mögliche Infizierung durch einen HIV-Positiven betrifft, verschont bleiben. Zur Zeit sieht es nicht so aus. Ich bete mit meinen Freunden um wissenschaftliche Aufklärung des gesamten Aids-Komplexes und wünsche mir nichts sehnlicher, als daß es nicht zu irrationalen Hetzkampagnen kommt, die ja unweigerlich immer mehr zu einer Ausgrenzung der Betroffenen führen müssen.

Ich selbst habe schon, im Zusammenhang mit der Erkrankung eines guten Bekannten, für den wir in einem staatlichen Krankenhaus um einen Aufnahmeplatz kämpften, erleben müssen, daß Schwestern ihre Stationsärztin vor ein Ultimatum stellten. »Entweder der erkrankte Neger« – der Junge stammte aus Brasilien! – »geht, oder wir weigern uns, diese Station noch einmal zu betreten.«

»Wir sind hier eine Klinik, die untersucht und heilt« – das Krankenhaus ist der großen medizinischen Universität unserer Stadt zugeordnet –, »und nicht ein Institut, das in den sicheren Tod hineinpflegt«, fügte einer der Stationsärzte giftig hinzu.

Durch couragiertes Handeln der Stationsärztin, der aber in ihrem eigenen Wirkungsbereich durch das Verhalten der Krankenschwestern und des Kollegen die Hände gebunden waren, und durch den großen Einsatz eines mir bekannten Arztes in einem anderen Krankenhaus war es möglich, diesem Jungen einen würdigen Platz zu erkämpfen, wo er in Ruhe dem auf ihn zukommenden unausweichlichen Tod entgegensehen konnte. In diesem Fall gab es keine Rettung mehr, der Körper war von den vielen Chemotherapien schon zu stark geschwächt. Jedoch waren alle seine Freunde ständig um ihn und begleiteten ihn liebevoll bis zu seiner großen Reise in ferne und vielleicht doch so vertraute Welten.

Würde David seine eigene psychologische Steinschleuder finden, diesen Goliath zu Fall zu bringen? Wie wir alle, kann David jetzt jeden Tag immer nur ein bestimmtes Stück Leben in den Arm nehmen.

H. Peter Irberseder, »Wellcome to Macabaret«, Öl auf Leinwand 1995,
110 x 120 cm. Eine noch nicht identifizierte »Geißel der Menschheit«,
die eine vermeintlich kugelsichere Weste trägt, mit Schrot zu beschießen,
ist nicht mehr lächerlich, wenn man das Monopol, Schrotkugeln zu verkaufen, mit dem Slogan vertritt, *Es hat zwar nichts gebracht, aber auch nicht
geschadet,* und damit auch noch die Opfer negiert, für die Schrot tödlich
war.

Ein Brief

Dr. Stefan Lanka, Biologe   Dortmund, August 1996

Liebe Marianne!

Zu Deinen Fragen bezüglich Aids nun folgendes: Seit unserem letzten Treffen fragte ich mich auch immer öfters, ob und wie wir jemals aus der Aids-Katastrophe herauskommen, da schon soviel zerstört wurde und weiterhin zerstört wird. Neue Informationen, intensives Nachdenken und Analysieren jedoch verdichteten Informationen zu einem immer kompletteren Bild, was mich nun ein viel optimistischeres Bild zeichnen läßt. Ich denke, wir sind am Wendepunkt, jetzt reicht es; es gibt ein Erwachen. Zu sehr wurde gelogen, und zu viele Opfer wurden gebracht, das Faß ist voll. Ich hoffe also, Dir mit diesen Zeilen wenigstens einige Deiner Ängste in bezug auf den Aids-Schwindel zu nehmen, der nach meiner Meinung auch nur exemplarisch für all die anderen Unmenschlichkeiten unserer momentanen Gesellschaftsstruktur steht, indem ich Dir einige Gedankengänge schildere.

Ich kann es nachvollziehen, wenn Du angesichts der persönlichen Verluste und der afrikanischen Völkermorddimension des HIV- und Aids-Konstruktes fast schon resignieren möchtest, zumal Dir mit den Vorgängen um Deine Mutter ja recht deutlich geworden ist, wie man mit der Bioethikware Mensch umgeht, wenn sie stört oder zu alt, sprich unproduktiv, geworden ist. Da hast Du mit Deiner Deutung von Aids als Vorreiterrolle gesellschaftlichen Experimentierens und Operierens in einer fast schon Orwell-ähnlichen Welt auch recht. Der Unterschied zwischen uns beiden ist nur, daß ich noch ein bißchen optimistischer bin als Du; vielleicht nur, weil ich

347

noch nicht so viel ertragen mußte. Dich brauchen wir aber unbedingt, deswegen: Kopf hoch, Marianne, und mal wieder durch!

Schau, nichts ist so bekannt auf dem ganzen Planeten wie Aids und Coca-Cola. Und daß es Widersprüche gibt, wird jedem klar, der sich nur ein bißchen mit der Thematik beschäftigt hat. Man braucht sich nur die aktuellen sogenannten wissenschaftlichen Neuigkeiten um HIV und Aids anzuschauen, um festzustellen, daß sich alle »Spezialisten« widersprechen, wenn sie irgend etwas über das Virus oder die Seuche sagen. Es gibt ja keine wissenschaftliche Logik hinter der ganzen Geschichte, und anders kann es ja gar nicht sein, denn nichts an der Geschichte ist wahr, außer daß Menschen starben und sterben, die nicht sterben müßten.

Schau doch auch, es ist einfach: Niemand wird behaupten können, daß Du oder ich irgendeiner Verschwörungstheorie aufgesessen sind, denn alle Fakten liegen klar auf der Hand, sind recherchiert, verfügbar, und Roß und Reiter sind bekannt. Im nachhinein müßten wir uns eher fragen, warum uns denn nicht schon früher alles klar geworden ist. Die Dinge sind aber nun mal so, wie sie sind, an die Öffentlichkeit kommen wir mit dieser Geschichte sowieso nicht so schnell, und vielleicht muß die Tragödie immer noch andauern, damit die Erschütterung dann so groß sein wird, daß aus den Ruinen des Vertrauensverlustes dann doch so etwas wie ein wirklich überlebensfähiges Modell »Demokratie realisieren« entstehen kann.

Die ganze Aids-Geschichte hat ja in der Tat etwas von einer griechischen Tragödie, bei der die »Medizin« und die Medien das Buch schrieben. Zuerst wurde im Rahmen der »sexuellen Befreiung« einem Jugendlichkeitsmythos gehuldigt und die iatrogenen Eingriffe verherrlicht, mit denen eine Zeitlang ein

Lebensstil geführt werden konnte, der scheinbar keine biologischen Grenzen kannte. Nach dem ernüchternden Realisieren der lebenszerstörenden Gefahren des Mißbrauchs von Antibiotika, Kortikoiden und vor allem der Sulfonamide kreierten und bedienten dann wieder unisono Medizin und Medien den nun spiegelbildlichen Todesmythos, von und mit dem sie fröhlich leben. Der »Rote-Schleifen-Gesinnungsterror« um den 1. Dezember ist hierfür nur symbolischer Ausdruck.

Klar, dieser Mechanismus ist so gemein, wie er durchsichtig ist, denn ahnungslose Menschen sind diesem Spiel wehrlos ausgesetzt, da ureigenste, archaische Wünsche und Ängste ausgenützt werden, wie zum Beispiel der Wunsch nach einem Leben ohne Schmerz und Krankheit und auf der anderen Seite die Angst des totalen Ausgeliefertseins, wie es ja mit Aids scheinbar real wurde. Gemein ist besonders, daß nun, nachdem das heterosexuelle Aids ausgeblieben ist und trotz aller Definitionsänderungen von Aids keine weiteren Steigerungen der Fallzahlen zu erzielen waren, sich Medizin und Medien auf wehrlose Kinder stürzen und sie voyeuristisch vor laufenden Kameras gleich mit Cocktails der giftigsten Substanzen, die die Pharmaindustrie jemals hervorbrachte, langsam, aber sicher vergiften, nur um den Mythos Aids am Leben zu erhalten.

Gut, ich war schon einmal zu optimistisch, als ich vor mehr als einem Jahr meinte, daß das ganze Schauerspiel endlich zu Ende geht, als die HIV-Protagonisten zugaben, daß ihr Virus als alleiniger Verursacher niemals existierte (was man ja schon lange vermutet hat), indem sie behaupteten, daß es sich, so wie es schon einmal aus einem harmlosen Affenvirus zum Menschheitskiller mutierte, nun bis zur Unkenntlichkeit veränderte. Jetzt aber sehe ich endlich, daß auf Grund von

Publikationen, die das HIV als alleiniges Verursacherprinzip von Aids als nichts anderes als ein Hirngespinst entlarvten, doch so viel ins Rollen kam, daß es aus meiner Sicht nur noch eine Frage von Monaten sein kann, bis das ganze Lügengebäude zusammenbricht.

Immer mehr ehrliche Forscher, die sich mit dem wenigen Geld begnügen mußten, das der »Krieg gegen Aids« übrigließ, realisieren, wie marode der Wissenschaftsbetrieb, speziell die Biomedizin geworden ist. Enorme staatliche Förderung, getätigt in der Hoffnung auf Innovation und die Sicherung des Standorts, erwiesen sich als kontraproduktiv, da die beteiligten Wissenschaftler automatisch korrumpiert wurden oder stillschweigend mitspielen, weil sie sonst an den Rand gedrückt werden. Das interne Kontrollsystem der Wissenschaft, das sogenannte Peer-Review, das heißt die anonyme Kontrolle von zu publizierenden wissenschaftlichen Ergebnissen durch konkurrierende Forscher, konnte die Flut an irrelevanten Daten nicht stoppen, genausowenig den zur Regel gewordenen Betrug, denn überprüft wird dabei nichts, sondern nur zensiert, was nicht in das gängige Weltbild der Forscher und mittlerweile ihrer industriellen Geldgeber paßt.

Immer mehr ehrliche Wissenschaftler, engagierte Laien, aber endlich auch Politiker entdecken also nun mit Erstaunen, wie eine ganze Wissenschaftlerclique, basierend auf falschen Annahmen, geschürter Seuchenangst und Profitgier eine neue Disziplin erfunden hat, nämlich die sogenannte Retrovirologie; ganz klar ein Fall von virtueller Virologie und damit Betrug. Die erste Fehlannahme war, daß Viren für chronische Krankheiten verantwortlich seien, was uns den Krieg gegen Krebs, basierend auf der Idee, daß Krebs durch Viren verursacht wird, und mehrere Nobelpreise (das heißt noch mehr Forscher und Projektgelder in dieser Sackgasse) bescherte.

Die zweite Fehlannahme war, daß ein bestimmtes Eiweiß mit biokatalytischer Aktivität, die reverse Transkriptase, den Beweis für diese Viren liefern sollte, da diese Viren mit Methoden der realen Virologie nicht darstellbar waren.

Dieses Konzept wurde auch nach 1980 beibehalten, obwohl klar wurde, daß dieses Eiweiß in allen Lebensformen nachweisbar ist, wenn man nur danach schaut. Zuviel Forscher arbeiteten nämlich schon mit diesem Konzept, und so wurde aus dem Krieg gegen Krebs, der auf breiter Front verloren wurde, der Krieg gegen Aids, nur mit verkehrten Vorzeichen. Jetzt sollten diese Phantomviren nicht mehr für zu viele Zellen, sondern für das Verschwinden von weißen Blutzellen bei bestimmten Patienten verantwortlich sein. So wurde eine Erklärung geschaffen für die Schäden, die Ärzte anrichteten, die mit ihrem übermäßigen Einsatz von Antibiotika, Kortikoiden und besonders Sulfonamiden (und neben dem Gebrauch der Schnüffeldroge Poppers) genau diese Krankheiten verursachen, die damals Aids genannt wurden. Klar, daß aus den Reihen der Virologen keine substantielle Kritik kam, denn sie würden sich ja selbst ins Knie schießen, wenn sie HIV als Virus kritisiert hätten.

Im Gegenteil! Alle spielten und spielen mit und kritisierten nicht, daß niemals ein Foto eines »HIV« oder eine direkte Darstellung seiner Eiweiße publiziert wurde, wie es bei allen wirklichen Viren der Fall war. Denn so wenig, wie jemals ein Foto eines »HIV« publiziert wurde, gibt es ein Foto eines sogenannten Retro-Virus. Ideen und virtuelle Viren lassen sich eben nicht fotografieren, sondern nur als Modell darstellen. Was der ganzen Welt als »Retro-Viren« und »HIV« verkauft worden ist, stellt in Wirklichkeit nichts anderes dar als Bestandteile der Zelle, sogenannte zelluläre Partikel, die gebildet werden, wenn etwas aus oder in Zellen transportiert werden soll. Im Gegensatz zu Viren, die es gibt, kann man diese Teilchen nicht isolieren, da sie nicht so stabil wie Viren und allenfalls im elektronenmikroskopischen »Ultradünnschnitt« (d.h. es ist nichts isoliert worden) fotografierbar sind.

Das verschweigen uns aber die Retro-Virologen und akzeptieren damit, daß im sogenannten »Aids-Test« statt viraler Eiweiße zelluläre Eiweiße von weißen Blutkörperchen verwendet werden, denn nur mit dieser Art von Zellen arbeiteten damals diese Leute.

Damit verschweigen sie aber auch, daß ein positiver Test keine Infektion mit einem schrecklichen Virus darstellt, sondern nur einen vorausgegangenen Kontakt mit weißen Blutkörperchen bzw. deren Eiweißen (was ja für alle sogenannten Risikogruppen zutrifft). Sie tragen somit die wissenschaftliche Hauptverantwortung für das Todesurteil, das dann in einer Art »Self-fulfilling prophecy« mittels Virus-Chemotherapie und/oder diverser Prophylaxen, geschweige denn der psychosomatischen Einflüsse durch das Verhalten der »Solidargemeinschaft«, vollzogen wird.

Ja, zu sehr sind sie in die Idee der Retroviren verliebt, da man daraus gleich eine andere Idee entwickeln konnte, nämlich die der Genomtherapie. In Wirklichkeit spielen diese Forscher nur mit genetischen Molekülen, die sie zuvor aus Zellen isoliert haben und nicht aus Viren, und behaupten nun, daß mittels ihrer Hilfe die Reparatur von chronischen Krankheiten und Gebrechen zu bewerkstelligen sei. Mit dieser Idee war auch der leise Ausstieg aus Aids geplant, mittels des sogenannten Goldenen Schusses, mit dem dann scheinbar alles heilbar sein und damit ein Ende haben sollte. In der Realität der harten Biochemie jedoch tauchten derartige Probleme auf, daß es nun langsam, aber sicher auch mit der Goldgräberstimmung auf diesem Gebiet ein Ende hat.

Deswegen mußte wohl rechtzeitig zum Welt-Aids-Tag – »the Show must go on« – eine neue Aids-Schockwelle (HIV-Typ-E, welches nun die lang heraufbeschworene Epidemie bringen sollte) über uns hereinbrechen, gefolgt von der Ankündigung der Errettung aus wieder ganz anderer Richtung, ausgerechnet durch die Entdeckung neuer »Interferone«. Irgend etwas muß dabei allerdings mit der Koordination nicht geklappt haben, da Professor Gallo aus den USA und Professor Kurth hier bei uns die Entdeckung unterschiedlichster Substanzen bekanntgaben und ein jeder für sich natürlich die richtigen in Anspruch nimmt. Und in der Tat regt sich schon Zweifel, zum Beispiel in der *Zeit*, daß das ganze Theater nur dazu dient, wieder Forschungsgelder einzutreiben, an denen bzw. aus den daraus resultierenden Produkten man sich bereichern kann.

Nun sind einige Politiker aus eigenen Stücken und andere gezwungenermaßen (Petition im Bundestag, Eingang bestätigt am 2.5.1995, und Petition im Landtag NRW, eingegangen am 23.11.1995) auf die ganze Problematik gestoßen, daß nämlich beispielsweise jährlich 450 Millionen DM, die zur Begegnung der Seuche Aids in Afrika von Staats wegen ausgegeben werden, nicht etwa zur Verbesserung der Lebensbedingungen eingesetzt werden (was ja sinnvoll gewesen wäre, denn Aids in Afrika ist zum Beispiel gleichzusetzen mit der Verabreichung von Billigantibiotika, mit Fieber und Durchfall oder Unterernährung), sondern für Abtreibung, Sterilisation und Vergiftung durch Aids-Chemotherapie (AZT, ddI etc.), was klar den Tatbestand des Völkermordes erfüllt. Plötzlich wird und wurde auch hier Politikern klar, daß es sich bei Aids um einen gigantischen Selbstläufer aus einer Melange politischer (ausführende Organe: die amerikanische Seuchenbehörde CDC mit ihrem Epidemic Intelligence Service,

EIS), wirtschaftlicher (Pharmaindustrie) und wissenschaftlicher (eine korrupte Antiwissenschaft natürlich!) Interessen handelt, die außer Kontrolle geraten sind. Und nächstes Jahr werden sie sich wohl ernsthaft mit diesem Problem befassen müssen.

Denn es wurden nicht nur Hunderttausende Menschen geopfert (was in der »Politik« ja keine Seltenheit ist), indem die objektiven Probleme vieler dieser Menschen in einen staatlich und kirchlich sanktionierten, biochemischen Tod transformiert wurden, anstatt damit menschlich umzugehen. Sondern es wurden allein schon auf dem Aids-Sektor neben riesigen Mengen an Geld erhebliche Mengen an Intelligenz (10 000 HIV-Forscher, die 100 000 Publikationen produzierten) in eine Sackgasse investiert, und das ist es doch, was der »Politik« so sichtbar fehlt, um die objektiven Probleme dieser Welt human und nicht Aids-artig zu lösen. Und so schaurig das nun klingen mag: Darin könnte und müßte doch auch eine Chance liegen, die zu einem Erwachen führen muß. Denn warum passieren eigentlich Katastrophen, außer um daraus zu lernen? Die griechischen Tragödien stehen ja auch nicht umsonst auf dem Lehrplan!

So wird 1997 hoffentlich zu dem Jahr, in dem Aids ein Ende finden wird und in dem begonnen wird, die wirklichen Probleme dieser Welt zu lösen. Dieses Erwachen kann und wird nicht ohne enormen Vertrauensverlust geschehen. Diese zu erwartende totale Vertrauenserschütterung, die wohl alle gesellschaftlichen Bereiche auf diesem Planeten erfassen wird, bedeutet gleichzeitig auch eine enorme emotionale Überforderung. Aber nur aus der emotionalen Geborgenheit heraus sind Menschen in der Lage, objektive Probleme rational in bewältigbare Aufgaben zu transformieren. Und genau hierfür brauchen wir Dich alle. Nicht als Autorität und resolute

Frau, die Du auch bist. Sondern alle werden Deine »Mütterlichkeit« brauchen.

In der Phase der emotionalen Überforderung, des totalen Vertrauensverlustes wirst Du als Vertrauensperson benötigt, die uns symbolisch in die Arme nimmt; Du verstehst schon, wie ich's meine. Wer denn sonst sollte uns helfen, das, was auf uns zukommt, emotional zu bewältigen? Vielleicht ist Dein Bundesverdienstkreuz ja schon Ausdruck des Vertrauens in Deine Fähigkeiten? Zumindest aber Dank für all Dein humanitäres Engagement! Dann aber würde ich das ganze umbenennen in »Verbundes-Kreuz«, als Symbol der Verständigung zwischen verschiedensten Gruppen und Kulturen. Denn dieses Kreuz trägst Du unbeirrt und tapfer ja schon lange.

In diesem Sinne: Viele liebe Grüße, einen guten Rutsch (hoffentlich in ein besseres Zeitalter)

Dein Stefan

Mein geliebter Seelenbruder David weilt nun nicht mehr unter uns Erdenmenschen. Er hat den Kampf gegen den Gevatter Tod erst gar nicht aufgenommen. Sein Todesurteil, aufgestellt und überbracht von seinem großen Doktor, diesem süffisant lächelnden Goliath im blendend weißen Kittel, war für ihn verbindlich. Bis kurz vor seinem Tode durften wir weder vom Lebenslauf eines gelebten Tagwerks berichten noch das Reich des Todes ins sprachliche Visier nehmen. Dieses Erstarren einer Wesenseinheit zwischen zwei Welten entfachte in den Herzen seiner Freunde wahre Wirbelstürme von Emotionen. Um Worte flehend knie ich so vor einem lebtoten Freund, der nach nun achtzehnmonatiger rigider Behandlungs-Choreographie so ausgemergelt und faltig wie ein zittriges altes Greisenbaby vor mir sich windet. Mein Tränenrinnsal sucht seinen Hautkontakt, doch das Grundwasserreservoir seines Seelensees scheint in Unendlichkeit versickert. Darf ich nicht mehr eintauchen in unsere so vertrauten ICH- und DU-Gemächer? Ich kann nicht anders, streichele ihn, spreche leise zu ihm und bin wütend auf die ärztliche Verordnung, die 21 verschiedenen Tabletten, Kapseln und Suppositоrien eine Legitimation verschafft hat, sich in die ausgetrockneten Sandmulden seiner Fleischeshügel- und Organstücke hineingraben zu dürfen. Ja, solch ein wertvolles Organ, die Milz, hat man ihm in den letzten Tagen auch noch herausgerupft, zerlegt, analysiert und dann entsorgt natürlich. »Der Exitus scheint jetzt nicht mehr fern«, attestierte bei der heutigen Visite der große Professor. »Nehmen Sie Ihren Patienten am besten gleich morgen nach Hause zur finalen Versorgung.«

»Ja aber das geht doch nicht so einfach mir nichts, dir nichts«, antworte ich, »David hat ja gar keine Familie, das muß doch alles erst organisiert werden. Laut Grundgesetz hat er ein ›Recht auf Pflege‹ im Krankenhaus nach einer so schweren Operation.«

»Wir sind mit unseren Erhebungen fertig, es besteht vor allem jetzt nach diesem schweren Eingriff keine Hoffnung mehr auf eine Wiederherstellung des gesundheitlichen Gesamtzustandes des Patienten, das war ja schon seit Wochen glasklar«, entgegnet der eiserne grauschläfige Tycoon bestimmt.

»Ja, aber dann hätten Sie ja dem Ihnen anvertrauten Patienten nach Kenntnis dieser Sachlage diese schwere, einschneidende Operation gar nicht mehr antun dürfen«, versuche ich zu kontern.

»Schwester, morgen vormittag ist dieses Bett frei!« Ohne Gruß verschwindet man durch das Tor zur großen Freiheit.

»Haben Sie verstanden?« wiederholt die eingeschüchterte Schwester die Worte ihres Übergebenen. Mit einem erfrorenen »Aber« erstarrt Davids Gesicht zu einer Maske, seine Hand sucht hilflos Halt im luftleeren Raum. Die Schwester hat sich in Ammoniak aufgelöst. Goliath hat David in die Knie gezwungen. Ich nehme seine fiebrige Hand an mein Herz.

»Ich fühle mich wie ein Nichts, ein Stück abgehangenes vertrocknetes Fleisch«, stammelt da David vor sich hin. »Schmeißt mich einfach anonym auf irgendeine Autobahn. Ich möchte kein Begräbnis, hörst du, hievt mich auf keinen Fall in das Grab meiner Eltern.« Ein Zittern geht durch seinen geschundenen Leib. »Versprich es mir, versprich es«, sein Blick wird eisig.

Ich wage kaum zu atmen, denn das erste Mal verlassen Worte, die um seinen Tod herum kreisen, seine trockenen Lippen. Natürlich waren das vernichtende Todesurteil und die menschenverachtenden Kommentare des Professors an seine Ohren gedrungen.

»Ich bin doch wertlos, mein Leben war doch nichts wert, niemand von euch wird mir nur eine Träne nachweinen«, und jetzt weint David. Auch ich lasse jetzt meinen Tränen freien Lauf, meine Lunge möchte zerschellen, mein Herz vor Schmerz zerspringen. Wir wiegen uns in den Armen wie verlorene Kinder.

»Ich liebe dich, David, du bist mitnichten ein Nichts, du bist ein Kind Gottes und der kosmischen Mutter mit einem verbürgten Recht auf Leben und Sterben. Dein Name, der Tag deiner Geburt hat eine große Bedeutung in deinem Weltenleben und, damit verbunden, in der großen Weltenordnung. Dein Lebenszeitband ist aufgefüllt mit Resultaten, Gleichnissen, Erfahrungen und Geschehnissen, die alle einmal im kausalen Zusammenhang zur Weltgeschichte stehen. Noch hast du Raum zu kämpfen.« Meine Stimme scheint zu brechen.

»Und wenn es so geschrieben steht, gib deine sterblichen Überreste zurück zur Mutter Erde. Laß uns deine große Reise vorbereiten und mit einer Zeremonie Abschied nehmen von deinen Freunden und den Menschenkindern überhaupt.«

David nimmt plötzlich meine Hand. »Komm mit mir hinüber, Marianne, ich habe Angst, wohin soll ich gehen? Es wird dunkel sein, ich werde in ein großes schwarzes Loch fallen und fallen. Laß mich nicht allein.«

Jetzt fühle ich es wieder, dieses tiefe Verlangen, mit David hinüberzugehen oder ihn zu begleiten und wieder zurückzukehren. Im Gegensatz zu David habe ich keine Befremdnis vor dieser unbekannten Dimension auf der anderen Seite, und das ist schon so seit meiner Kindheit. Alles auf dieser anderen Seite scheint mir mit Güte, Liebe, Licht und Farbe wohlgefühlig besetzt. »Dein Schutzgeist wird bei dir sein, David, und auch ich werde immer in Gedanken bei dir sein, du wirst nicht alleine sein auf der anderen Seite, Helfer werden dich in Empfang nehmen.«

»Woher weißt du?« fragt David.

»Ich weiß nichts, ich glaube«, antworte ich und lege mich ihm auf dem viel zu kleinen Lazarett-Bett, wie wir es nennen, zur Seite, was bei meiner Fülligkeit einer gewissen Komik nicht entbehrt. Jetzt lachen wir beide erlöst, wie in so vielen kostbaren Augenblicken unseres erlebten Seelengleichklangs.

»Ist Ihnen klar, in welcher Gefahr Sie sich befinden, sich anzustecken!« Scharf schneidet die blecherne Stimme einer vermummten plastikhandschuhbewaffneten Krankenschwester durch den Raum.

»Machen Sie sich keine Sorgen, meine Dame, alles auf eigene Gefahr.«

»Das möchte ich aber auch schon bitten – ›auf eigene Gefahr‹!« ätzt das Bündel Mensch im Kittel durch die Raumstation und verschwindet mit dem Essenstablett. Strafe muß sein, wo kämen wir denn da hin, gell, Schwester Oberin.

»Ja, ich will«, flüstert David plötzlich in mein Ohr. »Laß uns zelebrieren im Falle meiner ›verehrten Vererdigung‹, du meine kleine Saaltochter.« Davids weit aufgerissenes Auge tastet zärtlich über mein Gesicht, das zweite Auge ist nicht mehr auf Sendung, ein Stamm von Toxoplasmose-Erregern hat den Zugang im Gehirnkanal gesperrt. »Suche mir eine Grabesstelle für meine Urne, aber an einem kleinen See im Birkenhain, laß eine echte Zigeunerband eine Rhapsodie von Liszt über unseren Häuptern ausschütten. – In welchem Palast für Gaumenfreuden wollen wir dann schnabulieren, meine Prinzessin?«

»Darüber sprechen wir später.« David fällt in einen bleiernen Schlaf, ein friedliches Lächeln umspielt sein Antlitz.

Auf der Straße weine ich hemmungslos und laut, ich kann mir so schwer vorstellen, diesen Seelenbruder nicht mehr von Angesicht zu Angesicht visualisieren und aufnehmen zu können. Mit wem soll ich denn so hoch fliegen, so tief weinen, so frei assoziieren und so wild lachen? Ich weine um mich, ich spüre tief: »David hat seinen Seelenfrieden gefunden.«

»Gott Vater, nimm mich auf in Deiner Güte«, waren Davids letzte Worte ein paar Tage später, als sein Geist versöhnt diese unsere Welt verlassen durfte. – Es ist vollbracht. – David war zeit seines Lebens Atheist.

»Aids steht wie in der Vorzeit für die Welt der Dämonen und strafenden Gottheiten, es ist ein Endzustand der in den Schatten gefallenen Liebe. Es läßt die psychisch gemiedene Angst vor der Liebe körperlich erlebbar werden. Der Patient hat eine Chance, Sanftheit und Zärtlichkeit als Begegnungsform zu lernen«, schreibt Thorwald Dethlefsen in seinem Buch *Krankheit als Weg*. Das kann aber nur stattfinden, Herr Dethlefsen, wenn wir die Betroffenen nicht allein lassen, nicht ausgrenzen. Die Zärtlichkeit kann ja nur auf dem Weg der persönlichen Zuwendung wirksam werden. Diese urmenschliche Gabe ist aber wieder nur durch Auflösung der Angst vor Infektion möglich, und diese Erlösung wiederum wird möglich nur durch Aufklärung von seiten der Wissenschaft und der Medien.

Lassen wir unsere Freunde in ihrer Not nicht allein, geben wir ihnen Schutz, Geborgenheit und erhalten ihnen die menschliche Würde. Den Tod, Herr Dethlefsen, sehen Sie in der Aids-Diskussion als körperliche Ausdrucksform der Liebe in der totalen Hingabe an den Kosmos mit dem Verzicht auf Sondersein des Ichs und dem Beginn einer Verwandlung in ein anderes Sein. Ist das nicht bei jedem von uns der Fall? Wir, die Mitglieder der modernen Industriegesellschaft, sind ja seelisch gar nicht auf den Tod vorbereitet.

Die Metamorphose und das Ende eines Bewußtseinszustandes durch konstruktive Bewältigung – wenn auch hin zu einer bedrohlichen Katharsis – muß aber doch nicht ausschließlich zum körperlichen Tod führen. Ich bete jeden Tag, daß bald der Schleier vor dem großen Geheimnis gelüftet wird und das Todesurteil der Wissenschaft, das sich verhängnisvoll in den Seelen der jeweils Betroffenen niederschlägt, ersetzt wird durch Freispruch auf der ganzen Linie, Freispruch vor allem von Schuld. Doch wer spricht schuldig? Die Eltern, die Nachbarn, die Kollegen, die Medien, die Wissenschaft. Hohes Gericht, wir erlauben uns, in dieser Sache das Urteil abzulehnen und diese Todesstrafe abzuschaffen.

> »Das positive kosmische Bewußtsein im Jahr 2000 wird
> stattfinden, weil es in Wirklichkeitswelten jenseits
> der materiellen Raum-Zeit-Realität bereits
> stattgefunden hat.«
>
> Chet W. Snow

Ich habe gelernt, mir selbst zu vertrauen. Also traue ich auch einer »mir selbst« noch unbekannten Zukunft. »Man muß nur immer wieder für die nächsten vierundzwanzig Stunden eines Tages vertrauensvoll sein und nie vergessen, im HIER und JETZT zu leben, das Leben konstruktiv und mutig zu gestalten und zu erfahren. Mehr kann man als dienstbarer Geist für die große Evolution nicht tun.«
In diesem Sinne: A la votre – cin cin – auf einen gesegneten Neuen Tag.

Der Baum Ahorno spricht zu seiner am betonierten Wegrand einer Autobahn ins Abseits geratenen Gattin Ahorna: „Komm, Frau, wir wandern aus, mir stinkt's." Und schon erhebt sich ein Schwung Samenkörner mit dem Wind in die Lüfte. M.S.

Selbstgestammelte und in meinem Seelen-Schatzkästlein gesammelte Aphorismen über ersehnte und vielleicht auch mögliche Lebenswirklichkeiten

Mein größter Wunsch für die Zukunft: Kain und Abel schließen einen Nichtangriffspakt, und alle Menschen werden Brüder. M.S.

Durch Anwendung des geheimnisvollen Elixiers Paranoidin gelingt es den Menschen immer wieder, aus einer Mücke einen Elefanten zu machen. M.S

Wundersames Verhalten speziell von Meisenvögeln in Hungerzeiten ist das Öffnen von Milchflaschen. Dieses Verhalten breitet sich rasch nach Studien durch Imitation aus, und zwar über Tausende von Kilometern. Robert Sheldrake über die Existenz der morphogenetischen Felder

Ein Typ wie John Wayne als Hombre wird aussterben. Marshall McLuhann

Ich appelliere an die Berufsehre der Heiligen Drei Könige. Mit ihrer einmaligen Tat, durch großmütige Gaben aus dem Morgenland einer obdachlosen Familie den Karren aus dem Dreck zu ziehen, haben sie ein Zeichen für die Welt gesetzt, sich aber seither nicht mehr blicken lassen. M.S.

Die Weltraumlandwirtschaft produziert in Zukunft vielleicht Nahrungsmittel im All, die zum Verzehr auf der Erdstation erzeugt werden. Brian O'Leary, Astronaut und Physiker

Locker verbundene Stämme finden sich zusammen anstelle von in kleinen Zellen zusammengekapselten Familien. Marshall McLuhann

Sexualität der Zukunft: Vielleicht wieder freier und dadurch weniger besessen – Fähigkeit, Emotion einzugestehen als die am stärksten wirkende Kraft.
Marshall McLuhann

Wenn wir einen Weg finden könnten, die Nullpunkt-energie anzuzapfen, die in Heigenbergers Berech-nungen vorausgesagt wird, könnten wir aus einem Kubikzentimeter Vakuum genügend Energie gewin-nen, um jede Fabrik der Erde für die nächsten Millio-nen Jahre laufen zu lassen. Jack Sarfatti, Physiker

...os (griechisch ἄτομος) bedeutet: unteilbar, et-was, was man nicht mehr zerkleinern kann. Dann ent-deckte man durch das Elektron und Positron, daß man auch das Atom zerlegen kann. Würde die Erde in die Luft gejagt, verwandelte sie sich wahrscheinlich in einen Stern, der wieder Teile in das All hinausschleuderte, die sich dann in Planeten verwandeln müßten, auf denen wieder Leben entstehen könnte.
Allan Watts

Wir werden eine Periode des individuellen Er-wachens, das ist Umschalten von Wettstreit, Krieg, auf Zusammenarbeit und Liebe errei-chen. Planetares Erwachen.
Dr. Chet W. Snow

Die Einhaltung des fünften Gebots: Liebe Dei-nen Nächsten wie Dich selbst, schließt den Rest der Zehn Gebote aus.
Aus der Kahuna-Lehre

Schützt unsere Mütter und Kinder und die Welt wird heilen.
M.S.

Männer und Frauen sollten ein besseres Miteinan-der versuchen. Sie dürfen sich nicht nur als Sexualob-jekte betrachten, sondern sollten auch wirkliche Freundschaft zueinander pflegen und miteinander genießen.
M.S.

...utter Natur bezwingt das ungesunde Patriar-...nat durch biologische Gegenkraft und hilft sich vielleicht selbst durch genetische Erschaffung des androgynen Menschen.
M.S.

Stellt euch vor, ich muß zum Jüngsten Gericht und habe mein Herz nicht dabei.
Mein Onkel Kurt zur Frage der Organspende

Filmographie

(Auswahl – die Jahreszahlen beziehen sich auf die Dreharbeiten)

1983/84   *Die Schaukel,* Regie: Percy Adlon

1984   *Zuckerbaby,* Regie: Percy Adlon

1986   *Crazy boys,* Regie: Peter Kern

1987   *Out of Rosenheim (Bagdad Café),* Regie: Percy Adlon

1987   *Moon over Parador (Mond über Parador),* Regie: Paul Mazursky

1988   *Rosalie goes shopping,* Regie: Percy Adlon

1988   *War of the Roses (Der Rosenkrieg),* Regie: Danny De Vito

1990   *Martha und ich,* Regie: Jiri Weiss

1991   *Dust devil,* Regie: Richardo Stanley

1992   *La vida lactea (The milky life),* Regie: Juan Estelrich

1992   *Mrs. Bluesman,* Regie: Sönke Wortmann

1993   *Taboo parlor,* Regie: Monika Treut

1993   *Mona must die,* Regie: Donald Reiker

1994   *Mylord,* Regie: Gianfranco Albano

1995   *Luise knackt den Jackpot,* Regie: Menachem Golan

1995   *Der Unhold,* Regie: Volker Schlöndorff

Auszeichnungen und Preise

1986   Ernst-Lubitsch-Preis für *Zuckerbaby*
1988   Filmband in Gold (Bundesfilmpreis) für
       Out of Rosenheim
1989   BAMBI-Verleihung
1990   CIAK-Filmpreis für *Martha und ich* auf der Biennale
       in Venedig
1991   Bester Film *Martha und ich* auf dem Filmfestival
       in San Francisco
1992   Silberne Nadel für die beste schauspielerische
       Leistung in *Martha und ich* beim Filmfestival in
       Seattle
1992   Pokal für die beste schauspielerische Leistung
       in *Martha und ich* beim Filmfestival in Boston

Bildnachweis

50 Ein Bild ging um die Welt: Für American Express visualisierte die berühmte
Fotografin Annie Leibovitz mit mir ihre Idee der Venus nach Botticelli

51–53 Die zweite Chance in einem amerikanischen Film übertrug mir 1988 Danny De Vito in »Der Rosenkrieg«. Oben und Mitte: Szenenanweisungen des Regisseurs an die Hauptdarsteller Kathleen Turner, Michael Douglas und mich. – Unten: Schulter an Schulter mit Michael Douglas – wenn das meine Großmutter noch hätte erleben dürfen!

54 Der tschechische Regisseur Jiři Weiss holte mich 1990 für die weibliche Hauptrolle seines Films »Martha und ich«. Ich war Partnerin von Michel Piccoli. Hier diskutieren wir privat in einem Prager Café über die Todesstrafe (Kapitel 10), ...

55 ... Rollenporträt der Magd Martha, ...

56 ... und eine Szene mit Michel Piccoli

57 Zwei weitere Szenen aus »Martha und ich«. Mit Michel Piccoli: »Ernst, ich habe Angst« – Marthas Hochzeitsnacht …

58 … und »Warum hast Du mich verlassen?« – kurz vor Marthas Selbstmord

59 »La vida lactea
(The milky life)«,
1992: Mit Mickey
Rooney in Juan
Estelrichs Film,
meinem großen
Herzensanliegen

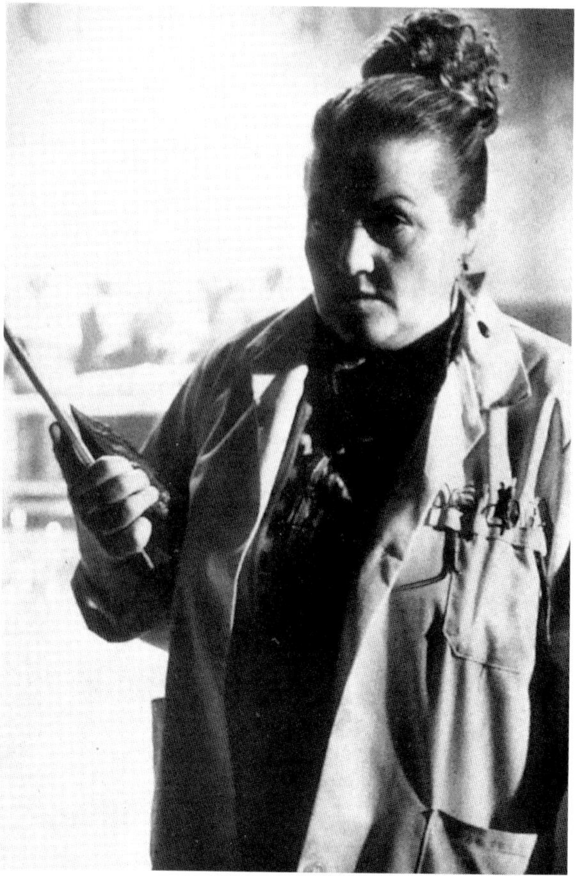

60 Ein Serien-
mörder wird durch
die Liebe und er-
füllte Sexualität von
seinem unglückli-
chen Trieb erlöst.
Dieses Thema war
für mich die Moti-
vation, die Rolle
der Obduzentin in
Richard Stanleys
Schocker »Dust
devil«, 1992, zu
gestalten.

61 Jürgen Prochnow überreicht mir den Bambi für kreatives Schaffen, München 1989

62/63 Links: Axel Zornow schminkt mich in den Farben der deutschen Fahne für meinen Auftritt in »Aspekte«, ZDF, 1991. – Rechts: Mit meiner langjährigen Freundin Lilo Jauch-Simon bei einer Aktion für die Aids-Hilfe, 1993

64 Gegenüberliegende Seite: »Taboo Parlor«, Sommer 1993: Als Dance Mistress mit Regisseurin Monika Treut ▷

65 Als Gast bei »Stars in der Manege« im Münchner Circus Krone, Dezember 1992

66–68 Unten links: Bei der Pressevorführung von Sönke Wortmanns Film »Mr. Bluesman«, 1993. – Mitte rechts: »Auch ich bin sterblich« – als Talk-Gast in Alfred Bioleks »Boulevard Bio« in einer Sendung zum Thema Aids, 1991. – Unten rechts: Mit meinem besten Freund und Schutzpatron Dr. Peter Irberseder, Arzt und Maler, 1993

Nachfolgende Seite ▷▷
69/70 »Contenance«: Foto-Session 1992 mit Ciro Zizzo. Auf den Stufen zur Bavaria an der Münchner Theresienwiese